高校立德树人根本任务实现研究

社会主义核心价值观教育的社会思维

本书是江苏省高校哲学社会科学研究重点项目
"立德树人根本任务的实现路径和工作机制研究"
（项目批准号：2014ZDIXM010）成果

GAOXIAO LIDESHUREN
GENBEN RENWU SHIXIAN YANJIU

孙其昂
王莹
张建晓 等 著

江苏人民出版社

图书在版编目(CIP)数据

高校立德树人根本任务实现研究 / 孙其昂等著. ——南京：江苏人民出版社，2021.1
ISBN 978-7-214-24823-7

Ⅰ.①高… Ⅱ.①孙… Ⅲ.①高等学校－思想政治教育－研究－中国 Ⅳ.①G641

中国版本图书馆 CIP 数据核字(2020)第 201507 号

书　　　名	高校立德树人根本任务实现研究：社会主义核心价值观教育的社会思维
著　　　者	孙其昂　王　莹　张建晓　等
责任编辑	陈　颖
装帧设计	赵春明
责任监制	陈晓明
出版发行	江苏人民出版社
地　　　址	南京市湖南路 1 号 A 楼,邮编:210009
网　　　址	http://www.jspph.com
照　　　排	江苏凤凰制版有限公司
印　　　刷	江苏凤凰数码印务有限公司
开　　　本	718 毫米×1000 毫米　1/16
印　　　张	24.5　插页 2
字　　　数	383 千字
版　　　次	2021 年 1 月第 1 版
印　　　次	2021 年 1 月第 1 次印刷
标准书号	ISBN 978-7-214-24823-7
定　　　价	88.00 元

(江苏人民出版社图书凡印装错误可向承印厂调换)

序

培育和践行社会主义核心价值观是中国特色社会主义事业的重要组成部分，是中国特色社会主义文化及文化自信的基础工程，也是中华民族文化更新升级的基础工程，这对中国社会主义事业具有长远的战略意义。在这样的背景下，我主持承担了江苏省高等学校哲学社会科学重点课题，于 2014 年立项。立项后，课题组在两年间(2015—2016)提交了调研报告、咨询报告，与此同时于 2016 年底撰写了初稿，经过两年(2017—2018)的研究和几经修改，形成了第二至五稿。2019 年做了补充调查和研究，形成了第六稿。新冠肺炎疫情期间，宅家数月，在第六稿基础上再次修改书稿，形成了著作定稿。

课题名称是"立德树人根本任务的实现路径和工作机制研究"。"立德树人根本任务"是指"培育和践行社会主义核心价值观"，即"培育和践行社会主义核心价值观"是立德树人的根本任务。课题既是一项理论研究课题，也是对策咨询项目，具有理论与实践双重意义。人无时不在社会中。价值观为人所掌握，是在人与社会相互塑造过程中实现的。为此，课题立足于高校，又不离开社会，始终以社会作为基本方法论，探索马克思的历史唯物主义原理(马克思的社会学)的具体运用。开展学术探索，旨在为社会主义核心价值观在高校培育和践行提供理论指导，课题有很强的时代性、针对性和实施性。课题立足于高校，着眼于江苏高校学生社会主义核心价值观的教育实践，为江苏高校培育和践行社会主义核心价值观提出对策建议。根据这一目标,运用河海大学思想政治教育学科建设多年积累的经验和学术成果,我们在"实现"上做文章,力求创新思维,形成了下列特点。

第一,社会思维。这里所说的"社会"有三个含义,一是社会决定意识。社会是价值观存在的基础,是价值观塑造的基础。社会主义核心价值观是思想观念教育课题,但以社会(实际)为基础;离开社会(实际),思想观念就无从谈起。二是高校是社会。大学生所在的高校塑造所在高校的大学生。每一名大学生都在特定的高校求学,高职高专、民办高校、二本高校、一本高校等对所属大学生具有很强的塑造功能。大学生的主要活动场所在高校,高校对大学生的影响是深远的,这种影响参与塑造了大学生的思想观念、行为习惯和情感志向。三是社会是系统。社会是多要素、多层级的系统整体,社会对人的影响和塑造,无论自外至内还是自内及外,影响和塑造都是系统性的。所谓社会思维,就是立足于社会展开探讨和实践。本书名为"高校立德树人根本任务实现研究",便是将视野聚焦于高校。高校是以大学生为中心的社会体系,立德树人为根本任务;高校又是组织起来的社会结构,有它自己的特点,如作为教学科研单位的高校、作为科层制组织的高校和作为拥有宽松自由环境的高校(社会)。社会思维始终是课题研究的基本思维,也推荐读者视高校为社会来考察,引导大学生立足"高校社会"培育和践行社会主义核心价值观,在这个过程中培养大学生的社会意识和社会思维,提升其社会素质。

第二,分化与整合思维。分化是我们所处社会发展过程中的突出特点,已经成为现代社会的基本特征。社会是分化的过程,高校是社会分化的结果,具有分化的特征。高校是从社会中分化出来而形成的相对独立的社会空间。高校仍然是社会,其内部发生分化;高校又是社会的组成部分,与社会始终相连。高校是一个内部结构与外部结构互动互构的整体系统。高等教育以中小学校教育为基础,"大中小"作为学校教育的不同学段,是不可截然分离的单元,也是构成整合的对象。在这个意义上,社会分化及学校分化并不是现在就有的现象,提出整合课题的原因也正是如此。改革开放初期,学校思想政治教育或德育就提出了"大中小德育""相衔接"的课题,虽然"德育"和"思想政治教育"或"思政课""相衔接"和"一体化"等提法和角度不同,但始终是学校思想政治教育的基本课题。近几年,"大中小思政课'一体化'"已经成为学校教育的热点。各个学段内部、学段之间,还有课程内部、阵地形态、活动方式等,分化形成极其多样而又丰富的思想政治教育现象,成为思想政治教育整合的对象和任务。有分化就有整合。分化与整合成为学校教育的基本形态,同样是高校社会主义核心价值观教育实践中的基本特征,也是本书的基本特征,作为本书的主线和研究重点,贯穿全书。

第三,知识思维。知识的重要性是常识。课题在设计及研究实施中特别重视知识,将知识不仅作为基本手段和资源,还作为研究目标、思维方式来对待。社会主义核心价值观作为价值客体,人们多从价值现象的角度进行探讨,以理论的方式进行论述,具有鲜明的形而上特色。从培育和践行的角度,通常将之作为教育活动来对待。本书认为,核心价值观的灵魂是立场、观点,反映人的价值取向和思想倾向,但知识是其基础和载体。社会主义核心价值观是一件新事物,要有相应的知识,但至今仍然知之不多,还需要探索大量的无知。社会主义核心价值观中,思想倾向是灵魂,但涉及"知情意信行"相当多的方面和领域,从各方面及总体看应以知识为基础。谈到"知",并不仅仅是指认知或认识,而是指知识。社会主义核心价值观是百年工程,要实现培育、践行社会主义核心价值观,使之成为风气、涵育精神,要经过长期的持续努力。这一工程在现阶段才出发,大量的未知有待探索和积累。立德树人根本任务实现的过程,应当是知识探索的过程,一边传承原知识,一边生产新知识,将新知识与原知识结合起来,成为"实现"的能量。为此,本书在各章探讨中,除了探讨专门课题以外,还重视探索相应的知识。此外,还将科研作为高校培育和践行社会主义核心价值观的知识支持,专列第八章"高校立德树人根本任务实现的科研基础"。

第四,实践思维。培育和践行社会主义核心价值观既是一项科学研究、知识生产、文化积累、管理协调的工程,更是实践探索的过程。实践是马克思主义的基本观点,实践论是马克思主义的基本理论,实践应成为我们的基本意识。何况培育和践行社会主义核心价值观需要一边实践、一边总结和改进,实践既是基础,也是桥梁,要用鲜活的实践来丰富和检验理论,用实践推进高校立德树人根本任务的实现。为此,本书通过专题调研和收集江苏高校社会主义核心价值观实践的个案,对这些资料作了初步研析,也供读者参考和借鉴。实践是一个常识性的概念,在人类文明中有极其丰富的生动存在,又有内容复杂的结构和多种形态,在社会分化时代,更趋多样化和复杂化,要想真正科学把握实践也十分不易。为此,建议读者将经验、知识、范畴联系起来理解,运用社会思维、分化与整合思维、知识思维等,将古今中外的核心价值观探索和实践联系起来进行反思,深研实践、理解实践和发挥实践的作用。

对于大学生而言,虽然培育和践行社会主义核心价值观的主要战场在高校,但高校是大学生人生征程的中间站,高校更是社会的一部分。大学生在高校阶段培育和践行社会主义核心价值观是打基础阶段——为进入社会打下基础;在高校期间大学生又受到社会的影响和规制,大学生活与社会生活始终存在着互动;还有,高校社会与高校外社会是可以衔接的,也是需要衔接的,大学生应当学会将人生不同阶段既区分又联系起来,并使之融会贯通,学会在社会分化中自主学习和成长,将成长作为核心目标,不断提升自己的人生境界,立志为人民服务。

这是一个伟大的时代,又是一个分化的时代,也是一个迭代创新的时代。虽然这个时代不断分化,但也必须不断整合,"分化与整合"的协同将是这个时代的成功秘诀。万变不离其宗。高校以立德树人为根本任务,这个"人"是大学生。大学生是实现的主体、主人、主角,高校社会主义核心价值观教育以大学生为中心。我相信,大学生是社会主义核心价值观教育的被培育主体,也是践行主体;是受教育主体,也是教育主体。通过高校阶段的主体实践,当代大学生一定会成长为中国特色社会主义时代新人,成为社会主义核心价值观的践行者,为社会主义核心价值观社会实践作出贡献。

孙其昂
于南京秦淮河边清江西苑寓中
2020 年 5 月 26 日

目 录

导　论　*1*

第一章　高校立德树人根本任务实现的理论基础　*13*

　　第一节　高校立德树人根本任务实现的基本内涵　*13*

　　第二节　高校立德树人根本任务实现的基本原理　*22*

　　第三节　高校立德树人根本任务实现的基本路径　*35*

第二章　高校立德树人根本任务实现的内部结构　*49*

　　第一节　高校类型与立德树人根本任务　*49*

　　第二节　高校组织与立德树人根本任务　*61*

　　第三节　高校主体结构与立德树人根本任务　*68*

　　第四节　高校社会生态与立德树人根本任务　*74*

第三章　高校立德树人根本任务实现的外部结构　*82*

　　第一节　高校立德树人根本任务与国家　*82*

　　第二节　高校立德树人根本任务与中小学　*90*

　　第三节　高校立德树人根本任务与社会　*102*

第四章　高校立德树人根本任务实现整合研究　116

  第一节　高校立德树人根本任务实现整合界定　117

  第二节　高校立德树人根本任务实现目标整合　124

  第三节　高校立德树人根本任务实现对象整合　133

  第四节　高校立德树人根本任务实现阵地整合　139

  第五节　高校立德树人根本任务实现活动整合　151

  第六节　高校立德树人根本任务实现管理整合　157

第五章　高校立德树人根本任务实现的工作机制　163

  第一节　高校立德树人根本任务实现工作机制概要　163

  第二节　高校立德树人根本任务实现的决策机制　171

  第三节　高校立德树人根本任务实现的管理机制　177

  第四节　高校立德树人根本任务实现的评估机制　183

  第五节　高校立德树人根本任务实现的激励机制　188

  第六节　高校立德树人根本任务实现的反馈机制　193

第六章　高校立德树人根本任务实现载体体系　198

  第一节　高校立德树人根本任务实现载体概述　198

  第二节　高校立德树人根本任务实现的制度载体　204

  第三节　高校立德树人根本任务实现的平台载体　209

  第四节　高校立德树人根本任务实现的符号载体　214

  第五节　高校立德树人根本任务实现的仪式载体　219

  第六节　高校立德树人根本任务实现的网络新媒体载体　225

第七章　高校立德树人根本任务实现的保障体系　232

  第一节　高校立德树人根本任务实现的保障体系概述　232

第二节 高校立德树人根本任务实现的思想保障 *236*

第三节 高校立德树人根本任务实现的组织保障 *241*

第四节 高校立德树人根本任务实现的动力保障 *250*

第五节 高校立德树人根本任务实现的制度保障 *253*

第六节 高校立德树人根本任务实现的环境保障 *260*

第八章 高校立德树人根本任务实现的科研基础 *264*

第一节 高校立德树人根本任务实现的知识支持 *264*

第二节 高校立德树人根本任务实现的科研配合 *274*

第三节 高校立德树人根本任务实现与科研互动 *286*

第九章 高校立德树人根本任务实现的个案分析 *295*

第一节 高校立德树人根本任务实现的队伍建设 *295*

第二节 高校立德树人根本任务实现的课程改革 *302*

第三节 高校立德树人根本任务实现的活动实践 *309*

第四节 高校立德树人根本任务实现的校园文化建设 *316*

第五节 高校立德树人根本任务实现的网络平台构建 *324*

附录一 "立德树人与培育和践行社会主义核心价值观"文献综述 *328*

附录二 关于培育和践行社会主义核心价值观的情况报告 *349*

参考文献 *371*

后　记 *380*

导 论

本书的主题是"立德树人根本任务实现",是江苏省高校哲学社会科学研究重点项目的研究成果。

一、"立德树人根本任务实现研究"题意及研究意义

本课题研究是中国特色社会主义进入新时代的必然要求,特别是意识形态领域理论建设和实践的客观要求。具体而言,这是学校思想政治教育领域,特别是高校大学生思想政治教育领域中的一项理论与实践结合的研究课题。

1. 本课题研究的宏观背景和题意

党的十六届六中全会明确提出了社会主义核心价值体系的基本内容:马克思主义指导思想,中国特色社会主义共同理想,以爱国主义为核心的民族精神和以改革创新为核心的时代精神,社会主义荣辱观。党的十八大报告将社会主义核心价值观凝练为24个字:富强、民主、文明、和谐,自由、平等、公正、法治,爱国、敬业、诚信、友善。"社会主义核心价值观是社会主义核心价值体系的精神内核,最鲜明、最直接地反映着社会主义核心价值体系的本质规定性。"①党的十九大报告提出党在新时代十四项工作之一,即第七项工作"坚持社会主义核心价值体系"②,

---

① 沈壮海:《社会主义核心价值观培育和践行的着力点》,载《思想政治工作研究》2012年第12期。
② 习近平:《决胜全面建成小康社会 夺取新时代中国特色社会主义伟大胜利——在中国共产党第十九次全国代表大会上的报告》,北京:人民出版社2017年版,第23页。

再次明确培育和践行社会主义核心价值观是"文化自信"的组成部分。

"立德树人根本任务"是将"培育和践行社会主义核心价值观"作为"立德树人"的根本任务。培育和践行社会主义核心价值观是全党全国的"铸魂"工程,是文化自信的灵魂。本课题是培育和践行社会主义核心价值观"铸魂"工程的组成部分,也是基础工程。立德树人根本任务的"实现"是将"铸魂"工程落到实处的必要环节。立德树人根本任务的"实现"环节,正是本课题的研究任务和研究内容。

2. 本课题提出的现实背景与研究动因[①]

结合学校思想政治教育背景,本课题研究具有明确的问题意识:

(1) 国民教育课程中社会主义核心价值观"三进"工作的重要性已成为各级各类学校的共识,但实践中可能会停留在应试化、形式化、表面化的水平。

(2) 小学、中学、大学各阶段学生接受能力不同,社会主义核心价值观教育内容的教育重点、呈现方式等方面在操作层面会存在适恰性问题,诸如内容与对象的知识水平及思维发展阶段不符、内容缺乏适当的避让和衔接。在教育逻辑上,大中小学校社会主义核心价值观"三进"教育需要形成一个完整的知识序列和一个合理的心理影响效应链条。

(3) 社会主义核心价值观重在信念的确立和主体的践行,但从结构看,社会主义核心价值观中的前八个词是关于国家、社会层面的核心价值观,后四个词则是关于个人行为取向,需要分别以相应的象征物(制度、成就、事件、规范等)在教育过程中呈现出来,象征物的确定或寻求是教育过程的先期准备。

(4) 价值观教育有其特殊的教育规律,社会主义核心价值观教育在教育、教学的方式、方法和手段、媒体等方面也需要进行序列化和有机整合,以使教育各阶段之间得到有秩序的安排。这种安排既取决于教学内容,更取决于学生的心理发展水平、接受意愿和接受能力。

(5) 社会主义核心价值观教育除了"思政课程"主渠道外,还需要渗透于其他各门课程("课程思政")和学校多种形式的隐性课程中。教师资格制度的实施为大量非师范专业毕业生提供走上教师岗位(包括思政课教学)的机会,但教师资格制度对教师的思想政治教育知识、能力等门槛尚低。其他课程的教师和隐性课程

---

① 戴锐教授是这部分观点的主要提供者。

的执行者可能会缺乏德育能力——既缺乏对社会主义核心价值观及其教育的理解,又缺乏对大中小学校思想政治教育的一体化、一贯性和差异性的认识,以致影响社会主义核心价值观在学校教育和生活中的渗透目标的全面实现。

(6)社会主义核心价值观贯穿于人的整个生命历程中,贯穿于人的日常生活和社会实践中。但目前初等、中等和高等教育阶段的思想政治教育工作、思想政治教育队伍之间存在相对隔离的现象,信息沟通的缺乏带来了意识偏误、内容的避让与衔接不当、教育方法手段不当或阶段特色不明显等问题,难以保证社会主义核心价值观教育的长效化。因此,必须实现全序列的教育统整。

值得一提的是,在教育学界,课程整合(统整)理论自20世纪80年代中期才影响日盛,人们的视线主要关注的也只是"科际整合",并未意识到思想政治教育因其内容的多学科综合性特征而有必要进行内部统整。

3. 研究本课题的理论意义和实践价值

培育和践行社会主义核心价值观具有重大的现实意义,做好这项工程,要有理论支持。课题研究既有基础理论意义,也有现实的理论需要。培育和践行社会主义核心价值观,是推进中国特色社会主义伟大事业、实现中华民族伟大复兴中国梦的战略任务,这与中国特色社会主义发展要求相契合,与中华优秀传统文化和人类文明优秀成果相承接,是我们党凝聚全党全社会价值共识作出的重要论断。通过探讨立德树人过程中培育和践行社会主义核心价值观的原理、机制、途径等,揭示德育规律,积累原理知识,丰富相关的知识体系。这是思想政治教育学科建设的组成部分。

研究本课题的实践价值在于,培育和践行社会主义核心价值观要从小抓起、从学校抓起,需要拓展青少年培育和践行社会主义核心价值观的有效途径。培育和践行社会主义核心价值观是立德树人的根本任务。坚持联系实际,区分层次和对象,加强分类指导,找准与学生思想的共鸣点和交汇点,做到贴近性、对象化、接地气;坚持改进创新,善于运用学生喜闻乐见的方式,搭建便于学生参与的平台,开辟学生乐于参与的渠道,积极推进学校思想政治教育的理念创新、手段创新和基层工作创新,有助于增强大学生思想政治教育的亲和力、吸引力、感染力。结合本课题的理论与实践价值,思想政治教育(德育)的"大中小"衔接是改革开放40多年来长期探讨的难题。本课题的研究和实践,对于攻克这一难题具有理论和实践意义,对从整体上推进思想政治教育现代化、提高学生思想政治教育实效具有重要价值。

目前,学术界对立德树人根本任务实现,特别是培育和践行社会主义核心价值观"融入"立德树人全过程进行了初步探讨,取得了大量理论成果。总体上看,这方面的研究在数量上很多,在程度上酝酿突破和推进。① 这种趋势呈现蓄势待发的状态。

二、研究的基本内容

本书在课题立项时设计的研究内容如图0-1所示,从课题立项设计到研究实施过程,前后经历了6年时间,研究内容虽然有所调整,但主题及总体思路未变。这说明立项之初对课题研究主题及研究内容的设想具有前瞻性、开拓性,在课题研究中体现了连续性、深化和细化。这是课题组长期研究积累的成果。这说明,长期对研究领域及研究对象进行跟踪研究,不断积累、不断更新,实现"迭代创

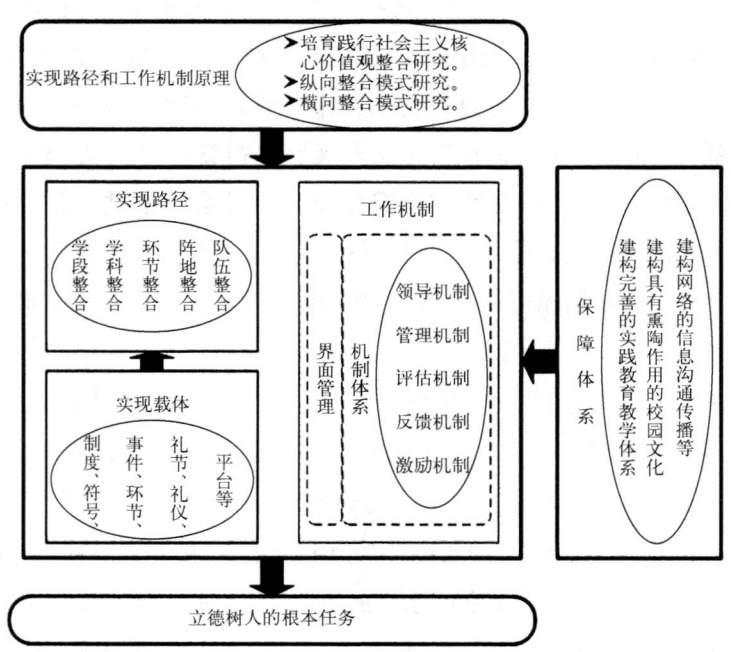

图0-1 "立德树人根本任务实现研究"的研究内容

---

① 见本书附录1。

新",应成为思想政治教育研究的重要研究方法。

本书主要研究任务及内容有以下四个方面：

1. 高校立德树人根本任务实现的理论基础研究

本书第一章对高校立德树人根本任务实现的理论基础、原理和关键环节作了探讨。

本书以课题基本内容为对象，以高校立德树人根本任务实现为内容，从基本内涵、基本原理和基本路径等几方面对理论基础作了探讨。本书所指的根本任务就是培育和践行社会主义核心价值观，这既是"德"的根本任务，也是"人"的根本任务。高校大学生思想政治教育使大学生具有社会主义核心价值观素养，这种素养不仅具有观念素养，还具有"践行"素养，以育成"知情意信行"的综合素养。由此明确了立德树人根本任务的对象、目标和途径。

高校立德树人根本任务的一般原理主要有三个方面：一是国家意识形态安全理论，二是以人为本的教育理念，三是内化与外化的学说。一般原理由三个部分组成，包括宏观层面的国家理论、中观层面的教育理论、具体层面的思想政治教育理论。内化与外化原理属于思想政治教育原理。这里体现的是思想政治教育内化思想，通由外部向内部层层推进，使国家意志"进入"教育系统、学生系统。这是通过立德树人根本任务"学校化"和"学生化"来实现的。只有"进入"学校及学生内部，社会主义核心价值观才可能与学生连接和互动，进而内化为学生的思想与行为要素。

高校立德树人根本任务实现的基本路径是一个过程，关键环节和原理是"整合"。立德树人根本任务实现是一项系统工程，是由若干要素和环节组成的实践过程，又是由"大—中—小"学校组成的纵向时空过程，需要通过开放式的内外整合、垂直式的纵向整合和水平式的横向整合，调动多学科知识、多层面经验和多方面资源，在不同层级思想政治教育中设定不同内容、信息呈现方式、教育教学手段及实践，才有可能达到"实现"。在这个过程中，界面管理是一个重要环节。这是关于当前"大中小"学校思想政治教育"一体化"的难题，有待探索并逐步实现系统优化，以求得"全覆盖"。

2. 高校立德树人根本任务实现的结构研究

本书将高校视为"社会"，以"高校社会"为基础，以"结构-功能"为分析范式，将高校社会分析与立德树人根本任务实现结合起来,将"内部结构"与"外部结构"区分开来又联系起来,探讨立德树人根本任务实现的基础和空间构成。这种分析在思想政治教育领域是一次新尝试,也是思想政治教育系统思维和思想政治教育社会思维的应用。本书第二章探讨"内部结构",第三章探讨"外部结构",两章结合起来便是一个整体。

第二章从高校"内部结构"出发,对高校立德树人根本任务"内部结构"作了系统分析。高校是一个什么样的组织?它与政府、企业、军队、社区等有何不同?这应当进入思想政治教育学科的视野。本书从三个维度出发——教学科研单位、科层体制和社会系统,在此基础上分析了高校与立德树人根本任务实现的关系。本书根据高等教育相关研究成果和实践惯例将中国高校分为五类,即"985""211"工程高校、其他公办本科高校、民办高校、高职高专院校和成人高校。以此为基础,本书通过调研收集资料,对江苏高校培育和践行社会主义核心价值观的现状作了分析,有了大体判断。总体来看,各类高校都在培育和践行社会主义核心价值观方面采取行动,但实施情况并不理想。高校立德树人根本任务的主体建设是培育和践行社会主义核心价值观的基础方面,也是本书研究的重要课题。高校社会生态已经成为人们关心和研究的课题,在立德树人根本任务实现中也要对其多加探讨。此外,第二章还重点从学分制、跨校区办学、高校市场化、互联网覆盖等方面对高校作了社会生态分析,并探讨它们与立德树人根本任务的关系。

高校是社会,又是社会的组成部分,后一个"社会"主要指高校的外部存在,本书将其称为高校的"外部结构"。这也是第三章探讨的主要内容。高校的"外部结构"包括国家、中小学、外部管理部门、社区、家庭、新媒体等社会单元。高校作为社会系统中的部门,立德树人根本任务实现既由外部输入又向外部输出,是内部与外部相互作用的过程。

3. 高校立德树人根本任务实现的整合组合研究

社会现代化过程,也是社会分化和转型的过程。这是人类社会共同面临的机会和挑战,也是社会现代性在思想政治教育领域的"进入"和生存表达。进入新世纪以来,我们越来越频繁地使用"共同体"语言,如整合、协作、协同、共建、共享、治理、统整等概念,这在立德树人根本任务实现中也不能避免。任何一个社会要素,都必须处理个体因素与共同体的关系,处理个体、共同体(集体)与社会的关系,处理"个体"①与国家的关系。虽然个体因素可以"洁身自好",但也只能是"一厢情愿"。高校立德树人根本任务实现是一个整合手段的共同运用的过程,包括整合、机制、载体。第四章以"整合"为主题,从基本原理上对"实现整合"作了探讨;第五章以"机制"为主题,从实施角度探讨了"实现机制";第六章以"载体"为主题,从实施角度探讨了"实现载体"。

立德树人根本任务实现实质是人的价值观的更新和发展,对青年学生而言则是培育。人们看到的现代社会的分化,通常处于表面层次,而价值观也必然发生相应的分化,这是在社会的内部进行的。思想政治教育揭示思想支配行为,而思想观念分化过程中的整合有其特殊性,这是高校立德树人根本任务实现整合的研究任务。立德树人根本任务实现整合有复杂的现实境遇,全球化和现代化是它的时代背景,理性化和科技化是它的深度原因和动力,人的个性化发展则是它的内在动机及内生动力,这些都会通过人直接面对的社会关系、行为方式、人际交往等体现出来。价值观深入其中,发挥潜在功能。具体来说,高校立德树人根本任务实现整合本身是一个系统,包括目标整合、对象整合、阵地整合、活动整合和管理整合。

"机制"一词来源于机械学、生物学等领域,在思想政治教育领域虽然有相关研究,但至今仍然难以说清楚。思想政治教育机制客观上存在,无论人们是否关心它,机制都在发挥作用。本书第五章根据立德树人根本任务实现的工作机制的运作过程,将其划分为决策机制、管理机制、评估机制、激励机制和反馈机制等五种类型。这五种机制是一个整体,发生链式反应,即使人们没有意识到它们的整体性,客观上仍是相互联系、相互作用从而发挥整体作用的实现过程。每一类型机制内部本身也有丰富的内容及要素,发挥各自的作用。对每一种类型的机制仍然可以细分,仍需深入研究,以找到它们的内部结构。这种状况造成工作机制运行的重叠和复杂化,迫使人们深入探讨机制结构,也造成认识和管理的难度。加上立德树人根本任务这个研究课题属于观念世界的范畴,研究和阐述就变得更加困难。

---

① 这个"个体"相当于常说的个人,"个体"与国家的关系便是指个人与国家的关系。这时,"个体"或个人并不仅仅个体或个人单位,而是指个别单元或单位,包括社会组织这样的个别单位,作为整体处理自己与国家的关系。通常说,在处理国家关系,实质是小团体(利益),并不仅仅是自己一个人,而是一个团体。

思想政治教育载体在思想政治教育中的价值越来越受到人们的重视,对它的研究也多起来。原因在于载体是人们活动的舞台,也是人们合作活动、共建共享的中介和手段,在社会分化、社会流动化、科技化过程中,越来越显示出载体的功能意义。高校立德树人根本任务的实现过程,不能缺少载体。随着互联网、大数据、人工智能、新媒体等高科技的快速发展,载体成为人与人交往的前提,这是人们重视载体的又一原因。同时这也带来风险,人们的注意力被高新技术所吸引,在思想观念及道德情感教育领域的诸如浅阅读、浅思考、娱乐化等现象,需要引起人们的警惕。本书第六章研究高校立德树人根本任务实现载体的一般特点,提出开展创新发展的思路,对制度载体、平台载体、符号载体、仪式载体、新媒体载体等作了探讨。

4. 高校立德树人根本任务实现的保障条件研究

任何社会实践都是有条件的,这里所说的条件包括客观条件和主观条件。以往关注客观条件时,主要是在聚焦客观存在和客观事实,强调从实际出发。随着认识的推进,我们还要深化对条件的认识。本书作者过往对思想政治教育条件已经作过较多探讨,在思想政治教育学原理教材中专门列出"条件篇"[1],除载体、手段、方法等作为条件的组成部分以外,还强调思想政治教育的设施技术、环境体系、文化传统等思想政治教育条件。与此同时,对"思想政治教育条件环境"[2]作出专门分析,强调条件的实质是资源和资本。"思想政治教育条件是一种可能,这种可能有多大,思想政治教育系统发展和作用就有多大。"[3]本书结合立德树人根本任务实现的实际,对条件保障做了两方面研究。第七章专门探讨"保障体系",第八章专门探讨了"科研基础"。

立德树人根本任务实现的保障体系,从目标、主体、内容三个方面作了探讨,指出保障体系与立德树人之间的根本关系,强调保障体系的主体有两个方面,分别是保障体系的建设主体和所保障的对象主体。立德树人根本任务实现的保障内容有五个方面,即思想、组织、动力、制度、环境。社会是不断发展的,保障体系也要随社会发展和立德树人根本任务实现要求而不断改进,实现任务与条件保障

---

[1] 孙其昂、黄世虎:《思想政治教育学基本原理》,南京:河海大学出版社2015年版,第229页。
[2] 孙其昂、黄世虎:《思想政治教育学基本原理》,南京:河海大学出版社2015年版,第241页。
[3] 孙其昂:《思想政治教育学前沿研究》,北京:人民出版社2013年版,第134页。

的匹配。

立德树人和根本任务都属于知识领域的活动,本身具有知识的属性,实现过程和方式也是知识类型的。社会现代化过程,实质是知识创新发展的过程。在这种社会背景下,科学研究已经成为社会实践中的新型实践,不可或缺。高校立德树人根本任务实现必须有强有力的科研基础作为支撑。本书对高校立德树人根本任务实现的知识特点作了创新分析,从科研项目、科研活动、科研成果、智库打造等方面提出了科研支持的思路。在此基础上,根据社会现代化和创新发展,提出持续变迁、不同类型、不同主题的高校与科研的互动,以积极主动实现立德树人根本任务。

本书还收集江苏省高校培育和践行社会主义核心价值观相关的实践案例,作为理论研究的参考和佐证,也作为历史经验的实例做了记录。

三、研究的创新

创新始终贯穿全书,贯穿课题研究、咨询和专著撰写始终,在本书中有明显的体现。

思想政治教育系统思维、思想政治教育社会思维(思想政治教育社会学)是本书研究思路及创新的基本线索,也是课题主持人及课题组集多年思想政治教育研究成果的体现。课题研究的创新是多方面的,体现了较强的系统性、思想性、针对性、实证性,具有较强的前沿性、原创性、学术性和实践指导性。

一是思想政治教育观念创新。本书运用系统思维方式,提出整合概念,对立德树人根本任务各个要素进行多层次立体式整合,争取具有体系整合的成效,为立德树人、培育和践行社会主义核心价值观提供先进的理念指导,改变实践中存在的应试化、形式化、表面化现象,将思想政治教育推进到新阶段。与此相应,针对高校立德树人根本任务实现任务和路径,提出了诸多新课题新领域。这包括课题论域体系、研究主题、研究课题,如课题中系统研究了立德树人根本任务实现的整合、机制、载体、保障、条件,特别是提出培育和践行社会主义核心价值观需要"科研基础",指出立德树人、根本任务本身都是知识存在和知识活动,需要知识生产作为支撑条件。

二是内容含义创新。社会主义核心价值观具有全社会性,进入国民教育体系，面对青少年群体还需要做转化和解释的工作。抓住"内容转化""内容区分"重点，实现培育和践行社会主义核心价值观进入学校和学生中，融入学校教育全过程。通过培育和践行社会主义核心价值观"学校化""学生化"，为学生所理解、能践行、可育成，既是大众化的具体化，也是深化。立德树人根本任务即培育和践行社会主义核心价值观融入学校教育全过程中实现内容对象化，既具有现实性又具有全局性，创新明显。

三是工作机制创新。培育和践行社会主义核心价值观是思想政治教育中的价值观教育，它有其特殊的教育规律。本书研制立德树人即培育和践行社会主义核心价值观在高校的工作机制体系，提出"界面管理"，其具有系统性、针对性、可行性、指导性和有效性，从学校思想政治教育机制维度化解长期以来"大中小"学校思想政治教育衔接难题，具有工作机制创新性。

四是实施体系创新。价值观教育有其特殊的教育规律，社会主义核心价值观教育在教育、教学的方式、方法和手段方面需要深入探讨，揭示规律。本书揭示学生价值观教育规律，将社会主义核心价值观作为学生价值观中的核心，对学校思想政治教育、学生价值观教育和社会主义核心价值观教育有重要意义。研制能够促进学生培育和践行社会主义核心价值观的实施体系，具有可行性和有效性，从实施体系维度化解长期以来"大中小"学校思想政治教育衔接难题，具有重要的创新性。

五是研究思路和方法创新。本书以思想政治教育系统思维为基本思维，以高校作为社会的组成部分，将高校与社会以区分为基础，又进行整体分析；培育和践行社会主义核心价值观是高校、高等教育和大学生思想政治教育的重要组成部分，将其作为系统与环境的关系整体对待，在分析基础上整体研究建构立德树人根本任务实现的工作机制。例如，本书第二章和第三章中，以高校为中心的内部与外部两个部分相互依托，又是整体。每一部分内部又是多要素组成的系统整体。将高校本身作为社会结构进行探讨，在分别分析高校教学科研单位、科层体制、社会系统三大维度的基础上，对高校这一社会作了全新的分析和建构。这对于认识高校社会及相应的高校实践，无论在认识思路、研究方法还是在实践和理论研究对象方面，都对后续研究有参考借鉴。

与上述创新相关，课题研究过程中还提出诸多新课题。这些新课题是立德树人根本任务即培育和践行社会主义核心价值观、学校思想政治教育及思想政治教育现代化本身内生问题的显现。换言之，原本隐形存在于内部的课题，在人为活动过程中被激活和揭示出来，成为现实的理论和实践课题。例如，改革开放40多年来，"大中小"学校思想政治教育衔接课题，再次成为显性课题，已经成为不能回避的实践课题和理论课题，深层次而言，则是学术课题。没有学术探索，没有理论阐释，必然制约实践推进。这是实践需要理论指导即理论指导实践的规律使然。这方面在本书第三章中十分突出。德育、学校思想政治教育、思想政治教育、党的思想建设或党建等相近概念在第三章相遇，表面来看是选择表达和论述的术语工具及语言问题，其背后则是学科概念、范畴、内涵的界定问题。不解决这方面的规范及标准，必然妨碍理论阐释和实践展开。这是时代呼唤思想政治教育现代化及学科化的表现。

四、研究思路和方法

研究思路以立德树人根本任务为目标，从调研入手，运用多学科理念、知识和方法（论），着眼于方案可操作，提出培育和践行社会主义核心价值观融入立德树人工程实施方案，制定既科学又现实可行的立德树人根本任务的实现路径和工作机制。

课题研究立项及研究经过大体是：2014年1月进行课题论证，同年7月立项；经过近三年的研究，2016年11月写成了初稿；经过2017—2018年的研究和修改，后来于2019年12月经过补充调研，修改书稿，2020年上半年再修改后形成本书。

2014年初，江苏省教育厅社政处负责人将任务交给河海大学马克思主义学院课题组，由孙其昂教授负责。接到任务后，组成课题组，课题成员开展多次研讨。在课题组负责人主持下，分成三个方面展开调研和论证。一是课题主题和研究内容，这是课题的核心部分。戴锐教授在研究积累及再次查阅基础上写出专门的论证建议，提供给课题组。这分论证报告成为申请书的核心部分。二是由王莹研究生负责，查阅研究文献，写成申请书的研究现状及评述部分。这篇综述在今天读来仍然感到新鲜、充实，有学术价值。三是由赵春霞老师负责，绘制了研究路线图（见图0-1）。

自课题立项至2019年12月，课题组向江苏省教育厅提交了调研报告，参加了江苏省教育系统社会主义核心价值观教育文件的讨论，提交了咨询意见，撰写形成了本书书稿。

研究方法运用系统方法论、生态学、整合理论等，分析学校德育系统及其运行中存在的整合问题，分析整合规律。主要研究方法有：

1. 文献法。通过对全面深化教育改革纲要、社会主义精神文明建设、社会主义核心价值体系、培育和践行社会主义核心价值观、思想政治工作、宣传思想工作等文件、德育学文献及经验文献资料的研读，解析思想政治教育特别是"大中小"德育现状。

2. 问卷与访谈法。运用问卷和访谈的方法收集资料，定量分析与定性分析相结合，收集本课题有关的先进经验、典型个案、德育教师及实际工作者实践探索所积累的经验知识。

3. 个案法。用社会学方法研究德育个案，进行培育和践行社会主义核心价值观融入立德树人工程实施的理论解释和模式建构，总结进入新时代以来立德树人根本任务的实现路径和工作机制经验。第九章收集整理江苏省若干高校培育和践行社会主义核心价值观的实践经验，为读者提供实践参考。

4. 比较法。通过调研，收集进入新时代以来省内外同类主题的经验材料，在此基础上进行比较分析，寻找共性和特色，作为实施方案的历史和实践支撑。

第一章　高校立德树人根本任务实现的理论基础

高校立德树人根本任务实现,即培育和践行社会主义核心价值观的实现,是高校及高等教育的根本任务,是社会主义现代化建设与发展的现实需求,是时代变迁发出的挑战与号召。"培养什么人、怎样培养人、为谁培养人"是我国社会主义教育事业发展必须解决好的根本问题,也是事关党和国家前途命运的重大问题。高校大学生处在人生的"拔节孕穗期",同时也是社会主义建设的后备军与接班人。高校大学生自身发展需求以及育人为本、德育为先的教育理念要求培育以社会主义核心价值观为灵魂的社会新风尚,而培育良好的社会风尚必须落实于"立德树人"这一教育的根本任务。推动立德树人根本任务的实现,必须首先对其内涵、原理以及路径有一个较为全面的科学认识,这也是推动思想政治教育科学化和现代化的重要举措。

第一节　高校立德树人根本任务实现的基本内涵

立德树人是优秀的传统教育理念,体现了历史性与时代性、理论性与实践性的有机统一,理念的先进性决定其具有强大的生命力。本节将厘清立德树人的含义与特性,从而科学界定根本任务及立德树人根本任务的含义。在准确理解立德树人根本任务含义的基础上,剖析根本任务与立德树人根本任务之间的关系,阐明两者间的联系与区别,更深入地认识与理解根本任务实现的对象、目标、途径。

一、立德树人、根本任务及立德树人根本任务的含义

立德树人、根本任务以及立德树人根本任务三者间息息相关,因而界定三者的含义时,应将它们放在一起思考,通过厘清彼此间的联系与区别,准确把握各自的含义。

(一)立德树人的含义

立德树人是我国优秀的传统教育理念,经历了漫长的演变过程。早期"立德"与"树人"是分开的,"立德"最早出自《左传·襄公》:"太上有立德,其次有立功,其次有立言。虽久不废,此之谓不朽。"①古人将"立德"即追求道德品质、实现道德理想置于至高无上的地位,视为人生的最高境界,这深刻体现"德"是中华传统教育理念的根与魂。"树人"最早出自《管子·权修》:"一年之计,莫如树谷;十年之计,莫如树木;终身之计,莫如树人。"②智慧的古人早在千年之前就意识到"树人"的重要性和艰难性。由于"立德"与"树人"不仅在概念上紧密联系,在实践中也密不可分,因而逐渐将它们合并起来使用。

党的十八大报告提出要坚持教育优先发展,全面贯彻党的教育方针,坚持教育为社会主义现代化建设服务、为人民服务,把立德树人作为教育的根本任务,培养德智体美全面发展的社会主义建设者和接班人。强调"德"作为人的素质的核心地位,指出"树人"的具体内容即培养德智体美全面发展的社会主义建设者和接班人,阐明立德树人是教育发展的本质需求,是社会主义现代化的发展需求,也是时代潮流的召唤。党的十八大报告把"立德树人"作为教育的根本任务提出,不仅丰富与发展了我国古代优秀的传统教育理念,而且是对"立德树人"进行有时代性的理论创新。党的十九大报告明确强调要落实立德树人根本任务。可见,"立德树人"不仅是优秀的传统教育理念,更是与时俱进的教育实践理性及活动;不仅具有鲜明的历史烙印,而且具有强大的自我造血功能。"立德树人"是历史性与时代性的有机统一。

再者,科学理解立德树人的含义,关键在于把握立德树人的基本内容、厘清立德树人的内在逻辑与联系。"立德树人",其中"德"是教育内容,"人"是教育对象,

---

① 《左传·襄公》。
② 《管子·权修》。

"立"与"树"是教育方法,"立德树人"的基本内容表现为"以何德树何人"及"如何立德树人"。在这里,"立德"是基础,"树人"是目的,离开"立德"的"树人"是盲目的、低效的,缺乏正确的指导方向;离开"树人"的"立德"是空洞的、形式的,缺乏切实的实践活动。"立德树人"是理论性与实践性的有机统一。由此可见,广义上的立德树人是指传统教育理念继承下的具有无限生命力的教育实践活动,而狭义上对立德树人的理解,落脚点在于"德"与"人"的时代化、具体化。

(二)根本任务及立德树人根本任务的含义

"立德树人"是历史性与时代性的有机统一。在不同历史时期、不同社会条件下,对于"德"和"人"以及如何"立德树人"必然存在差异化认识与理解。随着社会的发展、时代的进步,"德"的内涵不断丰富,"人"的标准也在不断变化。"德"不仅仅包含传统的道德因子,诸如职业道德、社会公德、家庭美德、个人品德等道德观念,还包含对人价值追求的高标准,涵盖了社会主义核心价值体系、社会主义核心价值观,以及正确的世界观、人生观、价值观等价值追求。

"立德树人"是理论性与实践性的有机统一,具体表现为"立德"与"树人"之间的相辅相成、相互作用,"人"的对象不同,必然要求对应的"德"的标准不一。"树人"中的"人"范围广泛,不仅包含精英群体以及专门人才,也包括广大为社会主义事业作出贡献的劳动群众、建设者与接班人。2014年2月26日,中共中央办公厅印发的《关于培育和践行社会主义核心价值观的意见》明确指出:"坚持育人为本、德育为先,围绕立德树人的根本任务,把培育和践行社会主义核心价值观融入国民教育全过程。"[①]本书从高校及高等教育整体视角理解"立德树人"含义,将立德树人的"人"具体化为高校教育对象,将"德"具体化为社会主义核心价值观。2017年2月27日,中共中央、国务院印发了《关于加强和改进新形势下高校思想政治工作的意见》,该意见强调指出,高校要"坚持社会主义办学方向,扎根中国大地办大学,以立德树人为根本,以理想信念教育为核心,以社会主义核心价值观为引领"[②]。据此,本书的"立德树人"是指社会主义核心价值观指导下的高校系统化教育实践活动。作为高校及高等教育的根本任务,立德树人旨在关注"将学生培

---

① 中共中央办公厅印发:《关于培育和践行社会主义核心价值观的意见》,载《人民日报》2014年2月26日。
② 中共中央国务院印发:《关于加强和改进新形势下高校思想政治工作的意见》,载《人民日报》2017年2月28日。

养成为什么样的人"以及"如何培养"的问题。而"立德树人"的关键在于将"德"与"人"有机统一,即"德"的内涵内化为"人"的素质及行为,"人"成为"德"最有效的载体与传播者,其中"立德"是培养目标的根本要求和根本目标,社会主义核心价值观是社会发展对于人们的思想道德素质和价值追求所提出的新要求。社会主义核心价值观作为"立德树人"的核心理念必然要求立德树人根本任务聚焦于社会主义核心价值观的培育与践行。

立德树人根本任务即高校育人中社会主义核心价值观的培育与践行,具体含义包括:第一,此处的社会主义核心价值观应密切联系高校学生群体,它是指以学生为主体的社会主义核心价值观的道德品质及价值追求;第二,此处的社会主义核心价值观是立体的、多维的、动态的概念,不应仅将它作为指导原则局限于理论层面,它同时也应落实到具体实践中转化成实际行为结果;第三,科学把握此处培育与践行的作用过程,社会主义核心价值观培育过程是将社会主义核心价值观内化为学生的个人思想道德素质与价值观念,而社会主义核心价值观践行过程是学生将内化后的社会主义核心价值观再外化为实践活动。科学把握培育与践行的作用过程,并不是简单地将社会主义核心价值观培育与践行过程一分为二的割裂对待,应当做到前者是后者的前提,后者是前者的最终目的,二者是一个互动互构过程。

二、立德树人与根本任务的关系

探讨立德树人与根本任务之间的关系,必然离不开两者所处的高校外部环境及高等教育系统。在高等教育系统中分析立德树人与根本任务之间的内在关联,进而深入研究两者间的区别,从而达到全面的认识。

(一)高等教育、立德树人与根本任务之间的联系

立德树人与根本任务两者都置于高校及高等教育系统之中,厘清立德树人与根本任务的关系,首先要阐明高等教育、立德树人、根本任务之间的关系。高等教育作为高层次人才培养系统,学生系统化培养过程包含专业理论知识的教育、身心素质和思想道德素质的养成,旨在将高校学生培养成适应社会、时代需求的全面发展的人才。社会发展对于人才的素质要求全面,思想道德素质作为人的行为准则及道德信念是人才素质要求中的核心素质,培养具有高尚思想道德素质的人

才是社会发展的根本需求。由此,为适应社会发展需求,高校及高等教育的根本任务在于立德树人;基于此,根本任务必然是立德树人体系的根本任务。

据前文所述,立德树人的根本要求与根本目标关键在于"德","德"具有时代要求与具体内涵,社会主义核心价值观是社会主流意识形态的核心,是社会对现代思想道德素质需求的高度凝练。将社会主义核心价值观融入高校思想政治教育中,推动高校社会主义核心价值观的培育与践行,是立德树人根本任务。

由系统论观之,实现高校立德树人根本任务是高校系统的一个重要组成部分。高校系统从其构成上说是由若干有机部分、相互协调的诸子系统构成。作为(子)系统存在的高校立德树人根本任务是构成高校系统的重要组成部分。从性质上说,高校立德树人根本任务系统归属于高校的精神系统,在社会实践中对高校系统及其要素起着保障作用。从立德树人根本任务即社会主义核心价值观的产生来说,它是社会需要的产物,社会的内在自我控制需要推动立德树人根本任务的产生。正是基于立德树人根本任务与社会之间的内外契合性,高校又作为社会中意识形态的高地,立德树人根本任务在发展过程中需要不断地渗透到高校系统中,依靠全体高校成员的参与来提高立德树人根本任务实现的实效性,实现社会主义核心价值观与高校发展的融合性。

高校及高等教育、立德树人、根本任务三者间相互规定、相互推动,合力形成一个不断循环往复、相互作用的育人系统,同时高等教育、立德树人、根本任务间虽关联密切,但三者各自自成系统,具备自身独立的运行机制。

(二)立德树人与根本任务之间的区别

根本任务是立德树人体系中的根本任务,准确把握立德树人与根本任务之间的关系,而不是简单地将根本任务归属于立德树人的子系统,应严格区分立德树人与根本任务的差异。

第一,核心理念的差异。"德"泛指政治素质、思想道德素质与价值观念,更强调伦理性与规范性;"德"可以是社会公德、职业道德、家庭美德、个人品德。根据不同的"德"培育社会主义青年,因而"立德树人"指向对学生学习及日常生活行为观念的规范与引导。根本任务中的社会主义核心价值观包含政治意识与观念,体现阶级性与权威性。社会主义核心价值观鲜明的政治性赋予它不可动摇的根基地位,它是对公民行为意识的根本要求,更注重意识形态的规训以致最终实现理论自觉认同,根本任务是指对学生价值观念的根本理论指导。

第二,表现形态的差异。在中国,以"德"维系社会人际关系的文化传统源远流长,"立德树人"是历史性的要求和生活化的概念。"立德树人"的表现形态既可以是高校及高等教育类型的宏观形态,又可以是家庭教育这样的微观形态,它的分布是弥散的、随意的,甚至渗透在人们彼此间的口语交流中。根本任务是社会主义核心价值观的践行与培育,是党和国家对于当代中国时代精神的高度总结,是时代性的要求与政治性的概念。社会主义核心价值观侧重于主流意识形态的塑造,它更多蕴藏于理念、方针、制度、政策、法规、党的建设之中,具有神圣不可侵犯的威严,大多由党和国家有组织地开展的相关教育学习活动。

第三,目标的差异。高校及高等教育系统中的立德树人多数以一种隐性的教学目标形式存在,学校对于学生的考核体系中都会涉及综合素质的考察,不难发现立德树人是教学目标之一。它的特殊性表现于它渗透在学校各项教育活动中,具有极强的潜在性与弹性空间。这反映了它的特点是隐性与普遍的统合。根本任务是一种政治目标,它以显性形态表现在高校及高等教育方方面面,如高校思想政治理论课程的设置、学校团日活动与党日活动的开展、学校对于学生政治面貌与政治素养的考察,等等。如果说"立德树人"是一个弹性目标,那么根本任务就是一个刚性目标,旨在培养学生正确的政治观念与成熟的政治素养,成为一个能够融入社会、具备较好政治生活能力的人才。

三、根本任务实现的对象、目标和途径

根本任务实现的对象是外部环境决定的,又是根本任务自身的内在规定。结合高校及高等教育实际现状与需求,根本任务实现的对象、目标和途径存在逻辑联系,彼此间相互影响与规定,应从整体的角度分析对象、目标和途径的具体内容。

(一)根本任务实现的对象

本书所论述的根本任务始终是立德树人体系中的根本任务,是指社会主义核心价值观的培育与践行,遵循"高校及高等教育—立德树人—立德树人根本任务"路径,实现对象都集中于"人",而"人"具体化为高校大学生群体,由此可见根本任务的实现对象是高校大学生。

同时,根本任务实现的对象也是根本任务的内在规定。首先是根本任务内容的要求,根本任务的核心在于社会主义核心价值观,最大程度发挥社会主义核心价值观的社会功能的关键在于锁定群体。高校大学生自身的教育层次决定其应具备高层次的价值追求,社会的发展进步对其提出更高的思想道德素质要求。社会主义核心价值观是当前中国社会理论精华与意识前沿,社会主义核心价值观锁定大学生群体,帮助大学生在意识形态层面与社会更好地融合,是实现根本任务的保障。其次是根本任务目标的要求,社会主义核心价值观的培育与践行归根到底是社会主义精神文明建设的重要组成部分,始终为党和国家的社会主义建设服务。大学生是社会主义建设的后备军和接班人,是国家和社会未来发展的中坚力量,实现大学生社会主义核心价值观的培育与践行是建设社会主义的保障。

(二)根本任务实现的目标

从高校及高等教育系统而言,根本任务实现的目标主要表现为以下四个方面:

第一,实现社会主义核心价值观与高校制度建设的有效融合。高校制度是国家制度的具体体现。"中国特色社会主义制度是党和人民在长期实践探索中形成的科学制度体系,我国国家治理一切工作和活动都依照中国特色社会主义制度展开,我国国家治理体系和治理能力是中国特色社会主义制度及其执行能力的集中体现。"[①]高校制度是师生遵循的准则,具有无声的力量。社会主义核心价值观不应只是简单地具象化为学生的行为准则,而应系统化深入高校制度建设之中,在高校改革发展中突出并体现社会主义核心价值观的精神和要求。社会主义核心价值观的践行与培育,应打破囿于对象的思维定式,不仅要落实到基层执行层面,而且要渗透进制度制定和修订层面。进入高校制度体系中,这是根本目标实现的基本保障。

第二,实现教师与学生的理论认同。学生受教师影响,这是不言而喻的。教师作为学生理论来源的重要载体和中介,直接影响理论自身的说服力与理论教育的有效性。高校教师自身对于理论的不认同感必然加剧学生对于理论本身的质疑与不信任,何谈践行。高校教师教授社会主义核心价值观内容不应仅仅是

[①]《中共中央关于坚持和完善中国特色社会主义制度 推进国家治理体系和治理能力现代化若干重大问题的决定》,北京:人民出版社2019年版,第1—2页。

个字的表层意义,而要将社会主义核心价值观中的价值信念融入大学生内心。这其中老师的行为示范及其显示出来的人格魅力感染,胜于任何教学技术与手段。除了老师的教导,学生认同及能动参与也不可或缺,并通过师生互动以实现理论认同。

第三,实现学生由理论认同向实践活动的自觉转换。学生是社会化过程中的主体,是成长成为主体的过程载体。自觉是目标,从自发到自觉是一个过程。这个过程是逐步完成和达成的。社会主义核心价值观的培育和践行是高校及高等教育自觉开展以实现学生成为自觉践行的主体,这需要通过"育"与"行"同步进行。作为教育活动过程,必然要求实现既定的教育效果。如果说培育社会主义核心价值观是教育内化,那么,践行社会主义核心价值观就是教育外化。实现大学生社会主义核心价值观的理论认同是基础,将内化为个人意识的社会主义核心价值观转化为学生的实践行为是根本目的。

第四,实现社会主义核心价值观以大学生为出发点,以高校为扩散面,直至辐射全社会。高校是高层次人才的聚集地,它的社会职能要求其承担培育人才及保障社会主义建设的社会责任。学生毕业后正式进入社会,将成为社会发展前进的人才,天然成为社会主义核心价值观的承载者和传播者。实现大学生社会主义核心价值观的培育与践行,可以说是从根源上完成一个国家时代精神的塑造及代际交替。可见,依靠学生自身的影响力辐射全社会,才会最大化地发挥社会主义核心价值观的社会功能。

综上所述,根本任务目标是指通过系统化的高等教育,尤指思想政治教育,实现大学生社会主义核心价值观理论与实践的统一,从而推动全社会社会主义核心价值观建设与发展。上述四个目标着眼于高校及学生,是高校根本任务实现的分目标,相互之间既有区分又相互联系,构成目标的系统整体。这表明学生对于国家和社会的意义,内在包含着学生及所联系的人民群众的自身利益。

(三)根本任务实现的途径

根据社会主义核心价值观的内在逻辑,从宏观角度把握根本任务的实现途径。

从国家层面而言,投入大量资源开展高校思想政治教育,形成根本任务实现的实施保障;不断丰富与发展社会主义核心价值观,完善理论本身的科学性,从本源上形成根本任务实现的理论基础；制定相应的科学、有效的政策，形成根本任务实现的指导原则；国家层面旨在提供理论基础、方向指引、政策支持，为根本任务的实现提供根本保障，是根本任务实现的定海神针。

从社会层面而言，应当为根本任务的实现提供环境保障。社会系统是高校以及高等教育系统的外部环境，是人才的输入与输出地，营造健康和谐的社会氛围与人文环境更有利于大学生社会主义核心价值观的培育与践行。高校社会主义核心价值观的培育与践行，也是整个社会开展社会主义核心价值观的有力环节。搭建社会与高校间有效沟通交流平台，促进社会主义核心价值观、大学生、社会三方交融，体现了根本任务实现的社会条件。

从公民层面而言，根本任务中所涉及的公民主要指大学生，应切实考虑大学生的群体特征与个人需求。就综合素质而言，大学生群体具备感性与理性结合的思维、较高的理论知识素养、较强的政治意识、强烈的主体意识，属于社会群体中较高综合素质群体；就社会地位而言，当下大学生正处于学校人与社会人的社会角色转变时期，并不具备成熟的社会政治生活能力，而他们中绝大多数人在未来会是社会主义建设的中坚力量，其作用与地位不言而喻。因此，实现大学生社会主义核心价值观培育与践行，应充分考虑学生阶段特征的实际需求和实际情况，遵循思想政治教育规律和大学生成长规律，采取学生喜闻乐见的形式，尊重学生的意愿与意见，使学生自觉达成社会主义核心价值观理论认同，并且善于统一理论与实践，内化于心，外化于行。

结合高校及高等教育的实际情况，借鉴高等教育学相关理念，以思想政治教育理论为理论指导，从具体执行层面制定根本任务实现的途径。针对前文所述的根本任务目标的组成部分，有针对性地开展根本任务实施。

第一个步骤为打破原有简单将社会主义核心价值观囿于大学生对象的思维模式与工作定式，大学生社会主义核心价值观的培育与践行不是简单的对大学生的要求，而是在高校中开展的以学生为主体的社会主义核心价值观培育与践行，它也对高校所有人员、现行高校制度、校园建设等都作出了要求。

第二个步骤是高校领导与广大教师对于社会主义核心价值观要采取重视的态度，树立全员育人意识，认识和把握社会主义核心价值观的重要性，从教育者树立理论认同入手，从根本上塑造理论的权威性。

第三个步骤为在高校教育内容、制度建设、改革措施中融入社会主义核心价值观精神及要求,以社会主义核心价值观作为衡量高校开展教育教学、实施各项举措的标准,通过校方的实际行动彰显社会主义核心价值观的先进性,让学生切实感受社会主义核心价值观的科学性,转变学生对于社会主义核心价值观的固有抽象印象。

第四个步骤,也是最关键的一个步骤,是将理论认同转化为实践活动,这直接影响到根本任务实现的最终效果。大多数高校都对学生提出了综合素质要求,或通过课程考核,或通过课外实践活动如党团活动、纪念日活动、校园文化活动、网络实践等,但是教育内容与最初的教育目标难以吻合,这也是目前高校思想政治教育学科受到质疑及自身学科焦虑的问题所在。大学生社会主义核心价值观的培育与践行最终落脚点在于"行",学校应创建更多实践活动平台,不仅用来展示学生自我素质,还承担起搭建学校与社会的桥梁作用。同时,学校应革新相应的评价考核制度,科学有效地评价大学生社会主义核心价值观培育与践行的过程,检验大学生社会主义核心价值观培育与践行的效果。

上述四个步骤并不是孤立的,也不是一次性的,而是系统工程和长期过程。通过历经多年的持续实践,建设立德树人根本任务实现的校园文化,逐步形成传统。这是社会主义核心价值观在高校扎根,进而培养一代又一代社会主义建设者和接班人的根本要求所在。

第二节　高校立德树人根本任务实现的基本原理

立德树人关键在于社会主义核心价值观,而社会主义核心价值观的重中之重环节则在于培育和践行。因此,立德树人根本任务实现的过程,是理论与实践相结合的过程。它既要积极探索立德树人根本任务实现的理论基础,为立德树人提供先进的理论指导,又要将社会主义核心价值观教育融入学校教育教学全过程,追求立德树人根本任务实现"学校化""学生化"。

一、立德树人根本任务实现的一般原理

探讨立德树人过程中培育和践行社会主义核心价值观的一般原理,对揭示培育和践行社会主义核心价值观融入学校教育教学全过程规律具有重要理论意义。

立德树人过程中的一般原理有很多,可从国家意识形态安全理论、以人为本教育理念和内化外化学说三个方面进行考察。

(一)关于国家意识形态安全的理论

"意识形态"一词,最早是由法国学者特拉西在《意识形态的要素》中提出,指以真正科学的哲学为基础的真实观念。在《德意志意识形态》中,马克思、恩格斯认为"思想、观念、意识的产生最初是直接与人们的物质活动,与人们的物质交往,与现实生活的语言交织在一起"[1]。马克思、恩格斯从社会存在决定社会意识的前提出发,阐述了社会生产、经济结构、法律和政治上层建筑、社会意识形式之间的结构关系,以此阐发意识形态立足的现实基础。马克思指出:"发展着自己的物质生产和物质交往的人们,在改变自己的这个现实的同时也改变着自己的思维和思维的产物。不是意识决定生活,而是生活决定意识。"[2]这说明了意识形态是社会存在的反映,社会存在决定社会意识,从而把"意识形态"概念引进社会历史领域,使之成为无产阶级革命的一个理论工具。

伴随着全球化的深入发展,不同文化交流、碰撞、融合,使得国与国之间的意识形态逐渐进入风险格局。要想维护本国的意识形态不受侵犯,必须在意识形态领域同各种敌对势力进行斗争。国家意识形态安全应运而生。对于今天的中国而言,意识形态安全主要是指"社会主义核心价值体系不受来自外部或内部因素的威胁、侵蚀以至于同化,并能保持稳定存在和健康发展"[3]。因此,国家意识形态安全是国家安全体系的重要内容,它直接关系到一个国家、一个政权的存亡与安危。

我国与西方在意识形态领域的斗争,本质上是社会主义价值体系与资本主义价值体系的较量。因此,要想维护我国意识形态安全,必须积极培育和践行社会主义核心价值观。社会主义核心价值观与社会意识形态存有这样一种关系,即社会主义核心价值观是社会意识形态的本质集中体现。确实,无论是哪个统治阶级,其都要让一种社会核心价值观始终居于核心地位,并用这种社会核心价值观

---

[1]《马克思恩格斯选集》第1卷,北京:人民出版社1965年版,第151页。
[2]《马克思恩格斯选集》第1卷,北京:人民出版社1995年版,第73页。
[3] 袁三标:《从软实力看当代中国国家意识形态安全》,载《河南师范大学学报(哲学社会科学版)》2010年第3期。

来引领意识形态体系。这种发挥着核心引领作用的社会核心价值观就构成了一个社会的主流意识形态,并成为意识形态体系的核心和灵魂。

大学生的价值观直接关系到国家的安全与稳定。"青年的价值取向决定了未来整个社会的价值取向,而青年又处在价值观形成和确立的时期,抓住这一时期的价值观养成十分重要。"①因此,势必需要用社会主义核心价值观来引导大学生形成正确积极的价值观,引领、整合多样化的思想意识和社会思潮,巩固社会主义意识形态。正如习近平总书记在2013年8月20日举行的全国宣传思想工作会议上指出的:"意识形态工作是党的一项极端重要的工作","只有物质文明建设和精神文明建设都搞好,国家物质力量和精神力量都增强,全国各族人民物质生活和精神生活都改善,中国特色社会主义事业才能顺利向前推进。"②因此,大学生社会主义核心价值观的培育和践行意义重大。

(二) 关于以人为本的教育理念

在高校教育中,立德树人的主体是学生,德性教育的原则是以人为本。立德树人的途径是实现学校与学生之间的互动,使思想政治教育以人为本落到实处。教育不仅是传授知识,也培养学生的德性,使学生成为真正的人。"大学之道,在明明德,在亲民,在止于至善。"③古代儒家教育注重人的德性修养,讲究"因材施教""天人合一",通过德性的修炼,人可以达到精神的至高境界,其本质可以理解为"以人为本"。在西方教育中,以人为本是德性教育中的重要职责,卢梭在论述教育时极其关注童年期的身心发展,在不同的阶段应该给予孩子不同的道德教育。④ 杜威认为在民主与教育之间有着不可分离的关系,教育本身就是使学生参与到社会实践之中,教育者应该考虑到学生的认知情况、接受能力。⑤ 杜威注重学生在实践中培养德性,使其成为一个良好的公民。

在马克思那里,以人为本是对人的本质复归,是指在自然与社会的本质统一中实现人的自由与价值。立德树人坚持以马克思主义人学观的理念,将人理解为

---

① 习近平:《青年要自觉践行社会主义核心价值观——在北京大学师生座谈会上的讲话》,载《人民教育》2014年第10期。
② 习近平:《胸怀大局把握大势着眼大事 努力把宣传思想工作做得更好》,载《人民日报》2013年8月21日。
③ 《四书章句集注》。
④ [法]卢梭:《爱弥儿》,李平沤译,上海:商务印书馆1978年版,第77—97页。
⑤ [美]约翰·杜威:《民主主义与教育》,王承绪译,北京:人民教育出版社2001年版,第1—26页。

社会关系的总和。习近平总书记强调人的自主教育[①]，即实现受教育者和教育者的合一，培育受教育者的主体意识和学习能力，促进其主动发展的终生教育。在高校教育中，立德树人不是一个现成的结果，而是一个师生双方互相学习、相互塑造、不断渐进的过程。因此，立德树人并非填鸭式的强制教育，而是不断启发式的启迪教育，这是以人为本的本质要求。

以人为本与立德树人中"人"的概念具有同一性。以人为本中的"人"在本质规定上是人民及人民性。概括地说，人类不分社会历史阶段及社会形态，都具有共同的人性，但在阶级社会，人性是具有阶级性的。社会主义社会的人性内核是人民性。"以人为本"中的人是指人性，强调人的能动性和人的独特性；立德树人中的"人"实指人的德性，强调人性本善、人的价值性。对于"德性是否可教"的问题，立德树人的答案是肯定的。"仁也者，人也。合而言之，道也。"（《孟子》）人性与德性是一体的。在伦理学中，以人为本是为了回答"德性是否可教"这个问题本身——既可以通过知识也可以通过实践进行德性教育。以人为本中的"人"指涉人性、人的本质、人的德性，是对人本质的复归。立德树人中的"人"是真实的、具体的人而非抽象的人，是社会主义核心价值观中的"公民"，也是共产主义理念中"现实的人"。因此，两个概念中的"人"是具有同一性的。

（三）关于内化与外化的学说

人是其思想和行为的总和。立德树人既有个体的自我生成过程，也有外在的行为践履过程，二者内外互动中实现目标。立德树人的内化指人的自我修养活动，这种自我修养活动与"格物、致知、修身"相似，既包含人的道德评价、知识学习，又包含人的自我素质调整。在高校及高等教育中，作为教育者和被教育者都在一定程度上进行自我生成，这是一个循序渐进、"温故知新"的自足过程。立德树人的内化经历是认知、理解、认同、信仰和生成的过程，这是人的思想内化的表现。在中国古代"士"阶层中，文化修养和品德修养是衡量一个"士"的标准，他们在思想上接受和丰富儒家的君子理念，形成自我教育的过程。同样，在中世纪的骑士阶层中，荣耀和信誉是骑士的生命，骑士的品德与他的信仰不可分离。立德树人内化的目的是实现学生对社会主义核心价值观的认同和信仰，在这个过程中

[①] 习近平：《从小积极培育和践行社会主义核心价值观——在北京市海淀区民族小学主持召开座谈会时的讲话》，载《人民教育》2014年第12期。

不断促进个体的自我教育。

立德树人的外化指德性的践行。外化具有三种层次：其一，可以理解为"意向性""对象化"，指人所特有的对象性活动。在马克思那里，外化是人认识世界、改造世界的过程。其二，外化指以"感性"的方式把握客体的活动，具有物质的、客观的、能动的、感性的性质和形式。其三，外化指人类自觉自主的行为。在高校及高等教育中，立德树人的外化是教育教学中的重要部分，体现于校园生活、课程实践、暑期社会实践、公益活动等。在教授学生德性选择之时，德性选择与现实尚未完全统一；而在实践活动中，当学生践行德性选择之时，人的思想与行为是统一的。因此，立德树人的外化实现了立德与树人之间的现实联系。

立德树人的内化与外化解决了"德福是否一致"的问题。道德是人的目的，幸福也是人的目的，道德和幸福以不同侧面体现人的追求。在人这里，"德福"是统一的、一致的。立德树人的内化是德性的内化，立德树人的外化是德性的外化。立德树人中的"德"是指社会主义核心价值观，"人"是指具有社会主义核心价值观的学生，"德"与"人"是具有同一性的。在社会主义核心价值观中，"富强、民主、文明、和谐"是国家幸福，"自由、平等、公正、法治"是社会幸福，"爱国、敬业、诚信、友善"是公民个人幸福，因此，立德树人中的"人"是幸福的人。"德"与"人"的统一就是"德"与"福"的统一。

立德树人内化与外化是促进社会主义核心价值观培育与践行的表现。立德树人内化与外化的过程是辩证统一、不可分割的。社会主义核心价值观培育是立德树人的内化过程，社会主义核心价值观践行是立德树人的外化过程。立德树人的内化为社会主义核心价值观提供充足的理论支持，立德树人的外化为社会主义核心价值观的创新提供了新鲜的活力。

二、立德树人根本任务实现"学校化"

立德树人根本任务在高校社会中的实践，与社会中的实践相区别。高校立德树人根本任务实现，应当实现"学校化"。为此，必须考虑高校这一实现背景。在高校及高等教育体系中，高校与其他组织不同，正是由于它的特殊性决定了立德树人实现路径的与众不同。"立德树人根本任务的实现路径和工作机制研究"课题组通过对江苏省六所典型高校的调研，发现无论是从校长讲话、党组织活动，还是从思政课、校园宣传来看,整个高校对社会主义核心价值观的宣传、培育和践行还不够到位。实现立德树人根本任务"学校化"迫在眉睫。

(一)"学校化"的载体

高校的存在有其特殊性,它是知识型的教学科研单位、严密高效的科层体制和相对宽松的社会系统的综合体。高校特殊性体现在以下三点:第一,高校的知识功能。作为教学科研单位,高校有两大主要功能——教学与科研,这是高校作为社会组成的基本职能。教学的重点在于传授知识,即教师将知识传授给学生,使其成为有教养、有学问、有能力的人;科研侧重于知识的生产、更新、积累,即教师等科研人员通过知识生产不断更新、积累、完善知识,并引导学生从事独立的研究与钻研。现代高校还有其他功能,包括社会服务、文化传承、国际交流等。社会服务功能是高校的基础性功能,在现代社会极为重要。社会服务的重点在于运用知识,即将所学知识运用到现实的社会生活当中,为社会有序发展作贡献。尽管这些功能因侧重点不同而存在诸多差异甚至冲突,但它们都离不开一个中心——知识。因此,作为教学科研单位,高校的特殊性在于所有的工作都围绕"知识"而展开。

第二,高校的组织方式。科层体制,可以说是现代学校所采用的一种模式。"现在的学校组织能明白地看出是一个高度发展的科层体制。因此,它具有许多的特征,而且利用许多与学校情况可以相比的军事、工业和政府机构的策略。"[①]但是高校与其他组织结构不同,它是以专业知识和技术能力的产生为基础,这与以拥有等级职位为基础的科层制存在着潜在差异,因而产生以科层要素为主的学校,组织严密高效,但时常会因太严谨,而阻碍了适应力的发展并增加师生间的疏离;以专业要素为主的学校,则较为松散,教师在教学过程中能作较自主的专业判断,但有时会因为太过拥有自主权而产生冲突、混乱和合作难题,也会降低效率。显然,紧密和松散结构两方面都有各自的优势和不足。因此,实现科层与知识之间的动态调试、科层要素和专业要素的协调融合,是高校作为科层体制的特殊表现。

第三,高校的社会特性。作为社会系统,高校的特殊性在于它既是相对独立

---

① [美]霍伊、[美]米格斯:《教育行政学——理论、研究与实际》,方德隆等译,台湾:复文图书出版社1983年版,第106页。

的,又是宽松自由的。这种相对独立是就外部而言的,主要是指高校与政府的关系。在党的十四大确立社会主义市场经济体制改革目标之后,我国高等教育体制改革取得了新的突破:高等教育政策范式从国家本位向高校本位演进,这标志着高校获得了一定的办学自主权。宽松自由主要是就内部而言的,侧重人与人之间的关系。教学工作模式演变增进了"宽松自由",产生了新的效应。传统的教学工作模式主要是对学生的教育和管理,而新型的教学工作模式主要是通过对学生的教育、管理和服务确立"以学生为本""以学生为中心""促进学生发展"的新格局。高校管理的服务化与学生自主权(利)的扩张,为高校这一社会系统营造出新型的宽松自由环境。这种环境有利于学生现代性成长,但又让学生处于指导缺失的环境中,造成一部分学生错失发展时机,陷入发展困境。

(二)"学校化"的内容

尽管现在对立德树人根本任务实现"学校化"的定义尚无定论,但仍需要在研究过程中对这个概念有一个明晰的认识。这里做一个尝试。立德树人根本任务实现"学校化"是指培育和践行社会主义核心价值观要面向高校及高等教育自身的特殊性,以学生为中心,以内容转化即将社会主义核心价值观转化为学校教育的内容为重点,实现与学校教育教学,特别是与学校育人环境相融合的过程。如果对高校立德树人根本任务实现研究作圈层划分,那么从外到内有三个圈层,外圈层是党和国家层面的社会主义核心价值观教育,次圈层是高校的社会主义核心价值观教育,内圈层是大学生的社会主义核心价值观教育。

立德树人根本任务实现"学校化",主张由停留于党和国家意义上的社会主义核心价值观外部存在转化进入高校的社会主义核心价值观教育内部。它主要包括四个方面,即要正确处理高校系统与系统外部环境、高校系统内部各个要素(学校领导、大学章程和规章制度、教师、学生等)以及高校与各要素之间的关系;要抓住高校及高等教育的特殊性来选择教育的实现路径和工作机制,而不是从外部出发,停留于外部;要进入高校内部,从立德树人根本任务实现研究对象内部,了解教育对象信息,而不是做旁观者,不是远距离观察研究对象(大学生);要把外部资源转化为实现"学校化"的内部要素,实现立德树人根本任务外部资源内部化,而不是把适用于全社会的社会主义核心价值观做简单的上传下达、知识搬家、原理移植,缺乏必要的消化或立德树人根本任务"学校化"。

(三)"学校化"的思路

加强对高校立德树人根本任务这一系统(以下简称"高校立德树人系统")自身的研究。现阶段高校立德树人根本任务实现研究,要指向它自身特有的地位,多研究自身的问题,把研究的重点放在研究自身方面,把自己的问题作为研究的重点。这是高校立德树人根本任务走向"学校化"的重要一步,也是社会主义核心价值观培育和践行融入高校教育教学全过程的重要一步。高校立德树人实现"学校化",要对高校立德树人系统自身进行反思。高校要加强自身建设,要以学生为本。学校不是为了生产、完成任务,而是提高学生的素质,培养一流人才。加强对高校立德树人系统自身的研究,首先要重视对立德树人根本任务事实的研究;其次要重视对高校立德树人系统自身的研究,包括高校立德树人系统存在、建构和发展的研究,高校立德树人系统与其他系统的关系研究;再次要重视对高校立德树人系统关键子系统(关键要素)的研究,例如立德树人根本任务的概念、目标、实现路径等研究。

进入高校立德树人系统内部进行研究。高校立德树人根本任务要实现"学校化",还要进入高校立德树人系统内部进行研究。如果我们没有进入其内部进行观察和考察,仅仅是以一种外观的方式了解对象,我们所得到的只能是关于高校社会主义核心价值观教育的大概情况,缺乏对研究对象本身真实的了解,更不要说准确、全面、系统了。高校培育和践行社会主义核心价值观,是有计划有步骤的,它不是一项单一的任务,也不是孤立的任务,更不能简单地归结为对大学生的要求。高校立德树人系统中的研究对象有很多,不能仅限于大学生这一研究对象,还包括学校领导、教师、大学章程和各项规章制度等。可以说,我们所研究的对象,是需要掌握第一手信息才能做到"学校化"。因此,对于常常被我们忽视的研究对象,我们必须进行调查研究,收集资料,熟悉对象。如果我们对教育对象缺乏客观的认识和必要的了解,立德树人实现"学校化"就缺乏针对性。

重视对高校立德树人根本任务实现的研究。立德树人根本任务实现的过程其实就是社会主义核心价值观渗透、融入高校系统的过程。其教育的过程可以下图1-1来表示:

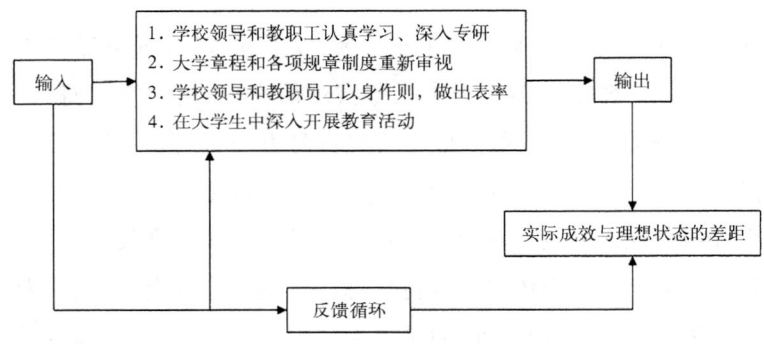

图 1-1 高校立德树人系统模式

图 1-1 描绘了高校立德树人根本任务融入高校内部的动态运作机制和反馈机制。动态运行机制主要是输入—转化—输出的过程,其中最主要的是转化和输出的环节。高校要全面培育和践行社会主义核心价值观,不单单是对学生的要求,更重要的是对学校整体的要求。首先,学校领导和教师要认真学习、深入钻研并自觉认同;其次,作为学校的根本大法,大学章程要从战略的高度认识到社会主义核心价值观的精神和要求,不论是制作、修改还是解释、执行,都要自觉以社会主义核心价值观为引领;再次,学校各级领导、教职工要在培育和践行社会主义核心价值观中以身作则,在言行中作出表率,在教育教学过程及管理、服务中展现人格魅力;最后,把社会主义核心价值观融入"育人体系"中,实现"进教材、进课堂、进头脑"。当然教育教学活动不能仅局限于课堂,还要体现在社会实践和校园文化建设等多方面。① 反馈机制包括内部反馈机制和外部反馈机制。内部反馈机制是指当培育和践行的实际成效与理想状态存在差距时,第一个要反思的是在培育和践行的过程中是否存在需要调节的因素。同时,学校是受外界力量影响的开放系统,教书育人与各类育人活动也会受外部环境的影响,做好外部反馈机制也是十分必要的。

三、立德树人根本任务实现"学生化"

培养德智体美劳全面发展的社会主义建设者和接班人,是立德树人根本任务

---

① 刘建军:《高校培育和践行社会主义核心价值观的四个步骤》,载《思想理论教育》2016 年第 3 期。

实现"学生化"的目标。显然,仅凭传统封闭的教育体制和单一的教学内容、教学方法是不能完成立德树人根本任务"学生化"的。虽然学习一技之长能在社会立足是大学生学习的首要目标,但思想道德素质的匮乏会使大学生陷入精神的沼泽,容易造成大学生思想道德的缺陷,或言行不一。值得注意的是,重技艺轻人文、重学历轻素质、重外表轻心灵的倾向,并非大学生天生就有的,而是教育取向失察的后果。重新审视大学生群体的特殊性、把握高校意识形态层面的教育、贯彻好立德树人根本任务,是高等教育中亟须引起改革创新并重视的工作。

(一)学生群体的特殊性

"正如植物的成长具有节律一样,人的成长及发展也有着自己的节律,其中的每个发展阶段都有着特殊的地位、特殊的性质,承载着特殊的任务。"[①]现在的大学生群体在整个社会系统中有其特殊的存在地位。其一,从历史维度上看,当代大学生有幸获得比较完备的科学知识和理论教育,知识结构比较健全,与上个世纪的中国大学生相比表现出明显的优势,如视野开阔、思维敏捷、富有创造力、富有批判性等。其二,从空间维度上看,大学作为社会人才的补给站,是公民诞生的摇篮。大学发挥了青年学生从学校走上社会的过渡作用,使大学生获得机会为真正告别学生时代、走上社会做好全方位的准备。可以说,大学生作为大学的主人,必然在学校内充当着校园人向社会人转换的过渡角色。其三,从学生群体的平均年龄、文化层次、组织成分等综合素质来看,他们代表着国家和人民的未来希望,是社会群体中的"高学历"人群,但又是社会中最有弹性、最易产生变化的人群,不论是身心方面还是思想方面,他们都正处在不断成长发育的过程中,与成年人有明显差异。可以说他们是处在极具发展潜能的"黄金时期"。其四,从学习过程来看,当代大学生是具有主观能动性的人。他们在接受教育的同时,已不再是消极被动接受加工、改造的对象,而是自我意识不断成熟发展的、逐步具备能动参与教育活动中的人。

(二)"学生化"的目标

社会主义核心价值观是当前大学生立德树人体系中的关键构成,其教育目标与立德树人的目标具有一致性,前者从属于后者。但与立德树人的目标相比,前

---

① 陈瑛:《遵规重行:青少年道德教育成功之本》,载《学校党建与思想教育(上半月)》2008年第6期。

者更有凝练性、针对性,也更加具体化。

总体目标是从宏观上对大学生社会主义核心价值观教育目标的把握,概言之就是"要把大学生培养为马克思主义理论的坚定信仰者、中国特色社会主义事业的合格建设者和可靠接班人,帮助大学生形成强烈的爱国主义热情和开拓进取的时代精神,成为品德优良、知行统一的高素质人才"①。

总体目标还须落实分化到具体层面,可根据社会主义核心价值观和社会主义核心价值体系两种思路来分解目标,两种思路在根本上是一致的。

按社会主义核心价值观的思路,可以从国家、社会和个人三个层次来确立具体目标。提高个人的爱国、敬业、诚信、友善修养,并自觉把小我融入大我,不断追求国家的富强、民主、文明、和谐和社会的自由、平等、公正、法治。教育引导学生把国家、社会、公民的价值要求融为一体,将社会主义核心价值观内化为精神追求、外化为自觉行动。

按社会主义核心价值体系的思路,可从实现马克思主义信仰教育、中国特色社会主义共同理想教育、民族精神和时代精神教育、社会主义荣辱观教育四个方面确立目标诉求。第一,在马克思主义信仰教育上,要强化大学生的政治方向和理论素养。"建设富强民主文明和谐的社会主义现代化国家,实现中华民族伟大复兴,是鸦片战争以来中国人民最伟大的梦想,是中华民族的最高利益和根本利益。今天,我们13亿多人的一切奋斗归根到底都是为了实现这一伟大目标。"②以大学生群体为代表的广大青年的政治方向代表着未来整个民族的政治方向。进一步强化大学生的政治信仰,重点提升大学生的政治理论素养,是大学生的社会主义核心价值观教育的首要步骤。第二,在中国特色社会主义共同理想教育上,要坚定大学生的理想信念和价值追求。习近平总书记在全国宣传思想工作会议上指出:"理想信念,是一个政党治国理政的旗帜,是一个民族奋力前进的向导。"③大学生社会主义共同理想的坚定性和价值追求的正确性决定了大学生在社会主义建设事业道路上实现人生价值的高度。所以,坚定大学生内在的理想信念、提

---

① 王旭:《大学生社会主义核心价值观教育的目标、内容及方法研究》,东北师范大学,2015年。
② 习近平:《青年要自觉践行社会主义核心价值观——在北京大学师生座谈会上的讲话》,载《人民教育》2014年第10期。
③ 《革命理想高于天——学习习近平总书记在全国宣传思想工作会议上的重要讲话》,载《光明日报》2013年9月29日。

升他们的价值追求是大学生社会主义核心价值观教育的重中之重。第三,在民族精神和时代精神教育上,不断增强当代大学生的爱国情怀和时代精神。历史表明,青年学生总是与国家、民族、社会的命运紧密联系在一起,是继承和发扬民族精神的重要载体;同样,青年学生总是以改革和创新为己任,是倡导和引领时代精神的主要动力。因此,不断增强当代大学生的爱国情怀和时代精神是实现大学生社会主义核心价值观教育的重要目标。第四,在社会主义荣辱观教育上,以提升大学生的道德品质和综合素质为主要目标。大学生的道德品格和综合素质不仅关系到自身人格的完善和人生价值的实现,更加关系到整个社会的物质文明、精神文明建设的发展。所以,提升大学生的思想道德品格和综合素质,是大学生社会主义核心价值观教育的重要目标。

(三)"学生化"的内容

立德树人根本任务"学生化"的实现是指培育和践行社会主义核心价值观要面向学生群体的特殊性,以"化"为主要方法,将社会主义核心价值观转化为高校实施内容的过程,使学生了解、理解、认同和接受社会主义核心价值观,最终内化于心、外化于行。

"学生化"有以下主要特点。其一,究其本质而言,"学生化"是一种教育工作的方法,核心在于"化"。"化"意味着不能用硬性、粗暴、强制的办法,而只能是做细致的思想工作。立德树人工作应当像"春风化雨"一样,"润物细无声"地去做潜移默化的工作。古人用"教化"二字来说明教育工作的特点,是很有道理的。其二,"学生化"需要教育者和受教育者的主动参与。"学生化"旨在实现教育双方共同参与式的教与学。根据外因必须通过内因起作用的观点,必须把教师的主导主体作用与学生的受导主体作用很好地结合起来,充分调动学生学习的主观能动性,才能真正地完成教育任务。当然,倡导主动参与并非要抹杀立德树人过程中教育者的主导性。教育者仍然是立德树人过程中的领导者和主导者,主导者的角色在于组织、协调以及指导立德树人活动。没有主导者的指导,立德树人将会在学生组织、学生参与上陷入无序和混乱状态。所以,"学生化"应该是教师主导性与学生受导性这两种主体相统一的教育过程。其三,"学生化"的周期性比较长。立德树人根本任务虽然在形式上简洁明了、易记易懂,但在内容上却能囊括人类普遍的价值与中国特色社会主义价值取向,让每位同学都能理解、认同、接受并践行社会主义核心价值观,是一项"长跑",不可能一蹴而就。所以,任何时候都不能松懈对立德树人工作的开展。

(四)"学生化"的思路

立德树人根本任务实现"学生化"不仅应清楚地认识什么是"学生化"和"学生化"的内容,更应在"学生化"的实施途径上作出有效的探究。立德树人根本任务实现"学生化"的途径在于高校实施,依靠学生实现立德树人的根本任务。为此,将社会主义核心价值观转化为高校实施的内容必然要处理好以下关系:

理论与实践的关系。理论与实践的关系,包括了在教育理念和实施中理论与实践的关系、学生表现中言与行的关系、立德树人教育中讲授理论(提高认识)和组织活动(进行道德实践)等多方面的关系。那么,如何处理立德树人教育中理论与实践的关系呢?中国共产党思想政治工作史表明,必须坚持开展而不能放弃思想政治理论课和各课教学中的思想政治教育任务。如果把思想政治理论课的教学和思想政治教育工作,都斥之为政治说教或道德说教,那是错误的。思想政治理论课要根据时代的要求加以改进和加强,但不能削弱和忽视。另外,也应根据时代的要求,让学生参加富有教育意义的实践活动。实践在立德树人教育中具有特殊意义,这是毋庸置疑的。从知、情、意、行的关系来看,知要成为信念,行要成为习惯,没有切身的体验、反复的实践,是不可能奏效的,也是不能达到预期目的的。当然,实践还必须以理论作指导,否则就会成为盲目的实践。

教育与自我教育的关系。在立德树人教育中,学生的自我教育具有特殊的意义。思想政治教育的任务,就是要将社会意识转化为自我意识。在这一转化过程中,没有教育者的指导,自发地进行显然不行;但有了教育者的指导,没有受教育者自主接受、自我的思想奋斗,也是不能实现的,后者较前者具有更大的效用。作为教育工作者,首先,要正确认识学生,对他们中出现的问题要具体分析,不仅要看到学生思想的主流,也要对学生阅历不广、认识不深、理解局限、思想不稳定、易冲动的方面加以关注。如何发扬学生中的积极因素,克服消极因素,做到思想"活"而不"乱",这就需要有"针对性"地进行教育,要有分析、有对比,用事实进行说服。其次,要改变教育的内容和方法。我们不能只要求学生听话、顺从,更应当要求学生有独立见解,有创造精神,有开拓能力等,培育学生的时代精神。

当前与长远的关系。这里主要讲有关共产主义的远大理想与社会主义初级阶段现实的思想道德标准之间的关系。就立德树人中的道德教育而言，从其指导思想来看，两者的道德同属于一个思想体系。但是，从道德作为社会物质生活条件的反映来看，社会主义与共产主义又是两个不同的社会发展阶段，在立德树人的具体方针政策上，又有着不同着力点，必然反映出不同的生活规范和道德标准。如何处理两种不同道德标准之间的关系？我们应秉承由低到高、由浅入深、由情入理及情理结合的原则。诚然，两种道德标准存在差异，但我们还应该看到它们之间循序渐进的关系。把握好当前与长远的关系，有利于立德树人的长远实现。今天的大学生到一二十年之后将是社会的中坚，他们面临的社会环境，将比现在复杂，他们肩负的历史任务，将更艰巨伟大。面对未来，如果没有一大批有理想、有修养、有经验、有立场的马克思主义者，是不可能胜任这样的重大使命的。所以，加强大学生的立德树人教育，就是实现培养"时代新人"这个历史任务重要的一环。

第三节　高校立德树人根本任务实现的基本路径

要想推动高校立德树人根本任务实现，必须从整合、界面管理以及全覆盖入手，努力探索加强立德树人过程及质量管理，以体现系统整合性、要素有用性、过程传递性、控制反馈性、人的能动性等原理。

一、立德树人根本任务实现整合

立德树人根本任务实现整合是一项系统工程，它是以社会主义核心价值观为主题和主线，通过开放式的内外整合、垂直式的纵向整合及水平式的横向整合，调动多学科知识、多层面经验、多方面资源，在不同层级教育中设定不同的内容、信息呈现方式、教学手段、教学组织形式和教学方法，实现内部与外部资源有效配置、结构优化的过程。

（一）内外整合

从根本上讲，社会主义核心价值观绝不是一成不变的、静态的、封闭的、抽象的观念体系，而是一个不断丰富和发展的开放体系，其建设也是一个不断充实、更新和提升的过程。因此，社会主义核心价值观是一个动态的开放系统。这种动态体现在与经济基础的互动、中西核心价值观中的合理思想的互动、实践和时代的发展的互动之中。

社会存在和经济基础决定了社会主义核心价值观,社会主义核心价值观作为国家意识形态的精髓,对我国经济发展起着巨大的反作用。一方面,社会主义核心价值观是立足于社会主义经济基础之上的价值认同系统,涉及经济、政治、文化等社会生活的方方面面,受社会主义经济基础决定,并服务于社会主义经济基础。固然,作为一种价值现象,社会主义核心价值观有其超越性,但它绝不是人们主观臆造的产物,而是真真切切地植根于当代中国的生活实践中。另一方面,无论是个人、集体还是一个国家和民族,都必然拥有一整套长期秉承的根本原则主张。这种原则主张,稳定而又恒久地影响着一个人、一个集体或一个国家的思想观念和价值取向。社会主义核心价值观作为我国国家基本社会制度的价值取向,是社会制度、社会成员应普遍遵循的根本价值准则,是巩固全民族团结奋斗的关键所在。如果没有一个统一的、核心的、主流的价值体系,就不可能形成社会的价值导向,整个国家和社会就会失去团结奋斗的目标。

中国传统核心价值观和当代西方核心价值观的合理思想为社会主义核心价值观提供了思想资源,社会主义核心价值观也为思想文化注入了时代内涵。习近平总书记指出,富强、民主、文明、和谐,自由、平等、公正、法治,爱国、敬业、诚信、友善,传承着中国优秀传统文化的基因,寄托着近代以来中国人民上下求索、历经千辛万苦确立的理想和信念,也承载着我们每个人的美好愿景。[①] 社会主义核心价值观具有极大的包容性,它既以发轫于先秦时期,具有鲜明伦理色彩的儒家价值观以及中国近现代历史上符合时代潮流的价值追求为蓝本,也以肇始于古希腊文明和基督教文化的西方资本主义核心价值观为借鉴。当然,赋予社会主义新的价值内涵,包含社会主义最基本、最核心、最重要的价值理念,是其现实要求和重要任务。

实践和时代的发展为社会主义核心价值观提供了源泉和动力,而社会主义核心价值观反过来又为社会现实提供指导性和前瞻性。社会主义社会是不断发展的社会,是与时俱进的社会。恩格斯指出:"所谓'社会主义社会'不是一种一成不变的东西,而应当和任何其他社会制度一样,把它看成是经常变化和改革的社会。"[②]社会主义核心价值观作为社会主义本质在精神层面上的集中体现,同样也

---

① 习近平:《青年要自觉践行社会主义核心价值观——在北京大学师生座谈会上的讲话》,载《人民教育》2014年第10期。
② 《马克思恩格斯选集》第4卷,北京:人民出版社1995年版,第693页。

不是一成不变的僵死的教条,而是随着社会主义实践的发展而不断丰富和发展。历史和实践都表明,一种核心价值观的形成离不开实践,因为它总是需要一个实践发展和理论总结相互转换、相互推动的过程,从而达到完备、圆熟的状态,并逐步实现社会化、大众化;同样,社会主义核心价值观作为整个社会的普遍价值准则,能够为大多数成员认同、信奉,它既能反映和指导现在,又能展望和引领未来,具有不可替代的现实指导性和前瞻性。

(二)纵向整合

在思想政治教育活动实施的各环节中,都需要相应的教育内容和教学方法,不同学段、不同年龄段的学生思想政治教育的开展也需要其作为支撑。但现状是多种教学资源、不同学科知识之间相互沟通、交往的频度和效率不尽如人意,思想政治教育实践效果参差不齐。纵向整合就是要对不同场域、不同内容、不同活动的组织进行针对性、有效性的管理与统筹。当然,并不是简单地说需要行政之类的权力部门或严谨的规章制度进行约束,更多是要教师对资源进行自觉调动和调节,推动不同层级实现教育与实践高效化。

纵向整合主要是从思想政治教育设计的布局上对立德树人根本任务系统进行一体化的管理组织,负责不同学段、学生不同年龄阶段及相应的教育教学方式等内部场域事务自上而下的管理、协调、计划、统筹等工作。通过纵向整合可以化解内部场域之间学校教学断裂问题,也可以将不同的教育目标、不同的教学内容、不同的对象、不同的信息呈现方式、不同的教学组织形式协调起来,还可以将分散化、多样化的教学资源、学科知识、教学经验统筹起来。

纵向整合需建立四个整合系统:

内容深化式整合。同一主题在各阶段均须有一贯强调,但应在内容的深度、复杂性上有所区别。各个教学阶段(小学、中学、大学)都有共同的教育任务,教育的总目标是统一的、一贯的。因此,教育内容有其一贯性和连续性,但是同样的教育内容在不同的教学阶段,会因学生身体发育状况、知识、经验、认识能力的发展,在深度和广度上有所区别。例如劳动教育的内容,小学低年级要注重弄围绕劳动意识的启蒙,小学中高年级要注重围绕卫生、劳动习惯养成,初中要注重围绕增加劳动知识、技能,高中要注重围绕丰富职业体验,中等职业学校重点是结合专业人才培养增强学生职业荣誉感,高校则要围绕创新创业梳理正确择业观、诚实的劳动意识,等等。这是一个由低到高、由浅到深的过程。因此,同一主题的教育内容在不同教育阶段,应在内容的深度、复杂性上有所区别、有所侧重。

内容避让式整合。特定内容安排于学生成长的特定阶段,应与学生心理与社会意识发展水平相适应。教育与学生的心理发展关系十分密切,两者相互促进、相互依存。一方面教育是制约学生心理发展的条件,它直接影响心理发展的方向、速度和水平,没有合理的教育措施就无法指导儿童和青少年的心理发展;另一方面,教育工作必须以学生心理发展的水平和特点为出发点,才能促进学生心理得到应有的发展。因此,教育者要弄清学生已有的发展水平和明确未来发展的方向,并将特定的教育内容安排于学生成长的特定阶段,这样才能有效地促进其心理与社会意识的发展。

教育教学手段变换式整合。习近平总书记在2016年12月召开的全国高校思想政治工作会议上强调,"高校思想政治工作要坚持把立德树人作为中心环节,把思想政治工作贯穿教育教学全过程,实现全程育人、全方位育人,努力开创我国高等教育事业发展新局面"①。实现教育教学手段变换式整合,意味着就同一主题设计一个内容呈现方式系列,针对不同对象以不同的信息呈现方式,以增强教育内容的可接受性。教学必须适应学生的年龄特征、知识水平和接受能力,这一思想在传统教学中称之为可接受性(量力性)原则。教学手段没有一把"万能钥匙"适用于所有教学对象,所以在教学过程中要因材施教。在何时、何地、何种情况下采取哪一种教学手段,取决于所教授的对象。如果不考虑学生的接受能力而搞教学上的主观主义,是难以取得实效的。

组织形式变换式整合。就同一主题设计一个教学组织形式系列以增强教育的实践效果为目标进行整合,如听讲授课、座谈讨论、参观调研、情境模拟实践、参与式实践等。教学组织形式是解决教学活动如何组织、教学的时间和空间怎样有效地加以控制和利用的问题。② 所有的教学任务、教学原理、教学内容、方法等都具体落实到一定的组织形式里,因此,教学组织形式是一个复杂且多变的系统。如何运用好它,成为教学质量高低的关键。由此,变换式整合教学组织形式是需

---

① 《习近平在全国高校思想政治工作会议上强调:把思想政治工作贯穿教育教学全过程　开创我国高等教育事业发展新局面》,载《人民日报》2016年12月9日。
② 鲁洁:《教育学》,南京:河海大学出版社2000年版,第243页。

要且必要的。当然,作为带有主观性的设计蓝图,预先设计的教学组织形式经常难以满足多变的课堂需要。因此,教师应根据具体的课堂情境灵活地对其进行修改;如果教师不随机应变,预先设计的组织形式就可能起副作用。

(三)横向整合

横向整合的提出主要指向当下高等教育内部分化的局面所引起的知识传授、课程设计、学生认知、经验积累等领域缺少横向的流动和沟通的状况,因此需要一定的教学组织实现子系统内部的整合。这一整合主要是按照一定的价值目标、逻辑顺序、方法机理将不同的要素连接起来,以形成强烈的聚合力量。当然,除了内部子系统的整合,各个子系统相互之间也要相应地沟通、交流及互动。从系统论来说,高校及高等教育是一个有机的社会系统,系统内部的知识传授、课程设计、学生认知、经验积累等必然需要进行有效的交换才能顺利地实现系统的有效运行和发展完善。

横向整合需建立四个整合系统:

知识整合。以特定知识域为主题的整合,目的在于让学生集中、系统地掌握有关某主题的知识。一定意义上说,高校系统是知识系统,它是以知识为轴心建构起来的社会关系体。多种知识域构建着一个高校系统。在信息爆炸的时代学生接收到的知识往往是零散、碎片的,要想改变这种局面,教育教学的各项工作就要有效地组织起来,在运用、接受、生产知识过程中,各个环节需要有机的联动。以特定知识域为主题的整合,能够在教育组织过程中形成自足、有机的教育系统,这样就能够让学生集中、系统地掌握有关某主题的知识。

经验整合。以学生生活经验为主题的整合,目的在于解决学生的现实生活难题。关于学习什么知识的问题,长期存在着是以学习直接经验(生活经验)为主,还是以学习间接经验(书本知识)为主的论争。① 长期以来,我国的教师教学工作最为耳熟能详的要求就是紧扣"双基",即基础知识和基本技能。这样的教学过程中学生始终处于被动地位,甚至是被迫的。而对于学生日常生活经验,学校教育却是忽视的。学生的生活经验一直很少成为传统教育教学的关注中心,但是学生日常生活及生活经验是一种重要的教育经验,这是一种有别于课程、学校文化影响的特殊教育经验。因此,以学生生活经验为主题的整合能够使当前的学校教育

---

① 黄济:《关于教育改革的几点思考》,载《教育学报》2005年第1期。

接近甚至融入学生的实际生活,最终实现教育即生活。

社会整合。以社会发展态势为主题的整合,目的在于教会学生认识社会现实,适应变化中的社会。这类横向整合主要从事高校与社会系统之间的联动,将高等教育与社会发展态势联系起来,通过教学的整合,让学生走进社会、了解社会、认识社会。当下,高校学生之所以对社会感到不适应,很大程度上在于高等教育与社会系统之缺少连接、互通。社会整合的存在,一方面让学生通过在校的教与学走进社会系统之中,让学生认识社会、理解社会、感受社会的作用与力量,克服对社会的认知误解和认同危机;另一方面,也让大学生真正认知社会需要什么,自己能为社会做什么,从而在未来进入社会后更好地融入社会、服务社会。

课程设计整合。以教学过程的有机安排为核心的整合,目的在于调动各种经验、知识、方法、手段、教学组织形式,优化教学过程。课程是实现教育目的和目标的手段或工具,课程设计是教师包括课程目标、课程内容、课程实施、课程反馈等环节进行构想、计划、选择的慎思过程。这里是把课程设计看作是一个动态、变化、开放的调节系统,充分调动课程内容所涉及的知识、经验、方法、手段、教学组织形式,实现教学过程的优化。

二、立德树人根本任务实现界面管理

立德树人根本任务实现过程涉及倡导、培育、践行、反馈社会主义核心价值观几个环节的联结,在立德树人根本任务实现系统内涉及小学、中学、大学等思想政治教育三者之间的衔接,在立德树人根本任务实现系统外还涉及与学生现实生活、学生需求及其他学科内容等环境系统之间的相互关系,因此,在立德树人根本任务实现过程中不可避免地会产生众多界面障碍。解决界面障碍的根本途径就是对立德树人根本任务实现过程实施系统化的界面管理。界面管理(interface management),意即相互作用的管理,表现形式为协调两个以上主体之间感觉、动机、意图、知识、情报信息的交流与沟通的组织模式及管理模式。[①] 界面管理主要运用在管理科学领域,它作为一种管理理念和管理方式,其中的"联结""整合""一体化"之意,不仅在企业管理上备受关注,而且在思想政治教育领域也引起人们的重视。本节结合管理科学领域中界面管理的特点,重点讨论立德树人根本任务实

---

① 李宝山、刘志伟:《集成管理——高科技时代的管理创新》,北京:中国人民大学出版社 1998 年版,第 10 页。

现的界面管理，以化解大中小学校思想政治教育衔接难题。

（一）界面管理：化解大中小学校思想政治教育衔接难题

界面（interface）即交互，描述了不同事物之间的作用与联系。从起源上看，界面首先出现在工程技术领域。它是一个工程技术名词，作为一个技术术语，界面的概念由来已久。它主要是用来描述各种仪器、设备及其他组件之间的接口，也就是说，当各类组件结合一起时，它们之间的结合部分（结合的形式包括点、面、体三种状态，不失一般性，可以统一用"面"来表述）就称为界面。①

界面的概念能较好地反映两种物体之间的结合状态，能够用于说明要素与要素之间的联接关系，因此将其引入学校思想政治教育中。从学校思想政治教育的角度来理解界面，其内涵和外延都得到了拓展。从内涵来看，尽管它仍是一种对接口的描述，但已脱离了具体的、有形的物质表征的束缚，其本质已被定义为一种表述事物相互联结、相互作用状态的概念，这种联结可以是有形的，也可以是无形的。只要两者之间发生作用和联结，就可将它们的交接状态称为界面。例如，社会主义核心价值观教育是一个处于德育工作大环境中的子系统，它和外界发生着物质、能量、信息、资源等众多要素的作用和交流，因此，在社会主义核心价值观教育和思想政治教育之间存在着界面。从外延上看，界面所包含的内容大大拓宽，它所涉及的范围种类也远较工程领域的多，不仅有实体与实体之间的，也有虚体与虚体之间的，还有实物与虚体之间的。例如，大中小学思想政治教育中实践活动之间的衔接就是实体之间的界面，而大中小学社会主义核心价值观教育目标的衔接即可视为虚体之间的界面。

从界面的产生结构来看，主要可分为两类：一类是由于纵向各环节联系而导致的界面，称为纵向界面；另一类是因横向不同要素或系统联系而产生的界面，称为横向界面。界面管理的本质在于联结与整合，于是导致界面泛化的出现，即界面越来越趋于宽泛、淡化与结合融为一体。其对立面则是割裂、断裂，界面双方相互脱节。表现在纵向界面上，是指结合的要素要么呈一体化发展，要么断裂式、孤立式发展，界面双方无法衔接；表现在横向界面上，是指结合的要素要么交融更紧密，界面渐趋模糊，要么相互脱节，无法通融。显然，处理界面管理问题，应该而且

---

① 赵玉林：《高技术产业化界面管理（理论及应用）》，北京：中国经济出版社2004年版，第14页。

必须从上述两类界面出发,做到纵向衔接、横向贯通,才能形成一个有机整体。

立德树人根本任务的工作机制研究中的"界面管理",主要研究大中小学及体系整体的界面、衔接与协调。小学、中学和大学之间存在着界面,三者之间的衔接,需要承认中间界面的存在和关联,在此基础上探索衔接及协调管理。界面管理的实质是对界面双方实行联结,将重要的界面关系纳入管理状态,以实现控制、协作和沟通,实现衔接。

(二)界面管理的层次

根据上述对界面和界面管理的分析,可以发现,大中小学思想政治教育之间常常存在着看不见摸不着的界面,正是这些界面在无形中给教育者的管理工作上带来相当大的难度。理清界面的层次,并认识把握界面的根源及其实质,为解决界面中存在的问题扫除障碍。

立德树人根本任务实现过程中的界面可分为三个层次,这三个层次分别是:

目标间界面。目标间界面,即小学思想政治教育目标、中学思想政治教育目标、大学思想政治教育目标之间的界面。从横向上看,三个阶段的思想政治教育目标必须始终如一地坚持思想政治教育总目标,即进行系统的社会主义核心价值观教育,培养有较高思想道德修养的社会主义建设者和接班人,这是各学段立德树人根本任务一以贯之的共同目标。从纵向上看,主要包括小学-中学思想政治教育目标界面和中学-大学思想政治教育目标界面。由于各学段教育对象的身心发展特点不一样,当我们把这个总目标分解为各学段的具体目标时,就不仅要强调社会的价值导向,还必须考虑学生在具体学段所具备的认知能力、知识结构和所面临的人生课题。因此需要把握思想政治教育目标的差异性和层次性。思想政治教育目标的差异性是指在每个阶段的教育目标都应有其特殊性,而这样的特殊性在整体布局上应体现出层层递进的关系,即层次性。大中小学思想政治教育目标三者是一个有机的整体,具有内在关联性,不能任意割裂或孤立对待。

内容间界面。内容间界面,分为纵向界面和横向界面。纵向界面主要包括小学-中学思想政治教育内容和中学-大学思想政治教育内容两个界面。因此,在纵向联结上,既要保证思想政治教育内容在大纲规定上实现理论上的衔接,又要做到在现实教育中的过渡和衔接,实现大中小学思想政治教育内容的循序渐进。横向界面即现实生活内容、德育内容、其他学科内容之间的界面,主要包括现实生活内容-思想政治教育内容、思想政治教育内容-其他学科内容和思想政治教育内容内部之间三个界面。在横向贯通上,首先,现实生活内容为思想政治教育内容提供教学依据,实现思想政治教育内容设置的现实性,思想政治教育内容的前瞻性、超越性为学生的健康成长提供保障;其次,思想政治教育内容与其他学科内容之间是互补的关系,两者的界面关系应达到相互融合与渗透;再次,要实现思想、政治、道德、心理和法纪五个方面内容的相互协调,使大中小每个学段的思想政治教育内容有所侧重、相互贯通。①

方法间界面。教育方法受教育目标和教学内容的制约,有什么样的教育目的和教学内容,就有与之相应的教学方法。在方法间界面上,大致以小学、中学、大学各个学段为区分。教学内容的改革、教学理论的发展、学生身心特点的差异都对教学方法有着直接的影响。教学实际情况又是那么千差万别、复杂多样,因此,绝不能用某些固定的方法来以不变应万变。教学有法,却无定法,贵在得法,从实际情况出发灵活地采用教学方法,这是符合唯物辩证法的。

(三)实现界面管理的具体措施

理清界面的层次,如何实现界面管理,落实到具本层面可从三方面入手:

第一,加强大中小学思想政治教育目标界面的联结,必须既坚持思想政治教育目标一以贯之,又要把握思想政治教育目标差异性和层次性。根据上文对思想政治教育目标界面的定位,可对大中小学立德树人根本任务的目标进行细化。如表1-1所示。

表1-1 小学、中学、大学的立德树人根本任务目标

学段	立德树人根本任务目标	总目标
小学阶段	了解社会主义核心价值观的基本内容和具体形象	进行系统的社会主义核心价值观教育,培养有较高思想道德修养的社会主义建设者和接班人
中学阶段	深入理解和掌握社会主义核心价值观的基本内涵	
大学阶段	理论上理解和行为中践行社会主义核心价值观,对社会主义核心价值观进行科学解读和理性分析	

如表1-1所示,小学阶段是社会主义核心价值观教育最基础的阶段。在这一阶段,小学生的"自我"意识刚刚萌芽,在道德意识方面,还近乎空白或相当朦胧,

---

① 邱伟光:《中小学和大学德育内容有效衔接探析》,载《现代基础教育研究》2012年第3期。

因此，这一阶段的社会主义核心价值观教育目标以"了解"其基本内容和具体形象为主。中学阶段是道德意识、道德行为的强化时期。这一阶段学生的"独立意识""自立意识""成人意识"逐渐增强。由于小学阶段道德教育的学习，此时中学生已具备一定的基础，这一阶段的道德教育在整个思想政治教育体系中起着承前启后的性质。中学侧重于"深入理解和掌握"社会主义核心价值观的基本内涵，进一步深化对社会主义核心价值观的培育。到了大学，学生的"自我意识""成才意识"大大增强，如何实现自我社会化、成为独立的工作者、成为社会有用人才成为他们所面临的人生课题。因此，"理论上理解和行动中践行"社会主义核心价值观，"科学解读和理性分析"社会主义核心价值观，是这一时期的重点。大中小学思想政治教育目标，既要体现不同层级的相互区别，又要具有内在的逻辑联系，实现逐层联结、逐层递进，以保证总目标的落实和实现。

第二，加强大中小学思想政治教育内容的把控，在循序渐进的原则下构建大中小学思想政治教育内容体系。首先，在思想政治教育内容的设置上，本书选择明志、关爱、诚信和责任[①]这四个各个学段思想政治教育共有的核心内容，作为构建大中小学思想政治教育内容体系的分析范例。明志教育是明确指向，树立理想。它必须根据学校人才培养目标和学生的年龄特点、认知能力和所面临的人生课题，建立一个由浅入深、环环相扣的内容体系；关爱教育在不同学段侧重点不同，经历了关系教育、关怀教育、人文关怀教育三个阶段；诚信教育既要让学生将诚信内化为修养，又要外化为道德行为，它包含三个层次：诚信意识教育、诚信品质教育和诚信行为教育，这是一个逐步递进的教育过程；责任教育它经历了从自我负责——家庭和他人负责——国家、民族、社会负责——人类、环境负责的过程，从过程结构的角度来说是一个动态过程。总的来说，大中小学德育内容设置要体现针对性、层次性、一致性和实用性。其次，在思想政治教育内容与其他学科之间，要树立大思想政治教育观，立德树人不仅需要道德教育，还需要思想教育、心理教育、政治教育、法制教育、传统文化教育等多学科的协同创新，立德树人在教学内容上要具有整体性。再次，在德育内容和现实生活之间，既要考虑社会的价值取向，又要做到以学生为本。作为意识形态领域的前沿，培育和践行社会主

---

① 邱伟光：《中小学和大学德育内容有效衔接探析》，载《现代基础教育研究》2012年第3期。

义核心价值观既是推进中国特色社会主义事业的必然要求,又是促进学生健康成长的现实选择。① 把社会主义核心价值观融入学校、家庭、社会等多领域的合作共育,有助于消弭思想政治教育内容和现实生活的差距。

第三,在思想政治教育方法上,要抓住教学目标、教学内容和不同阶段的学生特质,寻找高效多样的教学方法。② 小学教育要以品德与生活、品德与社会课程为主体,不断创新教学方法,让学生在体验式、分享式中学习。以"运用感性事实,激发生活体验"为主,采用生动形象的讲述方式或影视图像展示方式,激发学生的生活体验,养成良好的生活习惯。中学教育要以思想品德课程为主体,充分挖掘初中教育阶段各学科、课程在弘扬中华优秀传统文化和人类文明优秀成果方面的知识点,进行有针对性的、生动形象的教育。要以"学生参与、教学互动"的有效形式进行道德教育,同时,"设计和开展丰富多彩的主题活动",引导学生生活实践和行为养成,提高学生的思想道德修养水平。大学教育要注重多学科知识包括思想政治理论课、形势与政策教育课、人文社会科学课程、自然科学类课程,增强学生的理性认知和实践自觉。以"注重理论探讨、强化社会实践"为主,建立教学共同体,强化实践教学,在实践中理解理论,提高素质,明确目标,努力成才。

三、立德树人根本任务实现全覆盖

从全覆盖的含义出发,立德树人根本任务实现全覆盖是立德树人根本任务的自身需要。从外部环境出发,立德树人根本任务实现全覆盖是社会发展的需求。下文将结合高校实际,说明立德树人根本任务实现全覆盖应把握的主要方面以达到预期效果。

(一)立德树人根本任务全覆盖含义

全覆盖是指高校立德树人根本任务实现对象全面、实现途径多元、实现目标影响广泛。全覆盖是"三全育人"(全员育人、全方位育人、全过程育人)的另一种表达。就高校内部层面而言,立德树人根本任务实现对象全面并不能简单笼统地理解为教育要面向全部学生,而需要科学地进行群体分类。且不只关注学生群

---

① 《教育部关于培育和践行社会主义核心价值观 进一步加强中小学德育工作的意见》,载《中国德育》2014年第9期。
② 《江苏省教育系统培育和践行社会主义核心价值观的实施意见》(苏教社政〔2014〕2号)。

体,理应包含教师、领导、后勤等人员,尽力覆盖各种类型的高校群体成员。但需要注意的是,学生的主体地位不可动摇。就高等教育层面而言,立德树人根本任务实现对象全面要求覆盖至各种类型的高校,包括重点大学、普通本科院校、高职类院校,其中院校类别种类也应全面覆盖,包括公办类与民办类院校、理工人文师范医学综合类院校、地方研究型或教学研究型院校。

立德树人根本任务实现对象全面必然要求实现途径的多元化,针对不同的实现对象实际属性与自身需求,有针对性地开展根本任务的实施才能保证最终的实施效果。实现途径的多元化不仅体现于方法的多样性,还要体现方法的多维度,多种方法间并不是互相割裂的状态,而是相互联系相互促进的,能够形成最终的合力以达到最佳的根本任务实现效果。

立德树人根本任务实现全覆盖旨在扫除实践过程中的盲点与误区,促进根本任务实现效果最大化。立德树人根本任务实现效果体现在学生树立高尚的道德情操和远大的理想信念,促使学生将社会主义核心价值观真正内化于心、外化于行,帮助学生培育健全健康的人格以适应社会政治生活。同时伴随着学生由学生人向社会人的社会角色转型,将学生社会主义核心价值观培育与践行的实现效果辐射至整个社会层面,最大限度发挥根本任务实现的社会效力。

(二)立德树人根本任务实现全覆盖的必要性

立德树人根本任务实现全覆盖是立德树人根本任务实施环境的现实需求,是立德树人根本任务基本内涵的内在规定。从系统论而言,立德树人根本任务归属于高校的精神建设,无论是高校系统内部结构还是高校系统外部环境,都呈现出复杂性、多变性特点,实施全覆盖是当前高等教育现状决定的,是立德树人根本任务得以实现的制度保障。立德树人根本任务是指学生社会主义核心价值观的培育与践行,针对学生开展的社会主义核心价值观的培育与践行是完整的教育过程,要求全面覆盖整个系统过程。针对学生开展并不意味着对象的唯一性,围绕以学生为中心,协同其他群体同步教育,形成教育合力促进根本任务的实现。全覆盖要求重视学生全方位发展需求,关注高校多元群体的各自特征,以全面的视角审视高校立德树人根本任务实现过程。立德树人根本任务实现全覆盖,是一项体系化的浩大工程,全覆盖的成功建立需依赖于高校自身系统的运行,并需要高校通过相关制度等举措提供大力支撑。

（三）立德树人根本任务实现全覆盖的现实性

立德树人根本任务实现全覆盖落实到实际运用层面，应考虑不同类型高校、不同专业的不同特征以及各自需求，充分体现层次性原则，要求在全覆盖运行过程中抓住主要矛盾。

针对不同高校层次。职业类院校旨在培育学生的技术思维和职业精神，学生群体学习思维与习惯要求立德树人根本任务全覆盖机制侧重于增强相关课程感染力，结合技能培训等实践活动融入社会主义核心价值观，努力做到知识技能学习、行为养成和能力培养相统一。本科教育要求增强学生对社会主义核心价值观的理性认知和实践自觉，培养学生科学的思维方式和价值取向，帮助他们准确理解和正确践行社会主义核心价值观，立德树人根本任务实现全覆盖侧重于将社会主义核心价值观融入课程教育，开发其他各类课程的思想政治教育功能。研究生教育旨在培养研究生的社会责任与人文关怀，要求充分发挥各类课程和科研活动的育人作用，把社会主义核心价值观教育与研究生培养的课程学习、科学研究、专业实践和学位论文撰写等重要环节紧密结合起来，渗透到研究生课程教学之中，体现于研究生学习、科研和实践成果之中，立德树人根本任务实现全覆盖侧重于将社会主义核心价值观融入专业素养的训练以及研究生培养过程的各个环节。此处的全覆盖讲究个体性，因为研究生群体的客观条件允许全覆盖更具体化，实现各个个体的全面、动态教育引导。

针对不同的专业。根据各专业不同的培养目标、教学内容、考核评价体系，确立立德树人全覆盖的主要方面。就理工科而言，其课程内容与社会主义核心价值观之间虽不存在直接的理论逻辑联系，但课程中仍不同程度地蕴含着可供深入挖掘的社会主义核心价值观教育资源，而且立德树人全覆盖还要重点关注学生的实践活动与校园建设，例如科研实验、专业设计、实习培训等。就人文类以及综合类而言，其课程专业性与社会主义核心价值观内涵较为切合，结合社会主义核心价值观进行相关课程设置、教学，不仅能保证原有的教学效果，而且能将社会主义核心价值观落到实处，真正深入学生实际。接地气的社会主义核心价值观更易被接受与认可，因此立德树人根本任务全覆盖主要侧重于课程内容。就专业特征鲜明的高校，例如师范类、医科类、军校、警校等，立德树人根本任务全覆盖应着重关注专业建设的特殊性，紧紧围绕学校培养人才的最终目标，全覆盖学校发展需求以及学生个人发展需求。

  此外,立德树人根本任务实现全覆盖需要密切关注全覆盖的空间以及全过程。现代空间已不是单纯的地理空间,随着空间理论的发展衍生出精神空间、理论空间、道德空间、公共空间、网络空间等多元化空间视角。立德树人根本任务内在规定其实现全覆盖,所覆盖的空间主要为物质空间及精神空间两部分,物质空间主要指立德树人根本任务实现所实施的有形场所,精神空间是指立德树人根本任务实现最终作用并形成的无形的思维场所。全覆盖不能简单地等同于全过程,全过程也不是附属于全覆盖下,两者相互补充说明。如果说全覆盖涉及的是"面"的问题,那么全过程即是解决"线"的问题,在全覆盖将立德树人根本任务实现的广度加以确认后,全过程则是延长立德树人根本任务实现过程的长度。

第二章 高校立德树人根本任务实现的内部结构

高校立德树人根本任务的实现程度由多方面的因素共同决定,不仅与培育和践行社会主义核心价值观这项具体活动有关,而且受到高校内部结构和外部社会环境的影响。高校内部结构是立德树人根本任务得以展开的内部空间和具体语境,例如,不同的高校类型、组织性质、主体结构、生态环境等作为既定的结构性因素,支持或限制着立德树人根本任务的实现程度。

第一节 高校类型与立德树人根本任务

截至 2018 年,全国共有普通高等学校 2663 所(含独立学院 265 所)。[①] 其中,江苏省作为教育大省,全省共有普通高等学校 142 所。[②] 这些高校内部的差异非常之大,按是否是国家建设重点分为 211 工程、985 工程和普通高校等,按管理隶属关系主要有教育部部属院校、中央其他部委所属院校和地方院校等,按学科门类包括综合大学、理工院校、农林院校、师范院校等,按办学体制分为公立院校和民办院校等,按生源分有不满 20 岁的高中毕业生和有工作经验丰富的成人。不同类型的高校在办学定位和人才培养目标方面有着非常大的差异,这对立德树人

---

① 《2018 年全国教育事业发展统计公报》,中华人民共和国中央人民政府网,2019 年 7 月 24 日,http://www.gov.cn/xinwen/2019-07/24/content_5414053.htm。
② 《江苏省普通高等学校名单》,江苏省教育厅网,2017 年 12 月 8 日,http://jyt.jiangsu.gov.cn/art/2017/12/8/art_58319_6929344.html。

根本任务的实现有着不同忽视的影响。本节先简要介绍常见的五种高校类型,进而考察这五种高校实施立德树人根本任务的情况,最后提出不同类型高校实现立德树人根本任务的层次模型。

一、常见高校类型简介

本书综合考虑不同分类标准的优缺点,根据课题研究的需要,重点考察"985""211"高校①、其他公办本科高校、民办高校、高职高专院校和成人高校等五种类型。需要说明的是,这五种类型并不完全是并列关系,之间可能存在少量的交叉。

(一)"985""211"高校

1993年7月,原国家教委出台了《关于建设重点一批高等学校和重点学科的若干意见》,决定设置"211工程"重点建设项目,即面向21世纪,重点建设100所左右高等学校和一批重点学科点。1998年5月,时任国家主席江泽民在北京大学百年校庆时提出了"为了实现现代化,我国要有若干所具有世界先进水平的一流大学"即"985工程"。2011年不再有新的学校加入"985""211"的行列,在全国39所"985工程"高校中江苏省占2所,全国112所"211工程"高校中江苏省占10所。"211工程"是新中国成立以来国家立项在高等教育领域进行的规模最大、层次最高的重点建设工程,"985工程"是教育部支持创建的世界一流大学和高水平大学,不论是在资源配备、教师队伍、学科建设还是研究能力方面都具备很强的优势。

(二)其他公办本科高校

大学本科高校是国家教育部审批的高校,通过高考统一招生,录取批次就是俗称的一本、二本和三本。本科学制一般是4—5年,学生毕业时可获得国家承认的学士学位。据统计,2015年全国共有本科院校1219所,其中全国公办普通本科高校共796所,江苏省有42所。大学本科最突出的特征是正规性,表现在大学本

---

① 2017年教育部、财政部、国家发展改革委印发《统筹推进世界一流大学和一流学科建设实施办法(暂行)》的通知,此后将"211工程"和"985工程"(简称"211""985")等重点建设项目统筹为"双一流"建设。不过本文对高校所作的类型划分,主要用于考察高校类别特征对培育和践行社会主义核心价值观的影响,因而更关注长期以来形成的高校类型差异和历史传统。鉴于过去很长一段时间内高考考生、家长、老师和社会心目中好大学的标准就是"985"和"211",这两类高校在社会主义核心价值观教育方面也确实显示出与其他高校的差异,因此,本文仅出于研究的目的,仍沿用"985""211"高校的说法,未采用"双一流"大学的说法。

科由国家教育部审批,按国家的招生计划实行统考招生,学校有固定的校舍和教师,采取全日制授课,学生的学籍都是电子注册,毕业生持有国家承认的毕业证、学位证和派遣证即"三证"。其次,公立大学由国家组建,国家提供部分资金建设,不以营利为目的,突出公益性。中国的公立大学组建历史也相对悠久,学校相对稳定,文化底蕴深厚,有较好的学风。

(三)民办高校

民办高校指的是企业事业组织、社会团体及其他社会组织和公民个人利用非国家财政性教育经费,面向社会举办的高等学校及其他教育机构,其办学层次分本科和专科,民办高校的主管部门一般为省市自治区教育厅(教委)。截至2015年,全国民办普通高校共447所,其中本科院校148所;江苏省民办高校26所,其中本科4所,高职高专22所。在生源方面,民办高校的生源质量普遍低于公办高校,但近年来民办本科高校的生源质量有所提高。在培养模式方面,我国研究型大学全部是公办高校,民办高校多为"教学应用型"和"职业技术型"高校,主要依托实训基地开展实践教育。在人才定位方面,市场导向在民办高校中体现得非常明显,大部分民办高校人才培养结构定位于"特色＋热门",依据市场机制配置资源,人才培养力图满足市场需求。①

(四)高职高专院校

为适应地方经济对应用型人才的迫切需求,缓解经济快速发展与人才需求紧缺的矛盾,中国高等职业教育诞生于改革开放之时。1985年,《中共中央关于教育体制改革的决定》首次将高等职业教育纳入国民教育体系。1980年,全国共有高职高专院校6所,截至2018年,全国独立设置的高职院校高达1418所。在江苏省的142所高校中,高职高专院校高达90所。高职高专院校先后由原国家教委职业教育司、高等教育司、职业教育与成人教育司管理。1999年,国务院指出,"要大力发展高等职业教育,培养一大批具有必要理论知识和较强的实践能力,生产、建设、管理、服务第一线和农村急需的专门人才",概括了高等职业教育培养目标,"职业性、开放性、实践性"贯穿在高职高专院校的招生考试、专业设置、培养模式、师资配备、对外合作、就业导向等各个环节。

---

① 何佑祥、张紫薇:《民办高校的定位-特色问题及其发展策略》,载《大学教育科学》2013年第4期。

（五）成人高校

成人高等学校指按照国家规定的设置标准和审批程序批准举办的,通过全国成人高等学校统一招生考试(成人高考),招收普通高中或同等学历的在职从业人员为主要培养对象,利用函授、业余、脱产等多种形式对其实施高等学历教育的学校,包括广播电视大学、职工大学、业余大学、职工医学院、管理干部学院、教育学院、普通高校的成人(继续)教育学院等。1987年6月23日,国务院批转了《国家教委关于改革和发展成人教育的决定》,这份文件对我国成人教育的发展起到了巨大的推动作用。自此之后,成人教育被看成是终身学习体系的重要组成部分。截至2015年,全国共有成人高校292所,江苏省共有成人高校8所。从1987年至今,一个面向全体成人、从扫盲到大学后继续教育的成人教育体系已经基本形成。

二、关于江苏省不同类型高校的立德树人根本任务实施情况的现状考察

在江苏省的142所高校中,有本科院校52所(部委属10所,省属31所,市属5所,民办4所,中外合作办学2所),高职高专院校90所(省属42所,市属25所,民办22所,中外合作办学1所),独立学院25所,成人高校8所。① 既然不同类型的高校在人才培养目标上具有较大差异,那么,它们在社会主义核心价值观教育上是否体现出相应的层次性,就是本节考察的主要内容。

调研选取3个观测点,分别是校长在开学和毕业典礼上的讲话是否体现社会主义核心价值观;思想政治理论课中是否融入了社会主义核心价值观;党组织活动是否结合社会主义核心价值观。尽管社会主义核心价值观教育是一个全覆盖、全过程的教育体系,但这三个观测点基本能够全面反映高校培育和践行社会主义核心价值观的状况。其中,校长在开学和毕业典礼上的讲话集中反映着一所高校在当年的办学理念,思想政治理论课是高校立德树人的主渠道和主阵地,党组织活动是校园文化中的核心部分,可以说,这三个方面有没有融入社会主义核心价值观教育,反映着该校立德树人根本任务的实施状况。本次调研共选取6所高校作为分析样本,分别从每种高校类型中抽取1—2所,其中,NJ大学和NS大学分别代表"985工程"和"211工程"高校,XZ大学代表公办本科院校,ZD学院代表民

---

① 《江苏省普通高等学校名单》,江苏省教育厅网,2017年12月8日,http://jyt.jiangsu.gov.cn/art/2017/12/8/art_58319_6929344.html。

办高校,HS 学院代表高职高专院校,KF 大学代表成人高校。此次调研在 2015 年进行,由于社会主义核心价值观于 2012 年提出,因此,调研内容为 2012—2015 年间样本高校在上述三个方面的表现。

（一）校长在新生开学典礼和毕业典礼讲话中的立德树人根本任务实施情况

刘建军指出,"高校培育和践行社会主义核心价值观不是一项单一的任务,不能简单地归结为对大学生的要求。学校领导认真学习、深入钻研和自觉认同社会主义核心价值观,是高校培育和践行社会主义核心价值观的第一个步骤。"①《江苏省教育系统培育和践行社会主义核心价值观的实施意见》(苏教社政〔2014〕2 号)中明确指出,"充分利用'开学第一课'、'毕业典礼'等有利时机,深入开展形式多样的主题教育活动,传播主流价值。"校长讲话是学校重要仪式中的组成部分,他们在新生开学典礼和毕业典礼上的讲话有没有融入社会主义核心价值观,既反映着大学校长对社会主义核心价值观教育的重视程度,又直接关系到大学生对社会主义核心价值观的认知深度和认可程度。

表 2-1 六所高校校长在重要典礼上的讲话中社会主义核心价值观提及情况统计表

高校类型	学校 (讲话篇数)	关键词 (2012—2015 年)	关涉内容 (重要观点)
985 工程	NJ 大学 (4 篇)	同学情 登高望远,立志成才 脚踏实地,虚心求知 崇德修身,以德润才 悦读经典,读书成才	育善心、出善言、行善道 立德树人是大学的根本使命 一是苦乐相伴。二是思行并重。三是博专兼顾。四是取舍得当 一要忠于自我和内心,修身立世。二要忠于真情和家庭,真诚互信。三要忠于国家和民族,恪尽职守
211 工程	NS 大学 (12 篇)	梦想、NS 梦、 社会主义核心价值观、 青春、奋斗	做一个胸怀远大的"筑梦者"、脚踏实地的"追梦人" 必须积极培育和践行社会主义核心价值观,首先,要瞄准目标,勤奋读书。其次,要珍惜时间,持之以恒。最后,要注重方法,勇于创新

---

① 刘建军:《高校培育和践行社会主义核心价值观的四个步骤》,载《思想理论教育》2016 年第 3 期。

(续表)

高校类型	学校 (讲话篇数)	关键词 (2012—2015年)	关涉内容 (重要观点)
公办本科院校	XZ大学 (4篇)	学习 真人 新角色	第一要学会主动学习。第二要学会踏实做事。第三要学会合作共处 首先,要学会做人。其次,要学会学习。最后,要学会做事 首先,要学会学习。其次,要投入社会,勇于实践。最后,享受自由,大胆创新 第一句话是:学会坚持。第二句话是:让学习成为终身习惯。最后一句话是:承担社会责任
民办院校	ZD学院 (6篇)	青春正德,放飞梦想 心怀梦想,扬帆远航	首先要学会做人,做诚信的人,做有责任感的人。其次要学会"独立",能够独立生活,善于独立思考,养成独立人格。还要学会"珍惜",珍惜青春,珍惜健康,珍惜友谊 一是牢记责任,勇于担当。二是勤学慎思,不断提高。三是脚踏实地,有所作为 一是希望同学们学会做人。二是希望同学们学会学习。三是希望同学们学会生活
高职高专院校	HS学院 (1篇)	放飞梦想·成就卓越	有梦想、有担当、立志成才、脚踏实地,努力成为一名合格的海院人
成人高校	KF大学 (0篇)	无	

结果显示,在党和国家大力培育和践行社会主义核心价值观的大环境下,江苏省高校的响应并不热烈。如表2-1所示,在调研的6所高校中,只有NS大学校长在2014年开学典礼上的讲话中明确提到了社会主义核心价值观,要求大学生积极培育和践行社会主义核心价值观,并特别提及全体教师要带头践行。NJ大学校长讲到立德树人是大学的根本使命。而其他高校的校长讲话主要围绕梦想、学习、成才、担当等普遍性主题展开,既没有直接提及社会主义核心价值观,又较少结合高校的办学定位和人才培养目标创造性融入社会主义核心价值观教育。

(二)思想政治理论课中的立德树人根本任务实施情况

习近平总书记在2019年3月18日学校思想政治理论课教师座谈会上强调,

思想政治理论课是落实立德树人根本任务的关键课程。2013年中共中央办公厅印发《关于培育和践行社会主义核心价值观的意见》，提出以下指导原则：坚持联系实际，区分层次和对象，加强分类指导，找准与人们思想的共鸣点、与群众利益的交汇点，做到贴近性、对象化、接地气。2019年中共中央办公厅、国务院办公厅印发《关于深化新时代学校思想政治理论课改革创新的若干意见》，要求遵循学生认知规律设计课程内容，体现不同学段特点。高校思想政治理论课有没有结合办学特色创造性地融入社会主义核心价值观，是立德树人根本任务实施情况的一个重要指标。

本书课题组以面对面采访、电话采访等主要方式，辅之以各高校官网报道，对2012—2015年思想政治理论课课程组集体备课时是否关注"社会主义核心价值观"、实际讲课中如何呈现"社会主义核心价值观"以及"社会主义核心价值观"进教材的基本情况等展开调研。如表2-2所示，6所高校所使用的全国统编教材中均增加了社会主义核心价值观的相关内容，只不过篇幅相对较小。课程组在集体备课时都表示非常重视社会主义核心价值观。在实际讲课中的情况较为多元，一般采取理论讲述、案例分析、学生讨论、论文写作等不同的教学方式。在教学内容方面，本科高校和公办高校偏重于理论，职业学校和民办高校注重与实践相结合，这体现了初步的层次区分。但也存在不加转化地全盘灌输现象，无论是教学方式还是内容深度，都还没有与各高校类型和学生接受能力完全匹配。

表2-2　6所高校思想政治理论课中的立德树人根本任务实施情况

高校类型	学校	集体备课提及"社会主义核心价值观"情况	讲课呈现"社会主义核心价值观"情况	"社会主义核心价值观"进教材情况	其他
985工程	NJ大学	高度重视	联系实际教学内容，举简单生动的例子进行诠释。采取讨论的方式让学生自由发言。以相关选题为例让同学们撰写相关论文	新版教材中，"基础"和"概论"都有涉及。但是相应课时很少，只能简单带过	通过批阅学生论文发现，存在理论与实践、与今后个人发展等联系不起来的问题 思政课教师在对社会主义核心价值观相关内容的理解上还不够深入

(续表)

高校类型	学校	集体备课提及"社会主义核心价值观"情况	讲课呈现"社会主义核心价值观"情况	"社会主义核心价值观"进教材情况	其他
211工程	NS大学	"概论"课程有专题讲解"社会主义核心价值观与社会主义文化强国",由一位教师承担该专题,经专家审定,集体备课	"基础"和"概论"这两门课程中关于"社会主义核心价值观"的内容涉及较多。"基础"课程容易出现把"社会主义核心价值观"视为一般的品德教育的误区	"基础"和"概论"的新版教材中都有涉及社会主义核心价值观,但侧重点不同。"基础"主要讲社会主义核心价值观的内容,"概论"主要讲社会主义核心价值观在文化建设中的意义、社会主义核心价值观与社会主义核心价值体系的关系	存在教师对"社会主义核心价值观"的把握有难度等问题,如对社会主义核心价值观的定位,如何避免与其他章节的重复
公办本科院校	XZ大学	备课形式有两种,作为专题讲,老师们各自备课;作为"概论"教材里面的内容,是大家集体备课	各个老师的讲授方法不一样,学生参与讨论的效果要好;如果单纯按照教材照本宣科,效果不太理想	高校思政课教材更换过快,几乎是每年都换新教材,但是内容相差不大。对于这种做法,老师们也提出疑问	24字中包含丰富的内容和背景,讲出来不太容易,也可能会面临学生对核心价值观词语的质疑。例如与西方的价值观的本质区别,理论宣传与社会负面问题的反差等
民办院校	ZD学院	课程组强调职业院校政治课堂教学践行社会主义核心价值观是职校生健康成长的迫切需要	摒弃"假、大、空"的说教,根据高职院校学生知识水平有针对性地开展相关教育教学,例如降低单纯理论教学的难度,以更生动活泼的实例替代晦涩难懂的抽象语句		

(续表)

高校类型	学校	集体备课提及"社会主义核心价值观"情况	讲课呈现"社会主义核心价值观"情况	"社会主义核心价值观"进教材情况	其他
			此外,该校注重对学生实践能力的培养,注重把社会主义核心价值观与实践结合起来,把学习与践履结合起来,把学习规范与遵守规范结合起来,使社会主义核心价值观转化为学生的内在素质		
高职高专院校	HS学院	是贯穿思想政治课教学与备课的主线	把海事类技术人才培养目标与教学实践结合起来,使学生们在增加职业技术知识的同时不断运用社会主义核心价值观理念指导自己的工作与实践,为未来走向工作岗位打下良好基础		
成人高校	KF大学	写进授课大纲		使用国家统编教材	

(三)党组织活动中的立德树人根本任务实施情况

2013年中共中央办公厅印发《关于培育和践行社会主义核心价值观的意见》指出,党的基层组织要在推动社会主义核心价值观培育和践行方面,发挥政治核心作用和战斗堡垒作用。2014年中共中央办公厅还专门印发了《关于坚持和完善普通高等学校党委领导下的校长负责制的实施意见》,再次重申了学校党委要领导学校思想政治工作和德育工作,坚持用中国特色社会主义理论体系武装师生员工头脑,培育和践行社会主义核心价值观,牢牢掌握学校意识形态工作的领导权、管理权、话语权。2017年中共中央、国务院印发《关于加强和改进新形势下高校思想政治工作的意见》,要求加强和改善党对高校的领导,高校党委、院(系)党委、基层党支部都要认真履行主体责任。

表2-3　六所高校党组织活动中的立德树人根本任务实施情况

高校类型	学校	活动数量 (以网站报道为准)	参与群体 (以网站报道为准)	活动形式 (以网站报道为准)
985工程	NJ大学	4	学生、校党政领导班子成员	主题党日、主题团日、讲座
211工程	NS大学	130	学生	主题党日、主题团日、讲座、辩论赛
公办本科院校	XZ大学	5	学生	讲座、辩论赛、党课、学术论坛
民办院校	ZD学院	7	学生、辅导员	辅导班、优秀宿舍评选、艺术活动
高职高专院校	HS学院	19	学生	主题党日、主题团日、讲座、辩论赛
成人高校	KF大学	0		

高校党组织除了作出重大决策、制定相关政策之外,开展相关活动也是其履行培育和践行社会主义核心价值观职责的重要方面。高校党组织在活动中宣传社会主义核心价值观的状况,在一定程度上反映着立德树人根本任务实施情况。本书课题组搜集了2012—2015年来六所高校和院系官方网站中报道的文本资料,主要统计了各级党组织(校级、院级,含教师党支部、学生党支部)围绕"社会主义核心价值观"开展的支部活动的数量、参与群体和活动形式。

从数量上看,除了NS大学以外,其他高校党组织开展的社会主义核心价值观教育活动相对较少;从参与群体看,除了NJ大学的校级领导和ZD学院的辅导员与学生一起参与活动外,其他学校都以学生参与为主;从活动形式看,ZD学院组织了辅导班、优秀宿舍评选、艺术活动等比较新颖的活动,其他高校都以讲座、主题团日、主题党日、辩论赛为主要形式。当然由于资料来源的限制,以上只能部分反映实际情况。

综上所述，通过对 2012—2015 年来校长在开学和毕业典礼上的讲话、思想政治理论课、党组织活动的考察可知，"985 工程"和"211 工程"、公办本科院校、民办高校、高职高专院校和成人高校在培育和践行社会主义核心价值观方面体现了初步的区分，但不同高校类型的层次模型有待进一步建构。

三、不同类型高校的立德树人根本任务的层次建构

当前中国高校内部客观存在着"985 工程"和"211 工程"高校、其他公办本科院校、民办高校、高职高专院校和成人高校的类型划分，因此，在培育和践行社会主义核心价值观时就必须考虑不同类型高校之间的区别，建构起一套与之相匹配的层次模型。层次模型的建构至少要遵循以下原则：

1. 内容转化原则。培育和践行社会主义核心价值观是党和国家面向全国人民提出的任务，要想让每一个学生入脑入心入行，就不能原封不动地拿来就用，而是需要根据教育系统的特点、尤其是各高校所属类型的特点进行必要的转化。

2. 目标导向原则。五个类型的高校之间最大的差别体现在人才培养目标方面，人才培养目标在每个高校内部作为中心工作指引着其他工作的开展，因而立德树人根本任务要与各高校的人才培养目标相匹配、相促进。

3. 受众接受原则。培育和践行社会主义核心价值观的目的是让大学生内化于心、外化于行，所以大学生是活动的接受主体，他们的接受能力和接受习惯是教育活动开展时不得不考虑的因素。

根据以上三条建构原则，本书认为前文提到的五种高校类型可以按人才培养目标，进一步归纳为研究型、应用型和技能型三个层次。

1. 研究型高校是指以培养探索事物规律、进行知识创造的人才为主要目标的高校，"985 工程"和"211 工程"高校属于这一类。

2. 应用型高校是指以培养将科学原理转化为专门的知识和技术的人才（可分为创新型应用与一般性应用）为主要目标的高校，除重点高校之外的本科院校一般属于这一类。

3. 技能型高校是指以培养充分发挥现代劳动技能、提高劳动生产效率的人才为主要目标的高校，高职高专院校和成人高校属于这一类。

当然，各层次之间并不具有严格的界限，研究型高校也要考虑知识转化问题，

应用型高校也会涉及技能方面。但是,三个层次高校关注的重点仍然有所区别,分别是知识创造、知识转化和操作技术。需要说明的是,经济社会的发展需要各种类型的人才和功能各异的高校,因此,这三个层次的高校各自以不同的侧重点满足社会发展多样化的要求,并没有高低之分。

各个层次的高校在对立德树人根本任务进行转化时,要充分考虑所在高校的人才培养目标和学生接受习惯,抓准立德树人根本任务的转化要点。本书初步建立了不同类型高校的实现立德树人根本任务的层次模型,如表2-4所示。

表2-4 不同类型高校实现立德树人根本任务的层次模型

高校层次	转化成伦理困境	转化成系统知识	转化成学术问题
研究型高校 ("985工程"高校、"211工程"高校)	√	√	Ⓥ
应用型高校 (除重点高校外的公办本科院校、民办本科院校)	√	Ⓥ	
技能型高校 (高职高专院校、成人高校)	Ⓥ	√	

注:加圈的√表示强调,意味着以所选方框对应的内容为重点。不加圈的√意味着要涉及所选方框对应的内容。

研究型高校最关注培养人才的知识创造能力,同时学生也习惯于以学术探讨的方式接受新知识,因此在培育和践行社会主义核心价值观时应重点挖掘其中可能存在的理论问题,引导学生展开思考,并尽量自行解答相关疑问。但是把社会主义核心价值观转化成学术问题之前,需要辅之以系统知识的传授和对现实伦理困境的思考。

应用型高校侧重于培养人才的知识转化能力,同时学生以知识学习为主,因此在培育和践行社会主义核心价值观时可以对24个字的提出背景、优秀传统文化要素、社会主义价值取向、西方值得借鉴的理念等进行系统解读,帮助学生理解和接受。但为了增强系统知识的吸引力,在讲述之前一般需要引导学生对现实伦理困境展开思考。

技能型高校重点培养人才的技术操作能力,同时学生也习惯于在实践活动中接受教育,因此在培育和践行社会主义核心价值观时要将24个字置于大学生在当下实习和未来职业中可能遭遇的伦理困境,直面学生的内心冲突,进而引导学生作出符合社会主义核心价值观的选择。同时也要辅之以系统知识教育,让学生对社会主义核心价值观有整体的了解。

综上所述,只有各高校的人才培养目标和学生接受习惯得到了足够的重视,立德树人根本任务才能有针对性地细化落实。

第二节 高校组织与立德树人根本任务

高校到底是一个什么样的组织?它与政府、企业、军队等组织有何不同?了解高校这个特殊组织的性质,是我们考察高校立德树人根本任务的又一重要前提。一谈到高校,不管是教育领域的专业人士还是普通民众,往往第一时间联想到"专门传授知识的地方"。进一步研究就会发现,当今的高校已经发展成为机构庞大、层次鲜明的现代组织,科层制的诸多特征在它身上体现得越来越明显。但高校毕竟不同于政府、企业和军队,它常常又被看成是一方洋溢着宽松、自由和平等氛围的净土。由此看来,任何单一的维度都无法描述当今的高校,它就是这样一个与众不同的教学科研单位、科层体制与社会系统的结合体。出于理论分析的需要,本节将首先分别研究高校的每一个面向与立德树人根本任务的关系,之后再将高校还原为三重维度按不同比例组合而成的整体,考察其中可能出现的冲突、融合与变异,及其对实现立德树人根本任务的影响。

一、教学科研单位维度的高校及其与立德树人根本任务的关系

现代意义的高等教育始于12世纪的欧洲,早期的大学以传授"普遍知识"[①]为己任,将学生培养成"绅士"是其伟大的目标。美国学者伯顿·R.克拉克认为:"最早的欧洲大学正是一小批师生出于满足将法律、医学、神学和其他领域发展中的

[①] [英]约翰·亨利·纽曼:《大学的理想》,杭州:浙江教育出版社2001年版,第2页。

思想加以分化和系统化这一外部的和内部的需要而创办的。"①随着社会的发展，单纯地传授"高深学问"似乎并不能充分体现高等教育的价值。为此，德国于1810年创办了一所全新的柏林大学，它的设计者洪堡明确提出"学术研究"是大学的中心任务，科学研究的功能开始成为世界高等学校的重要目标。新中国的高等学校同样以教学为其最初功能。据估算，第一个五年计划就需要在工业、运输业和地质勘探等方面的技术人员30万左右、其他技术工人110万左右，而当时实际具备相应技术的人员则只有14.8万人。② 面对严重的人才短缺和社会主义经济建设的需要，高等教育通过教学活动为国家输送着一批又一批的人才。改革开放以后，邓小平提出"科学技术是第一生产力"，加上知识经济的到来，科学研究与教学工作并列为高校的重要活动。《中华人民共和国高等教育法》第四章第三十一条明确规定，高等学校应当以培养人才为中心，开展教学、科学研究和社会服务。

作为高校最早发展出的同时也是最主要的两大功能，教学功能的重点在于教师将既定知识传授给学生，使其成为有教养的人或获得将来从事职业的素养；科研功能是教师在从事知识生产的同时传授这些不断更新的知识，并引导学生从事独立的研究。尽管教学与科研存在诸多差异甚至冲突，但两项工作都围绕"知识"而展开。教学与科研功能是高校之所以为高校的根本标志，也自然成为高校一切工作的中心和评价标准。

那么，在这样一个以教学和科研为主要功能的组织中，要想实现立德树人根本任务，存在哪些优势和挑战呢？

作为教学科研单位的高校在实现立德树人根本任务方面有着天然的优势。生产与传授知识是高校的主要功能和主要活动，知识的生产与传授拥有一套完整的操作流程。在大学生思想政治教育方面，从新中国成立之初起，思想政治理论课就是高校对大学生开展思想政治教育的主渠道和主阵地。多年来，思想政治理论课在教材编写、教师队伍、教学场所、教学时间、教学方式等方面已形成完整的体系。因此，社会主义核心价值观的理论知识可以借助于这套体系，通过进入思想政治理论课教材和进入思想政治理论课课堂，进而进入广大大学生的头脑。思

---

① [美]伯顿·R.克拉克：《高等教育系统——学术组织的跨国研究》，杭州：杭州大学出版社1994年版，第13页。
② 王红岩：《20世纪50年代中国高等学校院系调整的历史考察》，北京：高等教育出版社2004年版，第78页。

想政治知识作为个人思想结构中的重要组成部分,对大学生的思想发展、思想政治及道德践行提供了必不可少的条件。比较而言,企业的主要活动是生产,要想进行社会主义核心价值观教育就需要另外启动一套不同于生产活动的工作流程,教育成本较高,而教育效果则远远不如高校。

与此同时,作为教学科研单位的高校在实现立德树人根本任务面临着诸多消极因素。一方面,高校的主要工作是教学(主要指专业课教学)与科研,而立德树人则由于无法对教学和科研产生直接的推动作用,往往被学校领导和专业课教师看成是"虚指标""软任务",导致"说起来重要,抓起来次要,忙起来不要"的局面。另一方面,由于高校的主要功能围绕知识展开,这就决定了它只能承担灌输思想政治知识的任务,而无法与思想政治及道德情感、意志、行为的完整培养结合起来,这就容易造成大学生思想政治及道德的片面发展,导致言行不一的情况发生,更有甚者,还会导致大学生对思想政治及道德知识的反感与排斥。因此,我们需要清醒地认识作为教学科研单位的高校在实现立德树人根本任务中的双重效应。

二、科层体制维度的高校及其与立德树人根本任务的关系

科层制,又称为"理想型官僚体制",是马克斯·韦伯在 1922 年提出来的。科层制不是指现实中的政府类型,而是一种纯粹的理想类型,是理论上的分析概念和工具。韦伯将科层制主要特征概括为:

1. 劳动分工与专业化。"人们以某种固定的方式,将科层制支配下的组织结构所要求的种种正常活动变成正式职责",根据严格的劳动分工,所雇用的职员必须具备熟练的专门技术。

2. 非人格化取向。科层制的工作氛围应该体现非人格化取向,"理想的官员要以严格排除私人感情的精神去处理公务,没有憎恨与热爱,也因此不受感情的影响。"

3. 权威等级。科层制中的官员是垂直分布的,组织中的权威也是纵向分布的,"所有岗位的组织遵循等级制度原则,每个职员都受到高一级的职员的控制和监督",组织内职员的地位依照等级划分。

4. 规章制度。每一科层体系都有一个"通常都是根据一定目的建立起来的抽象的规则系统",涵盖了每一个职位固有的权利和义务、活动间的协调等。

5. 职业取向。科层组织中的雇佣建立在技术资格基础之上,资历、成就或两者结合成为晋升的主要依据,因此,职员们会认为他们的工作就是一种职业。①

随着高校办学规模的扩大与日常事务的复杂化,一批受过培训的全职专业人士接管了学校的日常运作,由此形成的高校组织结构越来越表现出科层制的特征。科层制特征在立德树人根本任务实施中有着鲜明的体现。首先,从高校的权力等级上看,通常按照校—院—系(所)三级进行划分,每一级主管领导都由上级任命并必须对上级负责,这就形成一个权威的等级体系。立德树人根本任务的管理机构也具有类似的特征,在学校层面有分管学生工作的校党委副书记,院级有分管学生工作的院党委副书记,再往下是各个教职工党支部和学生党支部。其次,从规章制度方面看,高校的社会主义核心价值观教育由一套规则系统所支配。例如,中共中央办公厅颁布的《培育和践行社会主义核心价值观的意见》、江苏省教育工委颁发的《全省教育系统培育和践行社会主义核心价值观的实施意见》等文件都对高校立德树人根本任务实现的目标、任务、主体、途径、管理等进行了详细的规定。再次,从高校教育机构来看,党委宣传部、马克思主义学院、学生工作处②、团委等主要部门之间有着明确的分工,立德树人根本任务同样在各部门之间进行了切割。

表2-5 科层制的功能与功能障碍③

科层制特征	功能	功能障碍
劳动分工	专业化知识	枯燥
非人格化取向	理性化	缺乏士气
权威等级体系	规训化服从与协调	沟通障碍
规章制度	连续性与一致性	僵化与目标错置
职业取向	动机	成就与资历之间的冲突

---

① [美]韦恩·K.霍伊、[美]塞西尔·G.米斯克尔:《教育管理学:理论·研究·实践》(第7版),范国睿译,北京:教育科学出版社2007年版,第81—83页。
② 一些研究型高校,通常除了学生工作处以外,还设有研究生工作部,它们分别负责本科生和研究生的思想政治教育工作。这里为了简便,只列出"学生工作处",通称这类部门。以下遇到相应叙述,不作专门说明。
③ [美]韦恩·K.霍伊、[美]塞西尔·G.米斯克尔:《教育管理学:理论·研究·实践》(第7版),范国睿译,北京:教育科学出版社2007年版,第85页。

韦伯主要分析了科层制对于提高效率和实现目标的积极作用,后人则指出了科层制中潜在的功能障碍,将二者结合起来才是对科层制较为全面的评价。如表2-5所示,科层制的每个特征既有积极功能,也有功能障碍。例如,各职位间的劳动分工可以提高效率,并使职员产生专业知识,但同时也会导致枯燥,进而降低生产力;非人格化可以避免非理性因素的干扰,有助于决策的理性化,但是它也会使人们在相当单调的氛围中士气低下,降低组织效率;权威等级体系保证下级对上级指令的规训化服从,促进任务的完成和组织功能的发挥,但是它往往会造成沟通失真与沟通障碍;规章制度确保了每一职员行动的统一性与稳定性,但它们往往会造成目标倒置、组织僵化、缺乏调适能力;职业取向尊重技术和能力,它可以使员工产生忠诚感,并激发员工作出最大的努力,然而,员工的资历和成就常常不一致,从而引发不满和冲突。

科层制的这些优势与弊端同样体现在高校立德树人根本任务上。立德树人根本任务既因为等级体系、规章制度和职能分工而得到高效的贯彻,同时也会出现过度依赖上级和校领导、下级教职工的创造力受阻等问题,最终妨碍到社会主义核心价值观教育真正落细、落小、落实。

三、社会系统维度的高校及其与立德树人根本任务的关系

高校除了以教学科研单位和科层体制的面貌存在,它又是一个相对独立和宽松自由的社会系统。这里的"相对独立"是就高校外部而言的,主要指高校与政府的关系;而"宽松自由"主要是就高校内部而言的,主要指高校与教师、高校与学生之间的关系。

政府—高校:高校办学自主权的法律确证。中华人民共和国成立之后,实行了一系列的教育政策,建立起自上而下、高度计划的高等教育领导体制,这种体制基本持续到改革开放初。在党的十一届三中全会的鼓舞下,"给高等学校一点自主权"的呼声越来越高。从1985年开始,中共中央先后出台了《关于教育体制改革的决定》《高等教育管理职责暂行规定》《中国教育改革与发展纲要》《高等教育法》等法律法规,高等教育的管理权限逐渐从中央向地方转移、从地方教育行政部门向高校转移,这就使得高校在教学、科研、招生、人事、财务、国际交流、基建和职称评定等众多领域获得了较大的办学自主权。高校办学自主权的扩大也带来了

双重影响:一方面,由于高校获得了一定的办学自主权,所以在培育和践行社会主义核心价值观时可以充分结合高校的特点进行具体转化,促进德育工作落细、落小、落实;另一方面,教育主管部门无法干预和有效考核高校内部事务,这使很多高校在落实立德树人根本任务"选择性地"执行,导致立德树人根本任务的落实实效大打折扣。

高校—教师:教师教学权与研究权的初步确立。随着高校在教学、科研、人事等方面获得办学自主权,国家也将一部分的教师管理职权下放到各个高校。加上改革开放之后,国家的工作重心从"以阶级斗争为纲"转移到经济建设为中心上来,高校不再对教师的家庭出身和个人成分等进行严格的政治审查,教师在课堂上的言论也不再作为关乎其教职的证供。1993年第八届全国人民代表大会常务委员会第四次会议通过了《中华人民共和国教师法》,明确规定了教师在教育教学活动、科学研究和学术交流等活动中享有的权利。现如今,高校教师,包括思想政治理论课教师在内,基本上能够在教材和教学大纲的范围内,自主安排教学内容、设计教学过程。因此,课堂上的社会主义核心价值观教育效果主要取决于教师的自主性。一方面,教师的能动性被激活,涌现出了一批受学生爱戴、使学生终身受益的教师;另一方面,也使得部分教师仅限于专业知识的传授,忽视教学的思想政治教育功能,甚至还有少数教师在课堂上讲述传播社会主义核心价值观的谬误而无法得到及时的纠正。

高校—学生:学生自我管理及能动创新。高等教育的改革与素质教育的全面推进使得高校学生工作的背景发生了重大变化,不断推动高校学生工作模式从传统向现代转型。传统的学生工作模式主要通过学生工作者对学生的单向教育和管理,使学生达到根据国家需要而设定的成才目标。而新型的学生工作模式是指通过对学生的教育、管理和服务,使高等学校的培养目标和学生自我发展的目标逐步达到认同和统一的过程,其中学生工作者和学生之间是一种双向互动的作用关系。[1] 高校管理的服务化转向,为学生自主设计成才目标、自主选择生活方式留下了较大空间,学生的个性和创造力得到了较为充分的展现。随着高校对学生的控制力弱化,学生的主体性得到了充分的显现,他们敢于坦率地表达内心对社会

---

[1] 陈发瑶、姜群瑛:《高校学生工作"管理-服务-发展"模式研究》,载《黑龙江高教研究》2001年第6期。

主义核心价值观存在的疑问甚至怀疑,这种参与感和求知欲为立德树人根本任务的实现准备了条件;但是也有不少大学生局限于个人的生活小圈子,对公共领域的道德问题表现出冷漠的态度,这种事不关己的态度为立德树人根本任务的实现增加了不小的障碍。

四、小结:当代中国高校的多重角色及其与立德树人根本任务的关系

上文分别考察了当代中国高校的三个维度:知识型的教学科研单位、严密高效的科层体制和相对宽松的社会系统。然而,现实中的高校是三个维度的特性杂糅交织的混合体。值得注意的是,这个混合体并不是三个维度的简单相加,而是类似一种"化学反应"的结果。因为三个维度的核心特性——知识、科层和自主性——之间存在着天然的矛盾与冲突,有待在不断调和中达致平衡。例如,作为严密高效的科层体制的高校与作为相对宽松的社会系统的高校,前者强调高校对教育主管部门、教师对高校、学生对高校的规训式服从;而后者则维护高校、教师和学生一定的自主权,这两种相互对立的价值在高校组织内奇妙地共存。再如,作为知识型的教学科研单位与作为严密高效的科层体制的高校,前者尊重知识和知识分子在高校建设中的权威,后者则按照规章、职位与领导者的意志进行决策,这两个权威主体的博弈决定着高校组织的走向。由于知识、科层与自主性之间的动态调试,这三个维度并非按照1:1:1的均衡比例铸造高校组织,不同高校因更侧重于某一维度而显示出多样性。例如,有的高校的知识性体现得更为明显,有的高校科层制突出,有的高校氛围更为宽松。

但不论如何,正是这三种材质的混合造就了高校这个组织与政府、企业、军队、社区等其他组织的区别,也相应地影响到立德树人根本任务的实现。一方面,高校因其具有科层制的高效、教学科研单位的知识属性和社会系统的自由讨论氛围,使得国家提出的立德树人根本任务在高校得到及时的响应,并在理论教育和学术研究方面取得了突出的成效;另一方面,高校也因科层制的被动与僵化、教学科研单位片面的知识教育和社会系统的"散漫行为",导致立德树人根本任务存在着名实不符的困境,并遭到了冷遇甚至排斥。要想解决高校立德树人根本任务实现过程中的问题,就需要深刻了解高校社会组织的特性,从而能有针对性地着手解决。

第三节　高校主体结构与立德树人根本任务

人是高校里最活跃的因素,他们作为高校建设的主体,最直接、最深刻地影响着立德树人根本任务的实现程度。"主体"首先是一个哲学范畴。哲学史上对主客体及其关系的认识,经历了从偏重于对客体规定性的追求,到对主体自身的重视,直到马克思从主客体的对象性关系即实践关系中分析主客体及其关系的过程。[①] 本文主要按马克思主义的观点来理解"主体",主体是相对于客体而言的从事实践生产与生活的现实的人。除了从主客体关系的对比中确定主体是人之外,还可以从人的对象性活动所体现的主体性、能动性等方面来进一步理解主体的含义。本节就从主体的概念出发,首先归纳高校立德树人根本任务的多元主体,接下来从主体角色、主体意识和主体能力三个角度对当前高校立德树人根本任务的多元主体进行现状评估,最后尝试提出进行主体建设的思路。

一、高校立德树人根本任务的多元主体

如果按照哲学上对主体的定义,即主体是相对于客体而言的从事实践生产与生活的现实的人,那么,高校主体可以理解为相对于客体而言的从事高校建设的现实的人。习近平总书记在2016年12月全国高校思想政治工作会议上指出,要坚持把立德树人作为中心环节,把思想政治工作贯穿教育教学全过程,实现全员育人、全程育人、全方位育人。高校向来就由不同的群体组成,如各级领导、教师、学生、其他工作人员,但在计划经济条件下建设高校的权力集中在教育管理部门手中,并不是所有人都能够称之为真正意义的或现代意义的主体。伴随着高等教育的一系列改革,不仅高校本身的办学自主权有所扩大,而且这种自主权也扩散到高校内部的不同人员手上,于是出现了多元主体共同治理高校的局面。谈到主体,人们最常联想到的是大学生、教师、行政人员、后勤人员等不同人群,本节将其称之为群体主体;在这些群体主体的背后,是按照制度规范进行正式劳动分工的各类组织,它们同样具有主体的性质,本节称为组织主体;众所周知,群体是由一个个的个体组成,但个体主体在高校治理中的作用却常常被忽略,本节将尝试对

---

① 孙其昂、黄世虎:《思想政治教育学基本原理》(第四版),南京:河海大学出版社2015年版,第104页。

此进行分析。因此,高校主体至少包括组织主体、群体主体、个体主体三类。高校立德树人根本任务的主体与高校主体类似,是由组织主体、群体主体和个体主体共同组成的。

组织主体。在培育和践行社会主义核心价值观过程中,正式活动大多是以组织为单位而开展的。尽管组织是以非人格化的形式存在,但在发起、组织和承担相应的立德树人根本任务方面,组织主体有着拟人的性质。在中央文件和高校规章制度中对某些群体的权利义务规定,常常是以这些群体所在的组织为对象进行分工的。例如,各级党委、宣传部、学生工作处、马克思主义学院、团委及其他组织,就是在严格的程序的基础上,在严密分工、明确职能的条件上所形成的正式的组织主体。这是一种组织化或系统化的主体,该主体对整个思想政治教育过程有一套标准化的处理流程与模式,同时也可以被上级部门用可计算的方式进行评估、奖惩与监管。

群体主体。高校立德树人根本任务的群体主体指的是参与和实施立德树人的人群,在实际工作中常被称为"工作队伍"。"中央16号文件"[①]对大学生思想政治教育工作队伍作出了明确的规定:"大学生思想政治教育工作队伍主体是学校党政干部和共青团干部,思想政治理论课和哲学社会科学课教师,辅导员和班主任。"除了以上三支工作队伍之外,文件还提到"后勤服务人员要努力搞好后勤保障,为大学生办实事办好事,使大学生在优质服务中受到感染和教育"和"全社会都要关心大学生的健康成长,支持大学生思想政治教育工作",以及"充分调动大学生的积极性和主动性,引导他们自我教育、自我管理、自我服务"。习近平总书记在全国高校思想政治工作会议上指出,要整体推进高校党政干部和共青团干部、思想政治理论课教师和哲学社会科学课教师、辅导员班主任和心理咨询教师等队伍建设。因此,高校立德树人根本任务的群体主体至少包括大学生群体、行政人员群体、教师群体、后勤人员群体和社会人员群体等。

个体主体。个体主体是指由一个个教师、学生构成的主体。每一个教师、学生不是自然而然成为个体主体,但又是成为个体主体的基础,他们每一个人都可能成为个体主体。从集体角度来讲,群体主体和组织主体要想最大限度地实现立

---

① "中央16号文件"即《中共中央、国务院关于进一步加强和改进大学生思想政治教育的意见》(2004年8月26日),下同。

德树人根本任务，就应该清楚地了解每个个体的长处与优势，以将其安排在适合的位置之上，同时注意协调个体与个体之间的关系。从个体角度来看，尽管人们在学校中扮演不同的角色、拥有不同的职位，但他们不仅仅是按分工来完成职务的角色扮演者，同时也是拥有不同的私人需要、价值观、目标和信念的个性化的人，他们的行事风格塑造着群体和组织的文化氛围。在立德树人根本任务的个体主体中，单个大学生、教师、行政人员、后勤人员和社会人员等，表面上看扮演着相应角色，实际上，每个个体的行为差异相当大，其原因在于每个人对组织目标有不同理解，并形成了各自的行事风格。

个体主体在立德树人过程中，具有较强的灵活性、自主性和创造性；群体主体在立德树人过程中，更容易形成特定的文化氛围，发挥集体的智慧和力量；组织主体则拥有合法的制度依据，相对来说也更有权威，更能有效地调动资源。三种类型的主体都在以不同的方式承担一定的立德树人职责。

二、高校立德树人根本任务的主体评估

全员育人要求全体教职员工都要成为"育人者"，其一言一行、一举一动都要履行育人之责、产生育人之效，实现育人无不尽责。[①] 高校立德树人根本任务的多元主体大多是文件中或理想中的主体，那么，组织主体、群体主体和个体主体在当前高校开展的社会主义核心价值观教育中的实际状况如何呢？这就需要对高校立德树人根本任务的主体进行合理的评估。所谓主体，至少有三个方面的基本要求，即主体意识、主体角色和主体能力。只有当一个人同时具备这三个要求时，我们才将其称之为主体。因此，本文将依次开展对高校立德树人根本任务的主体角色评估、主体意识评估和主体能力评估。

（一）高校立德树人根本任务的主体意识评估

评估有没有主体意识，是指考察处在特定位置上的人是否充分意识到了自己所承担的角色，并自觉能动地开展相应的工作。如果有人仅仅占据了特定位置而没有主体意识，我们只能将其称为形式主体。形式主体只具备了基本的主体资格，但主体意识才是人作为主体、作为理性的动物，相对于客体而言所特有的理性

[①]《坚持立德树人 实现"三全育人"》，中国共产党新闻网，2019年2月14日，http://theory.people.com.cn/n1/2019/0214/c40531-30670807.html。

思维和意识,体现为主体的自觉性、超越性和能动性。若按主体意识程度划分,主体可以分为强主体性、弱主体性和无主体性,实质意义上的主体就是既处在特定位置,同时又能将外在的角色定位内化于心、外化于各项行动之中的人。① 就组织主体而言,由于明确规定了各组织的职能边界,因此,主体意识主要是指充分认识工作的意义、认同工作的价值、正确理解工作的内容,并具有理论基础支持。从现实来看,尽管很多组织被赋予了立德树人的职责,但并没有认识到这一工作的意义,也不认同这一工作的价值,而常常认为高校的科研、教学工作才是中心任务。就群体主体而言,主体意识意味着不管有没有明确的规定,该群体都能主动地承担自己的工作,并把群体内部的人自觉整合为一个集体,共同致力于工作的开展。以辅导员队伍为例,他们被"中央16号文件"明文规定为大学生思想政治教育的主体之一,实际上也承担了大量的实际工作,但是有时会怀着被动、应付的心态完成思想政治工作,少有在同行中主动交流开展立德树人工作的经验。就个体主体而言,不仅具有从属于组织主体的主体性,而且具有强烈的个性色彩,如个人的道德感、责任感,对思想政治教育的认同与个性化理解等都会被带到个体性的表现之中。当下许多的教师将自己的职业仅仅理解为一种谋生和个人发展的手段,在其中投入的热情、责任感和成就感相对不足。

(二)高校立德树人根本任务的主体角色评估

俗话说"在其位,谋其政"。主体应该是通过正式或非正式的方式,实际处在相应位置上的人。人们对处在特定位置上的人形成了较为固定的期待,这种期待包括一整套权利、义务的规范和行为模式。那么,当前立德树人根本任务的三类主体,有没有达到社会的角色期待呢?在组织主体方面,文件中将各级党委、宣传部、学生工作处、马克思主义学院、团委及其他组织规定为高校立德树人根本任务的主体,然而在实际运作中,并非每个组织主体的角色都得到了清晰的认定。例如,马克思主义学院被认为承担着主要的立德树人功能,但是相对而言,学生工作处时常被理解成进行学生日常管理的行政部门,与思想政治教育的关系不大。在群体主体方面,也存在着类似的问题,人们仅仅将思想政治教育理解为思想政治理论课教师的任务,而专业课教师则自认为与思想政治教育无关。在个体主体方

---

① 孙其昂、黄世虎:《思想政治教育学基本原理》(第四版),南京:河海大学出版社2015年版,第115页。

面,不管是高校领导、老师还是大学生本人,都不认为大学生是立德树人根本任务的主体之一,而更多地将其看成被动接受教育的客体。

(三)高校立德树人根本任务的主体能力评估

主体不仅需要具备特定的职位和符合该职位角色的意识,而且也不能缺少该职位角色要求的能力,否则就无法开展工作、履行义务。这种能力应该是排他性的,即其他职位所不具备或不能完全具备的。就立德树人来说,主体首先应该拥有较好的思想政治素质和道德素质,其次还要有较高的业务素质和专业技能,后者主要包括:(1)学习发展能力,随着社会及工作任务变化,主动学习新知识,改进和提高本领;(2)调查研究能力,对社会变化较为敏感,能够准确把握教育对象,了解问题的来龙去脉;(3)理论分析能力,能够运用马克思主义理论知识和思想政治教育专业知识,把握问题的症结,并能进行准确的定位;(4)教育引导能力,善于运用各种教育情境和教育资源,借助语言、活动等恰当的载体,获得教育对象的信任,并取得良好的教育效果。目前,高校立德树人根本任务的主体时常感到"本领恐慌",一方面,对社会上出现的层出不穷的变化理解不深,也因此无法真正了解当代大学生的所思所欲所行;另一方面,对待大学生身上出现的新问题找不到新办法,依然按照传统的思想政治教育经验开展立德树人,往往达不到应有的效果。

三、高校立德树人根本任务的主体建设

全员育人要求在教育主体上从"单"转向"全",从"虚"转向"实"。对高校立德树人根本任务的主体评估可以看出,不少组织主体、群体主体和个人主体在一定程度上都是形式上的主体,具有形式主义倾向①,而没有充分发挥主体应有的作用。同时社会发展与教育对象的变化对立德树人根本任务的主体提出了更多、更深、更高的要求,这都需要进一步加强主体建设。

(一)明确主体权责

根据目标设置理论的观点,与模糊目标相比,具体目标能产生更高水平的绩效表现。通过主体角色评估发现,前些年对立德树人的主体角色仅有一些模糊性

---

① 这里所说的"形式上的主体",是与"实质主体"相对应的类型。这种"形式上的主体"名义上是主体,而实际上只是主体扮演,可能仅仅是"名义"上如此,没有发挥实际主体的作用。参见孙其昂、黄世虎《思想政治教育学基本原理》(第四版),南京:河海大学出版社2015年版,第109页。

的说明。例如,2004年"中央16号文件"对大学生思想政治教育工作队伍作出了一定的要求和分工:"学校党政干部和共青团干部负责学生思想政治教育的组织、协调、实施;思想政治理论和哲学社会科学课教师根据学科和课程的内容、特点,负责对学生进行思想理论教育、思想品德教育和人文素质教育;辅导员、班主任是大学生思想政治教育的骨干力量,辅导员按照党委的部署有针对性地开展思想政治教育活动,班主任负有在思想、学习和生活等方面指导学生的职责""后勤服务人员要努力搞好后勤保障,为大学生办实事办好事,使大学生在优质服务中受到感染和教育""全社会都要关心大学生的健康成长,支持大学生思想政治教育工作","充分调动大学生的积极性和主动性,引导他们自我教育、自我管理、自我服务"。由于主体权责的模糊性,在当下高校行政管理科层化的情况下,部门之间就很容易发生"踢皮球"的现象,使得立德树人根本任务找不到真正的执行主体。因此,各高校应该在中央文件的基础上,结合学校实际,制定正式的规章制度,对不同主体的权责边界进行更为明确的划分。在实际运行中做到有监测,及时处理相关信息。这方面正如2017年中共教育部党组印发《高校思想政治工作质量提升工程实施纲要》所指出的,坚持协同联动,强化责任落实,建立党委统一领导、部门分工负责、全员协同参与的责任体系,并且加强督导考核,严肃追责问责,把"软指标"变成"硬约束"。

(二) 培育主体意识

主体意识对主体行为与主体境界有着决定性的影响,但它属于主体内在的精神性层次,培养和提升都更为复杂。首先,不管是组织培训还是群体学习,立德树人根本任务各个主体的主体意识是否真正得到提升,主要还是依靠主体的自我教育和自我管理,即是否自觉改造自己的主观世界,审视自己的行为方式。其次,主体意识的养成不是靠苦思冥想达致的顿悟,只有在开展社会主义核心价值观的教育实践中"知行结合",主体才能体会自己的主体地位,发掘自己的主体能力,培养自己的主体人格。再次,人是社会性的动物,立德树人根本任务的个体主体需要融入组织主体和群体主体之中,建立与集体相配合的主体性体系,发挥"大政工下小主体"的作用,更便于形成符合组织目标的观念与思想体系,做好自身的思想、意识调动工作。最后,提升立德树人根本任务主体的主体意识需要一系列的保障条件。思想政治理论课教师、辅导员等主体的思想和行为受到内在需要的调配,要想提升立德树人根本任务主体的意识,就必须了解、关注和满足他们的需要。根据激励-保障理论的结论,有些因素属于保健因素,如与上级和同事之间的相互关系、技术监管、公司政策与管理、工作环境、工资和个体生活,当这些保健因素没有得到满足时,容易引起不满等消极态度;有些因素属于激励因素,如成就、(对成就的)认可、工作本身具有挑战性、责任和晋升等,当这些因素得到满足时,可以提升主体的满意度。① 因此,立德树人根本任务主体意识的培育,需要避免保健因素的匮乏,并尽量提供激励因素。

(三)提升主体技能

提升立德树人根本任务主体的综合素质和能力,并达到专业甚至专家的水平,需要从源头上把关,也需要中期提供有效的培训,更需要主体有意识的自我教育。首先,完善准入制度。立德树人根本任务主体的选拔是第一道关口,因此,在选拔之前需要建立起明确而详细的选拔标准,采用公正公开的选拔程序全方位地考察应聘者的能力,并根据工作中的实际表现进行定期的晋升与淘汰。2017年,中共教育部党组印发《高校思想政治工作质量提升工程实施纲要》的通知,完善教师评聘和考核机制,把政治标准放在首位,严格教师资格和准入制度。其次,提高培训实效。培训的效果如何,不在多而在精。由于培训对象都是在特定的思想政治教育岗位上积累了一定工作经验的工作者,就需要针对培训对象精细地设计一整套培训内容和培训方式,既能解答他们在工作中遭遇的实际困难,又要拓展他们的格局,引发更加深入和长远的思考。近年来,国家加大培养培训力度,开展高校思想政治工作队伍国家示范培训,遴选骨干队伍参加海内外访学研修、在职攻读博士学位。最后,鼓励自我教育。培训毕竟是短暂的,也是外在的,而自我教育不仅决定了主体吸收培训营养的程度,更贯穿于主体的整个职业生涯。因此,要提供充足的学习资源、搭建交流学习的平台、留足自我教育的时间、形成自我教育的氛围等,以推动立德树人根本任务主体的自我教育。

第四节 高校社会生态与立德树人根本任务

高校是由人、资源、活动、制度、环境等构成的整体,这种整体状态对实现立德

---

① [美]韦恩·K.霍伊、[美]塞西尔·G.米斯克尔:《教育管理学:理论·研究·实践》(第7版),范国睿译,北京:教育科学出版社2007年版,第128页。

树人根本任务有着细致入微的影响。为了描述这种影响,需要借用生态学的观点。"生态"原本仅限于自然方面,指生物在一定的自然环境下生存和发展的状态。后来拓展到社会领域,"社会生态"可以理解为人类社会在周围环境中生存与发展的状态,以及人类社会与环境之间环环相扣的关系。由此可推论,高校社会生态是指高校中的主体在周围环境中生存与发展的状态及其环环相扣的关系,这里的环境主要侧重于社会活动和精神观念方面,而非自然环境和物质环境。高校社会生态包含诸多方面的内容,并且有一个历史发展的过程,本节在分析高校社会生态时,重点突出高校的特殊性、关注时代的新变化。突出高校的特殊性,意味着对于高校组织与其他组织所共有的特征,这里将不作研究;关注时代的新变化,意味着将重点论述当前对高校活动产生重要影响的那些环境,这里主要是指改革开放以来的高校社会环境。因此,本节重点讨论学分制、跨校区办学、高校市场化和互联网覆盖这几个方面,并分析它们对实现立德树人根本任务的影响。

一、学分制及其与立德树人根本任务的关系

学分制的理论源头在19世纪的德国,最终由哈佛大学定型,它是"以学分为计算学生学习量的单位,以取得最低必要学分作为毕业标准的教学管理制度"[①]。学生可以自主选择课程、专业、教师、上课时间,还要自主选择学习量和学习进程。学分制作为一种教学管理制度设计,其背后蕴含着丰富的设计理念。其一,学习自由。学分制摆脱了学生依附于教师的从属地位,确立了以学生为本、以学生为主体的合法地位。在学习自由的背后,是西方社会个人本位的价值理念,将个人看作目的和中心,也相信每个人的判断和选择能力。其二,尊重差异。学年制假设所有的学生在智力上、能力上处于同一水平,而学分制打破了压迫个性、同步进度的旧传统。正如艾略特指出的那样:"尊重学生的个体差异,保证学生的学习自由,遵循智力上适者生存,促进学生的学习竞争,鼓励超前毕业,也允许后进生慢慢爬坡。"[②]其三,科学管理。可以量化是科学管理的基础,学分制可运用统计手段进行学生的学业管理,以及经费方面管理,实现管理科学化和效率化。科学又是平等的基础,学分制以无可争议的量化说服人,体现了学业管理中的科学、平等、

[①] 姜继红:《积极探索与学分制相适应的学生管理模式》,载《南京师大学报(社会科学版)》2003年第1期。
[②] 付永昌:《论教师主体性专业发展和职前教师教育学分制》,载《教育导刊》2008年第7期。

民主理念。

中国是推行学分制较早的国家,1903年清政府颁布的《奏定学堂章程》规定各大学课堂分主修课、辅修课和选修课。新中国成立后,全面向苏联学习,全国各高校改行学年制。① 而新时期学分制的重新推广,是在改革开放后高等教育改革的大潮下应运而生的,学分制是扩大高校办学自主权和学生自主选择权的一部分。1978年,教育部提出有条件的学校可以试行学分制,此后大部分高校开始探索实行。我国高校对学分制进行了多种修正,在认可学习自由和学生差异的同时,认为学生的身心发展特征、学科知识逻辑都证明有必要对学习自由进行一定的限制。中国大部分高校采用的是学年学分制,即学制基本相同,学生在完成必修课的同时可以选择选修课程;在学生管理方面,保留班级、实行辅导员、导师模式。

虽然有学者批评我国改造后的学分制是"有其名而无其实",但与之前的学年制相比,已经朝着学分制的方向迈出了重要的一步。学分制的推进改变了大学生的学习和生活方式,也打破了思想政治教育的原有渠道、载体等,而适应学分制的思想政治教育模式还在摸索当中,这对立德树人根本任务的实施造成了不小的挑战。(1)学分制以选课制为主要特征,学生自主选择课程、选择专业、选择学习进程、选择学习地点、选择学习方式,原本意义上的班级不再拥有共同的教师、课堂和听课时间,造成了学生的班级观念模糊化。而原先的大学生思想政治教育主要以班级的形式展开,班级和固定教室不复存在,使得立德树人根本任务丧失了必要的载体和空间。(2)学年制下学校对学生实行直接的、有形的和硬性的,甚至是强行的纪律约束和行为规范,而在学分制下学生的自主性日益突出,以教师"施教"为主变成了以学生"求学"为主,学生管理由"他律"转为"自律"。这对立德树人根本任务实施主体的权威性受到严重的挑战,而如何在学生自主的前提下开展思想政治教育,是当前立德树人根本任务面临的实践难题。(3)学分制下选课和人生规划可能变得更加多样,会产生盲目现象,学生之间逐渐拉大的差距和激烈的竞争也给部分学生造成了心理问题,这些新的问题给高校学生管理及其教育工作提出了更高、更细致的要求。这些学生生活中的现实问题若解决不好,也会直接影响学生对社会主义核心价值观的认同程度。总之,学分制的推进给立德树人

---

① 邵丽:《学分制的发展历程及对我们的启示》,载《中国高等教育》1999年第20期。

根本任务实现提出了诸多新的课题。

二、多校区办学及其与立德树人根本任务的关系

多校区大学一般是指具有一个独立法人资格,侄至少有两个以上在地理位置上不相连的校园的大学,这和不相连的校园在学校内部成为校区。[①] 自上世纪90年代中期以来,我国高等教育改革与发展不断深入,出现了多校区办学的现象。第一类被一些学者称之为"自主延伸型大学"。高校为了适应社会、经济、科技发展的需要,招生规模迅速扩大,全国大学的毛入学率达到了大众化的门槛。我国一些历史较长的大学,大多数建在大城市的中心地域,高校办学规模的不断扩大与原有校园面积有限、发展空间受到限制的矛盾日益突出。在这种情况下,一批高校纷纷开辟新校区。第二类被视为"合并重组型大学"。为了克服高校规模小、布局欠佳、学科单一和重复建设等弊端,以及改革部门和行业办学的旧体制,1992年以来,国家对高等学校的结构、布局及管理体制进行了大规模的调整,全国有31个省(直辖市、自治区)和60多个部委所属的900多所高校参与了管理体制改革与合并重组,其中一大批高校形成了一校多区的办学格局。[②] 至今,多校区大学已经成为我国当代大学发展的基本趋势。

多校区办学模式下不仅学生数量增多而且分布分散,为了保证各校区教学、生活秩序的稳定,学生管理工作的重要性更加突出,同时管理工作的难度也进一步加大。我国多校区高校的形成方式,决定了多校区高校学生管理工作的模式。"自主延伸型大学"主要由校本部的学生工作职能部门进行延伸管理,在分校区设立相应的学生管理机构和协调机构。这种现象其实质是大学管理在自身办学规模扩大的过程中的拓展,是原来单一校区主权的延伸和发展,并不具有真正意义上的多校区管理工作的开放性和复杂性。"合并重组型大学"则由原来不同高校的多个学生管理工作部门合并为统一的学生管理工作部门,全面负责和管理全校多校区的学生管理工作。由于多校区之间地域较远,信息传递不畅,加上原先完全独立的管理部门、管理模式和历史传统,合并之后需要长时间的磨合与探索。

对于立德树人根本任务实现而言,学生工作管理部门之间的掣肘与低效率,

[①] 王志浩:《多校区大学的管理难题及其对策研究》,载《黑龙江高教研究》2004年第6期。
[②] 严新平、张安富:《多校区大学的管理理念与模式探索》,载《中国高等教育》2003年第22期。

使得培育和践行社会主义核心价值观往往停留于发布文件的阶段,而很难切实保证实际效果。多校区办学与大学扩招等因素相结合,给立德树人根本任务的实现造成了更加细微和直接的影响。教师以学术造诣开启学生智慧之门,以人格魅力滋润学生心灵,师生之间的相互了解对学生价值观的塑造起着重要的作用。然而,高校师资力量严重滞后于学生增长的速度,一个教师教授的学生翻了几倍,平均花在每个学生身上的精力自然就会变少。教师居住与上课往往不在同一个社区,于是需要乘坐校内班车前往上课地点,在课后又匆匆乘坐校车离开,与学生的交流主要限于课堂内部的"老师讲、学生听"和少量的师生"网络交流"。师生之间深度接触和从容交流的时间大幅减少,学生通过感受教师的人格魅力来塑造价值观的可能性大幅降低。

三、高等教育的市场逻辑及其与立德树人根本任务的关系

高等教育的市场逻辑,是指根据市场和社会的需要来进行教育资源的配置,解决教育与实际需求脱节的问题。改革开放以后,我国高校自发产生了扩大自主权的需求,1985年中共中央《关于教育体制改革的决定》(下文简称《决定》)从制度上对"扩大高校自主权"予以了承认和鼓励。拥有自主权就等于高校拥有了为自身发展争取资源的权力,在国家拨付的资源不充足的时候,市场为高校的生存发展提供了广阔的空间,于是,市场逻辑自然渗透到高等教育中。

当前高校的市场逻辑表现在多个环节:(1)教育产品具有商品特性。1985年,中央在《决定》中表示要改革大学生的招生制度和毕业生分配制度。1986年,国家教委、财政部、原劳动人事部等有关部门联合发布《高等学校毕业生分配制度改革方案》,提出我国高校毕业生就业制度改革的长远目标是:在国家就业方针、政策指导下,逐步实行毕业生自主择业、用人单位择优录用的制度。到20世纪90年代中后期,毕业分配制度基本退出了历史舞台。2007年4月,随着西藏取消大学生毕业分配,延续了50多年的毕业分配制度终成往事,大学生在劳动力市场上的"竞争力"成为大家耳熟能详的词汇。(2)教育内容符合市场需求。高等学校的市场是一个比较特殊的市场,最主要的两个市场主体是:学生——高等教育的直接服务对象,服务——高等学校的最终服务单位,即毕业生就业单位。高校人才的培养已改变了在计划经济时代通过国家的指令性计划来决定培养什么样的人才、

培养多少人才,而是通过市场机制的作用来调控人才的培养结构。这在教育内容方面就体现为,在最初设计培养方案、教学内容和课程体系时,就融入了市场化的考量。这在当前的高等职业技术学院和成人高校中体现得尤为明显,同时也是所有高校无法忽视的一个重要方面。(3)教育过程允许资本参与。高等教育市场逻辑还表现在资本的力量渗透到教育过程的多个方面:高校办学体制多样化,除了公办学校之外,还允许和鼓动民办、民办公助、合作办学等;办学经费多渠道,高校除了获得国家拨款,还通过学生学费、校办产业、社会捐资、教育基金等筹措办学经费;校企合作、产教融合,很多高校与相关企业建立长期合作关系,采取理论教学+基地实习的教学模式,加大了企业在人才培养中的参与力度;高校后勤社会化,将高校后勤服务工作与学校教学、管理工作相分离,通过招标的形式从市场上聘请后勤集团、物业公司,为在校师生提供生活服务。(4)服务方式加入市场方式,特别是货币手段。市场方式作为高校管理中的重要手段,实际上市场因素进入高校管理系统,以此作为分配资源、业绩评价、奖惩工具,必然有了市场逻辑参与教育过程。

高等教育市场逻辑打破了计划经济体制下的僵化局面,引进了新鲜的评价标准,使得高等教育和大学生更加符合实际的社会需求,也使得思想政治教育经历市场的检验。但由于思想政治教育具有超越现实社会生活的理想性,它无法在短时间内直接转换成经济效益,因而,在市场上尤其是初步建立的市场上得不到应有的估价。这不仅对学生和家长产生了强大的导向作用,只关注孩子的技能训练,而忽视人文素养和思想道德素质,而且也使得学校内部机构形成了短视化的目标,只瞄准市场需求,轻视思想政治教育。德育"如果只是把人完全作为一种经济动物,一种商品人格,那是教育的失误"[1]。而对高校的教职工而言,高等教育市场化使他们的劳动付出和个人需求得到了尊重,但同时教书育人的崇高光环逐渐被抹去,教师褪色为众多谋生手段中的一种,他们对学生的投入与个人的收益之间产生了直接的关系,而这种"投入-产出比"决定着教职工的精力分配策略。于是,很多教师认为,与其在立德树人方面投入大量精力却难以在短期内取得成效并对自己的业绩产生影响,不如按规定完成科研任务、达到教学课时量,这是高等

---

[1] 鲁洁:《市场经济与学校道德教育》,载《中国高等教育》1995年第4期。

教育市场化之后的普遍性问题,成为立德树人根本任务实现的重要环境因素。

四、高等教育信息化及其与立德树人根本任务的关系

"教育信息化"是上世纪90年代伴随着信息高速公路的兴建而提出来的。美国克林顿政府于1993年9月正式提出建设"国家信息基础设施",俗称"信息高速公路"的计划,其核心是发展以互联网为核心的综合化信息服务体系和推进信息技术在社会各领域的广泛应用,特别是把IT(信息技术)在教育中的应用作为实施面向21世纪教育改革的重要途径。与国家教育信息化潮流相呼应,我国国家教委于1996年开始鼓励中小学计算机教育、开发多媒体课件、配备电脑与机房等设施。1999年6月,中共中央、国务院颁布《关于深化教育改革全面推进素质教育的决定》,在第15条中指出要"大力提高教育技术手段的现代化水平和教育信息化程度"。随后,教育部颁布了《教育信息化"十五"发展纲要》和《2003—2007年教育振兴行动计划》,全国上下掀起了一轮又一轮波澜壮阔的教育信息化建设浪潮。2006年,教育部还专门成立了"教育部教育信息化工作办公室",负责统筹规划、统一管理全国各级各类教育信息化建设。[①] 2012年以来,教育信息化领域的政策集中出台,如《教育信息化十年发展规划(2011—2020年)》《教育部等九部门关于加快推进教育信息化当前几项重点工作的通知》《关于进一步加强教育管理信息化工作的通知》《教育信息化"十三五"规划》等。2018年教育部为深入贯彻落实党的十九大精神,加快教育现代化和教育强国进程,推进新时代教育信息化发展,培育创新驱动发展新引擎,结合国家"互联网+"、大数据、新一代人工智能等重大战略的任务安排和文件要求,正式发布《教育信息化2.0行动计划》。

我国高等教育信息化主要体现为互联网与办公、教学、宣传等工作的结合。(1)"互联网+"办公。为提高各部门的办公效率,使高校日常办公实现无纸化、自动化和网络化,改进和提升学校现代化管理水平,促进学校内部信息资源交流,解决信息孤岛问题,根据教育部文件精神,各高校相继启动了办公自动化系统建设,并根据学校实际开发了公文管理、文档室、个人事务、公共事务、公告信息等模块。今天,一个大学生从入学前的填报志愿、查看录取信息,到入学后的学籍管理、选

---

① 祝智庭:《中国教育信息化十年》,载《中国电化教育》2011年第1期。

择课程、图书借阅、浏览通知公告,再到毕业时的申请退宿、办理离校等事项全部通过校园网完成。(2)"互联网+"学习。互联网对学生学习的影响首先体现在教学方面,目前绝大多数高校教师都使用多媒体课件,其中的大量素材取自网络;教育部启动了高等学校精品课程建设工程,利用高校名师资源和信息技术手段,将精品课程免费放到网上,实现优质教学资源的共享。其次,大量教学资源也实现了数字化,几乎每个高校的纸质图书都能够在校园网上进行查询,部分纸质图书有对应的电子资源,同时学校还购买了多个电子数据库,为学生自学提供了重组的资源。在2020年新冠肺炎疫情期间,网上授课、指导、答辩等方式得到迅速应用,进一步显示出"互联网+"学习的优势。(3)"互联网+"宣传。与以往高校主要利用传统媒体进行宣传不同的是,随着互联网技术的发展,多数高校创办了以传播高校新闻、发布各类信息、收集资讯言论、服务广大师生等为主的综合性高校新闻网。高校新闻网的受众主要是在校师生、学生家长、广大校友以及关注学校发展的社会各界人士。从最开始的大学BBS、人人网,到后来的校级和院级官方网站、微博,乃至现在的微信公众号,高校的宣传平台数量呈几何级增长,对高校各个方面的信息进行实时和全方位的报道,网络舆论及网络思想政治教育已成气候。

不管是"互联网+"办公、"互联网+"教学,还是"互联网+"宣传,都是以高度发达的计算机网络为核心技术,以信息和知识资源的共享为手段,强调的是高速、分享、交互的精神。这种新型的、开放式教育模式提供了适应学习者个性化成长和发展需求的学习环境,提供了多种自主选择的学习资源,提供了创新运用和创造资源的可能。与以往相比,一个普通大学生有机会接触更多学校工作部门的信息,尤其是了解这些部门的历史文化、工作细节和鲜活的人,这就大大拉近了学生与管理部门之间的距离,缓解了培育和践行社会主义核心价值观过程中学生的抵触情绪。此外,学生群体通过互联网可以同时关注同一件事,发表评论、交流看法,容易产生一种"在一起"的群体归属感,这种感情一旦建立,同辈群体内部的相互教育往往比上下级之间的纵向教育更为有效,对实现立德树人根本任务产生积极的影响。

综上所述,高校立德树人根本任务是在高校这一特定场域内实施的,必然会受到高校内部结构的影响。落实立德树人根本任务,需要结合高校类型、组织性质、主体结构、生态环境等方面的实际情况,因地制宜,精准施策,大力提升高校思想政治工作质量。

第三章 高校立德树人根本任务实现的外部结构

立德树人的外部社会环境对于高校立德树人根本任务的实现具有十分重要的作用。然而长期以来，只要谈到高校立德树人，人们较多关注高校内部及其立德树人内部环境建设，在一定程度上忽视了高校外部结构及其环境的变化。高校立德树人外部结构主要指影响高校立德树人根本任务实现的政治、经济、文化、社会、中小学以及大众传媒等方面。本章从国家、中小学、社会等三个层面分析当前高校立德树人根本任务实现的外部结构概况及其对高校立德树人根本任务实现的影响，提出从整体上建构高校立德树人根本任务实现的外部结构的理想路径，认为只有充分发挥国家、中小学和社会三个主体的作用，建立互动协调机制，才能建构起健全的外部结构。

第一节 高校立德树人根本任务与国家

研究现代国家与高校的关系，历时性分析方法是其中一个至关重要的路径，即从纵向上考察现代国家与高校的历史演进与变革。只有在充分理解清末以来中国现代大学制度的引入、建构、变革和发展过程，同时从西方国家与高校的关系中追寻国家、政治权力与高校之间错综复杂的关系的基础上，我们才能全面理解并准确把握全球化背景下中国高校何以呈现出如此独特而复杂的管理运作生态，才能为高校立德树人根本任务的实现提供国家层面的指导。在此基础上，对国家治理与高校立德树人根本任务、高校党建与高校立德树人根本任务的关系进行分析,可找到立德树人根本任务与外部结构的基本关系。

一、国家与高校的关系

追溯历史,自秦汉以来一直就有国家与高等教育机构,但并非我们现在讨论的现代国家与现代大学。中国现代意义上的国家与大学均萌芽于1840年鸦片战争之后,正式启动于1889年戊戌变法与成立京师大学堂时。这一时期,伴随着传统帝制的崩溃和现代国家的萌生,在军阀割据、民族矛盾等动荡的政治环境下,中国的大学反而表现出顽强而旺盛的生命力,全面开花,开展了一系列工作,包括建立完善大学学制、组建公办和民办大学、培育大学精神等。

(一)新中国成立以来国家与高校的关系

当今时代,高校的兴衰与国家、民族的兴衰密切相关,高校在国家发展中具有不可替代的重要作用。事实上,随着国际竞争的日趋激烈,世界各国无不把高校的强弱视为国力强弱的重要标志,把大学实力的竞争视为民族实力的竞争。

新中国成立到改革开放(1949—1978年)。这一时期中国高校治理的理论基础是马克思主义现代国家建构的理论预设与实践逻辑。在建立新政权的初期,国家在恢复建立统一正规高等教育制度的同时,通过社会主义改造,接管旧有的公立高等学校,接收国外势力控制的教会学校,接办各种类型的民办高校,全方位推进院系调整,逐渐建构了一套以国家为主导,包括管理领导体制、招生培养制度、人才培育模式等大一统、全方位的高等教育管理体制。整体来看,国家与高校管理的关系层面,就是代表国家的政治权力通过诸多行之有效的方法策略对高校实施全面控制和强力整合,高校密切服务于国家建设。

改革开放至今(1978年—)。这一时期国家建设的显著特征是在市场经济与全面推进改革开放的大背景下,国家与社会关系实现调整、适应与全方位互动。国家在试图对大学实现有效控制的同时,也希望给予高校可控范围内适度自治发展的空间。比如,随着政府行政管理体制改革的推进和中央地方分税制度的建立,中央和地方(省、自治区、直辖市)两级办学体制正式形成;随着高等教育自学考试的恢复、广播电视大学和大学夜校、函授的举办,特别是民办高校的恢复发展,大学呈现出形态多元化。① 上述改革,有的是国家对高校自治的放权的表现,

---

① 眭依凡:《对国家负责:大学必须牢记的使命》,载《高等教育研究》2006年第4期。

有的是国家对高校加强管理的反映。因此,这一阶段高校管理的生态复杂多样,未来进路呈现多种可能性,并在具体实施过程中表现出某种程度的"拉锯"与"反复"。尽管如此,改革的总体方向——"国家适度放权、推动高校自主发展、调整国家与社会治理关系"已然明朗,改革的核心与关键在于厘清国家控制的边界与高校自主的疆域的情况下,建构合理有效的国家与高校合作运行机制。

从上述历史演变与进程来看,一方面,现代高校的功能扩展与价值突显,特别是中国作为后发赶超型国家的现实需求和中国特殊的政治体制、历史和文化传统,共同决定了国家对中国高校管理的积极干预和深度介入;另一方面,高校也应对国家负责,提供国家发展所需的科技、人才和文化支撑。

就国家与高校之间的关系来看,尽管人们对国家及其代表的政府在现代高校的管理与发展中应该扮演何种角色以及实际上能够发挥何种程度的作用存在争议,但谁都无法否认一个客观事实,即国家、政府在高校管理与发展中的作用尤为突出。参考恩格斯对国家权力与经济发展关系的论述,本书将现代国家与高校的关系理解为:一方面,政府对高校的管理既有限制,又给予高校一定程度的自主权。在高校治理无法超越国家作用的前提下,国家权力在什么样的方向上作用于现实的高校治理,将直接决定一个国家高校发展的进程和最终成败。另一方面,社会不仅不是一个有固定界限的静态实体,也不是一个被动承受政府行为的对象。在大部分境况下,界定国家权力的合法性和行使范围,都有赖于各组织机构行为的帮助。①高校与国家间的复杂关系是立德树人根本任务实现的重要外部环境。

(二)西方国家与高校的关系

当代西方社会中资本主义国家占绝对主导地位,不同政治制度下国家与高校的关系存在较大差异。不过把握西方国家与高校关系的基本走向,对于在社会主义市场经济条件下探索与建构我国国家与高校之间的新型关系,具有重要的借鉴意义。

按照国家强制宏观调控和高校独立自治的程度,可将西方国家与高校的关系分为三类:一类属于政府控制型国家,在高等教育发展过程中,国家具有较强的干

---

① 蒋达勇:《现代国家建构中的大学治理——中国大学治理历史演进与实践逻辑的整体性考察》,载《高等教育研究》2014年第1期。

预力量,市场具有较弱的调节力量,院校具有较小的自主权,高等教育系统特点较为集中,法国是典型代表;一类属于政府监督型国家,国家具有较弱的干预力量,市场具有较强的调节力量,院校具有较大的自主权,高等教育系统具有较为分散的特点,美国较为明显;一类属于介于政府控制型国家与政府监督型国家之间的政府协调型国家,国家干预力量与市场调节力量之间形成共存互补关系,院校具有较为适中的自主权,英、德、日较为典型。① 通过上述分析可知,西方国家与高校之间是一种共生共缘的关系。国家是高校兴起的动力因素,高校是国家建设的渠道手段。

目前,我国正在建立并完善社会主义市场经济体制,正在探索和确立与之相适应的国家与高校之间的新型关系。一方面,市场经济国家与不同类型高校的关系模式正在发生变化,西方国家的经验与教训是一笔可供学习与借鉴的宝贵财富,需要深刻挖掘并充分利用;另一方面,亟须从中国特色社会主义的现实国情和建设目标出发,创新处理社会转型时期国家与高校之间的关系问题。唯有将借鉴与创造有机地结合起来,才能更快更好地建立和完善社会主义市场经济体制下国家与高校之间的新型关系,推进高等教育全面高效发展。

二、国家治理与高校立德树人根本任务的契合性

基于国家治理的现实价值,党的十八届三中全会明确提出要推进国家治理体系和治理能力现代化,并将其上升为全面深化改革的总目标;党的十九届四中全会专门作出《关于坚持和完善中国特色社会主义制度 推进国家治理体系和治理能力现代化若干重大问题的决定》。习近平总书记在中央政治局集体学习会上指出:培育和弘扬核心价值观,有效整合社会意识,是社会系统得以正常运转、社会秩序得以有效维护的重要途径,也是国家治理体系和治理能力的重要方面。历史和现实都表明,构建具有强大感召力的核心价值观,关系社会和谐稳定,关系国家长治久安。② 习近平总书记的这一论断凸显了核心价值观的国家治理视域,社会主义核心价值观是国家治理现代化所倚重的一种软实力。这与高校实现立德树

---

① 顾建民:《西方国家政府与大学关系的基本走向》,载《上海高教研究》1998 年第 2 期。
② 《习近平在中共中央政治局第十三次集体学习时强调:把培育和弘扬社会主义核心价值观作为凝魂聚气强基固本的基础工程》,载《人民日报》2014 年 2 月 26 日。

人根本任务密切相关,值得深度学习理解并指导实践。

(一)立德树人根本任务是国家治理的价值资源

国家治理现代化立足于当代中国,这就要求我们从当代中国的基本国情出发,将立德树人根本任务与时代变化发展的新特征关联起来,发掘社会价值资源,为实现国家治理的终极目标提供相关保障。作为高校立德树人的根本任务,社会主义核心价值观成为中国国家治理不可忽视的价值资源,对于促进国家治理发展来说举足轻重。

社会主义核心价值观推进国家治理实现价值整合。实施国家治理的全过程,同时也是增进社会成员团结的过程。价值整合功能是社会主义核心价值观的一个重要功能。首先,国家治理所需的共同的价值理念可以来自社会主义核心价值观。社会主义核心价值观是中国特色社会主义主流意识形态的灵魂,它统摄并主导整个社会价值观系统,能有效整合其他非核心和非主导的价值观,继而成为凝聚国家治理现代化所需要的价值共识。其次,现代国家治理所需的共同的理想目标也可以来源于社会主义核心价值观。面临变化多样的社会生活与此起彼伏的社会思潮,社会主义核心价值观能为人们提供正确的评判是非曲直的标准和值得追求的价值目标,引导人们沿着正确的轨道实现价值追求。

社会主义核心价值观增强国家治理的价值共识凝聚。国家治理是一项牵涉到国家的政治、经济、文化、社会、生态等众多领域发展与改革的系统工程,它带有长期性和复杂性特征,并且牵动着全国各族人民。国家治理日益表现出其任务的艰巨性,影响的深刻性,这就亟须动员和依靠全体社会力量推进之、实现之。[①] 社会主义核心价值观所提倡的价值理念与国家治理的价值目标具有同一性与内涵一致性。核心价值观在社会价值范围内凝集价值共识,实则也是在国家治理领域为国家治理凝集价值共识,这是一个辩证统一的过程。

(二)国家治理是立德树人根本任务的重要承载

社会主义核心价值观所内含的理想信念、精神信仰、道德风尚和精神风貌要想被社会所信奉和践行,必须通过特定载体为社会公众所认知、认可和采用。国家治理现代化是社会主义核心价值观的重要载体、实现形式与制度保障。国家治

[①] 双传学:《社会主义核心价值观与国家治理现代化的契合性——基于软实力的一种考察视角》,载《中国特色社会主义研究》2014年第6期。

理现代化承载着社会主义核心价值观深刻的价值内蕴。

第一,作为培育和践行社会主义核心价值观的重要载体,国家制度与制度执行力不可或缺。培育和践行社会主义核心价值观,就是要将社会主义核心价值观作为内在意蕴深刻融入并全面贯穿于整个国家治理体系和治理能力之中。

第二,作为培育和践行社会主义核心价值观的重要实现形式,国家治理体系和治理能力现代化必须坚持中国共产党的领导,同时还需要通过多级政府权力机构的整体运行和多领域制度的改革,外加多元权力主体的共同合作来达成。任何国家政治权力的运行都属于培育和践行本国核心价值观的重要实现形式,任何核心价值观的确立都离不开国家政治权力运行。[1]

第三,作为培育和践行社会主义核心价值观的制度保障,国家治理就是要"使各方面制度更加科学、更加完善,实现党、国家、社会各项事务治理制度化、规范化、程序化"[2]。这是习近平总书记在具体阐述国家治理体系和治理能力现代化内涵时强调指出的部分。这就为构建和完善价值治理方面的制度体系提供了重要依据和政治保障,确立起社会主义核心价值观建设的制度化保障,也因此成为国家治理现代化的内在要求和本质规定。

(三)立德树人根本任务与国家治理的有机融合

社会主义核心价值观反映着当代中国核心价值理念的丰富内涵和实践要求,是国家治理现代化的重要价值资源;国家治理现代化体现着当代中国现代化建设的目标指向和价值追求,是社会主义核心价值观的重要承载。社会主义核心价值观与国家治理现代化分别从思想意识层面和改革实践层面互为呼应,成为全面深化改革同一进程中相辅相成的两个方面,是同构互益的共生体,具有时代融合的历史必然性。因此,实现核心价值观建设与国家治理现代化的有机融合具有紧迫的时代感和重要的现实意义。

三、党建工作与高校立德树人根本任务的一致性

全面从严治党和社会主义核心价值观是党的十八大以来习近平总书记在不同场合多次重点提及的论题。高校的党建工作是高校坚持党的全面领导的核心

---

[1] 段立国:《国家治理现代化与社会主义核心价值观的内在关联》,载《湖北社会科学》2015年第4期。
[2] 中共中央办公厅印发:《关于培育和践行社会主义核心价值观的意见》,载《人民日报》2014年2月26日。

内容，是党建工作中必不可少的一部分。当前，国内外形势不断变化，高校党的建设面临着许多新情况和新挑战。坚持以社会主义核心价值观统领高校党建工作，切实提升每一个基层党组织的凝聚力、战斗力，让每一名党员树立起崇高的政治荣誉感和强烈的使命感、责任感，对于全面推进高校党建，充分发挥高校基层党组织的战斗堡垒作用和高校党员的先锋模范作用，培养大批具有中国特色社会主义坚定信念的合格建设者和可靠接班人具有重要意义，能够为我国高等教育实现又好又快发展提供强有力的思想基础和政治组织保证。认真解读党建工作与高校德育的关系，有利于我们更好更快更全面地把握这两个命题的理论性与实践性，从而形成对新时代中国特色社会主义理论与实践的深刻认识。

（一）高校立德树人根本任务为党建工作奠定思想基础

从当前国际形势看，伴随经济全球化的快速发展，西方敌对势力对我国意识形态领域的入侵与我国价值观层面的较量日益加深；从当前国内形势看，社会主义市场经济和改革开放的推进发展，导致人们形成多样化的价值取向、多元化的社会思潮，萌发了非马克思主义甚至反马克思主义的意识。因此，党的十八大明确提出，"用社会主义核心价值体系引领社会思潮、凝聚社会共识"。作为人才培养高地，高校更有义务和责任成为主流意识形态的坚强阵地。社会主义核心价值观引领社会思潮弘扬主流价值导向的同时，也为高校党建工作奠定了坚实的思想基础。高校党建工作是高校改革发展的旗帜，只有按照社会主义核心价值观的要求，用马克思主义中国化最新成果武装师生，坚持马克思主义在高校的指导地位，坚持社会主义的办学方向，教育引导广大师生坚定中国特色社会主义道路、理论、制度、文化自信，才能培养更多马克思主义的坚定信仰者、传播者、实践者和维护者。[1]

（二）高校立德树人根本任务为党建工作提供精神动力

党的十八大报告提出："广泛开展理想信念教育，把广大人民团结凝聚在中国特色社会主义伟大旗帜之下。大力弘扬民族精神和时代精神，深入开展爱国主义、集体主义、社会主义教育，丰富人民精神世界，增强人民精神力量。"[2]高校是培

---

[1] 陈晓晖：《社会主义核心价值体系融入高校党的建设研究》，载《辽宁师范大学学报》2013年第5期。
[2] 胡锦涛：《坚定不移沿着中国特色社会主义道路前进　为全面建成小康社会而奋斗——在中国共产党第十八次全国代表大会上的报告》，北京：人民出版社2012年版，第31页。

养新型优秀人才的摇篮,高校党建工作肩负着重大的历史使命。只有按照社会主义核心价值观的要求,引导包括党员在内的所有师生融合个人理想与中国特色社会主义共同理想,结合爱国主义情怀和改革开放的时代精神,使世界观、人生观、价值观与社会主义核心价值观相适应,才能使师生自觉认同中国特色社会主义,并树立为之努力奋斗的强大的精神动力和坚定的信念信心。第一,高校立德树人根本任务为高校党建工作提供了具体内容。从内容上具体来说,富强、民主、文明、和谐是共产党人的奋斗目标,自由、平等、公正、法治是共产党人的执政方式,爱国、敬业、诚信、友善是共产党人的精神追求。第二,高校立德树人根本任务为高校党建工作提供了思路和方向。党的十七大报告明确指出,"社会主义核心价值体系是社会主义意识形态的本质体现。"①社会主义核心价值观就是今天我国国家建设过程中的基本逻辑和价值取向,国民教育、精神文明建设和党的建设都是在这个逻辑下进行的。

(三)高校立德树人根本任务为党建工作树立道德规范

社会主义核心价值观是中国共产党领导人民在丰富的思想文化成果中提炼和概括出来的精华,是社会主义思想道德建设的指导方针,也是高校学生健康发展的行动指南。高校党建工作只有用社会主义核心价值观引领党员师生,把社会主义核心价值观转化为党员师生自身思想道德发展的需要,才能把高校建设成全社会的思想道德高地。只有将师德建设放在师资队伍建设的首位,加强校风教风学风建设,营造求真务实的学术氛围和风清气正的育人环境,大力倡导爱国、敬业、诚信、友善等道德规范,引导党员师生增强社会责任感、使命感,才能不断提升党员师生的思想境界和道德情操,使党员师生自觉实现自我价值和社会价值的有机统一。

(四)党建工作引领高校立德树人根本任务实现

中国共产党从成立之日起,就是中国先进文化的积极倡导者和发展者,又是中华优秀传统文化的忠实传承者和弘扬者。第一,党建工作涵盖并引领了高校立德树人根本任务的内容,体现了党性与人民性的统一。中国共产党及其领导的政府作为中国特色社会主义的领导力量,是当今中国大德、公德最重要的实践主体,

---

① 胡锦涛:《高举中国特色社会主义伟大旗帜　为夺取全面建设小康社会新胜利而奋斗——在中国共产党第十八次全国代表大会上的报告》,北京:人民出版社2007年版,第34页。

其执政理念价值追求、路线方针政策、执政方式能力以及广大领导干部的言行举止本身就是大德的表现,因而它的自身建设在培育和践行社会主义核心价值观中起到关键作用。第二,党建工作抓住了高校立德树人根本任务实现的关键环节。学生党员是高校立德树人根本任务培育的重点人群。2014年2月,在中共中央政治局第十三次集体学习时,习近平总书记强调,特别要抓好领导干部、公众人物、青少年和先进模范等重点人群,强调知行合一、行胜于言。

总之,全面开展党建工作和社会主义核心价值观是中国特色社会主义理论的最新成果,两者既有区别又有深刻联系,反映了中国共产党人对历史唯物主义的运用,体现了中国特色社会主义伟大实践的整体性、系统性和关联性,是对中国共产党执政规律、社会主义建设规律和人类社会发展规律的积极探索,统一于中国特色社会主义的伟大实践之中。

第二节 高校立德树人根本任务与中小学

将社会主义核心价值观融入国民教育,是社会主义核心价值观建设的根本途径之一,更是培养社会主义事业合格建设者和可靠接班人的重大举措,将社会主义核心价值观融入国民教育必须讲究途径方法。人的发展是持续的,但又分为不同的阶段,每个阶段都有着各自不同的发展任务,且各阶段之间又都是相互联系、相互影响的。每个人在不同阶段接受的思想政治教育[①]内容、任务应有不同,但是各阶段是相互联系、相互影响的。因此,加强大中小学思想政治教育的衔接,不仅有利于实现不同阶段思想政治教育的自主发展及互补共赢,更有利于实现学生终身发展的目标。早在2005年,教育部就专门颁布了《关于整体规划大中小学德育体系的意见》,明确指出只有坚持把有效衔接、分层次实施、循序渐进、整体推进作为根本要求,才能始终保持学校思想政治教育的生机和活力。2019年8月14日,

---

[①] 思想政治教育学科设立三十多年来,在许多场合常常混合使用"思想政治教育""德育"这两个概念,在相当一段时间内具有同义语义。思想政治教育学科在推进过程中,逐步形成了"思想政治教育"概念作为思想政治教育学科的专用概念。然而,在中小学思想道德教育活动通常仍然使用"德育"概念。这客观造成了大中小学校思想政治教育领域在使用概念上出现交叉,给"思想政治教育"的认识、研究、实践、传播等带来困境。"思想政治教育""德育"这两个概念混用,由此而产生。必须承认这种情况的客观存在。本书从思想政治教育立场的角度,能使用"思想政治教育"概念的都采用"思想政治教育"概念,考虑特定语境、引用有关理论和文件等因素,有时仍然使用"德育"概念。

中共中央办公厅、国务院办公厅印发了《关于深化新时代学校思想政治理论课改革创新的若干意见》，以大中小学校思想政治理论课为抓手，再次系统全面部署了大中小学思想政治教育"一体化"。

一、高校与中小学立德树人衔接的理论基础

从时间顺序看，中小学与高校之间存在着先后承接的关系，其立德树人同样存在着衔接的过程。这一过程涉及的面非常广，需要一定的理论统摄整个过程，促使高校与中小学立德树人的衔接工程顺畅进行。这里介绍三种理论，即德育过程理论、人的社会化理论和建构主义理论。

（一）德育过程论

在哲学视域内，过程是事物运动在时间上的持续性和空间上的广延性，是事物存在的基本状态，是事物、运动、时间和空间的辩证统一。过程作为唯物辩证法的基本范畴具有客观性、普遍性、动态性与转化性、阶段性与连续性、秩序性与可调性等特征。德育过程是德育实践的存在方式和发展状态，是德育活动在空间和时间上的动态展开，是德育目标实现的程序。在哲学史上，马克思、恩格斯对过程论的思想进行了较深刻的表述，但正式提出并系统研究过程论的是怀特海。过程论反对静态的、二元对立的传统哲学立场，不追求抽象结论的纯粹客观性与普遍有效性，强调主体性与主体间性。德育过程论是德育理论体系中的一个重要内容，是德育的一个带有基础性的理论。

德育过程是以形成受教育者一定思想品德为目标，教育者与受教育者共同参与且双向互动的教育活动过程。社会主义学校的德育过程，是教育者根据我国社会主义条件下学生德性发展的需要及其形成、发展的规律，根据社会主义社会对年轻一代的思想、道德要求，在教育者主导下，通过教育者的组织、启发、引导和受教育者的认识、体验、践行结合，从而形成受教育者一定的思想品德准则，发展其品德心理，培养品德能力的教育过程。德育过程的结构是德育过程各个要素或各个组成部分相互联系、相互作用的方式。完整的德育过程是"传授—认同—转化—内化—建构—外化"相互作用的过程。

德育过程的本质是教育者、受教育者的道德文化-心理的互动过程，这种过程包括有目的地传递社会政治、思想、道德，使受教育者继承并有选择地吸收、构建

的社会过程。

选择过程论的哲学视角与立场去理解与探求大中小学的立德树人及其可能存在的问题,对我们有效地把握问题所在并尽快寻找解决问题的途径十分有利。过程论的观点将有助于规避德育目标与德育过程的相悖现象,实现德育目标与过程相谐的现代德育,实现从传统灌输式的德育过程转变为对话交流式的德育过程。

(二)人的社会化理论

"社会化"是社会学中经常使用的一个概念,人的社会化通常是指个体以社会为载体,通过各种实践形式,把该时代既有的类整体的能力(此能力所创造的文明高度)内化为个体的自我生存能力,在占有的知识厚度的基础上,逐步提升个体的诸项能力以及思想境界,个体不自觉地实现自然人向社会人的过渡,个体在积累知识的同时,知晓了道德规范。社会学认为,社会化就是指个人学习知识、技能和规范,取得社会生活的资格,发展自己的社会性的过程。① 人的社会化与思想政治教育、与立德树人、与社会主义核心价值观培育和践行有着密切联系。前者是塑人,后三者均是育人,人同时又始终处于社会化之中。理论上来说,人的社会性是社会主义核心价值观培育的逻辑起点。实践上来说,人的社会化是应对立德树人困境之路。德育的主要内容,即正确有效处理"人与人之间以及人与自然之间关系的行为规范"。在明确德育内容的基础上,行为主体未必能严格遵从行为规范。因此,如何贯彻德育内容,还要从人的社会化入手。

从纵向结构来看,人的社会化贯穿整个生命历程即全生命周期,有儿童社会化、青春期社会化、成年期社会化、老年人社会化及死亡社会化。由人的社会化理论可知,个体的学龄初期(通常指 6—12 岁)是人的社会化的重要转变时期,即社会化的方式由原有的强制性程度较低的家庭教育和幼儿园教育向强制性程度较高的学校教育转变,由形象思维过渡为抽象思维;学龄中期即少年期(通常指 12—15 岁)是个体大脑发育基本健全、知识量明显增加,对周围世界开始形成初步认知和自我观念,并开始思考建构理想信念的过程,这个阶段是个体的性格基本形成并走向定型的过程,所以也可以说是道德发展的关键期。与学龄初期的人的社会

---

① 《社会学概论》编写组:《社会学概论》,天津:天津人民出版社 1984 年版,第 54 页。

化相比,这一时期来自家庭的影响较小,而来自同辈群体和学校的影响较大。因此,学校教育顺理成章地成为其中的最关键因素。青少年时期是人的一生中最重要的学习阶段,因此人的社会化过程应该重点针对青少年展开教育或教化。

总之,将社会主义核心价值观的培育和践行置于人的社会化理论中,更能凸显立德树人的塑造性,有利于提高思想政治教育的理论深度和实践效果,有利于社会主义核心价值观的培育与践行。

(三)建构主义理论

建构主义理论是在行为主义理论和认知主义理论进一步发展的基础上形成的,是瑞士心理学家皮亚杰对儿童心理认识发展研究的理论升华。皮亚杰认为:"认识既不是起因于一个有自我意识的主体,也不是起因于业已形成的(从主体的角度来看)、会把自己烙印在主体之上的客体;认识起因于主客体之间的相互作用,这种作用发生在主体和客体之间的中途,因而同时既包含着主体又包含着客体,但这是由于主客体之间的完全没有分化,而不是由于不同种类事物之间的相互作用。"[①]建构主义理论是现代社会对传统的学习理论的一场革命,是当代教育心理学理论研究的重要发展。20世纪80年代以来,作为一种新的学习理论,建构主义理论对教育研究产生了重要的影响。建构主义理论认为,在学习过程中,学习者并不是被动地去接受知识,而是积极地有选择地建构知识的过程。知识建构包括两部分:一是接受新知识,是认知者在已有知识结构的基础上建构;二是摄入新知识,通过改造和重组,重新形成知识结构。它同客观主义相对立,强调对事物的理解不是简单地由事物本身决定的,而是人在原有的知识经验基础上建构对现实世界的解释和理解。建构主义理论强调学习主体的主动性,强调知识的情境性,强调知识的共识性,特别强调人这一主体的能动性、建构性。

学生的社会主义核心价值观教育,应该以认知的建构规律为指导,以学生所能达到的理解能力为参照,对理论话语给予转换,使之通俗易懂。教育形式的选择,应以学生乐于接受为考量,提高德育内容与学生认知结构之间的契合度。学生社会主义核心价值观的接受过程,同样也是以学生个体已形成的旧的价值认知结构为过滤器,对外部的新信息进行选择、不断加工和处理,进而建立起新的价值

[①] [瑞士]皮亚杰:《发生认识论原理》,王宪钿等译,上海:商务印书馆1995年版,第21页。

观念的过程。尽管青年学生的价值观还处在不断变化的成型期,但因生长环境不同,性格特征不同,兴趣爱好及理想志向不同,各自的价值认知结构也不同。在社会主义核心价值观教育时,要充分认识学生作为主动建构者,在学习和建构中的主体作用:一方面,通过培育不断优化他们的认知结构;另一方面,要注重将社会主义核心价值观的理论语言转化为通俗话语,并不断改进德育形式,选择契合当代学生接受习惯的方式方法,使之最大限度地接近学生认知的"最近发展区",提高社会主义核心价值观的认同度,进而提高教育成效。

二、高校与中小学立德树人衔接工作的现状

经过不断探索与实践,当前高校与中小学衔接工作在立德树人目标与内容的规范、立德树人相关课程体系和立德树人工作体系的确定等方面取得了一定的成绩,但也存在着诸多问题亟待解决,如尚未充分把握学生接受规律、缺乏整体把握和系统梳理、培育体系不够健全等,其问题产生的原因主要包括体制原因与主体原因两部分。

(一)高校与中小学立德树人衔接工作取得的成绩

2005年4月20日,教育部发布的《关于整体规划大中小学德育体系的意见》,对高校与中小学思想政治教育工作进行了全面部署,建构了较为系统的思想政治教育体系。

1. 确立高校与中小学思想政治教育的目标

小学教育阶段德育目标:教育帮助小学生初步培养起爱祖国、爱人民、爱劳动、爱科学、爱社会主义的情感;树立基本的是非观念、法律意识和集体意识;初步养成孝敬父母、团结同学、讲究卫生、勤俭节约、遵守纪律、文明礼貌的良好行为习惯,逐步培养起良好的意志品格和乐观向上的性格。

中学教育阶段德育目标:教育帮助中学生初步形成为建设中国特色社会主义而努力学习的理想,树立民族自尊心、自信心、自豪感;逐步形成公民意识、法律意识、科学意识以及诚实正直、积极进取、自立自强、坚毅勇敢等心理品质,养成良好的社会公德和遵纪守法的行为习惯。中等职业学校还要帮助学生树立爱岗敬业精神和正确的职业理想。

大学教育阶段德育目标:教育引导大学生确立在中国共产党领导下走中国特

色社会主义道路、实现中华民族伟大复兴的共同理想和坚定信念,牢固树立爱国主义思想和全心全意为人民服务思想,自觉遵守法律法规和社会道德规范,加强自身道德修养,具备良好的心理素质和艰苦奋斗、开拓进取的精神,促进大学生思想政治素质、科学文化素质和身心健康素质全面协调发展。同时,积极引导大学生中的先进分子树立共产主义的远大理想,确立马克思主义的坚定信念。

2. 明确高校与中小学思想政治教育的内容

小学教育阶段德育主要内容:开展热爱学习、立志成才教育,开展孝亲敬长、爱集体、爱家乡教育,开展做人做事基本道理和文明行为习惯养成教育,开展热爱劳动和爱护环境教育,开展尊重国旗、国徽,热爱祖国文化的爱祖国教育,开展社会生活基本常识和安全教育。

中学教育阶段德育主要内容:开展爱国主义、集体主义、社会主义教育,开展中华民族优良传统和中国革命传统教育,开展法制教育和民主、科学教育,开展基本国情和时事教育,开展民族团结教育、国防教育和廉洁教育,开展青春期卫生常识和心理健康教育,开展社会公德和劳动技能教育。中等职业学校还要加强职业道德、劳动纪律和职业规范教育。

大学教育阶段德育主要内容:加强马克思列宁主义、毛泽东思想、邓小平理论、"三个代表"重要思想、习近平新时代中国特色社会主义思想教育,加强党的基本理论、基本路线、基本纲领和基本经验教育,加强中国革命、建设和改革开放的历史教育,加强基本国情和形势政策教育,加强民族精神和时代精神教育,加强社会公德、职业道德和家庭美德教育,加强法制和诚信教育,加强人文素质和科学精神教育,加强心理健康和就业创业教育。[①]

3. 设计高校与中小学思想政治教育课程体系

科学建构高校与中小学思想政治教育课程体系,合理确定课程的设置及课程标准,是整体规划高校与中小学思想政治教育体系工作的重点,有助于推动立德树人工作的衔接。根据2004年《中共中央、国务院关于进一步加强和改进大学生思想政治教育的意见》的精神,针对高等学校思想政治理论课教育教学中存在的学科基础建设比较薄弱、课程内容重复、教材质量参差不齐等一系列问题,2005年

[①]《教育部关于整体规划大中小学德育体系的意见》,载《中小学图书情报世界》2005年第2期。

中宣部、教育部发布了《关于进一步加强和改进高等学校思想政治理论课的意见》。根据该意见,高校思想政治理论课学科建设形成了完整的学科体系。2005年4月20日,教育部发布《关于整体规划大中小学德育体系的意见》,进一步对大中小学思想政治教育学科课程的设置情况进行了规划,推动了思想政治教育学科课程体系的完善。2011年5月5日,"整体规划大中小学德育课程项目"专家工作组在京召开第一次会议,提出"在深入总结经验的基础上,系统梳理、整体规划、不断完善,努力构建目标明确、结构合理、内容科学、学段衔接、循序渐进的大中小学德育课程体系"①。2014年3月30日,教育部颁布《关于全面深化课程改革落实立德树人根本任务的意见》,提出要"统筹小学、初中、高中、本专科、研究生等学段(包括职业院校)。进一步明确各学段各自教育功能定位,理顺各学段的育人目标,使其依次递进、有序过渡。要避免有的学科客观存在的一些内容脱节、交叉、错位的现象,充分体现教育规律和人才培养规律"②。2019年8月14日,中共中央办公厅、国务院办公厅印发了《关于深化新时代学校思想政治教育理论课改革创新的若干意见》,提出要完善思政课课程教材体系,整体规划思政课课程目标,调整创新思政课课程体系,统筹推进思政课课程内容建设,加强思政课教材体系建设。③

4. 规划高校与中小学各教育阶段思想政治教育工作体系

思想政治教育工作体系主要包括思想政治教育目标与内容、思想政治教育途径与方法、思想政治教育主体、思想政治教育管理与领导。2005年,教育部《关于整体规划大中小学德育体系的意见》颁布,不仅结合各阶段学生特点和教育目的,准确规范了各教育阶段的思想政治教育目标与内容,而且对各教育阶段思想政治教育途径与方法、思想政治教育管理和领导进行了明确的规定。

(二)高校与中小学立德树人衔接工作存在的问题

大中小学思想政治教育内容的衔接,是一个重要的理论与实践问题。就当前的研究与实践状态看,大中小学思想政治教育内容衔接的意识已经初步形成,但

---

① 《"整体规划大中小学德育课程项目"专家组会议召开》,中华人民共和国中央人民政府网,2011年5月5日,http://www.gov.cn/gzdt/2011-05/05/content_1857965.htm。
② 《教育部关于全面深化课程改革落实立德树人根本任务的意见》,中华人民共和国教育部网,2014年3月30日,http://www.moe.gov.cn/publicfiles/business/htmlfiles/moe/s7054/201404/xxgk_167226.html。
③ 中共中央办公厅、国务院办公厅印发:《关于深化新时代学校思想政治理论课改革创新的若干意见》,学习强国官网,2019年8月14日,https://article.xuexi.cn/articles/index.html?study_style_id=feeds_default&source=share&art_id=8215474108010486260&showmenu=false&share_to=wx_single。

具体的衔接研究并未得到高质量开展。

1. 尚未充分把握学生接受规律。社会主义核心价值观涵盖了我们国家和社会所倡导的主流价值观,全面而系统,但在大中小学校培育过程中缺乏对不同的阶段进行目标侧重点的界定,对大中小学生在认知水平、知识结构、身心特点等方面差异的观照不够深入、精准,导致社会主义核心价值观培育的针对性不强。

2. 缺乏整体把握和系统梳理。当前大中小学对社会主义核心价值观的层次性、逻辑性、情感性缺乏整体的把握和系统的梳理,导致学生片面、粗浅、囫囵吞枣的吸收和接纳,削弱了社会主义核心价值观的内涵吸引力和价值感染力。

3. 培育体系不健全。目前,对于社会主义核心价值观的培育路径与策略在大中小学的层次是不明显、不清晰的,几乎都采取相同的策略和手段,没有明显针对不同阶段的学生采取不同的路径分析和科学的策略引导。从权威要求下的被动参与到能动参与下的主动组织,从全员参与到部分参与和自由参与,从模式化的周期活动到灵活化的品牌活动,从应试评估到多元评估,从小学到大学的学段过渡中,受教育者对核心价值观的接受方式也需历经被动到主动、刻板到灵活、单一到多元的转变。受教育主体的知识基础、认知能力、兴趣导向等差异迫切要求核心价值观培育的阶段性、个性化和差异化。

(三)高校与中小学立德树人衔接工作问题的原因

1. 体制原因。第一,应试教育体制是思想政治教育衔接出现问题的重要原因。应试教育体制导致重智育轻德育,以成绩作为衡量学生好坏的主要标准。一方面削弱了教师对思想政治教育课程的重视程度,更为注重知识和能力的实现程度;另一方面,造成下一阶段思想政治教育工作者不能及时了解学生在上一阶段的思想道德受教育情况,不利于立德树人工作衔接。第二,缺乏统一的管理体制也是影响有效衔接的重要原因。普通高校和中、小学分属高等教育和基础教育,高校思想政治教育和中小学思想政治教育分属不同部门管理,思想政治教育教师也归属不同部门指导。因为相关领导的职责分工不同,难以从整体上思考思想政治教育衔接问题。管理体制的不统一容易造成责任不够明晰、工作不够协调,难以形成合力,带来大中小学思想政治教育教师衔接的困难。①

---

① 鞠忠美:《大中小学德育衔接工作创新研究》,北京:中国书籍出版社2015年版,第28页。

2. 主体原因。第一，小学、中学与高校各教育阶段思想政治教育工作者的衔接意识淡薄，对思想政治教育衔接重视不够。彼此缺乏相互沟通与交流的渠道与机会——不仅缺少传统的座谈会形式的交谈平台，而且即使是存在生源联系的同一区域内的高校与中小学之间也很少互访交流，无法共享思想政治教育资源。第二，小学、中学与高校各教育阶段教师评价机制各不相同。中小学阶段，对教师的评价主要依据学生的考试成绩和升学率。这就导致教师主观上认同思想政治教育的重要性，客观上由于德育不及智育在升学中的作用，思想政治教育被弱化了，沦为主干课程的"附属课程"，而思想政治教育工作者及其工作在此阶段也很难得到重视。大学阶段，对教师的评价主要依据科研，教育工作者对思想政治工作的积极性不高。2019年8月14日，中共中央办公厅、国务院办公厅印发了《关于深化新时代学校思想政治教育理论课改革创新的若干意见》，强调了要建设一支政治强、情怀深、思维新、视野广、自律严、人格正的思政课教师队伍，突出了对大中小学思想政治教育教师主体的重视。[①]

三、高校与中小学立德树人衔接工作的理想建构

关于大中小学立德树人整体构建的意图和求索在20世纪90年代以来已几度出现，它是一个在理论上和实践上不断有追问、认识上有进展，但又远未思考清楚的问题。将社会主义核心价值观融入大中小学思想政治教育，是社会主义核心价值观建设的根本途径之一，更是培养造就社会主义事业合格建设者和可靠接班人的重大举措。将社会主义核心价值观融入大中小学思想政治教育必须讲究方法途径，这是一个持续的长期过程，这是由我国教育的性质、使命决定的。科尔伯格曾在道德发展阶段理论中指出：一个人道德判断的发展是有阶段性的，道德判断建立在认知能力的基础上，个体的认知水平是道德水平的基础。[②] 小学阶段是道德行为习惯形成的最佳期，中学阶段是伦理道德观形成的最佳期，大学阶段是世界观、人生观、价值观形成的最佳期。因此，要实现立德树人根本任务即社会主

---

① 中共中央办公厅、国务院办公厅印发《关于深化新时代学校思想政治理论课改革创新的若干意见》，学习强国官网，2019年8月14日，https://article.xuexi.cn/articles/index.html?study_style_id=feeds_default&source=share&art_id=8215474108010486260&showmenu=false&share_to=wx_single。
② 彭聃龄：《普通心理学》，北京：北京师范大学出版社2004年版，第525页。

义核心价值观的培育与践行，在小学、中学和大学不同阶段采取不同的教育引导方式和策略，与学生的最佳发展期耦合，真正让社会主义核心价值观入心入脑。

表3-1　社会主义核心价值观和子价值观及其适用年龄段①

社会主义核心价值观	子价值观及其适用年龄段
爱国	热爱国家：6—22岁 保护环境：6—22岁 尽公民职责：13—18岁
敬业	勇敢、坚韧：6—12岁 忠于职守：13—18岁 精益求精：16—22岁 服务社会及他人：16—22岁
诚信	诚实：6—12岁 守信：6—12岁 正直：13—18岁
友善	关爱生命：6—12岁 乐于助人：6—12岁 慷慨仁爱：16—22岁
自由	快乐阳光：6—12岁 追求幸福：13—22岁 个性独立：13—22岁 道德自律：13—22岁 维护权利：16—22岁
平等	爱亲敬长：6—12岁 不伤害别人：6—12岁 人人平等：13—18岁 尊重每个人：18—22岁
公正	机会平等：6—22岁 立场客观：16—22岁 维护程序正义：16—22岁 关注弱势群体：16—22岁
法治	规则意识：6—12岁 法律意识：13—18岁 法治意识：18—22岁

---

① 程红艳：《社会主义核心价值观分层化、课程化研究》，载《中国德育》2015年第1期。

(续表)

社会主义核心价值观	子价值观及其适用年龄段
富强	理性消费:6—15 岁 勤劳节俭:6—12 岁 经济独立:16—22 岁 敢于创业:18—22 岁
民主	民主投票表决:6—12 岁 民主程序:13—22 岁 学会倾听和对话:15—22 岁 保护少数:18—22 岁
文明	遵守礼仪:6—12 岁 民主程序:13—22 岁 学会倾听和对话:15—22 岁 保护少数人:18—22 岁
和谐	团结合作:6—22 岁 不利用暴力手段:6—22 岁 容忍差异:13—18 岁 促进和平及多元化融合:16—22 岁

(一)目标分层与联系

"培育和践行社会主义核心价值观要做到明大德、守公德、严私德"[①],这指出了社会主义核心价值观培育的三个层次。严私德是对个人的道德要求,强调个体的道德自律和行为规范的养成;是"德性品质"的内化培养,倡导通过"德育教化"促进个体的自我觉醒和人格完善。守公德是从个体层面的道德要求向社会层面的拓展和延伸,要求在自我修身的基础上遵守社会行为规范和道德约束,并按照社会价值共同体进行自我规范和自我约束,做一名合格公民。明大德是超越个体和社会之上的"意识形态"建构,核心点在于引导受教育者把主流意识形态的价值评判标准、理念融入自己的价值体系,将"实现大我"落实在"完善小我"中,将"自我超越"融合在"家国大义"中。

党的十八大提出的 24 字社会主义核心价值观的基本内涵可以从三个层面进行解读。从国家层面看,是富强、民主、文明、和谐;从社会层面看,是自由、平等、

---

① 《培育和践行社会主义核心价值观做到明大德、守公德、严私德》,载《成都晚报》2014 年 5 月 25 日。

公正、法治;从公民个人层面看,是爱国、敬业、诚信、友善。国家层面的"富强、民主、文明、和谐"是当代中国社会主义初级阶段奋斗目标的总结与概括;社会层面的"自由、平等、公正、法治"体现了社会主义中国政治建设的基本理念;公民个人层面的"爱国、敬业、诚信、友善"倡导公民应自觉传承中华民族传统美德并全面遵守基本的道德准则。

(二)内容分层与联系

区分价值观内容的层次性是教育活动的前提和基础,为教育提供了科学化的路径。"社会主义核心价值观内容丰富,博大精深。它既包括中华民族悠久的历史文化,又包括当代中国人民先进的精神品质改革开放的伟大时代精神;既突出了中华文化是社会主义核心价值观的不竭之源这一本质联系,又揭示了社会主义核心价值观是实现全国人民现阶段共同目标的精神动力和智力保障。"①社会主义核心价值观从个人、社会和国家三个层面,为大中小学价值观的引领提供了从微观到宏观、从局部到整体、从个人到集体、从意识到信念的递进式发展路径。小学阶段应注重从个人层面进行美德培养和道德教育,主要进行与个人直接关联的价值观教育(包括爱国、诚信、友善等);中学阶段应注重从社会层面进行公民意识引导和公共行为约束;大学阶段应注重从国家层面进行集体主义激发和爱国主义唤醒。②

观察表3-1,以"爱国"这一核心价值为例,爱国包括热爱国家、保护环境、尽公民职责等,其中热爱国家必须贯穿大中小学三个教育阶段。再以"法治"为例,小学生要求做到具有规则意识,中学生要求具备基本法律意识,而对大学生则有更高要求,具备法治意识。同样以"文明"为例,小学阶段的教育主要是用语文明、举止礼貌,中学阶段更多强调合规合法、理性思考和独立判断,到大学阶段则要求学生追求真、善、美的品质。

(三)途径分层与联系

社会主义核心价值观的培育与践行,从实质上来说就是价值观内化的过程。内化调节机制具体表现为情感认同、理性认同、行为认同、外显认同、内隐认同等几个阶段和层次,还包括内在共性及统一性。社会主义核心价值观培育的关键点

---

① 陈士宏:《习近平同志的社会主义核心价值观初探》,载《思想政治教育研究》2015年第5期。
② 余双好:《价值观的层次性与思想政治教育发展与变革》,载《探索》2015年第2期。

在于通过一系列宣传、教育和引导，促使学生充分认识、了解社会主义核心价值观的内涵和意义，实现由被动依从到真心认同再到主动践行的知情意行的转变。[①]任何教育阶段的青少年对社会主义核心价值观的接纳都可能经历下述三个阶段。第一阶段：由于外界压力较大，在道德规范和行为准则上言行不一致；第二阶段：选择性接受价值观；第三阶段：内心接受核心价值观准则。

总之，这种分层建构并非简单机械的过程，并非高校单向度的供给模式，而是在大中小学各个教育阶段有机衔接的基础上，按照教育阶段的不同需求合理分层，同时促进大中小学不同教育阶段的思想政治教育资源共享，从而实现社会主义核心价值资源"纵向衔接、横向贯通、分层递进"的理想体系与格局的建构，最终完善大中小学社会主义核心价值观的培育与践行工作。

第三节 高校立德树人根本任务与社会

任何人都无法脱离环境生存，每个教育系统也无法脱离所处的社会环境而运行，高校立德树人根本任务实现的外部环境是由管理部门、社区、家庭、新媒体等构成的整体结构。作为大的社会系统中的一个组成部分，高校系统受社会上意识形态、政治制度、经济条件和其他要素的影响。这些不同部分及其整体状态对社会主义核心价值观的培育与践行有着十分重要的影响。这里重点讨论管理部门、社区、家庭和新媒体几个部分，并具体分析各部分与高校立德树人根本任务的关系及其对高校社会主义核心价值观培育和践行的影响。

一、管理部门与高校立德树人根本任务

政府通过影响教授内容与价值取向、资助特定项目或制定政策等直接参与教育活动。我国教育系统由教育部执行，受中央政府的集中领导，其他级别的政府常常从法律与财经角度控制并影响着学校。主要措施如：一是把学校思想政治教育纳入社会发展的总体规划之中，通过规划目标和体制建设，引导各级组织、市场主体和社会成员重视学生思想政治教育工作，规范各主体的思想政治教育行为，

[①] 蒲清平、张伟莉、安娜：《社会主义核心价值观内化的心理机制与实践路径》，载《国家教育行政学院学报》2015年第10期。

努力营造良好的思想政治教育大环境。二是强化对文化单位和传媒主体的领导控制力度,提出明确的导向性要求,严格实行各项管理措施,严格奖惩制度,鼓励文化单位和传媒主体多出高雅、严肃的文化产品,多出文化精品。

以教育部为例。2016年4月24日,教育部正式印发《关于全面深化课程改革落实立德树人根本任务的意见》。该意见在要求培养学生高尚的道德情操、扎实的科学文化素质、健康的身心、良好的审美情趣的同时,突出强调要使学生具有中华文化底蕴、中国特色社会主义共同理想和国际视野,力求使立德树人的方向性、民族性和时代性更加鲜明。教育部基础教育二司负责人表示,为落实好立德树人的新要求,全面深化课程改革的近期工作目标是"建成一个体系、确立一个体制、形成一个格局",即基本建成高校、中小学各学段上下贯通、有机衔接、相互协调、科学合理的课程教材体系;基本确立教育教学主要环节相互配套、协调一致的人才培养体制;基本形成多方参与、齐心协力、互相配合的育人工作格局。培育和践行社会主义核心价值观是立德树人的根本要求。为此,该意见特别强调,要"把培育和践行社会主义核心价值观融入国民教育全过程"[①]。

当前,从总体上看,高校和中小学课程改革整体规划、协同推进不够,与立德树人的要求还存在一定差距。这些困难和问题直接影响着立德树人的效果,必须全面深化课程改革,切实加以解决。为此,该意见提出全面深化课程改革"五个统筹"的工作任务。一是统筹小学、初中、高中、本专科、研究生等学段(包括职业院校)。二是统筹各学科,特别是德育、语文、历史、体育、艺术等学科。三是统筹课标、教材、教学、评价、考试等环节。四是统筹一线教师、管理干部、教研人员、专家学者、社会人士等力量。五是统筹课堂、校园、社团、家庭、社会等阵地。

二、社区与高校立德树人根本任务

社区是人们生存和互动的重要场所,也是社会最基本的组成单位。这里所指的社区是城市社区,是指大多数人从事工商业及其他非农业劳动的社区,是一定区域内由特定生活方式并具有成员归属感的相对固定的人群所组成的相对独立

[①]《教育部关于全面深化课程改革落实立德树人根本任务的意见》,中华人民共和国教育部网,2014年3月30日,http://www.moe.gov.cn/publicfiles/business/htmlfiles/moe/s7054/201404/xxgk_167226.html。

的社会共同体。①高校思想政治教育与社区思想政治教育是地方基层组织开展思想政治教育的两条主线,两类思想政治教育实践各有特点和任务,但都统一于社会主义核心价值观这一命题之中。社区环境与作为学校思想政治教育宏观环境的社会经济、政治、文化等方面的不同之处在于,它既是宏观环境一定时空的沉积,对学校思想政治教育传递宏观环境的诸种影响,构成学校思想政治教育的中介环境,又因不同于一般社会宏观环境而具有自身的社会文化特征从而具有环境影响的独立个性,成为学校思想政治教育的直接影响源。同时,由于社区与教育融合趋势日趋明显,社会影响源转化为思想政治教育影响的成分亦日益提高,社区环境因素日益成为研究学校思想政治教育不可缺少的一大方面。②

(一) 社区与高校共建立德树人根本任务的理论依据

高校立德树人根本任务要想达到预期效果,特别要重视思想政治教育环境,因为思想政治教育环境与高校立德树人根本任务效果是一种因果相连的互动关系。环境育人,而人可以能动地改造环境。思想政治教育工作者要想使目标与效果相一致,必须充分重视思想政治教育环境。思想政治教育是指社会和社会群体用一定的思想观念、政治准则和道德规范对社会成员施加有目的、有组织、有计划的影响,从而使成员们形成符合该社会所需要的思想品德修为的社会实践活动。这里的社会实际上主要指思想政治教育的"宏观环境"。

同时,高校与周边社区关系十分密切,相互依附,相得益彰。高校是社区众多社会组织中不可分割的有机组成部分,高校思想政治教育实践离不开社区,各种社会实践活动一旦离开社区便成为纸上谈兵的"理论游戏",同样社区德育也必须依托高校丰富的人力资源和先进的理论科研成果来提升社区思想政治工作者的理论水平和组织管理能力。

(二) 社区对高校立德树人根本任务实现环境的作用

1. 社区的经济及社会特征与高校立德树人根本任务

一定社区的经济及社会特征至少在三个方面制约学校思想政治教育。一是社区发达程度影响社区对学校思想政治教育目标、内容和实施上的规定。在一些

---

① 张丽红、张小飞:《浅析社会主义核心价值观融入社区思想政治教育》,载《长春理工大学学报(社会科学版)》2016年第4期。
② 檀传宝:《谈社区对学校德育的环境作用》,载《教育理论与实践》1995年第1期。

经济不发达地区,社区要求的仅仅是维持、支撑义务教育,对学校思想政治教育根本提不出自己社区独有的规范,即使有也只是起始性、启蒙性和保守性的。在中国的农村地区就对学校思想政治教育内容中反迷信、倡民主法制的成分有不同程度的强调。而城市社区要求学校思想政治教育必须协助解决社区成员对快节奏社会在职业、心理、竞争、人际关系上的一系列现代适应问题,因而对学校思想政治教育针对本社区面临的道德问题的解决有较高水平的要求。二是社区发达程度制约着社区对学校德育的支持。除了对学校思想政治教育直接予以经费和物质上的支持之外,社区提供的文明程度、环境质量是学校德育的直接背景。而能否净化社区的精神和物质环境取决于社区教育意识,也取决于社区的经济实力。三是社区发达程度决定着社区与教育的结合程度从而影响学校思想政治教育。与发达国家和地区的社区与学校的紧密结合相反,在欠发达国家和地区往往难以形成教育与社区的紧密结合。这是因为社区在发展上没有品尝到多少学校思想政治教育对社区发展的支持,失去了支持本社区学校教育的内驱力。在我国的众多社区,社区与教育至今联系松散或无自觉联系,除了体制上的原因,社区缺乏发展本社区学校教育和关注本社区学校思想政治教育的现实内驱力是最重要的原因。

因此,当前中国发展社区教育的关键不在于一味单向强调社区对教育的支持或纵向强化行政系统对社区教育的制约,而在于形成学校教育与社区发展的互动机制。在社区学校思想政治教育上要使思想政治教育目标、内容、要求在统一课程要求的前提下兼顾所在社区的具体实际,对社区精神文明和物质文明建设作更大的贡献。

2. 社区文化特征与高校立德树人根本任务

社区文化是指生活在一定地域中具有相对独立的社会共同体内的个体创造反过来又受其规范的,以价值观为核心的具有相对稳定的价值体系的复合体。社区文化构成是影响学生思想品德形成的重要因素。社区文化有不同的类型,不同类型的社区由于其文化特征不同从而产生了对学校思想政治教育的不同类型的环境作用。这种环境作用主要表现在两大方面:

第一,社区文化水平影响着高校立德树人根本任务实现水平。社区文化水平对学校思想政治教育水平虽不能作决定性影响,但两者之间存在很大程度上的相关性。这种相关性,一般通过文化的载体作为中介实现。作为从事学校思想政治教育的主导因素,教师是一种社区文化的载体,不可能不直接关系到学校思想政治教育水平,而教师所载的文化的质和量不能不受到社区文化的影响。社区文化的另一载体是学生,学校思想政治教育的对象正是负载了一定社区文化的学生,社区文化的水平、氛围、设施都在某种程度上影响着学生思想品德的知、情、意、信、行诸方面。

第二,社区文化特征影响着高校立德树人根本任务实现工作。社区文化的一个重要特征在于它是在不断适应自然和社会过程中发展的,社会文化发展的根本动因是社区经济的发展。社区文化发展的本质在于适应。社区文化影响着学校思想政治教育工作,但这种影响是双向的,学校思想政治教育对社区文化也有影响。一方面,这表现为学校思想政治教育对社区文化给予的影响不是消极被动的,而是主动吸收。社区文化对学生有意识或无意识的影响要取得转变或达成,是有条件的。另一方面,学校思想政治教育可以在某种程度上优化社区文化。在各种价值观激烈冲突的当今社会,学校思想政治教育以其系统性、科学性、创新性促进社区文化的不断变迁。

3. 社区教育与高校立德树人根本任务

社区教育首先应该被理解为与该社区发展相结合的教育。因此社区教育实质上是社区与教育的双向互动和结合。这种互动的结果是社区教育创造了有利于学校思想政治教育的社区氛围,同时又弥补了学校思想政治教育的不足。社区教育之所以能够创造有利的学校思想政治教育的社会氛围或环境,首先在于社区教育可以形成社区居民积极的价值观、态度和道德,提高全社区居民的素质和文化水平,形成良好的社区文化。学校思想政治教育的外部氛围质量增强了,也易于强化学校思想政治教育的实效。其次,社区教育还有培养社区主体角色的功能。培养社区主体角色即培养社区成员的社区意识和社区归属感,尤其是培养其对于社区发展的主动参与意识与能力。

(三)社区与高校共建立德树人根本任务的现实意义

第一,高校思想政治教育与社区思想政治教育双向互动,有利于克服高校思想政治教育教学"重理论、轻实践"的倾向,从而增强大学生的职业素养和社会适应性。通过与社区合作引导大学生广泛参与社区各项活动及日常工作,让学生置身于广阔的社区课堂中,有利于大学生进行生活实践和职业岗前训练,有利于学生创新精神与职业素养的培养和提高,有利于学生动手能力和实践技能的提升。"以高校德育教师为主导,以大学生、社区工作者为主体"的双向互动德育模式,把促进大学生就业创业素养和社会能力作为实践教学任务的重中之重,能较好地突破高校思想政治教育教学"重理论、轻实践""重形式、轻内容""重表面、轻实效"的局限。大学生在走进社区、服务社会的过程中能够树立正确的择业观,锻炼社会适应性,增强社会责任感和使命感,从而提高就业竞争力和专业技能。

第二,高校思想政治教育与社区思想政治教育双向互动,有利于整合利用社区思想政治教育资源,对提升社区思想政治教育水平起到巨大的促进作用。高校可以根据学生的学科及专业特点,结合社区实际来设计多元化的互动方案,如请社区优秀的企业家、专家、模范人物、民警及管理人员等来高校思政课堂或第二课堂开展普法教育、介绍创业经验、推广社区管理及建设经验、剖析人才队伍规划及用人需求等。这有助于丰富高校思想政治教育的教学内容,拓宽高校学生的就业视野,使高校学生在与社区一线工作者面对面的接触中进一步增强岗位责任感,从而提升大学生的社会适应性和就业竞争力。

第三,高校思想政治教育与社区思想政治教育双向互动是一个双向受益的过程。大学生思想政治教育实践活动为社区思想政治教育的发展提供巨大的智力支持和资源支撑,社区也为大学生提供深化专业知识、积累社会经验的广阔平台。社区可借助高校丰富的人力资源和前沿的理论研究成果来为自身的管理建设服务,进一步提升社区工作者的管理素质和理论水平。高校与社区形成合力,有助于拓宽社区用人渠道和大学生就业渠道,从而推进社会主义和谐社会的构建。[①]

三、家庭与高校立德树人根本任务

家庭是社会的细胞,是微观层面的思想政治教育环境,是通过血缘关系这个纽带维系的。良好的家规、符合社会主流价值观的家风以及家庭成员间的亲情本身就是实施教育的重要资源。家庭环境状况,对大学生的健康成长和良好心理品质的形成以及整个社会的和谐稳定至关重要。家庭环境因素对高校思想政治教

[①] 林春蓉:《社会主义核心价值体系引领下高校德育与社区德育双向互动研究》,载《长春师范大学学报》2016年第3期。

育的影响主要体现在家庭结构、家庭氛围、家庭成员的关系及教育理念、文化水平、家庭经济状况和社会地位等方面。这些因素对高校思想政治教育的形成和人才培养具有重大而深远的影响,这方面的影响主要是基础性[①]的影响。高校思想政治教育与家庭思想政治教育相辅相成、相互影响和制约。家庭思想政治教育的质量,往往对子女的思想道德品质和个性心理品质起着重大影响和制约,而这种影响很容易通过学生本人带入学校并通过自身的行为表现影响其他对象。

(一)家庭思想政治教育的双重性

家庭思想政治教育具有两个方面的功能:一方面是满足家庭自身建设的需要,另一方面是满足家庭在社会系统中的功能需要。例如,通过家庭人格功能促进人格的完善,通过家庭给予人的闲适随意为社会竞争提供缓冲的环节,通过文明家庭建设提高全社会的文明程度。家庭思想政治教育的影响,不是积极因素的影响,就是消极因素的影响,二者居其一,这是一条基本的规律。[②]

家庭教育是教育链条中最初和最基础的教育环节。家庭思想政治教育的过程存在很多教育方法,比如灌输法、互教法、情感法、陶冶法等,但是有一点却非常重要,它往往起到事半功倍的效果,这就是家庭思想政治教育的榜样功能。在家庭思想政治教育中,榜样的作用可以影响家庭成员的思想道德,从而规范家庭成员的道德行为,产生人与人之间相互塑造的作用。

随着我国社会主义市场经济体制的建立和现代社会生活的发展,家庭及家庭教育也发生了很大的变化,在家庭环境中有很多不利因素影响家庭思想政治教育,从而对高校思想政治教育形成了严峻的基础性考验和挑战。从总体上讲,家庭教育尤其是家庭思想政治教育存在着如下问题:

第一,无序性。家庭教育是我国现行教育体系中一个非常薄弱的环节,这表现在家庭教育没有系统、完整、科学的教材资料,更没有严格而具体的规范要求,自发性、随意性大,而且教育观念与教育行为都存在太多的非理性成分。这种无序性导致教育功能的弱化,社会影响中的不健康因素极易乘虚而入。面对青少年

---

① 对思想政治教育中"基础性"的影响,至今还缺乏研究,也缺乏自觉。"基础性"因素虽然不为人们所熟知,而实际在不为人们所见处深层存在并坚韧地发生影响。这就是家庭等微观系统的力量所在,也是人们所说的那些"润物细无声"的力量所在。
② 孙其昂:《社会学视野中的思想政治工作》,北京:中国物价出版社2001年版,第187页。

思想道德的问题,家庭往往处于无力甚至失控的状态。

第二,偏导性。中国传统的社会结构一直赋予家庭至高无上的地位与作用。昔日家长制的治家方式和家长的无上权威,以显现或潜隐的方式延续至今。许多家长把孩子看作是自己的私有财产,而忽视孩子的社会属性。在这种"集体无意识"的文化传习中,许多家长总是在"都是为了孩子好"的招牌下以"我"为主地实施偏狭的教育,要么奉行棍棒教育,要么溺爱孩子,要么灌输庸俗的为人处世之道,而对孩子的人格发展是否健全则不闻不问抑或听之任之。由于缺乏积极健康的教育,部分青少年从小就在德性、习惯和行为上出现偏差。

第三,复杂性。伴随着改革开放和社会经济的发展,我国社会结构发生了很大的变化,这种变革也在影响着家庭及家庭教育。外来文化及现代社会衍生的新观念渗透进家庭,导致传统家庭教育观与现代家庭教育观的冲突。有的家长依然固守传统的家庭教育观念,有的家长则推崇西方的家庭教育模式,也有许多家长左顾右盼、无所适从。从总体上讲,这种现象导致了家庭教育的复杂性。来自不同家庭的青少年受到相异的管教与熏陶,其社会化程度与社会化内容也相迥异。另外,我国家庭贫富差距依然存在,不同的家庭经济状况也无疑会潜移默化地给青少年的心理发展带来深刻的影响。除此之外,家长教育能力的参差不齐、责任意识的完缺不等,也会使家庭对青少年的教育影响更为复杂。①

(二)家庭氛围对高校立德树人根本任务的制约

这里重点关注家庭氛围对高校立德树人根本任务的制约和挑战:

1. 家庭教育理念对高校思想政治教育形成的制约

一方面,从某种程度上讲,青少年的成长是其家长形象的折射,是家长身影的延长。这也说明了家庭对青少年成长的特殊作用。因为青少年在成长的关键年龄阶段是与家长亲密相处的,家长的言传身教对青少年的心理发展产生强大的渗透作用。另一方面,家长对孩子的教育影响往往具有"绝对命令"的作用,甚至可能胜过学校对孩子的影响。因此,家长对孩子施以怎样的教育,培养什么样的价值观,便显得尤为重要。现实中,学校思想政治教育苦口婆心诠释的社会价值、个人价值,到了家庭可能会遇到相反的解释。青少年在冲突中进行价值取舍时,有

---

① 刘丙元:《家庭教育及其对学校德育的启迪和支持》,载《教育导刊》2005年第2期。

可能倾向于认同来自家庭方面的教育。这样或那样的价值对立,使学生总是在是与非、应该与不应该之间徘徊,他们从成人那里得不到明确统一的价值判断,于无所适从之中失去了对道德教化的信任,也就形成不了坚定的道德信念。家庭思想政治教育与学校思想政治教育产生的价值冲突,不仅消解了学校思想政治教育的积极影响,而且使家庭失去了配合学校教育的功能,还往往会给家校之外的消极因素提供可乘之机。

2. 家庭环境对高校思想政治教育形成的挑战

家庭是制度的空隙,是个性化的领域,为个人提供藏身之所,是安慰人的心灵、舒缓人的焦虑的地方。[①] 家庭环境对大学生的影响既有正向性作用,也有负向性的作用。家庭环境中的家庭风气和氛围、父母的言行举止、教育方式方法、民主氛围、亲朋之间的感情等对孩子的成长成才起着非常重要的作用。生活在一个关系融洽、教育方式合理的家庭环境中的孩子,要比生活在关系恶劣、教育方式不合理的家庭环境中的孩子无论是在心理、性格、情绪、品德、意志、学习等方面,还是在为人处世方面,都会获得更好更快和更全面的发展。如果家庭环境不好,孩子在性格、心理、情感、品质等非智力性因素以及学习、创造等智力性因素方面,都容易表现出与他人不协调、不合作、敌意、格格不入等行为方式,这往往使高校思想政治教育工作出现被动和失效。家庭因素中,家庭成员的关系与社会交往对学生本人的影响最大。家庭熏陶对大学生的人格、人生观、价值观甚至世界观、政治观等的形成均具有权威性、持久性的影响。如果家庭成员对孩子过分溺爱和骄纵,就会使他们从小滋生个人主义思想,形成以自我为中心的心理和意识,从而造成他们日后的社会生存能力和适应能力偏弱。这样的学生进入高校以后,会将这种思想、心理和意识自觉或不自觉地带入高校生活、学习和人际交往之中,严重影响高校德育工作的过程和效果。

家长作为家庭思想政治教育的主要执行者,在孩子道德教化过程中有着十分重要的影响和导向作用,决定着家庭思想政治教育的方向。这是家长在家庭中的特殊地位决定的。但是,随着社会的发展、德育社会化环境的变化,亲子关系出现了一些新的特点,家长在家庭中的权威地位也在一定程度上受到冲击。所有这些

---

① 吴铎:《社会学》,北京:高等教育出版社1992年版,第136页。

势必影响和制约家庭思想政治教育的有效开展和实施,最终影响和制约高校思想政治教育环境和高校思想政治教育的实效性。①

(三)家庭思想政治教育与高校立德树人根本任务融合

目前,学界在对家庭教育的不断深入研究中,更注重将其与学校思想政治教育相结合,如何充分发挥二者的正向合力是一个值得深入思考的问题。

1. 营造良好环境

进入高校之后,学校和家庭之间的联系逐渐变少。有些家长认为,学生已经考上大学,已经长大了,其自我管理、自我教育的能力增强了。实际上,大学容纳了五湖四海的高材生,有些学生在高校的教育下更加健康快速地成长,也有些学生失去了往日的优越感,进而产生了空虚、迷茫、失落甚至悲观的情绪,影响了他们的身心健康发展。因此,高校思想政治教育不仅是高校继续应尽的责任,同时也是家庭德育的一个延伸。学校可以营造良好环境,创造条件,欢迎和邀请家长到学校共同探讨学校教育和学生培养相关问题。

2. 创新沟通方式

进入大学后,学生的独立能力日益增强,自我意识增强,和老师和家人的交流日渐减少。这使得有些学生形成内向沉闷的性格,出现问题羞于向别人请教、求助。因此,要加强家校之间的沟通,每学期至少和家长尽可能地进行一次交流,以座谈会或者书信以及网络的方式向家长通报学生在校期间的学习、生活、思想等情况。若发现个别学生存在较大思想问题,应当及时稳妥地通知家长,做好学生工作,共同消除隐患。

3. 设置专门机构

为使家校之间能够长期持久地保持良好的沟通,保证学生思想道德的健康发展,需要为学校和家长的沟通搭建一定的平台,建立必要的机构,以确保此项工作的长期、稳定、有效地开展和提高。这种机构可以设立在学校专门的管理学生的部门中,抽调一定的思政课老师担任专职工作人员,要及时发现学生的问题并建立档案、随时跟踪、高效解决。目前,部分学校成立了专门的"家庭教育工作指导委员会",取得较好的效果。也可以在学生中成立专门的机构,选拔一些素质好、

---

① 周先进:《家庭环境对高校德育的影响及其优化措施》,载《湖南社会科学》2005年第6期。

能力强的优秀学生干部担任机构工作人员,充分发挥他们在学生中的优势,及时掌握信息,尽快介入德育中。①

四、新媒体与高校立德树人根本任务

在当今社会,新媒体成为大部分社会成员每天都离不开的社交空间、信息获取渠道乃至生活方式,大学生和高校同样身处其中,因而,新媒体构成高校立德树人不容忽视的重要外部环境。

(一)新媒体时代的特点

新媒体是以数字信息技术为基础,以互动传播为特点、具有创新形态的媒体,通过电脑、手机、数字电视等终端,将各类信息传达给用户,新媒体不仅涵盖信息量巨大,而且对所有人开放,新媒体已经对人们学习、工作和生活产生重大影响。2015年1月19日,中共中央办公厅、国务院办公厅印发《关于进一步加强和改进新形势下高校宣传思想工作的意见》强调:"做好高校宣传思想工作,加强高校意识形态阵地建设,是一项战略工程、固本工程、铸魂工程","以加强高校网络等阵地建设为重点,积极培育和践行社会主义核心价值观"。在网络和数字化技术突飞猛进的今天,电视、报纸、广播等传统媒介占主体的信息传播方式已经改变,利用数字互联网技术的新媒体正成为信息传播主流。

新媒体具有流动性强、信息传输效率高、传播速度瞬息万变等基本特征,已成为影响大学生价值观形成的重要渠道。高校社会主义核心价值观教育重点在于对大学生知识信息与接收信息习惯的准确把握,必须深入分析新媒体传播特征以及对当代大学生的影响,加快高校新媒体建设,努力营造适合当代大学生学习习惯的新媒体教学环境。②

(二)新媒体对高校立德树人根本任务实现的优势

1. 新媒体成了价值观构建的新平台

随着电脑、手机等移动设备、互联网等新媒体的普及,大学生依靠电子设备接收新的信息。这些设备与传统的电视、广播、报纸等媒介相比更为方便、及时、快捷,为大学生查阅资料、阅读新闻、了解国内外大事等提供了便捷、多元途径,新媒

---

① 赵玉华:《家庭德育与高校德育合力论》,载《前沿》2014年第12期。
② 易连云、兰英:《新媒体时代学校德育面临的危机及应对策略》,载《探索》2010年第4期。

体已成为大学生认识新事物、思考新问题、塑造新思维和形成新观念的崭新平台,由此引发了大学生价值观构建的新变化。在新媒体技术的支撑下,社会主义核心价值观可以通过多样化的传播渠道,超越时间和空间的限制,毫无障碍地向大学生传播,而无须受制度、体制和其他繁琐程序的制约。一个个网络热门事件可以引起大学生去思考其背后的原因,去评判社会的真善美丑,大学生们的见解和思考也可以通过网络自由地与别人进行交流,思想在这里碰撞汇聚,价值观在这里渐渐丰富和形成。青年学生对于社会现象、社会热点、社会事件真相以及自己感兴趣的所有事情,都可以通过新媒体了解。主流意识形态、价值观念和思想认识正是通过新媒体快速及时地传播开来,从而有力地促进了大学生价值观的构建。

2. 新媒体让社会主义核心价值观教育变得更生动

微信、微博、短视频等新媒体平台已经悄悄融入了大学生的日常生活,这些载体成为大学生获得新知识和了解新讯息的重要平台,成为他们表达思想、交流感情的重要渠道。新媒体给大学生带来了前所未有的新体验,这必然会引起大学生在理想信念、道德情操、价值观念和思维方式方面的深刻变化。新媒体所独特的双向或多向信息传递方式,能促使大学生们独立地参与讨论和交流思想,主动掌握各种信息资讯。近年来,新媒体的图片、视频报道,让广大青年学子真切感受到社会主义核心价值观的力量所在,一方有难,八方支援,大灾面前传递的大爱,国家重大活动中展现出的震撼人心的力量,都深深地影响着青年学子。这正是"借助新媒体,通过网上直播、同步交流、聊天室、留言板、短信发送等方式,用声音、文字、图片、影像生动地表达社会主义核心价值体系教育的具体内容。灵活运用新媒体可以提高学生学习的兴趣和主动性,使大学生社会主义核心价值体系教育的手段更加新颖、形式更加多样、内容更有针对性"①。

3. 新媒体与传统课堂教育互补推进核心价值观的构建

思想政治理论课改革正在如火如荼地进行,但尚未真正摆脱传统式、单向式的教育,学生容易对此产生反感情绪,难以对课堂讲授内容产生共鸣和价值认同。由于大学生并不"买账",课堂教学实效性不容乐观,在一定程度上影响到大学生的理想信念的提升、道德情操的形成和价值观的构建。新媒体正好可以弥补传统

---

① 邹国振:《新媒体对大学生社会主义核心价值体系教育的影响与应对》,载《学术论坛》2012年第1期。

思想教育的不足,教师讲授核心价值观可以借助学生感兴趣的网络事件、网络信息来进行,通过评论网上热门事件,带动学生讨论思考,促进学生正确价值观的形成、高尚道德情操的养成。教师也可以通过网络如校园贴吧、微信、微博、短视频平台等来关注大学生的思想动态,及时帮助有思想问题的学生,引导学生树立正确的价值认识,从而达到构建正确价值观的目的。①

(三)新媒体对高校立德树人根本任务实现的挑战

1. 多样化网络生活方式挑战高校传统工作方式

网络已经在大学生活中扮演着越来越重要的角色,大学生学习知识、接受教育的渠道发生了根本性变化。传统教育主要依靠书本、教师和校园环境来对学生进行德育,通过信件、电话、面对面交谈来获取信息,现如今互联网成了大学生获取信息、知识和交流的主要阵地,传统的教育方式已经不能满足学生的需求。大学生使用自媒体的人数不断增多,他们喜欢发微博,更新个人网络空间,随心所欲地表达个人想法和情感。在自媒体时代,每一个人都可以是信息的传播者、制造者。这种自由、不受约束的新媒体受到了大学生的追捧,他们容易相信网络言论,容易在不知不觉中偏离主流价值观,影响高校思想政治教育的效果。高校长期坚持的思想政治教育途径是思想政治理论课和日常思想政治教育,课堂教育偏重于理论灌输,日常思想政治教育以党团活动、社会实践、社团活动等为主。面对网络社会瞬息万变的新形势和丰富多彩的网络新生活,这些传统教育方式的效果大幅度减弱,传统高校德育工作已经不再贴近大学生的实际生活,不能完全适应当下学生所处的新媒体环境。

2. 多层次网络道德意识冲击立德树人主体意识教育

新媒体传播的信息量大、内容繁杂,自媒体又加剧了大学生对自我道德约束的难度。网络上充斥着大量的信息垃圾,传递的是错误观念,网民的道德层次参差不齐,很多人无法区分网络事件和行为是否符合社会道德标准,甚至盲目地制造片面言论甚至网络谣言。新媒体依托虚拟网络世界,本身就具有极高的隐蔽性,大学生在获取信息的时候,根本不知道对方的真实身份和意图。网络的匿名性特点使得网民觉得似乎可以不用为个人言行负责,一些道德水平低下和自律能

---

① 冉勇、韩俊:《新媒体时代下大学生核心价值观构建研究》,载《学校党建与思想教育》2015年第2期。

力较差的人就是利用了网络的这些特性,在网络上制造虚假言论、恶意诋毁攻击他人。网络道德意识的多层次化发展,让不少大学生这个受教育的主体淡化了道德主体意识,接受了许多不该接受的信息,他们表现为更容易轻信网络言论,不重视高校教育,甚至学习网络上传递的西方思想和行为,对马克思主义世界观、人生观、道德观产生怀疑和抵触。这让高校德育工作面临网络道德教育的危机。

3. 多类型的网络媒体弱化高校立德树人工作实效性

新媒体的发展带来了信息传播的变革,给人们提供了更多的人际交往方式,但是网络道德的现状堪忧。现代社会人们越来越依赖网络,以往见面交谈的方式更多被手机、网络所取代。大学生在宿舍就可以与家长、亲人、朋友实现网络视频聊天,彼此即使相隔万里也能面对面谈话,同时,可能对同处一个宿舍的同学有时候却是不闻不问。有的学生为了逃避现实,将网络和现实混同,丧失自我意识,引发了网瘾等心理问题。有些学生在网上和网下的言行严重不一致,对自我认识不足,无法定位个人道德水准。一些在 QQ、微信、微博等不同类型的网络媒体上传递的西方文化、多元价值观,为高校大学生价值观教育和道德养成教育方面带来了阻力,严重地削弱了主流思想文化教育的实效性。高校立德树人根本任务的实现,需要清醒认识并勇于直面新媒体带来的挑战。

第四章　高校立德树人根本任务实现整合研究

党的十九大报告提出,"要全面贯彻党的教育方针,落实立德树人根本任务,发展素质教育,推进教育公平,培养德智体美全面发展的社会主义建设者和接班人"[1],这是对"坚持育人为本、德育为先"教育理念的深化,指明了今后教育改革发展的方向。改革开放以来,我国在融入全球化、迈向现代化的进程中,社会群体和阶层日渐多元化、自主化,社会个体自由度扩大,社会成员的价值观念日趋多样化、异质化。价值观的分化是现代社会的产物,为社会发展注入了活力,也对主流意识形态的传播和社会主义核心价值观的建构提出了新的挑战。分化是整合的前提和依据,分化为整合提供了要素和目标导向。高校是大学生汇集的地方,而大学生的观念意识处于形成、发展的重要阶段;高校更是立德树人作为教育根本任务实现整合的地方。落实立德树人这一根本任务,就是要培育和践行社会主义核心价值观,培养具有中华文化底蕴、中国特色社会主义共同理想和国际视野的社会主义建设者和接班人。高校立德树人根本任务实现整合不仅是一个理论问题,更是一个实践命题,是要对逐渐分化的社会心理和行为作出正面回应,形成统一的指导思想、共同理想信念、强大精神力量、基本道德规范。本章通过对立德树人根本任务实现整合进行系统研究,从目标、对象、阵地、活动和管理等方面揭示各要素内部整合与外部整合的基本形态、方式和路径,为培育和践行社会主义核

---

[1] 习近平:《决胜全面建成小康社会　夺取新时代中国特色社会主义伟大胜利——在中国共产党第十九次全国代表大会上的报告》,北京:人民出版社2017年版,第45页。

心价值观、凝聚价值共识提供行动向导。

第一节　高校立德树人根本任务实现整合界定

立德树人根本任务实现整合,意在立足世界范围思想文化交流、交融、交锋,新形势下价值观较量的新态势,思想意识多元、多样、多变的新特点及其对高校立德树人造成的影响与冲击,探讨如何以全方位、立体化、系统性的方式促进立德树人的一体化与有机化。"立德树人根本任务实现整合"是作为一项独立的命题提出的,其基本内涵为将立德树人根本任务实现过程中各个分散的要素协调成一个有机整体,以实现最终育人目标。

一、立德树人根本任务实现整合的概念辨析

立德树人根本任务实现是一个长久性的系统工程,需要明晰概念和内涵以具体开展育人实践活动。立德树人根本任务实现整合是一个独立的概念,需要独立分析。立德树人是教育的根本任务,高校立德树人的根本任务在当前社会转型发展语境下,即培育和践行社会主义核心价值观。实现立德树人根本任务是为了更好地把培育和践行社会主义核心价值观融入国民教育的全过程,融入学生学习生活世界,使原子化、功利化的个体成为道德上互助互爱、有机关联的社会成员,对其进行整合即是要把培育和践行社会主义核心价值观过程中的各要素、各环节进行优化调整,使社会主义核心价值观真正发挥立德树人的作用,促进人的全面发展和社会进步。

第一,整合的方向是形成合力。立德树人根本任务实现整合是对整合要素的正向调整、组合,是合目的性的价值要求。立德树人根本任务实现之所以能够整合,源于整合所内涵的价值指向,它是有方向的组织活动,是朝向正面、积极向上的活动,本身具有内在的秩序。整合不仅意味着将呈现为分散、独立、彼此相连却不相关的诸多要素重新整顿、协调成为一个整体,整合还蕴含了特有的价值取向,即形成各要素之间和谐共存、有效互动的秩序,它超越了一般认为在整合形态上的合工具性要求,凸显了合目的性的价值要求。后一价值取向更为根本,也是立德树人根本任务实现的实践旨归。换言之,培育和践行社会主义核心价值观,使社会主义核心价值观进教材、进课堂、进头脑,渗入课堂教学、校园文化、活动目标

等内部要素,进而成为高校学生的道德自觉和行为准则,就是要最大程度发挥立德树人内部各要素、各环节的育人价值,将这多方面、多层次、多维度的价值功能通过整合机制协调为有机整体,形成合力,使整体合力大于局部合力的总和。

第二,整合的语境是活动分化。立德树人根本任务实现整合是对社会分化情况下德育过程和效果受到影响和冲击作出的积极反应。鲍曼认为,现代性就是将对立的文化进行不加选择地快速抛弃或碎片化,对生活世界的殖民就是现代性的推动力。为了解决生活世界被殖民的难题,教育的作用被用来培养现代社会的专家和创造传播专家知识,而碎片化的社会使得专家知识也只能是通过零碎的方式对社会整体性的发展作出贡献。[1] 现代社会的分化冲击着传统的社会秩序,与之相随的是,政治观念、道德观念、价值标准以及社会关系也遇到了空前的危机。高校学生德育的开展难度增大和效果不彰即是表征,整合就显得必不可少。帕森斯尤其强调社会整合功能,认为这需要社会成员接受和遵守社会的共享价值观。他认为是这些共享价值观将社会"粘"在了一起。如果过多的人拒绝接受这些价值观,社会稳定将会崩溃。涂尔干也把社会看作是一个由道德价值观上的共识来规范的一种特殊的有机体。[2] 换言之,教育有协助达成政治整合及树立国民政治意识和国家文化认同的目标及功能,培育和践行社会主义核心价值观就是针对高校学生群体价值观的多元分化、模糊混乱而导致的主流价值观空场作出的正面回应。

第三,整合的目的是由潜在向现实转变,实现立德树人。从结果上来看,立德树人根本任务实现即是由潜在状态走向现实活动的过程,整合的意义也正是在最大程度上激活和确保立德树人根本任务从潜在向实现的这一转变。古希腊哲学家亚里士多德认为实现活动的目的既是一个外在的事物,又是行为本身的美好、完善。[3] 由此审视立德树人这一育人活动,立德树人根本任务实现作为国家依据社会发展需求而提出的一个外在目标,又是自身包含着善的要素,立德树人的内容和人们的心理需求是一致的,不是互相冲突的,是能够实现的,因为"德"既是社会有序运转的纽结,又是人们天然的善端和品质。如果不能实现立德树人的根本

---

[1] [英]齐格蒙特·鲍曼:《现代性与矛盾性》,邵迎生译,上海:商务印书馆2003年版,第15—16页。
[2] 杨方:《论帕森斯的结构功能主义》,载《经济与社会发展》2010年第10期。
[3] [古希腊]亚里士多德:《尼各马可伦理学》,廖申白译,上海:商务印书馆2003年版,第80页。

任务,则培育和践行社会主义核心价值观的意义就不能充分彰显。因此,立德树人根本任务实现整合有了道德上的正当性和合法性,也就有了实现的基础和动力。

由上述分析,所谓立德树人根本任务实现整合指的是一定的主体对培育和践行社会主义核心价值观过程中不断分化的各要素、各环节进行的调整、组合以实现系统目标最大化、形成合力的德育活动。赋予人生以意义、合乎道德的生活本身就是幸福感的一种来源,人们的内在道德需求和社会对道德的期望是相统一的,立德树人根本任务实现就不只是为了维系社会-政治系统的运转,而且更是让人成为人。换言之,对大学生培育和践行社会主义核心价值观做系统整合就是要将分化的德育要素整合起来,保证立德树人根本任务的价值实现。

二、立德树人根本任务实现整合的现实境遇

全球化和现代化是立德树人根本任务实现整合必然面对的时代背景,在激烈的社会变迁中,高校学生价值观的分化越来越严重。高校立德树人作为达成大学生价值观共识和涵养大学生的自觉行为的育人活动,其本身处在分化、多元的学校这一微缩社会场域中。学生的思想观念发生变化、个性得到极大彰显,道德和知识来源的多样化、异质化既为培育和践行社会主义核心价值观提供了可能和要求,同时也消解了培育和践行社会主义核心价值观的有效性和整体性,出现了哈贝马斯所言的"整合力量的衰退、个体化与断裂"。① 具体到高校这一微缩社会场域中,分析社会主义核心价值观培育和践行的现实境遇,探究其有利条件与制约因素,是顺利开展立德树人根本任务实现整合的重要前提。

当前,就立德树人而言,良好的经济基础和思想、文化、制度环境,为培育和践行社会主义核心价值观提供了现实基础和有利条件。② 第一,马克思主义成为主导意识形态,为有效培育和践行社会主义核心价值观打下了坚实的理论基础,也构成整合的主导性前提。在意识形态建设的形式和载体推进中,加强宣传和思想政治教育,加强社会主义精神文明建设,加强党团文化活动建设等都为立德树人根本任务的实现提供了手段和平台。第二,社会主义先进文化的发展和繁荣,为

---

① [英]安东尼·吉登斯:《现代性的后果》,田禾译,南京:译林出版社2008年版,第17页。
② 徐腾:《中国特色社会主义核心价值观研究》,南京:江苏人民出版社2014年版,第245页。

培育和践行社会主义核心价值观提供了有效的文化载体。党的十六届六中全会指出:"社会主义核心价值体系是建设和谐文化的根本",要坚持用社会主义核心价值体系引领社会思潮,尊重差异,包容多样,最大限度地形成社会思想共识。在高校立德树人中,校园文化的建设对培育和践行社会主义核心价值观提供了有效载体。第三,大学生切实感受到改革开放带来的物质成果,对社会主义核心价值观的认同不断提升。经济发展带来的生活水平的提高,使人们对精神生活有了更多的关注,核心价值观的培育和提升具备了推动力量。对高校立德树人而言,九年义务教育的全面实现,高等教育总规模的扩大,办学质量的不断提高等都为培育和践行社会主义核心价值观打下了坚实的社会基础。

立德树人根本任务实现整合既是要在上述有利条件中展开,也必须清醒地看到其所面临的诸多问题和制约因素。第一,倡导的价值观与社会现实情况的契合度不高,导致主流价值观面临边缘化危险。突出表现在学校提供的道德判断和社会认知与现实社会生活中的现象产生了巨大冲突:理论上的集体主义和现实中的人人为自己、理论上倡导爱国主义精神和现实中充斥的"用脚投票"现象、理论上的英雄主义和现实中的"好人吃亏"现象等,具体如小悦悦事件、彭宇案、郭美美事件等都在一定程度上消解着社会主义核心价值观在大学生心中的主导位置。如何整合高校的各方要素、力量,通过培育和践行社会主义核心价值观来引领复杂的社会思潮,增进信心、形成力量,杜绝高校学生价值观念异化、退化的现象,抵制享乐主义、拜金主义、极端个人主义的腐朽思想是立德树人的重要使命。

第二,社会转型时期的价值冲突和碰撞,对培育和践行社会主义核心价值观形成了挑战。社会转型是当下中国社会最基本的特征,"从传统社会向现代社会、从农业社会向工业社会、从封闭社会向开放社会的社会变迁和发展"①是一个长期的动态过程和现实,社会转型释放出的异质多元的思想观念,使传统社会整体单一的价值观结构发生了重大变化,个人具备了自由选择、接收和生产价值观的社会条件,任何先在和给定的价值观都需要在内化-外化的循环往复中不断得到认同和发展。换言之,多元价值观激发了社会活力,为价值共识提供了基础;但多元价值也需要核心价值观来整合和引领,多元价值的无序最终会危及所有价值的存

---

① 陆学艺、景天魁:《转型中的中国社会》,哈尔滨:黑龙江人民出版社1994年版,第23页。

在。"在当前,价值观领域多元有余,统一不足。"①对于大学生来说,还表现在价值观的代际分化上,过去时代和现时代的断裂使他们成了现代价值观的代表,一味地任其发展,将带来价值观的混乱、代际的对抗乃至社会的失序。② 这为高校立德树人实际上构成了巨大的挑战。

第三,全球化带来的多样化的社会思潮,对培育和践行社会主义核心价值观形成强劲冲击。全球化使世界各地不同民族、不同文明体系中的人们在生活方式、生产方式、价值观念等方面被淡化、趋同的现象越来越明显,而本土文化中强劲的文化传统与外来社会思潮的裂痕亦逐渐显现并呈现为激烈的对抗。"由于意识形态的差异性,西方国家分化我们的图谋始终没有改变,但是分化的方式却有所改变,就是以非意识形态化的方式对我们进行意识形态的渗透,即不直接批判对方,而是以普遍价值观等文化的形式。"③亨廷顿思考多元文明与现代性难以兼容以及文化之间的不可通约性所引发的各种冲突和矛盾时,发现"在这个新的世界里,最普遍、最重要的和危险的冲突不是社会阶级之间、富人和穷人之间,或其他以经济来划分的集团之间的冲突,而是属于不同文化实体的人民之间的冲突"④。这也就是在西方社会多支持在尊重文化差异基础上的整合模式,代表作如《社会中的多元主义:在多元化的美国创建一体化》⑤,而中国社会强调教育的文化融入与整合,代表如"多元文化社会与多元文化整合教育"学说。⑥ 大学生正好处于我国经济与国际接轨,但意识形态冲突斗争蒸蒸日上的国际文化环境中,这种内源性的文化差异使培育和践行社会主义核心价值观显得更为复杂。

由上所述,立德树人根本任务实现整合在国内国际背景中,一方面能够在相对成熟和独立自主的学校场域中对学生进行价值内化引导;另一方面,社会现代性对道德教化和价值观引导的统领性、单一性造成冲击,使各要素、各环节内部出现流通不畅、交往不顺、结构断裂、组织力低下等一系列关系性、组织性以及结构性的问题,从而提出了立德树人根本任务实现整合,积极推进"三全育人"即全员

---

① 黄明理:《马克思主义魅力与信仰研究》,北京:人民出版社2016年版,第190页。
② 李学勇、林伯海:《社会主义核心价值观的代际整合探析》,载《学校党建与思想教育》2016年第13期。
③ 黄明理:《马克思主义魅力与信仰研究》,北京:人民出版社2016年版,第194—195页。
④ [美]塞缪尔·亨廷顿:《文明的冲突与世界秩序的重建》,周琪等译,北京:新华出版社2002年版,第7页。
⑤ [美]肯特·科普曼、[美]李·哥德哈特:《理解人类差异——美国的多元文化教育》,滕星等译,北京:中央民族大学出版社2011年版,第457页。
⑥ 哈经雄、滕星:《民族教育学通论》,北京:教育科学出版社2001年版,第558页。

育人、全方位育人、全过程育人的必要性。

三、立德树人根本任务实现整合的结构依据

立德树人根本任务实现整合就是要将碎片化的要素组织起来，将内部分化断裂的结构统一起来，将阻断立德树人根本任务实现的内部关系顺畅起来，建构有机、互动、和谐的高校立德树人生态。立德树人根本任务实现整合是对培育和践行社会主义核心价值观实现转换过程的系统把握，需要在达成的目标、面向的对象、依托的阵地、实施的活动和施行的管理等多个方面进行系统整合研究。

立德树人根本任务实现的目标反映立德树人的根本价值依循和实践方向，是最基础、最本质的愿望和要求。立德树人根本任务实现目标是使培育和践行社会主义核心价值观具有知识上、观念上和行动上的内在一致性，凝聚价值共识。党的十八大报告提出的"三个倡导"在国家、社会和公民个人三个层面对立德树人根本任务的实现作出了目标内容上的规定，三个层次内部和各层次之间具有各自的独立价值域，又互相关联而成为有机整体。立德树人根本任务实现目标整合又体现为两个维度：一是将社会主义核心价值观内化为大学生的态度、情感、信念和能力等内在素质的整合目标，二是将业已形成的内在素质转化为大学生的社会行为习惯的整合目标，二者共同构成立德树人根本任务实现目标整合的动力机制和价值要求。

立德树人根本任务实现的对象为培育和践行社会主义核心价值观提供了具体指向，对对象进行价值观教育和道德行为习惯的转换是立德树人的核心要义。在高校立德树人活动中，立德树人根本任务实现的主要对象就是大学生。大学生群体数量庞大、可塑性强，并且处于价值观形成发展和稳定的关键时期。在我国当前的高等院校的划分中，各种高校类型的办学方向和针对性具有差异，培育和践行社会主义核心价值观的"因材施教"也就尤为重要。同时，立德树人还要多方位兼顾不同专业和不同年级的大学生，对大学生这一群体进行对象整合也是其根本任务实现的前提。

立德树人根本任务实现的阵地是培育和践行社会主义核心价值观的重要平台载体，也是重要的活动空间。在高校立德树人活动中，立德树人根本任务实现的主要阵地就是高校。高校这一"微缩社会"既提供了大学生大部分生活学习作息的物理空间，也构成大学生素质养成的精神空间。高校立德树人根本任务实现

主要依托课程教学、校园文化、社会实践、日常生活和网络媒体,各自具有丰富的内涵而成为一个独立的阵地。阵地内部具有丰富的要素,阵地与阵地之间具有天然的差异及关联,对其进行有效整合对培育和践行社会主义核心价值观具有重要作用。

立德树人根本任务实现的活动是培育和践行社会主义核心价值观的具体途径,是最具有可见性、最生动、最具魅力的育人载体。培育和践行社会主义核心价值观的效果主要通过立德树人根本任务的活动来呈现和检验。换言之,活动的背后是内容,活动是立德树人根本任务实现的最重要环节。在当前的高校立德树人生态下,其实现活动主要表现在教育对象的品德建构、教育者的价值引导和教育对象与教育者的交互主体活动中,对这三个各自独立又相互联系的活动进行有效整合,深度挖掘其内在整合要素,使其在培育和践行社会主义核心价值观过程中达成和谐融通,对立德树人根本任务实现整合提供了重要内容。

立德树人根本任务实现的管理是培育和践行社会主义核心价值观的机制保障,是隐而不显的育人环节。育人活动从根本上说不是自发开展的,尤其在我国,主导意识形态总是在立德树人实现活动中自上而下经由各个层级逐渐渗透的。在高校领域,立德树人根本任务实现的管理主要由党委领导,各级党团组织开展实施,在学校层面、学院层面和学生自组织层面分别发挥影响作用。管理是为了保证立德树人根本任务实现,对管理进行整合就要发挥管理的保障作用,协调高校校内资源、协同校内校外各方力量共同促进培育和践行社会主义核心价值观价值的真正实现。

然而如何正确把握立德树人根本任务实现作为整体具有的丰富性和各要素的具体性之间的张力,成为最核心的结构问题。社会现代性肇始的分工方式和组织形态基础上的合作使每一领域独立作业,但也失去了宏观视野的观照,需要在整体结构上进行系统整合。同时,化解在培育和践行社会主义核心价值观过程出现的认知分歧也是能否达成整合的重要前提。有研究指出,"在特定的社会主义制度语境、中华民族文化语境以及现代化时代语境之下,社会主义核心价值观中的 12 个范畴是有其特定所指的,这种特定所指也体现着价值范畴背后的价值观内涵。"[①]但是,"从现实的实践层面来看,当前最突出的就是社会主义核心价值观

---

① 李蕊:《弘扬社会主义核心价值观需厘清的基本理论问题》,载《社会主义研究》2016 年第 3 期。

如何获得认同和实现大众化的问题,而解决这一问题,应走的理论路径是'简化'而非'繁化'。"①从整合视域来看,一是形态上的简化,即将培育和践行社会主义核心价值观全过程整合为具有独立特征的各要素子系统;二是思维上的简化,即从价值实体与价值观念的内在统一体出发,从结构层次上对培育和践行社会主义核心价值观进行整体思维。

因此,就立德树人根本任务实现整合的结构要素而言,一项完整的整合活动应该同时具备多种要素,为了把握立德树人根本任务实现整合的核心要素,勾画培育和践行社会主义核心价值观的清晰图景,本章主要从目标整合、对象整合、阵地整合、活动整合和管理整合五个维度对立德树人根本任务实现整合进行阐述。

第二节 高校立德树人根本任务实现目标整合

党的十九大报告指出,要坚定文化自信,推动社会主义文化繁荣兴盛,重要的一点就是要培育和践行社会主义核心价值观,"把社会主义核心价值观融入社会发展各方面,转化为人们的情感认同和行为习惯。"②高校立德树人根本任务实现目标就是培育大学生对社会主义核心价值观情感认同,使大学生自觉践行社会主义核心价值观。社会主义核心价值观是一种复杂的、多层次的思想现象,其教育也是严格按照表层结构、中层结构,再到深层架构的培养顺序进行。通过教育的循序渐进、层层深入的方式,社会主义核心价值观才能不仅仅是停留在一个外在驱动的状态,而是逐步转化为内在的自觉追求与保持。③要使大学生具有社会主义核心价值观的素质,一是要建立培养和践行社会主义核心价值观的体系,二是要整合高校培育和践行社会主义核心价值观的工作,三是大学生自身要自觉培育和践行社会主义核心价值观。

一、培育和践行社会主义核心价值观体系整合

高校社会主义核心价值观体系要进行整合,首先,社会主义核心价值观的教

---

① 李蕊:《弘扬社会主义核心价值观需厘清的基本理论问题》,载《社会主义研究》2016年第3期。
② 习近平:《决胜全面建成小康社会 夺取新时代中国特色社会主义伟大胜利——在中国共产党第十九次全国代表大会上的报告》,北京:人民出版社2017年版,第42页。
③ 陈芝海:《大学生社会主义核心价值观教育研究》,北京:光明日报出版社2013年版,第62页。

育是党和国家交给高校的重要任务,这是从国家与学校关系的层面来说;其次,高校坚持党委领导的校长负责制,在各级协调下共同完成社会主义核心价值观的教育,这是从高校内部体系来说;再次,社会主义核心价值观本身是一个体系,培育和践行社会主义核心价值观也要成为一个体系。

(一)培育和践行社会主义核心价值观需要建立体系

培育和践行社会主义核心价值观是一个体系,指的是社会体系中规定的立德树人根本任务实现目标,是社会赋予的立德树人根本任务实现目标。一方面,要从社会整体认识社会主义核心价值观,其前提在于培育和践行社会主义核心价值观是社会的一部分,是社会规定在立德树人根本任务实现目标的体现。另一方面,必然要处理培育和践行社会主义核心价值观与社会的关系,在目标方面体现为立德树人根本任务实现目标与其他目标的关系。这两个方面具体体现在立德树人根本任务实现目标与其他工作目标关系中。

建立培育和践行社会主义核心价值观体系具有重要性。首先,社会主义核心价值观培育和践行体系建设有利于大学生产生正确的价值取向。随着国家社会体制改革的不断加深,社会经济结构、政治结构都发生了一定的变化,人们的思想变化导致的社会多元价值观正在通过社会活动、学校教育、家庭生活等各种方式渗透到大学的校园中,影响大学生的价值判断,使大学生价值观行为呈现多样化,具体表现为一些大学生在价值观方面出现利己主义倾向。在这种特殊的时期,高校需要开展以马克思主义为指导的社会主义核心价值观教育,来引导大学生精神生活。其次,培育和践行社会主义核心价值观体系建设是大学生主流意识形态教育的要求。培育和践行社会主义核心价值观体系建设是社会主义意识形态的体现,是建设社会主义大学的重要举措,是实现高校意识形态工作创新的重要方面。只有用社会主义核心价值观武装大学生的头脑,才能保证大学生能够明辨是非,坚持正确的意识形态观念,坚定社会主义理想信念。最后,建立培育和践行社会主义核心价值观体系是大学生全面发展的必然要求。促进大学生的全面发展,是现代教育的重要目的,也是现代高校的职责所在。社会主义核心价值观的体系,一方面能够使大学生了解社会主义核心价值观的内涵,另一方面也能够使大学生自觉践行社会主义核心价值观。

(二)培育和践行社会主义核心价值观体系的建设思路

第一,要坚持党的领导。培育和践行社会主义核心价值观,是党交给高校的重要任务,高校在培育和践行社会主义核心价值观的实践中,要坚持党的领导。一是要认真研读党对于社会主义核心价值观的相关解读,正确掌握社会主义核心价值观的核心思想;二是要认真贯彻落实党和政府关于培育和践行社会主义核心价值观的方针政策,将有关方针政策真正落到实处,有法必依;三是要将培育和践行社会主义核心价值观的成果向党汇报,受党监督。

第二,要发挥高校思政课在培育和践行社会主义核心价值观中教育的主渠道作用。高校开设的思想政治理论课,就是要通过思政课的理论教学和课外实践,将培育和践行社会主义核心价值观贯穿到教学的各个环节。高校的思想政治教育学科建设、教材的选用、教学内容的表达、社科课题的研究等都是体现高校培育和践行社会主义核心价值观的创新作用。因此,高校要发挥育人主渠道作用,成为能够为社会主义核心价值观服务的高校。

第三,要实现不同类型的教育活动在体现社会主义核心价值观方面的整体贯穿。在建设成社会主义高校后,在高校中无论文科教育,还是理工科的教育,培育的都是社会主义建设者和接班人,实现不同类型的课程在培育和践行社会主义核心价值观的整体性成为必然。不同学科虽然都有其各自的特点和教学的任务,但最终目标都是促进大学生的全面发展,都是培育和践行社会主义核心价值观的重要一环,通过教育能够使学生真正将努力奋斗作为真正的价值追求。

第四,要构建切实可行的全面育人机制。对大学生进行社会主义核心价值观的教育不能仅靠课堂的教师和辅导员,学校的全体人员包括教育岗位、管理岗位、后勤人员都具有不可推卸的责任。高校必须建立起培育和践行社会主义核心价值观的完善体系以及从上到下、从内到外的全方位多层次人才培育计划,要重视校园文化环境的建设,对学生进行显性教育和隐性教育的结合,占领校园文化各个阵地,统一认识,在教学内容上体现,在教学方法上创新,增强教育的效果和感染力。

(三)整合培养和践行社会主义核心价值观的体系

首先,要整合社会主义核心价值观知识生产渠道。知识的生产是社会主义核心价值观知识整合的起点。社会主义核心价值观由党中央提出之后,并没有完成和结束知识的生产,它还需要经历各级党和政府、宣传部门、高校教育研究机构的解读和理论的丰富,包括人民群众实践中的经验知识总结和加入。要整合这些知识生产的渠道,在知识创新的过程中,要坚持一以贯之的方针,要坚持循序渐进的原则,使社会主义核心价值观知识成为一个体系。

其次,要整合社会主义核心价值观知识传播渠道和载体。不同渠道所传播的内容,对于社会主义核心价值观本身传播效果具有一定的影响。对于大学生来讲,接收信息的主渠道具有时代性,要了解大学生特点,从而以主渠道为中心,使其他渠道紧紧围绕在主渠道周围,使多种多样的传播渠道为同一个目标服务。要警惕不同渠道传播内容相矛盾的情况,避免商业媒体为吸引眼球故意放大事件,这便有悖于社会主义核心价值观。

最后,要整合大学生对于培育和践行社会主义核心价值观的理解方式。不同学生的理解能力和理论倾向性是有差别的,而这些差别最终可能对社会主义核心价值观的知识产生影响。所以要对学生进行方法论的指导,对学生进行社会主义核心价值观理解的引导。因此,一方面,要对社会主义核心价值观有客观的、正确的理解;另一方面,又要对社会主义核心价值观进行合理的阐释。

二、整合高校培育和践行社会主义核心价值观的工作

高校培育和践行社会主义核心价值观不是一项单一的任务,不能简单地归结为对大学生的要求。有学者指出,高校应从三个方面并分三个步骤全面落实培育和践行社会主义核心价值观的工作:一是高校领导和教师认真学习、深入钻研和自觉认同社会主义核心价值观;二是以社会主义核心价值观的基本要求重新审视大学章程和各项规章制度,并在高校改革发展的各项举措中突出体现社会主义核心价值观的精神和要求;三是高校领导和教师要在培育和践行上以身作则,作出表率。[①]

(一)高校领导和教师学习和认同社会主义核心价值观

在高校培育和践行社会主义核心价值观,首先需要教育者统一认识。这其中最主要的是高校的各级领导和从事思想政治教育工作者,要认真了解社会主义核

---

① 刘建军:《高校培育和践行社会主义核心价值观的四个步骤》,载《思想理论教育》2016年第3期。

心价值观的内涵，并做到真正地理解和认同社会主义核心价值观。只有统一思想、实事求是，才能真正做好培育和践行的工作，这第一步进行好了，其他的工作也会得到推进。就当前的现状来说，统一认识还没有完全做到。虽然高校一直在宣传社会主义核心价值观的工作，但是在生活中我们有时会发现有些教师对于社会主义核心价值观并不是完全认同，有些还对这24字三个层面的内容有不同意见，这些都是不利于统一思想的行为，需要做深入细致的工作。

培育和践行社会主义核心价值观，在正确认识的基础上要有正确的态度，更要深入钻研，从学理上寻找认同点，实现科学的认同。高校思政课教师要对自己有更高的要求，坚持教育者先受教育，自觉做到政治要强、情怀要深、思维要新、视野要广、自律要严、人格要正。思政课教师在教学中承担公共课的教学任务，面对的是全校的学生，他们对于社会主义核心价值观的认同就非常重要，只有他们做到了自觉地认同，才能更好地在讲课中贯彻社会主义核心价值观。思政课教师要善于在理论与实践的统一中、在学术的研究中把握社会主义核心价值观教育的真谛。各级领导和教师要将学术思维、管理思维、政治思维相统一，综合运用马克思主义的辩证观点来实现社会主义核心价值观的自我教育。

（二）以社会主义核心价值观的要求建设高校的章程和规章制度

培育和践行社会主义核心价值观，除了要体现在公民行动之外，还要体现在具体的规章制度中，体现在大政方针的制定和实施中。从高校来说，培育和践行社会主义核心价值观的要求首先要体现在大学的规章制度中。深入贯彻践行社会主义价值观进教材、进校园、进课堂的文件精神，深入开展各项活动，帮助学生树立正确的世界观、人生观、价值观，制定"践行社会主义核心价值观进校园、进教材、进课堂"教育活动制度。一是要学习正确价值观，营造氛围。召开全体教师会，学习相关内容。利用校园广播、板报宣传、班队会等渠道加强宣传，营造良好的校园文化氛围。二是要将"社会主义核心价值观"教育纳入学校课堂教学之中。各科教师要准确把握"社会主义核心价值观"的精神实质和时代内涵，深入发掘本学科教育资源，并渗透到自己的教育教学中，增强学生践行社会主义核心价值观的自觉性和坚定性。三是各年级要把"社会主义核心价值观"教育融入学生的社会实践活动中。教育学生积极参加劳动，通过切身体验让学生树立尊重劳动人民和劳动成果的思想感情。四是将"社会主义核心价值观"教育和学生评优联系起来。要以"社会主义核心价值观"教育引领校园文化建设,针对高校采取的各种举措,都要考虑到是否符合社会主义核心价值观的精神,是否符合培育和践行社会主义核心价值观的要求。

(三)高校各级领导和教师要以身作则并实现言传身教

爱岗敬业,关爱学生,是教师践行社会主义核心价值观的重要体现。"爱而不敬,非真爱也;敬而不爱,非真敬也。"事实证明,真正的敬业者必然有爱业情怀。一个教师一定要热爱所教的学科,热爱所教的对象。具备了爱心的教师,才能真心实意爱护学生、关心学生,时刻为学生着想;才能心存善意,宽恕学生的"冒犯和过错"。

刻苦钻研,严谨笃学,是教师践行社会主义核心价值观的重要途径。当今时代是一个飞速发展的时代,随着学生获取知识、信息渠道的多样化,教师作为学生唯一知识源的地位已经动摇。教师需要重新定位,以学习来促进自身发展。因此,新时代教师只有勤于学习,刻苦学习,对知识"吐故纳新",不断探索,不断反思,才能跟上时代步伐。

诚信友善,为人师表,是教师践行社会主义核心价值观的内涵延伸。人们常说"诚信者赢天下,失信者寸步难行"。与人相处,最重要的是讲诚信。在当今社会受功利思想的影响,作为一名好教师,更需要提升自己的师德修养。"友善",顾名思义,友是友好,善是善良。友善是一种品格,是对人的态度。作为一名教师,不论是对待同事还是学生,诚实友善都不可缺。

三、大学生学习和践行社会主义核心价值观

全球化带来的价值多元化,使得人们在选择和认知价值观时,往往会出现迷茫。"社会主义核心价值观是当代中国精神的集中体现,凝结着全体人民共同的价值追求。"[①]大学生是未来肩负社会主义命运的建设者和接班人,是有知识、有文化、有理想的重要社会群体,他们应当具备辨别、理解、分析和选择价值观能力。培育和践行社会主义核心价值观,是社会主义社会建设的需要,同时也应该成为大学生自我选择的结果。这就需要大学生不仅要具备社会主义核心价值观的知

---

① 习近平:《决胜全面建成小康社会 夺取新时代中国特色社会主义伟大胜利——在中国共产党第十九次全国代表大会上的报告》,北京:人民出版社2017年版,第42页。

识,同时注重在学习生活中建立起对社会主义价值观的观念,并主动践行社会主义核心价值观。

（一）大学生要有社会主义核心价值观的知识

大学生应具有社会主义核心价值观的知识,指大学生应学习掌握社会主义核心价值观的相关理论。对于社会主义核心价值观知识学习,一要内化,即大学生应了解什么是社会主义核心价值观,知道社会主义核心价值观产生的历史背景、国情因素、理论逻辑和现实意义;二要外化,即大学生将内化的社会主义核心价值观知识表现出来,显现为具有知识的状态。

社会主义核心价值观知识内化,是指大学生应了解什么是社会主义核心价值观,知道社会主义核心价值观产生的历史背景、国情因素、理论逻辑和现实意义;不仅要了解社会主义核心价值观的二十四字具体是什么,还要明白社会主义核心价值观的三个层面,并了解每一个层面的含义及其相互关系。对于大学生来讲,社会主义核心价值观的知识,是从学校到社会的过渡中获得的一笔重要的财富。要做到社会主义核心价值观知识的内化,一方面高校的各类课程要将社会主义核心价值观的教育贯穿到课程课堂中,使社会主义核心价值观的教育生动化、生活化,让学生更容易接受;另一方面,学生要主动了解社会主义核心价值观,阅读与社会主义核心价值观有关的书籍、文章、新闻报刊等,充分掌握社会主义核心价值观的相关理论知识。

社会主义核心价值观知识外化,是指大学生将内化的社会主义核心价值观知识表现出来,显现为具有知识的状态。这要求大学生在掌握了社会主义核心价值观的知识后,能够广泛地与人交流,能够将社会主义核心价值观的相关含义、产生的历史背景、理论逻辑和现实意义说给其他对象听,并可以说服他人相信社会主义核心价值观。社会主义核心价值观知识的外化,是对于知识内化成果的检验,同时又是一种巩固。要做到社会主义核心价值观知识的外化,一是要具有开放的交流空间,让学生能够在开放的环境中与他人进行广泛的交流。在现代的大学中,有很多的图书馆和自习室,然而缺乏专门留给学生讨论的讨论室或会议室。在学习的过程中,大多要求学生保持安静,有些学生想要讨论,却没有讨论的环境,长此以往学生将失去讨论的兴趣和动力。二是学生自己要自发自觉地展开交流活动,善于利用各种资源,勇于将自己的观点表达出来。在课堂中,可以与老师交流,能够对老师的观点提出质疑和建议;在校园其他环境,能够与同学广泛交流,互相讨论、辩论,从而激发自己内隐知识的表露,最终实现社会主义核心价值观知识的外化。

(二)大学生要具有社会主义核心价值观的观念

培育和践行社会主义核心价值观,要做到"内化于心,外化于行"。[①] 大学生要具有社会主义核心价值观的观念,是指大学生内心要相信社会主义核心价值观,要对社会主义核心价值观有理性的认识和情感认同。根据人的认知发展规律,人们对于事物的认知都是从感性到理性再到感性。第一个感性是对事物的感性认知,随着认知的积累和加深,从而发生质的变化,上升为理性的深层次的认知,这种认知是我们通过理性判断和辨别得到的,而最终要达到情感认同,是人们对该事物的认知进行更进一步的升华。对社会主义核心价值观的认知也是如此。如果大学生对社会主义核心价值观仅停留在具有知识即第一个感性认识阶段,那么大学生就很难做到自觉坚信,积极践行。而如果大学生对社会主义核心价值观的认知深入理性阶段,才有可能产生情感认同,从而努力践行。[②]

一要深学。深学就是要按照要求,静下心来原原本本读社会主义核心价值观的相关文件,就是要结合自身学习特点,带着问题,开展讨论交流,增强学习教育的针对性和有效性;深学就是要把社会主义核心价值观作为一条红线贯穿始终,把所学转变成自觉行动。二要细照。细照就是要对照社会主义核心价值观的具体要求,在思想认识上找到差距,勇于解剖自己、不断提高觉悟,强化意识;细照就是要以先进典型为镜,对照身边的模范,如反复照一照自己、摆一摆问题,深刻查找自己在国家观、社会观、个人观等方面存在的问题和不足,把握好人生的"总开关",真正把社会主义核心价值观作为学习生活的一部分。

在社会主义核心价值观观念形成的过程中,会产生各种不同的观念个体,这些观念个体分别对应着社会主义核心价值观的不同层面。根据国家对于社会主义核心价值观的理论预设,国家、社会、个人的三个层面有助于理解以及培育和践行社会主义核心价值观。大学生对于"富强、民主、文明、和谐"的理解应整合到社会主义核心价值观的国家层面,对于"自由、平等、公正、法治"的理解应整合到社

[①] 单培勇:《素质观念的内化教育:国民素质建设的重要环节》,载《教育理论与实践》2005年第2期。
[②] 杜晶波:《大学生社会主义核心价值观培育路径研究》,沈阳:东北大学出版社2014年版,第28页。

会主义核心价值观的社会层面,对于"爱国、敬业、诚信、友善"的理解应整合到社会主义核心价值观的个人层面,通过这三个层面的整合,完成社会主义核心价值观观念的内化和社会主义核心价值观观念系统的完善。

大学生具有培育和践行社会主义核心价值观观念的具体表现,主要是能够将社会现实的状况自觉地与社会主义核心价值观联系起来,能够感受到社会主义核心价值观的现实性和生命力。所谓内化于心就是要把社会主义核心价值观学习好、领会好、理解好,转化为内在的理念、观点、价值,从而形成自己的世界观、方法论,做到入脑、入心。辩证唯物主义告诉我们,事物变化发展是内因和外因共同起作用的结果,外因通过内因起作用。因此,对于社会主义核心价值观必须内化于心,如果不能将社会主义核心价值观植入大学生的心灵,形成思想的自觉,即使再轰烈的活动也只能是走一个形式而已。

（三）大学生要践行社会主义核心价值观

践行社会主义核心价值观,就是将社会主义核心价值观"外化于行",即外化为自觉行动,这是树立社会主义核心价值观的根本目的。实践是价值观形成的基础,也是衡量价值观是否确立的标准。"道不可坐论,德不可空谈"[①]。如果知行脱节,满足于坐而论道,或者知行背离,说一套做一套,那么,培育和践行社会主义核心价值观就成了"半截子工程",内化也就失去了应有的意义。

要志存高远,修身养性,追求品格的自我完善。在培育和践行社会主义核心价值观的过程中,无论从核心价值观念的内化还是外化来说,主体自身的能动性最终发挥决定性作用。强扭的瓜不甜。没有主体对于价值观念的自觉认同,就不可能有外化的实际效能或理想结果。因此必须在高校大力倡导积极的人生观和价值观,使大学生注重自身的磨砺和修炼,追求品格的自我完善,真正使社会主义核心价值观成为群体意识,使培育和践行社会主义核心价值观成为大学生的自觉行动。

学生党员应该成为培育和践行核心价值观的表率。中国共产党是中国特色社会主义事业的领导核心,也是建设社会主义核心价值观的根本组织基础。建设社会主义核心价值观关键在党。党的各级组织必须切实加强对意识形态工作的领导,把建设社会主义核心价值观放到最重要的位置上来,努力探索和开拓思想

---

① 褚凤英:《思想政治教育学科视阈中思想品德发展机制再认识》,载《广西社会科学》2015年第11期。

道德建设的新路子。大学是发展先进党员的重要基地,每一个学生党员都要身体力行、率先垂范,成为培育和践行社会主义核心价值观的模范和榜样。

要牢牢把握住培育和践行社会主义核心价值观这一中心,所有的行动都要围绕这一中心展开。培育和践行社会主义核心价值观是一项艰巨的任务,它需要大学生从身边小事做起,从日常生活做起,只有在行动中坚持同样的原则,保持初心,才能确保行动有利于培育和践行社会主义核心价值观。

培育和践行社会主义核心价值观,重在行动。不同的行动产生的效果不同,可以互相补充,互为保障。整合行动方式,首先要有一以贯之的行动方针,其次要有团结一心的行动小队,再次要有完整的行动计划,最后要有行动的条件保障。培育和践行社会主义核心价值观的行动是否可行、是否有效,需要特定的评价机制进行评估。对行动进行评估,一是要有科学的评估体系,二是要有合理的评估内容,三是要有有效的评估实施机制,四是要有可操作的评估方法。一般来说,培育和践行社会主义核心价值观的行动的效果评估要建立在综合考评的基础上,而这类考评又难以量化,所以评价体系的建立尤为重要。

第三节 高校立德树人根本任务实现对象整合

立德树人根本任务实现对象,这里一般指大学生。立德树人根本任务实现对象整合,就是要对不同类型高校的大学生进行整合。大学类型又包括"985""211"高校、其他公办本科高校、高职高专、民办高校和成人高校等众多类型。每一种类型的高校大学生都需要经过整合,通过对象的整合来最大化利用教育资源,避免资源的重复利用,实现立德树人根本任务实现的效果最大化。

一、"985""211"高校大学生培育和践行社会主义核心价值观整合

重点高校拥有更优越的资源、更好的师资力量、更好的硬件设施等,这就要求重点高校承担更多的理论研究任务。重点高校的学生相比其他高校学生,一方面学习基础较扎实,对于高中知识掌握比较完善,同时思维活跃,创新性较强,具有一定的理论研究能力。另一方面,该部分高校学生进行深造的可能性较高,应对他们展开持续性的社会主义核心价值观理论教育工作。不同重点高校应有共性,同时互相区分,将培育和践行社会主义核心价值观的理论丰富化、具体化,使培育

和践行社会主义核心价值观有据可依,有理可循。一方面要将社会主义核心价值观理念抽象化,提高理论高度和理论深度,提高教师和学生的理论素养;另一方面又要使社会主义核心价值观理念具体化,使社会主义核心价值观转变为可操作的、可践行的行动准则或案例。社会主义核心价值观分为三个层面十二个关键词,不同的高校可分别承担相应的理论阐释任务,最终整合为系统的完善的社会主义核心价值观理论框架。

重点高校学生教育的层级设置较为完善,一般有本科、硕士和博士三个层级。不同层级的大学生应发挥不同的作用,坚持一以贯之的培育理念。对于本科生来说,掌握丰富的知识是非常重要的,在培育和践行社会主义核心价值观的过程中,主要是进行多种多样的尝试,以不同的理论观念来指导自身实践;对于硕士研究生来说,既要对本科阶段实践的经验进行总结,又要尝试进行一些理论的提升,虽然不要求作出很重大的理论创新,但是硕士生要有理论意识和问题意识,将日常生活中的问题自觉转化为社会主义核心价值观的实际;博士研究生要求具有总体性的理论视角,要能够对培育和践行社会主义核心价值观提出自己的见解,能够创新理论、提出新的问题、解决新的问题,学问既要做得博,又要做得专。

有人说,培育和践行社会主义核心价值观是理念的东西,是文科生做的事情,与工科、理科学生无关。其实不然,在培育和践行社会主义核心价值观的实践中,理工科学生的工作与文科生一样重要。理工科学生学习自然科学,自然科学的发展是社会物质条件发展的重要推动力,有了社会物质条件的发展,才更大程度上促进了人们对于文化生活和精神生活的需要,如果没有社会基础设施的完善,再多的价值观教育也是没有说服力的。所以要整合高校不同专业学生之间的学习,使文科、工科、理科融为一体,共同为培育和践行社会主义核心价值观贡献自己的力量。

二、其他公办本科高校大学生培育和践行社会主义核心价值观整合

相比"985""211"这些重点院校,其他公办本科高校在国家高等教育中发挥着同样重要的作用。这些学校的学生更多,来源更广,同时也具有很强的地域性。这一层次的普通高等学校,按照职能来分,可以分为研究型、教学研究型、教学型。[①] 与

---

① 张慧:《中国普通高等学校分类与定位问题研究》,西北工业大学,2005年。

"985""211"这些重点院校相比,其他公办本科高校的大学生可能在成绩上稍差一些,对于高中知识的掌握也不是非常牢固,对于他们的社会主义核心价值观教育要循序渐进。这类大学生相比重点大学的学生,继续深造的比例较少,大多数选择毕业后直接工作,从事专业工作的居多,所以在高校学习期间多重视提高工作技能和竞争力。在对其进行教育的过程中,要将社会主义核心价值观的知识贯穿到日常的教育中。

研究型高校全面履行高等学校人才培养、科学研究和为社会服务三个职能,其投入产出比例应分别根据全国普通高等学校统计数据并参照国外有关研究成果确定,该部分学校不招收专科学生。在培育和践行社会主义核心价值观的具体实践中,依然要培养创新型人才。教学研究型高校主要履行人才培养和科学研究两项职能,主要培养高级专门人才,科学研究主要面向区域和行业。教学型高校履行人才培养和教育教学职能,教学任务更为重要。大学生主要需要对课程讲述的内容具有充分的认知,对于培育和践行社会主义核心价值观具有一定的认识。

普通高等学校要把培育和践行社会主义核心价值观融入校园文化之中,充分发挥校园文化的熏陶作用。校园文化是通过师生的努力形成的,而这种文化具有潜移默化的力量和强制力。校园文化的核心是体现学校特色的观念文化。学校特色是在长期办学中积淀而成的,是学校在办学指导思想、学校定位、管理方式、人才培养导向、课程设置、师资队伍等方面形成的具有个性化的风格。特色的表现就是具有自身的校园文化,而文化是特色的基础所在。一所办得成功的高校通常以它的文化著称,即有一个价值和规范结构、过程与气氛,使教师和学生都被纳入成功的教育途径中。因而,培育和践行社会主义核心价值观融入了校园文化之中,也就内在地具体化为学校自身的价值观和规范结构。

普通高等学校要把培育和践行社会主义核心价值观融入制度建设之中,发挥制度的规范导向作用。制度建设能否切实体现社会主义核心价值观的基本要求,是培育和践行社会主义核心价值观能否形成长效机制的关键所在。在大学章程和各项具体的规章制度中,都需要将社会主义核心价值观作为基本遵循,才能真正地将社会主义核心价值观落到实处。

三、高职高专大学生培育和践行社会主义核心价值观整合

高职高专的学生学业目的性较强,是为了掌握工作方法和技能。相比于公办

本科院校,这部分大学生毕业后多从事技术岗位,对他们的社会主义核心价值观教育应渗透到职业技能教育和职业道德教育中。他们的自律性和学习习惯相对较差,应采取适当的集体学习的方式。就目前来看,高职高专院校大学生的价值观主流是好的,是积极向上的。但是由于社会正处于转型时期,伴随着经济全球化及信息化的迅速发展,西方的各种思潮纷纷涌入,大学生受到这些社会思潮的影响,会呈现出许多新的特点。

对于高职高专大学生进行社会主义核心价值观教育,要充分发挥思想政治理论课的主渠道功能。高职高专思想政治理论课作为承担知识传授和价值引导的教学方式,首要任务就是要正确引领大学生树立正确的价值观,这事关大学生人生道路的选择。这就要求我们必须高度重视对"核心价值观"的教育,正确认知和把握"核心价值观"内涵及实质,并通过分析其背后所体现出的"时代精神和民族精神",真正使高职高专大学生正确领会和把握"核心价值观"的内涵及意义。

高职高专大学生培育和践行社会主义核心价值观,要强化践行"核心价值观"的教学实践。高职高专教学实践是有目的、有计划组织青年学生走出课堂和校园,深入生活和实践,参与社会诸多实践活动的科学方式和途径。在新形势下高职高专要围绕培育和践行"核心价值观"的新标准新要求,积极探索大学生开展社会实践活动的有效机制,并且要通过创新实践活动新载体,使大学生在实践中自觉践行"三个倡导",努力把"核心价值观"的基本要求变成自己的日常行为"准则",进而形成自觉奉行的观念。

四、民办高校大学生培育和践行社会主义核心价值观整合

民办高校学生是大学生群体比较特殊的一部分,他们既有大学生的共性,又有明显的特殊性。他们的入学成绩比其他普通学校的学生稍低,但又要支付较高的学费。经过分析,江苏省的民办高校学生具有这样几个特点:经济条件较好,劳动观念相对较弱;思想开放,自主意识强,但功利色彩浓厚;对政治有热情,但政治素养不高。[①]

民办高校学生社会主义核心价值观的形成,是学生从认知、情感、信念、意志

---

① 陈国和、王伟忠:《民办高校学生特点分析及学生工作对策的思考》,载《中国高教研究》2000 年第 4 期。

和行为等方面接受、认同社会主义核心价值体系的过程。目前,民办高校学生价值观呈现淡化理想、强调务实的趋向,对社会主义核心价值观内容认知存在片面性和知行不一的现象。民办高校应充分认识学生价值认同现实特征,丰富思想政治教育内容,夯实学生社会主义核心价值观形成的基础,创新思想政治教育方法,促进整合社会主义核心价值观形成的情感要素,创新思想政治教育途径,强化学生对社会主义核心价值体系的自觉践行。教育过程中,还应把握新媒体对民办高校社会主义核心价值观教育实效性的影响,利用其优势,整合传统,加强互动。

社会主义核心价值观能否内化为学生的个体价值,不仅取决于价值观本身的科学性,也取决于它满足学生实际需要的程度。对于民办高校大学生群体而言,面对上网需求量大与宿舍、教室网络建设不够的矛盾冲突,如果民办高校能从学生的实际需求入手,体现出人性化的管理和服务,势必会拉近在学生群体和民办高校的距离,让他们亲近学校的教育;民办高校大学生群体在遇到的感情问题、心理问题时,能及时得到老师的帮助,而老师在处理学生具体事务时,坚持做到"公平、公正、公开"等,都会加强民办高校大学生群体对所在学校的认同,在无形中提高民办高校大学生群体的社会主义核心价值观教育水平。

改进教育模式,增强社会主义核心价值观认同教育,选择大学生乐于接受的方式对其进行社会主义核心价值观的教育显得尤为重要。因此,民办高校思想政治教育工作应拓展教育内容,改进教育方式,优化教育者结构。有学者提出了"核心价值观教育的三结合原则",即"认知导向与信仰建构相结合,主渠道灌输与全方位渗透相结合,社会本位与个体发展相结合"[①]。这一概括对民办高校社会主义核心价值观认同教育提供了借鉴,使学生将社会主义核心价值观内化于心,促使学生从"不知"到"知"、从"知"到"信"、从"信"到"行",使理性化的价值认知转化为个体内在的价值信仰,精神上内化认同,行动上孜孜以求,主动为建设"自由、平等、公正、法治"的社会添砖加瓦,为形成"爱国、敬业、诚信、友善"的氛围贡献力量。与灌输性价值观教育相比,渗透性教育形象生动,稳定持久,有心无痕,润物细无声。有学者分析美国高校的价值观教育,认为其将隐性教育和显性教育相结合、理论教育和实践教育相融合,值得我们借鉴。最后,在价值观教育过程中,一

---

① 杨宗兴:《广西民办高校大学生认同与践行社会主义核心价值观的状况调查》,载《学校党建与思想教育》2016年第8期。

方面要关注学生的独立个性和内在需求,另一方面引导他们思考在实现人生价值的过程中,应处理好社会本位和个体发展的关系,在个人理想和共同理想博弈中实现互利双赢。

五、成人高校大学生培育和践行社会主义核心价值观整合

成人高校学生主要是成人,成人学生的身份具有特殊性。在高校,他们是受教育者,在高校里面接受专业知识和社会主义核心价值观的教育;走出高校,他们是教育者,他们的价值观会通过家庭、工作、生活等对家庭成员和其他社会成员产生重要影响。在家里,他们通过言传身教,影响家庭成员的价值观;在单位,他们可能是领导,也可能是普通职员,通过自己的言行举止,影响周围同事的价值观;同时,在他们的社交生活中,还可能对身边亲朋好友价值观的形成造成一定的影响。此外,成人高校学生还是社会主义现代化建设的主力军,他们的价值观、人生观和世界观直接影响着社会的价值取向,影响着国家价值目标的实现,为此,加强成人高校学生社会主义核心价值观的教育,不仅对宣传社会主义核心价值观能够产生积极的效果,而且往往也会影响中国特色社会主义事业的建设成效。总之,成人高校加强社会主义核心价值观的教育对于推动社会主义核心价值观的培育和践行具有重要意义,在成人高校加强社会主义核心价值观教育是必要的。

在成人高校开展社会主义核心价值观教育,要不拘教育形式,注重成人学员学习效果。成人学员在学习中的工、学、生活三者之间的矛盾十分突出。目前,成人高等学校开展的成人教学方式主要有成人夜大、函大、电视、网络教学等几种途径。其中主要运用的教学手段有直接面授、自学、电视教学和网络教学等。因此,教育活动不可能具备普通高等学校全日制学生教学的相对宽裕的时间和丰富的学习资源优势,成人学员社会主义核心价值观只能在教师的极少量的面授课堂教学中,在网络学习中的教师与学生互动交流中,在电视教学的传输中,在学校对学员的自主学习的指导和辅导中实施社会主义核心价值观教育。因而,在成人高等学校开展的社会主义核心价值观教育和培育活动中,学校要讲求实效,不拘形式。

充分认识成人教育的特点。如上所述,成人教育有其自身的特点。一方面是接受学校系统教育的时间少。成人学员平常工作繁忙,家庭生活琐事较多,能够用于到校学习的时间绝不可能太多,因此,成人学员教学课堂讲授中与学员现实

利益的相关问题关注度极高。另一方面,教学组织必需的成本。目前成人高等教育收费相对全日制较低,成人高等学校在组织教学方式和内容时也必须基于成本考虑,不可能设置太多的非专业必修课以外的课程教学或者在继续教育中设置与培训内容联系并非十分直接的素质课程的课程教学。除此之外,目前成人教育还存在着市场机制影响下的学员的长短期利益矛盾、高校维持生存与可持续发展方面的矛盾等重要的问题。因此,只有充分认识成人高等教育的客观规律,才能有效地开展社会主义核心价值观教育活动。

第四节　高校立德树人根本任务实现阵地整合

　　阵地是承载立德树人根本任务实现活动的基本物质条件和空间场所,是培育和践行社会主义核心价值观的重要构成部分。在现代社会发展分化中,高校已经成为一个相对独立的微缩型社会组织,在教学、科研和社会服务中扮演着重要的社会角色,然而高校作为社会的组成单元,其内部依然面临着同样的结构断裂、关系性的问题,需要将培育和践行社会主义核心价值观过程中出现的分散化、零散化的阵地要素加以整合优化。江苏省教育厅2015年第15号文在深入贯彻落实中共中央办公厅《关于培育和践行社会主义核心价值观的意见》基础上,提出坚持把推进培育和践行社会主义核心价值观的工作纳入全省教育事业发展的总体规划,贯穿于学校教育全过程,形成课堂教学、社会实践、校园文化和网络媒体等多位一体的育人平台。除了上述四个育人平台即阵地以外,还有日常生活阵地。这五个承载培育和践行社会主义核心价值观的重要平台成为立德树人根本任务实现阵地整合的核心对象。

一、课堂教学阵地整合

　　"教育是政治社会化的主要机构,目标是让所有的年轻人通过系统的教育融入国家的政治文化之中"[①],《关于深化新时代学校思想政治理论课改革创新的若干意见》指出:"深度挖掘高校各学科门类专业课程……蕴含的思想政治教育资源,解决好各类课程与思政课相互配合的问题,发挥所有课程育人功能,构建全

---

① [美]威廉·F.派纳:《理解课程》,张华等译,北京:教育科学出版社2003年版,第368—369页。

面覆盖、类型丰富、层次递进、相互支撑的课程体系,使各类课程与思政课同向同行,形成协同效应。"①课堂教学贯穿高校教育的始终,是培育和践行社会主义核心价值观的主阵地。课堂教学直接面对学生,具备和学生进行直接对话的优势条件,是对学生进行价值引导的重要平台,通过课堂教学使学生掌握科学知识和道德认知,实现学生的全面发展是立德树人根本任务实现所追求的理想目标。

当前,课堂教学在教育去政治化和教育专业技能化的双重趋向中,在教材、课程内涵和教学话语等方面出现了内部分化的问题。第一,马克思主义理论教材自身的局限制约了大学生对马克思主义的信仰,立德树人效果削弱。有研究者通过实证研究分析指出,"现在的思想政治理论课教材纵然在马克思主义理论与建设工程的强力推动下有了很大的改进,然而,体系上过于固化和老化、内容上过于政治化和宣传化、表述上过于概念化和抽象化,尤其是对现实生活中难点问题和持续的热点问题的回避,严重地削弱了其魅力。"②第二,在学生知识训练和道德养成中出现了断裂,课堂教学之间难以实现对话。直接表现在理工、工科和文科学生在面对专业知识和社会现实问题时,难以通过课堂的训练寻找话语和道德共识,对话不畅使学生越发局限在自己的专业领域,其严重的后果是可能会使部分大学生成了"精致的利己主义者",尚未通过知识技能的训练去关心造福公共生活。这一定程度是因为课堂教学不再指向心灵的塑造,而成为职业训练的预备场所,偏离了立德树人的出发点和落脚点。第三,课堂教学话语的独白化与学生拒斥理论说教造成的主流意识形态教育真空。有研究分析指出,"现有思想政治理论课在教学理念、教材、教学过程等方面呈现出独白性特征,这对思想政治理论课实现一元引领带来阻滞"③,而学生对这类机械生硬的课堂教学缺乏学习兴趣和求知冲动,逐渐产生抗拒心理。

上述三个课堂教学分化的具体成因表现在课程分类安排出现的分化中。《教育部关于全面深化课程改革 落实立德树人根本任务的意见》指出,课程是教育思

---

① 中共中央办公厅、国务院办公厅印发《关于深化新时代学校思想政治理论课改革创新的若干意见》,学习强国官网,2019 年 8 月 14 日,https://article. xuexi. cn/articles/index. html? study_style_id = feeds_default&source=share&art_id=8215474108010486260&showmenu=false&share_to=wx_single。
② 黄明理、冯茜:《我国 90 后大学生马克思主义信仰状况研究》,载《河海大学学报(哲学社会科学版)》2014 年第 2 期。
③ 金林南:《从独白到复调:思想政治理论课论辩式教学探索》,载《学校党建与思想教育》2015 年第 15 期。

想、教育目标和教育内容的三要载体,集中体现国家意志和社会主义核心价值观,是学校教育教学活动的基本依据,直接影响人才培养。当前高校的课堂教学主要分为思想政治理论课、哲学社会科学课、学位专业课①三个大类,将培育和践行社会主义核心价值观有效贯穿于三类课程中,整合各类课程所内蕴的价值要求对实现立德树人根本任务具有现实意义。

在整体层面:第一,教师是实现课堂阵地整合的关键。教师要自觉树立育人意识,时时处处体现育人职责,扭转偏重传授知识与能力、忽视价值观培养的倾向。充分意识到人文学科对培养人才的独特功能,文科、理科和工科课堂都要自觉避免工具理性思维的膨胀,警惕工具主义、经济功利主义泛滥,克服只关注知识技能教育的片面教育观,整合知识教育和道德养成的课程内涵。

第二,教材建设是课堂阵地整合的重要依托。建设什么样的教材体系,特别是主干课程传授什么样的教学内容,体现了知识的价值导向。教材建设是国家意志的体现,对意识形态属性较强的哲学社会科学教材和其他课程的教材都要深入研究"教什么""怎样教"等育人的本质问题。集中骨干教师力量,统筹优势资源,推出高水平的教材。避免教材的概念化、教条化,与时俱进地增添适合时代发展的有益思想,在内容上尽力避免脱离实际的空洞话语,勇于在教材中内容生动活泼的表述,并有针对性地与其他社会思潮进行对话和论辩。

第三,课程是课堂阵地的思想政治教育资源。所有课程都蕴含着丰富的育人资源。一方面,每门课程都是思想政治教育的重要载体,每位教师都要深挖自己课程中的思想政治教育资源,建立学科育人共同体。比如,哲学社会科学课程要注重政治导向,挖掘政治文化的育人价值;自然科学课程要挖掘其人文精神和科学精神,重点强化创新意识、科学素养、生态文明和工匠精神教育;应用技能型工科课程实践环节较多,可以通过整合教育实践资源,探讨有效的实践活动形式来挖掘或融入思想政治教育元素。只有学生受到多学科的熏陶,才能树立正确的价

---

① 这一分类是综合多所高校的培养方案中对课程大类划分标准的概括。思想政治理论课一般与体育、外语课统称为公共基础课,由于思想政治理论课所占学分和学时比例高,这里以思想政治理论课作为单独一类;哲学社会科学课在各高校叫法不一,主要有文化素质课、人文素质选修课、通识课程等不同叫法,中共中央办公厅印发的《关于培育和践行社会主义核心价值观的意见》中用"哲学社会科学课"来统称;专业课包括专业必修课和专业选修课。承担主流价值观引导的课程主要集中在思想政治理论课和哲学社会科学课中,学位专业课基本以教授专业知识技能为主。

值导向,发展出多种能力,有效培养其理性平和的心态、富于人文关怀的情感、高尚的审美情操等。另一方面,要明确课程的思想政治教育元素,在教学目标、教学内容、教学方法、教学平台、成效体现和教学评价等环节明确育人要求,全面提高课堂阵地的教育教学育人质量。[①] 用生动有内涵的教学话语表述教材的基本观点和立场,适当引入江苏本土文化资源进行案例教学,以省情认同促进国情认同,实现立德树人的价值观引领。

具体而言:一方面,整合本科课堂教育。结合思想政治理论课教材内容和教学要求,将社会主义核心价值观作为课程教学的重要内容;加强形势与政策的教育,引领师生科学准确地认识世情、国情、省情、社情、学情,增强学生对社会主义核心价值观的理性认知和实践自觉。充分发挥各类人文社会科学课程的作用,将社会主义核心价值观融入文学、艺术、国防教育等人文社会科学类课程的相关内容教学之中。各自然科学类课程,加强科学和人文精神教育,培养学生科学的思维方式和价值取向,帮助他们准确理解和正确践行社会主义核心价值观。另一方面,整合研究生课堂教育。认真落实研究生思想政治理论课课程新方案,充分发挥各类专业课程的育人作用,把社会主义核心价值观教育与研究生培养的课程学习、科学研究、专业实践和学位论文撰写等重要环节紧密结合起来,渗透到研究生课程教学之中,体现于研究生学习、科研和实践成果之中,强化研究生的社会责任感,提升其人文精神和科学素养水平。

此外,针对当前社会舆论中广泛出现的教育和政治应该保持一定的距离的观点,我们应当作出积极回应,为立德树人的价值实现营造舆论条件。在我国传统的教化活动中,政治和教育的高度结合曾发挥了巨大的优势,尤其以科举制为圭臬的教化阵地实现了我国古代专制皇权的长期稳定性,但这一结合总体上是为了实现专制政治统治而展开的教化规训意义上的禁锢活动,结果是使人"非我化"。现在教育教学活动已经在体制机制上从政治场域中分化出来,成了一个独立自治的社会空间,以课堂教学为基础的教育教学目标是培养对政治社会有用的人,是为实现人的自由全面发展服务的,但这并不意味着主流价值观与课堂教学相结合是无意义的。例如在理工科的教学过程中,以传授专业技术为基础的课程若脱离

---

① 邱伟光:《课程思政价值意蕴与生成路径》,载《思想理论教育》2017年第7期。

了价值观的引导,容易出现技术异化。我们看到无论是建造水库大坝,还是高楼基建,都需要工程伦理的内在素质要求,否则经济理性异化驱使下的技术崇拜催生的不合格工程只会害人害己。而这些工程伦理要求的素质恰恰是社会主义核心价值所倡导的,换言之,即使是专业课程也具有立德树人的角色要求。因此,对课堂教学阵地进行立德树人根本任务实现整合既有育人必要又有现实需要。

二、社会实践阵地整合

社会实践是立德树人的重要方法和途径,是大学生成长成才的重要内容,是最受欢迎的一种教育形式,社会实践在一定程度上已经成为高校的"第二课堂","它是政治与道德知识的检验场和强化机制,是德育所传导的以实践观念为总体的积极精神的重要载体,是一种体验和养成方式,也是个体通向社会的桥梁和角色适应方式"①。因而社会实践也是培育和践行社会主义核心价值观的内在组成部分,对社会实践阵地进行整合就是要发挥社会实践在全过程、全员、立体化中的综合育人作用。

当前,社会实践处于分化状态,其内涵和形式发生了很大变化,逐渐演化为知识经验获取的"课外活动",社会实践的服务改造功能和优势未能得到充分彰显。第一,社会实践的组织化程度薄弱,边缘化倾向明显。在社会变迁过程中,受制于社会分化和学科分工,社会实践在全方位育人中的教育实效受到弱化,早有论者指出,"大学生社会实践活动从整体上讲还比较零乱,随意性比较大,一些人把它仅仅看成是进行思想政治教育的手段或是专业教育的一种补充,社会实践的目的性和实效性较差。"②第二,社会实践活动形式泛化,认知性而非实践性的倾向明显。社会实践本质上是参与、引导和改造对象世界的行动,并不意味着走出课堂的一切活动方式都能成为社会实践。有论者分析指出,"在社会实践的形式上,将访问参观、社会考察等认识活动误认为实践范畴,将家务劳动、日常交往等排除在社会实践之外的做法既不合理论逻辑,实践上也是有害的。"③第三,社会实践"知"的维度压倒了"行"的维度,知行结合的目标消解在报告考评中。这里的知,实际

---

① 戴锐:《德育语境中社会实践的理论内涵与实施原则》,载《思想·理论·教育》2006年第5期。
② 赵平、武力勋:《整合社会实践活动,全面推进素质教育》,载《北京高等教育》2001年第6期。
③ 戴锐:《德育语境中社会实践的理论内涵与实施原则》,载《思想·理论·教育》2006年第5期。

变成了"观","观"消解了知,更消解了行。知是行的基础,行是知的结果,社会实践最核心的内涵是把学生所学所得用于服务和改造社会的行为活动中,然而流于对社会实践考核管理的短期性和单向性,不少学生以提交一份精致且内容丰富的实践报告为目的,走马观花、浅尝辄止,饱受诟病。

对于上述社会实践阵地中出现的分化现象,有意识、有目的地调整、优化社会实践阵地的综合育人功能,真正使培育和践行社会主义核心价值观融于服务和改造社会的外化行动中,需要在以下三个方面作出整合:第一,发挥党团组织思想领航作用,让社会实践成为思想的实践,与服务改造社会有机结合起来。党团组织在宏观上加强社会实践的思想领航,倡导服务和奉献的精神品质,让学生在社会实践感受到服务改造社会的自我成就感。社会实践的活动空间是社会或居于社会关系中的组织群体,社会实践是与其建立互动关系并进而实现相互的正向影响,从而将道德自觉进入实践主体的精神领域,并感受内心的快乐。第二,注重社会实践与专业实践的结合,让社会实践真正实现知行合一的全方位育人价值。社会实践是有目的有意识的行动,需要一定的知识基础的专业技能,否则难以进入社会实践内容而流于表面。专业实践是课堂教学的一个部分,是知识技能掌握的重要环节,与社会实践构成互补性的关系,有论者提出"以'大教学、大实践、大学分'观念为指导,以就业市场为导向,以提升学生综合素质和专业能力为目标,构建一体化、全过程、多方位的社会实践和专业实践体系"①。第三,加强社会实践管理保障,以基地建设带动社会实践整合。在市场经济条件下,大学生社会实践活动面临着经费困难、实践基地难找、实践内容单调、社会的负面影响大等诸多问题,高校和社会应该全方位、全过程、多视角地在经费、资源、问题导向等环节为学生参与社会实践创设条件,其中尤为重要的是社会实践基地建设,学校应加大与各地市政府、区县政府、周边各街道、村委会、社区等部门、企事业单位、研究机构合作构建的大学生社会实践平台,进而遴选建设一批培育和践行社会主义核心价值观教育基地。

三、校园文化阵地整合

校园文化具有立德树人根本任务实现整合的功能,其核心是社会主义核心价

---

① 沙风:《高校社会实践与专业实践的体系整合》,载《江苏社会科学》2011年第S1期。

值观的传播转化,表达了学生生存、生活的价值观念和意义系统。"文化是人类生命过程提供的解释系统以应对生存困境的一种努力"①,而校园文化承载的是校园物质、制度以及精神观念等多重意义表现形态,是高校在长期教育教学实践过程中因学生这一主体的需要而进行的各种形式的校园活动,在长期的意义孕育过程中,校园文化成了学生价值观认同的符号。

当前,校园文化阵地逐渐变成一个独立的要素系统,通过学生社团、学术报告、论坛研讨会和校园文化符号建构等有条不紊地进行着文化意义传播,而这本身却是一个分化的过程。具体而言,第一,校园活动是最主要的校园文化阵地,主要由学校团学组织和学生社团组织来开展,团学组织开展的活动多为时令性的常规活动,如"廉政文化进校园""高雅艺术进校园"等,一般而言具有价值引领性;学生社团一般有理论学习型社团、创业型社团、公益性社团、兴趣爱好型社团几个大类,开展的多为兴趣性、专业性和针对性的自发活动,具有广泛性、自愿性和组织性等特征,在各个学生群体中扮演着重要的文化传播角色。我们看到,这些活动彼此有交集,但更多却是以小众化的方式发挥主动的效果,但也发挥了作为整体的校园活动文化的价值引领意义。第二,学术报告与学生专业学习、知识视野拓展等高度相关,是学生课业的主要辅助手段。学术报告的内容纷繁复杂、多元多样,而专业技能化增强、道德教育性削弱的原因和后果与课堂教学的内部分化问题相类似,这里不再赘述。第三,校园文化符号是最具稳定性和渗透力的意义表达,除了校园活动和学术报告的文化形式外,各具特色的校训、校史、校歌、校徽等校园文化符号成为学生意义认同的重要载体,而这些意义不会自发地被学生吸收,需要通过对这些符号的仪式象征的再生产才能激活,这本身是一个整合的过程。

对于上述校园文化阵地分化和整合的辨析,是把握培育和践行社会主义核心价值观的切入口。江苏作为文化大省,有丰裕的文化资源可以运用到高校立德树人活动中来,发挥校园文化在立德树人根本任务实现中的关键性作用,不是抽象真空的,而是具体的,附着在一系列校园文化活动载体中。具体而言,校园文化阵地整合的行动路径需要多方位开展:第一,需要因校制宜开展校园文化建设,将社

---

① 樊浩:《伦理精神的价值生态》,北京:中国社会科学出版社2001年版,第50页。

会主义核心价值观融入校园物质文化、精神文化、制度文化、行为文化之中。这要求着力培育学校精神，提升办学理念，建设优良校风、教风、学风，提供和谐的校园文化氛围。加强省内高校的优势资源整合互补，广泛开展跨校文化活动的合作共享，举办校际联合活动，并打造品牌，发挥规模效应。第二，加强学校文化活动的思想性，只有有思想的活动才有内涵，才能吸引学生参与，激发学生的创造力和认同感，比如党组织生活会、校园读书会、学习兴趣小组等，学校应在制度和活动空间等方面给予鼓励支持，发挥学校师资和文化活动传统的优势，鼓励活动主办方和活动参与者将活动收获和意义感受通过文字、图像、视频等多种方式呈现出来，将即使专业性的校园文化活动凝练出可资共享的价值品质，加强推广，引领校园文化风貌。第三，坚持校园文化的综合创新，将各种有利的文化资源为我所用，直面当前多元价值观的文化差异，整合创新中西方不同的优秀文明成果，学校在资金、设施、人才、组织和制度等方面加以高度重视与投入。

四、网络媒体阵地整合

网络媒体的即时、多样和超越时空特质使事件和信息传播的方式发生了巨大变革，对传统媒体的单向性、统领性造成了巨大冲击，使社会成员能够自由地表达政治态度、道德情感和行为取向。网络媒体作为当前有重要影响力的大众传播媒介，成为培育和践行社会主义核心价值观的崭新载体和重要场域，然而网络媒体的开放性也造成在传播社会主义核心价值观过程中的意义失语，被污名化、调侃戏谑等现象频发，商业资本逻辑推动下的网络媒体为博取社会关注而进行炒作，混淆了大学生的视听。促进规范网络媒体发展已成为党中央和国务院治国理政的新国家战略[①]，优化整合网络媒体这一阵地对社会主义核心价值观大众化、提升核心价值观传播实效性、维护我国网络意识形态领域安全具有重大意义。

当前，网络媒体在改变人们生活方式、提升人们生活水平的同时，也对社会生活的诸多方面造成了困扰，高校首当其冲的就是学生群体因浸染在网络媒体中而

---

① 近年来，针对网络及新媒体的发展，中央举措频出：一是2014年2月成立了中央"网络安全和信息化领导小组"，习近平总书记和李克强总理分任组长及副组长；二是2014年8月《关于推动传统媒体和新兴媒体融合发展的指导意见》审议通过，将融合各类媒体的发展问题提升到全面深化改革重要组成部分的战略层面；三是2015年"两会"政府工作报告首次提出了"互联网＋"的行动计划。

出现的价值虚无和意义娱乐化、庸俗化。具体表现在：第一，网络媒体改变了传统媒体的价值观传播格局，价值观引导的难度增加。网络媒体使学生在任何时间、任何地点都可以接受大量的信息，与传统媒体相比，网络媒体使学生的话语表达得到了充分释放，信息接受呈现为积极、主动和参与性强等特点，对主流价值观的讨论评价能够以多元的方式展开，能够作出不同的价值选择，而处于观念意识成长期的学生群体在多样化的信息流冲击中，若缺乏恰当引导则极易出现价值虚无和真空。第二，网络媒体传播内容信息的碎片化使价值观传播的效度削弱。网络媒体的信息流瞬息万变，热点事件持存的时间越来越短，学生在网络媒体的丰富内容中不断进行选择，造成社会统一的价值观念和话语体系在某种程度上被分化瓦解。第三，网络媒体的隐匿性使学生行为规范失范，立德树人的正面价值建构被削减。网络媒体是开放的，学生能够成为信息的生产者，而不仅仅是传统意义上的接收者。网络媒体一方面使利益得到表达，同时也提供了情绪表达和宣泄的场所，形成非理性表达，使社会主导价值规范在网络空间中的作用缺失。第四，网络媒体的交互性致使价值观教育权威弱化。网络媒体的突出特点是匿名性、即时性、去中心化、全球互联等，传统社会时教育者具有的主体权威在网络时代明显减弱。价值观教育权威取决于多种因素，特别是情境因素，这对社会主义核心价值观教育带来极大挑战。

对于上述网络媒体在高校立德树人根本任务实现过程中出现的分化现象，应当加以高度重视，中共中央办公厅印发的《关于培育和践行社会主义核心价值观的意见》中指出，要"适应互联网快速发展形势，善于运用网络传播规律，把社会主义核心价值观体现到网络宣传、网络文化、网络服务中，用正面声音和先进文化占领网络阵地"①。对网络媒体阵地进行整合，优化校园网络平台建设的具体行动路径包括：第一，把握正确舆论导向，把社会主义核心价值观贯穿到日常形式宣传、主题宣传、典型宣传中去，弘扬主旋律，传播正能量，不断巩固壮大积极健康向上的主流思想舆论，使学生在自由获取网络信息的同时，能够以多样化的方式参与到立德树人过程中来，变社会主义核心价值观的话语空场为话语在场，潜移默化地发挥育人作用。这要求高校通过多种网络渠道，做好核心价值观的内容传播，

---

① 中共中央办公厅印发：《关于培育和践行社会主义核心价值观的意见》，载《光明日报》2013年12月24日。

实时做好信息发布,加强校园网络的内容管理等。第二,加强热点引导,广大思想政治教育工作者及时对社会热点问题进行回应,掌握话语主动权。当前的网络媒体以追求眼球经济为主,同时兼具新闻传播的功能,在揭露社会事件的同时也将社会事件放大,使学生等信息接收者把某一特殊事件误认为是普遍事件。这需要我们及时回应公共议题,对消极不良观点进行驳斥,引导参与公共讨论能够使学生保有对社会主义道路的信心,增进其在社会生活中的主人翁角色,消除对社会主义核心价值观所倡导的积极意义的质疑和抗拒。第三,增强网络媒体中的社会主义核心价值观要素,通过多种途径整合社会主义核心价值观内容。社会主义核心价值观要通过一定的意义符号来加以传播,借助网络媒体这一阵地,适应分众化特点,联系大学生身边事例,运用通俗易懂的语言,在生动活泼的宣传报道中引导学生培育和践行社会主义核心价值观。例如,学习中国香港地区廉政公署与大众明星合作推出反腐题材的系列影片,通过短视频、微电影等大家乐于接受的方式在网络媒体中传播主流价值观。

五、日常生活阵地整合

日常生活是人生与社会活动的组成部分,是人的基本活动空间,也是人的社会活动的出发地和基地。日常生活世界是马克思主义理论的重要组成部分,是人的思想观念的重要来源。1883年,恩格斯的《在马克思墓前讲话》中指出:"正像达尔文发现有机界的发展规律一样,马克思发现了人类历史的发展规律,即历来为繁芜丛杂的意识形态所掩盖着的一个简单事实:人们首先必须吃、喝、住、穿,然后才能从事政治、科学、艺术、宗教等等;所以,直接的物质的生产资料的生产,从而一个民族或一个时代的一定的经济发展阶段,便构成基础,人们的国家设施、法的观点、艺术以至宗教观念,就是从这个基础上发展起来的,因而,也必须由这个基础来解释,而不是像过去那样做得相反。"[①]在这里,恩格斯把人类的活动分成三个领域,即生活、生产和社会公共活动。生活是人类所有都要从事的活动,是人类赖以生存所不可缺少的基础活动。

大学生日常教育管理服务成为高校大学生思想政治教育的重要内容。[②] 大学

---

① 《马克思恩格斯选集》第3卷,北京:人民出版社1995年版,第776页。
② 郑大俊、孙其昂:《德育现代化探索——以河海大学为例》,北京:中国书籍出版社2015年版,第117页。

生进入高校社会,作为学生,学业是他们的中心任务,相当于人类的生产活动,大学生在高校学习的直接目的是参与日后的生产活动;大学生也参加社会公共活动,如作为公民参加选举,作为学生参加学生组织的选举,这方面的活动还比较少;大学生的日常生活,即衣食住行乐是日常生活的重要内容,也是不可缺少的组成部分。所以,大学生在高校以学业为中心,但离不开日常生活的基础和基地。日常生活是学生每时每日都要遇到和处理的事务,对学生身心成长和学业都有直接或间接的影响,甚至直通学生情感及内心主观世界,参与社会主义核心价值观教育。

大学生日常生活是一个丰富的领域。一般认为,日常生活领域大体可以分为三个领域,一是日常消费领域,二是日常交往领域,三是日常观念领域。① 大学生在高校的日常生活,主要指学业活动和公共社会活动以外的生活,主要内容包括日常起居生活、身心娱乐生活和人际交往活动。宿舍、餐厅、校园、网络、周边社区等成为大学生日常生活的重要场所。简单来说,日常生活就是一天安排所构成的全部,与学业和其他社会活动相连,相互关联,相互影响。大学生在高校的日常生活十分丰富,也充满情趣,许多大学生在毕业后回忆大学经历往往对大学生活十分怀念,是人生中重要而美好的一段经历。物质经济条件改善和提升、文化旅游事业发展,还有交通、通讯、互联网的发达,以及国家对大学生精神文化生活的重视,都为大学生日常生活提供了优裕条件。加上高校社会的自由度和个体自主性发展,大学生成为日常生活世界的主人,日常生活的安排及利用成为学生个人的领地。同时,日常生活的利用成为大学生成长的重要环节,常成为检验学生学业及身心成长的重要指标,为学生提供优质生活服务则成为高校管理和服务质量的重要指标,日常受到学生及学生家长的关注。

大学生日常生活是大学生高校生活的组成部分。从立德树人根本任务实现阵地来说,它与其他四种阵地既有区别又有联系。课堂教学、社会实践、校园文化、网络媒体与日常生活相区别,在立德树人根本任务实现中分别发挥各自特点的阵地功能,日常生活主要通过自己的生活过程与社会主义核心价值观产生相互作用,以生活化方式存在和实践。与其他四种阵地相比,日常生活还具有私人性

---

① 孙其昂:《社会学视野中的思想政治工作》,北京:科学出版社2017年版,第179页。

特点,日常生活安排和内容具有私人性和个性化,受到个人的规约。可见,日常生活作为培育和践行社会主义核心价值观主要受个人左右。同时,日常生活并不是完全独立的领域,它与人的整个活动相联系,通过个人纽带进入其他立德树人根本任务实现阵地,也受到这些阵地的影响。这是组织化的实现得以进入日常生活的通道,也可以从另一侧面监测日常生活立德树人根本任务实现情况,由此加以调节。正确处理日常生活私人性与公共性是高校大学生思想政治教育的难题,也是不可避免的课题,必然成为培育和践行社会主义核心价值观教育的重要课题。

六、阵地与阵地之间交互整合

立德树人根本任务实现整合是一个系统性、综合性、关系性的活动,要素内部的交互整合是实现整体整合的内源性要求。对于承载培育和践行社会主义核心价值观重要构成部分的阵地来说,高校这一主阵地内部的阵地和阵地之间不是排斥性、对抗性的关系,而是同样需要加以组织、布局和协调以使得立德树人根本任务实现阵地稳定有序。

阵地之间的交叉关系构成整合的前提,为整合提供了可能性。首先,课堂教学、社会实践、校园文化、网络媒体、日常生活等阵地限定在共同的物质场域,即高校这一微缩社会中;面向的对象是一致的,即大学生;传播的内容是共通的,即培育和践行社会主义核心价值观。整合的过程也是激活立德树人根本任务实现内部要素的过程,实现各阵地之间的信息交换、人员互动、能量更新,让培育和践行社会主义核心价值观充满活力、形成合力。其次,立德树人根本任务实现是对人的互动,人与人之间的社会交往常常需要外在的中介实现,课堂教学、社会实践、校园文化、网络媒体、日常生活等阵地相对于立德树人对象来说,是承载、传导社会主义核心价值观的重要中介,能为教育者所应用,且教育对象和教育者可以借此相互作用。

各阵地整合的作用路径表现在:第一,加强立德树人根本任务实现的目标共识,使各阵地互相借力以实现培育和践行社会主义核心价值观。目标共识的达成需要各阵地意识到其作为整体性的结构存在,将培养全面发展的社会主义新人作为目标追求,逐渐推进立德树人根本任务的实现。各阵地需要建立联动对话机制,以经验共享推进目标共享,避免单方面的、各自为营的片面行动,在具体的实践过程中总结经验,达成目标共识。第二,倡导共同的价值观建设,构筑完整、团结的立德树人根本任务实现阵地。前面说到,不管是课堂教学的科际分化还是社会实践的形式分化,抑或校园文化和网络媒体在传播核心价值观过程中的真空化现象,其都将导致立德树人活动无法顺畅开展,各部分交往也定然无法有序实现。以社会主义核心价值观构筑共同的价值观建设,反对非主流、庸俗、下流的文化符号,合力引导健康向上的主流价值观,尤其是中国优秀传统文化和道德资源,通过各阵地的合力发挥,实现立德树人根本任务。第三,党政干部、共青团干部、教师、辅导员、班主任合力创新。各阵地是由人来完成建构的,人始终是关键性因素。人群行动要有"发起人",有人主动发起、动员、组织群体成员。奋斗在立德树人不同阵地一线的思想政治教育工作者要做"发起人",增强职业活动荣誉感和责任感,学为人师,行为世范,增强对话,加强交流是现实价值和解的基本前提,"形成以党政干部和共青团干部为核心、以辅导员和班主任为骨干、以思想政治理论课教师和哲学社会科学课教师为主体的社会主义核心价值观培育的合力工作模式"[①],在此基础上来共同综合创新各阵地在立德树人根本任务现实过程中的各环节。

第五节　高校立德树人根本任务实现活动整合

培育和践行社会主义核心价值观,重要的是要有具体的活动。在社会主义核心价值观的建构过程中,主要分为以教育对象为主体的活动、以教育者为主导的活动以及教育者和教育对象的交互主体性活动。这三类活动包含了培育和践行社会主义核心价值观的各个环节,具有系统性和全面性。

一、以教育对象为主体的活动整合

(一)教育对象的主体性活动分类

教育对象的主体性活动作为人的活动的重要方面,是一个有着由若干相互联系、相互作用的要素构成的动态的发展系统,这些要素之间相互联系、相互作用的

[①] 陈松友、韩喜平、汤克敌:《高校要形成社会主义核心价值观培育的合力》,载《思想政治教育研究》2015年第6期。

方式构成了思想道德建构活动的结构,并表现为特定的功能,从而实现大学生培育和践行社会主义核心价值观的过程。

活动的展开,首先有赖于教育对象作为活动主体的存在。这种活动是属于人的,是人所进行的建构活动。所以,教育对象的活动的主体,就是教育对象自身。教育对象之所以作为活动的主体,就是因为在活动中教育对象能够充分发挥主体性。教育对象按照自己的发展状况和现实需求,有目的性地建构自己的思想道德的框架和具体内容,这种主动性和主体性是建构得以实现的基础。

在培育和践行社会主义核心价值观的活动中,教育对象的思想道德建构活动的客体就是与主体发生关系并被主体建构的事物,具体来讲,它包括一定的世界观、人生观、价值观,从根本上来讲就是社会主义核心价值观的具体内容。它在教育对象的思想道德建构活动中内化为教育对象的知识和观念,并外化为一定的行动,建构一定的客体是建构活动的目的和成果所在。

主体和客体想要产生一定的联系,中介是必不可少的要素。思想道德建构活动首先是发生在人的观念中的活动,是主体从客体中获取信息、传输信息、加工信息的过程。所以,客体必须获得一种能够与主体进行互动,能够符合主体对于信息的要求的表现方式或者传播方式,这种方式就是主体与客体进行沟通的中介。具体来说,这些方式是具体活动展开的方向和内容,只有经过这种活动,主体才能不断地与客体发生关系,并在反复的实践中建构出相应的客体。这些活动主要包含阅读、社会实践活动、志愿服务活动等,是教育对象自发自觉组织并乐于参与的活动。

(二)以教育对象为主体的活动整合

进行优秀作品的阅读活动。培育和践行社会主义核心价值观,首先需要了解社会主义核心价值观的具体内涵,要了解社会主义核心价值观的时代价值和现实意义,从而促进自己的思考。广泛了解培育和践行社会主义核心价值观的先进模范,了解他们的事迹和心路历程,这对于建构自我的社会主义核心价值观有着至关重要的作用,这些先进的模范能够让教育对象自己找到真正培育和践行社会主义核心价值观的具体路径和方法,在这种向模范学习、像模范一样行动的心理激励下,展开具体的实践活动环节。

深入开展社会实践活动。在学校要求的实践教学环节之外,大学生要主动组织并参加社会实践活动。积极参加军事训练、公益劳动、社会调查等实践性教活动,培养自己的国家荣誉感、社会责任感以及艰苦奋斗的精神和吃苦耐劳的作风,真正把社会主义核心价值观的内容融入日常生活和具体的社会实践中。要加强实践基地建设,为自己和他人的持续性实践活动提供基础。广泛利用博物馆、美术馆、科技馆等社会资源,充分发挥各类社会实践基地、社区教育中心和青少年活动中心等校外活动场所的作用,定期开展参观体验、专题调查等活动。

不断提高志愿服务活动水平。大力弘扬"奉献、友爱、互助、进步"的志愿精神,普及志愿服务理念,加入各种志愿者队伍,了解志愿者招募、管理和培训制度,帮助完善志愿者评价和奖励机制。① 充分发挥自己的专业优势,围绕科学普及、文化惠民、政策咨询、就业指导、心理疏导、法律援助等,开展形式多样的志愿服务活动。在活动中可以建立相对固定的志愿者服务基地,不断提高志愿服务活动的针对性和实效性。大力弘扬雷锋精神,广泛开展"学习雷锋,争做美德少年"、创建雷锋"示范学校"和"示范班级"等活动,带动周围的大学生立足自身学雷锋、走上社会、奉献自身,积极推进培育和践行社会主义核心价值观志愿服务活动品牌化、常态化。

二、以教育者为主体的活动整合

(一)价值引导是社会主义核心价值观培育活动中教育者活动的本质

在培育和践行社会主义核心价值观活动中,一是要使教育对象具有关于社会主义核心价值观的知识,二是要培育教育对象社会主义核心价值观的观念,三是要使教育对象有践行社会主义核心价值观的具体行动。在这些活动中,教育者能够发挥的重要作用就是价值引导作用,要结合知识灌输的方式,积极配合,采取价值引导活动。

在大学生培育和践行社会主义核心价值观的活动中,虽然大学生是思想道德建构活动的主体,但是主体性的发挥是有一定的局限性和盲目性的,这就为教育者的价值引导活动提供了可能性。教育者采取价值引导活动,可以对教育对象的建构活动产生有利的影响。

首先,教育者的价值引导活动能够激发教育对象的自我需求意识。教育对象

---

① 张伟娟:《当论完善志愿服务活动与培养大学生社会主义核心价值观》,载《理论导刊》2014年第8期。

的需求产生之初,可能只是萌芽状态,是一种不确切的、不稳定的需求。此时教育者的价值引导活动可以帮助教育对象明确自己的需求,培育教育对象完善的理想自我需求意识。

其次,教育者的价值引导活动可以对教育对象的思想道德建构活动的过程产生影响。教育者可以通过举办一系列主题活动来吸引教育对象加入,从而在活动中对教育对象产生潜移默化的影响。这些主题教育活动,一方面可以将教育对象聚集到一起,对他们进行集体教育,另一方面可以有意识地整合教育活动的内容,有目的有计划地对教育对象进行社会主义价值观各个方面的培养和教育。

最后,教育者的价值引导活动能够对教育对象品德建构结果产生影响。通过对教育对象需求产生、活动过程的引导和规范,最终将影响教育对象思想道德建构活动的结果。结果主要包含教育对象对于社会主义核心价值观的认同度、教育对象对于培育和践行社会主义核心价值观的热情、教育对象的具体行动。对教育对象品德建构的结果产生影响,是教育者的价值引导活动的最终目的。

(二)以教育者为主体的活动整合

深入开展"中国梦"系列教育活动。要围绕培育和践行社会主义核心价值观,通过开展"优秀童谣传唱""向国旗敬礼"活动,开设专题论坛、讲座、报告会,举办读书、知识竞赛、演讲、辩论赛等,加强对"中国梦"的宣传教育,引导学生树立远大人生理想,坚定中国特色社会主义信念。发挥主题教育导向作用。充分利用"开学第一课""成人宣誓""毕业典礼"等有利时机,充分利用升国旗、入队入团入党等重要仪式,充分利用重大节庆日、重大纪念日如国家公祭日、烈士纪念日和民族传统节日等重要契机,深入开展形式多样的主题教育活动,传播主流价值,培养学生的爱国情感,树立民族自尊心和自信心,激发民族自豪感,加深对中国历史和优秀文化的认同。

丰富主题教育内容。扎实开展"三爱三节"("爱学习、爱劳动、爱祖国""节水、节电、节粮")教育活动,增强学生的劳动观念和节约意识,培养艰苦奋斗的精神;加强生态文明教育,引导学生养成低碳环保的行为习惯和健康文明的生活方式;开展"勿忘国耻,振兴中华"等主题教育活动,激发师生的爱国情怀和奋发向上的前进动力;开展中华优秀传统文化教育,引导学生增强民族文化自信和价值观自信;开展职业技能大赛等活动,引导学生树立"劳动光荣、技能宝贵、创造伟大"的理念;加强学风建设,积极开展科学道德和学术规范教育,引导大学生恪守学术道德,捍卫学术尊严,端正学术风气。

大力加强诚信教育活动。深入推进诚信教育,以创建诚信考场、诚信班级、诚信校园为载体,建立健全诚信教育体系,培养学生重信誉、守信用、讲诚信的良好品行。开展"契约精神""职业精神"教育活动,培养学生严谨诚信的学习态度、科学精神、学术道德,促进学生养成精益求精的工作态度。加强诚信制度建设,认真落实省政府《关于加快推进诚信江苏建设的意见》,建立全省教育系统守信激励和失信惩戒有效机制。积极搭建各种诚信建设平台,在学生学习、交友、科研、择业中全面渗透诚信教育,努力构建全方位、立体化的大学生诚信教育体系。

开展群众性精神文明实践活动。深化学校精神文明实践活动,要把社会主义核心价值观要求纳入学校精神文明实践活动的测评体系,广泛开展"文明班级""文明宿舍""文明食堂"等和谐校园实践活动。要加强规范约束和社会监督,积极引导学生文明交通、文明旅游、文明餐饮、文明上网,努力创建整洁优美的校园生活环境、文明和谐的校园公共秩序、互助友爱的校园人际关系,不断提高校园文明程度。要完善学校精神文明实践工作机制,促进学校群众性精神文明实践工作的规范化、制度化。

三、教育者与教育对象的交互主体活动整合

(一)教育者与教育对象的交互主体活动范畴

在教育对象的思想道德建构活动中,教育对象是主体;在教育者的价值引导活动中,教育者是主体,而将两个主体进行交互活动,是培育和践行社会主义核心价值观非常重要的环节。在新的教育理念下,我们既要发挥教育者的价值引导作用,也要发挥教育对象的能动作用,以此来促进双方的共同发展。

开展思想政治理论课教学研讨环节。邀请学生参与思想政治理论课教学的研讨,一方面可以了解学生接受思想政治理论课内容的现状,并发现更容易被学生接受的内容和方式;另一方面可以了解学生关心的问题,明确学生需求和问题,并根据学生的情况对教育教学的课程展开调整。教学研讨活动应去形式化,不要局限于特定的空间或时间,消除老师和学生之间的地位差距,减少学生的心理压力,鼓励学生积极表达自己的观点,培养大学生"大胆、大方、大气"的成人作风。

老师可以主动向学生请教各类问题,以学习的态度对待学生关于社会主义核心价值观的先进理解和看法。

大学生要大胆对教育者的教育活动开展评价,并针对优点和缺点分别表达自己的观点,促进教育者的教学技能和方式的进步。在培育和践行社会主义核心价值观的活动中,教育者并不一定掌握着普遍的真理,也有可能对社会主义核心价值观产生误解,这时学生应乐于帮助教育者改正错误,以理服人。教育者应放平心态,摆正姿态,以共同进步、互相学习的态度对待自己的学生,坚持"弟子不必不如师,师不必贤于弟子"的理念,来促进双方社会主义核心价值观素养的完善。

大学生之间要开展社会主义价值观主题活动,在思想道德建构活动中,每一个大学生都是一个独立的主体,这些独立主体之间的交互活动非常重要。① 开展社会主义核心价值观主题小品活动,发挥每一个主体的创造力,在表现中切实感受社会主义核心价值观的生命力和意义。开展社会主义核心价值观主题辩论活动,针对社会上的热点问题,进行社会主义核心价值观意义上的评价和辩论,以此来促进团体中每一个学生的发展和成长。这类活动可以不需要老师的参与,学生作为组织活动和参与活动的主体,充分发挥想象力和主观能动性,既对自己的理念进行检验,又对他人的想法有所了解。

(二)教育者与教育对象的交互主体活动整合

教育者与教育对象的交互主体活动多样,对它们的整合有利于增强交往效果,促进双方的共同进步。对交互主体活动进行整合,主要有以下几个要点:

一是要整合双方的主体性。教育对象的主体性体现在能够自主意识到自己处于社会主义核心价值观的交往活动之中,并能够意识到自己作为教育对象的地位,同时能够自主选择接受教育的内容和方式。教育者的主体性体现在主导着交往活动的方向和内容,能够将社会主义核心价值观融入自己的理解并将其贯穿到交往活动当中,并能够在交往中及时观察教育对象的反馈,并听取教育对象的合理建议。将二者的主体性进行整合,能够完善教育内容、选择更适合的教育内容。

二是要整合交互主体活动形式。交互主体形式多样,有教育者主导的交互主体性活动,也有教育对象主导的交往主体性活动。无论由谁主导,活动的目的最

---

① 周双双、任定周:《论社会主义核心价值观教育中大学生主体性的四维表现》,载《宁夏党校学报》2015年第4期。

终应该是使双方对于社会主义核心价值观的认识更加深入,能够具有社会主义核心价值观的观念,并能够将观念外化为具体的行动。整合交互主体活动,应坚持以培育和践行社会主义价值观为核心的活动原则,应坚持一以贯之的活动内容,应坚持双方的主体性同样重要的基本要求。

三是要整合交互主体活动的成果。交互主体性活动进行后,对活动过程进行总结并形成一定的成果非常重要。不同活动的成果形式不同,有些可以形成系统性的总结,有些只能形成一小段话或几个关键词。对成果进行整合,一是要完善理论成果框架,将各种成果能够整合到一套系统中,最终形成成熟的理论体系;二是要整合成果的表现形式,运用技术性的手段将成果尽量展示为类似的形式和内容;三是要整合成果的评估,成果好坏需要专门的评估体系,将好的理论成果尽量发扬,将差一些的理论成果进行调整或完善后予以宣传。

第六节　高校立德树人根本任务实现管理整合

管理是立德树人根本任务实现的重要保证,离开科学、有效的管理则培育和践行社会主义核心价值观必然是软弱无力的。管理通过制度和人员两个维度来实现,把立德树人与实际管理相结合即是发挥制度育人和全员育人的双重作用。立德树人根本任务实现管理整合即是有目的、有计划、有组织地对各管理要素和环节进行控制、协调,实现对管理的管理,最大限度发挥社会主义核心价值观的育人引导价值。党的十八大报告把立德树人作为教育的根本任务,为新形势下加强和改进立德树人根本任务实现管理整合指明了努力方向,提出了新的要求。在校级管理、院级管理和学生自组织管理三个层面转变管理思想观念,树立"立德树人"的管理理念,以学校管理整合带动全省乃至全国的管理整合,对发挥江苏省教育资源优势,整合省内高校管理以培育和践行社会主义核心价值观具有重要意义。

一、校级管理与立德树人根本任务实现整合

中共中央办公厅印发的《关于培育和践行社会主义核心价值观的意见》中指出:"各级党委和政府要充分认识培育和践行社会主义核心价值观的重要性,把这项任务摆在重要位置,把握方向,制定政策,营造环境,切实负起政治责任和领导

责任。"①学校层面的管理是高校立德树人根本任务实现管理整合的根本环节,具有统领性和整体性,对下一层级的管理整合具有直接的导向和规训作用,其管理理念无形中框定了培育和践行社会主义核心价值观的各个要素、各个环节,具有规范效应。学校管理层面树立立德树人管理理念,是高校治理现代化的重要组成部分,将有助于自上而下地推动社会主义核心价值观在学校范围内的推行与落实。

当前,高校校级层面对培育和践行社会主义核心价值观施行的管理出现了新的分化特征,面对立德树人环境的复杂变化而显得被动,其整合的行动路径需要从以下三个方面进行:第一,更新管理理念,以立德树人管理理念代替事务管理理念。一些高校学生管理工作仍然停留在事务管理上,较少关注学生的思想道德方面发展,认为学生是被管理者,需要做到的只是服从管理。管理思路的出发点是管住学生,以学校的稳定和发展为出发点,而非培养德智体美全面发展的人才。"以往的单维性和片面性的习惯思维和教育理念,使人们对于社会主义核心价值观教育存在着不正确的认识,忽视了大学生社会主义核心价值观教育各环节之间的联系,缺乏系统整体思维的教育理念,以及缺乏对大学生思想政治教育合力问题的认知,这些问题已经成为整合大学生社会主义核心价值观教育资源,加强大学生社会主义核心价值观教育有效性的瓶颈。"②更新管理理念要求用多维性和系统性、整体性的理念统领全局,在党委和各职能部门中强化管理理念的科学性,用先进的理念实现立德树人根本任务。

第二,加强对培育和践行社会主义核心价值观的组织领导。增强培育和践行社会主义核心价值观的主动性,将立德树人根本任务实现落到实处。有研究者指出,在当前制约大学生信仰作为立德树人核心的马克思主义教育的诸多因素中,高校领导不重视是第二位因素,"高校领导对马克思主义教育不重视主要不是表现在形式上或现象上,更多地是表现在高校的政策制度等实质性问题上,即形式重视实质不重视。"③由于学校在各自范围内是一级组织单位,学校层面的懈怠将

---

① 中共中央办公厅印发:《关于培育和践行社会主义核心价值观的意见》,载《光明日报》2013年12月24日。
② 陈松友、韩喜平、汤克敌:《高校要形成社会主义核心价值观培育的合力》,载《思想政治教育研究》2015年第6期。
③ 黄明理、冯茜:《我国90后大学生马克思主义信仰状况研究》,载《河海大学学报(哲学社会科学版)》2014年第2期。

直接影响到下级组织的积极性和主动性。高校统管的各职能部门关涉学生在校学习生活的方方面面,有效发挥这些职能部门的主动性,建立培育和践行社会主义核心价值观的管理考评机制是重要保证。一方面,高校要更为主动地了解学生需求和价值观动态,在制度上推进网络化管理,通过学校论坛、高校校报广播等平台加强互动,深入学生学习生活的实际过程中,做好窗口服务,发挥社会主义核心价值观倡导的品质素质,在潜移默化中影响学生。另一方面,做好发展规划,确立年度立德树人根本任务实现的工作目标和任务,明确相关责任主体,管理体制和过程公开化、透明化,校领导直接联系学生组织,进一步加强高校民主治理、突出人才培养中心地位。同时,"党委宣传部门要切实担负起组织领导、协调推进的重要职责,积极会同有关部门采取有力措施,推动各项任务落到实处。"[1]

第三,转变管理体制的刻板化、层级化、刚性化特征,回应学生多样化的需求。以立德树人为中心任务,摒弃原有一味用"禁止""严禁"和"不准"等否定性思维强调学生"应该怎么做"的刚性化管理,深入学生,正视学生的实际需要、主体地位和个性化发展,变"惩罚""警告"为"倡导",变行政范式为德育范式,才不会激发学生的逆反心理和抗拒心理。具体而言,需要校内各横向职能部门和人员需要加强沟通合作,改变各部门之间条块分割、协调困难等情况,形成共同推进社会主义核心价值观培育和践行的良好局面。从学校整体层面来看,目前培育和践行社会主义核心价值观的工作主要由马克思主义学院、学生处、团委、党校、宣传部等部门承担,教书、育人、管理和服务等职能分工明确,但也出现了缺乏联动合作的局面。因此,学校在制度上加强立德树人根本任务实现管理整合,优化协调培育和践行社会主义核心价值观过程的各要素、各环节,避免各自为政所造成的效力低下和互相推诿。

二、院级管理与立德树人根本任务实现整合

学院作为高校的二级组织单位,直接承担着培育和践行社会主义核心价值观的职责和使命。立德树人根本任务能否实现,一定程度上决定于学院管理的安排和引导。学院是连接学生和高校的中间单位,是上情下达、下情上传的融合剂,是

---

[1] 中共中央办公厅印发:《关于培育和践行社会主义核心价值观的意见》,载《光明日报》2013年12月24日。

立德树人共同体的中间环节。学院即是学生管理的直接负责单位,也是处理学生诉求的第一道窗口,只有处理好学生的问题和需求,才有开展立德树人的基础。承载培育和践行社会主义核心价值观的具体活动,一般而言,是通过学院来实现的。因此,加强学院立德树人根本任务实现管理整合具有重要意义。

当前,学院在培育和践行社会主义核心价值观中,除了依照学校层面的管理整合思路开展工作外,还需要结合学院自身的特色进行专门的管理整合。其整合的行动路径需要在以下三个方面进行:第一,加强教学环节管理,以教学科研带动立德树人根本任务实现。学院承担着专业领域的科研任务,并且提供专业的社会服务,如举办学术会议,开展学术报告等,这些与学生专业学习直接相关的学院事务需要与学生建立关联。一方面,学院引导学生有序参与到学院教学科研活动中,积极参加学院举办的各项活动,让学生感受这些事物的进展过程和面对问题的处理方式等,本身就是社会主义核心价值观彰显的过程;另一方面学院通过制度建设保证教学过程的有效开展和顺利进行,重视教学环节的基础性作用,在资源、经费、物力和制度等方面给予保障,加强教学环节的协调整合,促进立德树人的元素彰显。

第二,统筹全员育人,增强学生事务管理的科学性。目前,学院在培育和践行社会主义核心价值观过程中,所开展的一系列育人活动主要由分管学生工作的党委副书记和学生辅导员直接负责,而具体活动则由辅导员牵头并负责实施。辅导员自身需要兼顾学生事务管理和学生道德方面的发展,时间和精力的有限使培育和践行社会主义核心价值观只能以最低程度的考核要求来完成,机械化、任务化使立德树人的育人价值难以真正发挥。统筹全员育人,就是要改变辅导员在具体学生工作中面临"上面千条线、下面一根针"的困难,消解职业倦怠。辅导员在承担立德树人根本任务实现过程中,本身也要加强管理的科学性。换言之,辅导员需要将投放在学生组织团体上的精力更多地投放到对普通大学生的关注上,改变过去主要重视学生干部的个人素质、实践能力锻炼以及适应社会发展能力的培养而忽视普通大学生的主体地位的现象,实现全员育人。

第三,支持学院文化建设,将社会主义核心价值观融入学院文化中,形成与校园文化的有机互补,扩大培育和践行社会主义核心价值观的覆盖面和影响力。学院文化建设离不开学院的管理,学院管理制度和机制对学院文化的丰富发展具有直接的促进作用。学院文化是学院学生实现自我价值的方式,是学生的精神家园,独特的学院文化也是学生实现身份认同的途径,当学生通过学院文化而认可自己是学院成员时,无形中也就进入学院立德树人过程中。这需要学院高度重视学院文化的整合功能,加强学院文化的研究与建设。同时坚持学院文化建设的综合创新,引导学生和学院教师合力创新,共同加入学院文化建设的队伍中来,鼓励支持学生创办学院具有价值引领性的文化评论报刊,在成就动机中开展立德树人。此外,需要加强文化建设的政治性导向,不是任何文化都能够吸纳整合到学院文化中来,这些文化本身也需要进行管理整合。

三、学生自组织管理与立德树人根本任务实现整合

学生自组织管理是学生自我教育的重要环节,学生自组织分布广泛、类型多样,具有深厚的学生基础,对培育和践行社会主义核心价值观具有重要作用。学生自组织因其主体与客体的一致性,还具有其他管理主体不具有的优势即自我矫正的作用,学生自组织中的同辈群体在身份等级、年龄代沟、心理距离等方面的差异小、相容性强的特点使其管理更加具有平等性、民主性。对学生自组织各要素、各环节加强管理整合,将有力推动立德树人根本任务的实现。

当前,学生自组织秉持着自我管理、自我服务、自我教育的原则,在高校培育和践行社会主义核心价值观中发挥着重要作用,是最基层的管理单位,充分调动学生自组织的能动性,其整合的行动路径需要在以下三个方面进行:第一,提升学生会组织内涵,发挥学生会育人作用。群众基础最深厚的学生会组织要持续保持和增强政治性、先进性、群众性,围绕"立德树人"的根本任务,围绕党的教育方针,围绕学校中心工作,围绕同学成长发展需求开展工作。学生会要依靠广大同学,调动好广大同学的积极性和创造性,坚持传承和创新的统一,打造品牌,彰显特色,为学校建设世界一流的特色研究型大学作出新的更大贡献。学生会干部要增强主体意识、卓越意识,以学为主,多元发展,实现学习与工作的相互补充、相互促进。

第二,注重发挥学生主体作用,充分发挥学生自我教育的作用。结合学生身心成长的特点和规律,注重自我教育,不断增强学生主体意识和自我约束能力。加强学生党、团、学生会、社区等学生组织建设,充分发挥学生组织在学生自我教

育与自我管理中的作用。完善学代会等制度,为学生参与学校管理搭建平台,增强学生主体意识。加强学生骨干队伍培养。深入实施"青年马克思主义者培养工程",建设好马克思主义学院,努力造就一大批马克思主义的坚定信仰者、传播者和践行者。发扬"传帮带"优良传统,鼓励高年级学生指导低年级学生,选拔优秀研究生担任本科生的兼职辅导员、班主任,参与并指导学生社团活动、社会实践和志愿服务等工作。

第三,优化学生自组织管理方式,创新学生自组织活动形式。各学生组织可以通过理论学习小组、主题议论会、社会实践活动、志愿者、社团、创业中心、科研组、班会等形式,让学生们进行自我管理服务;另外还可以采取网络、校园广播等方式拓展学生自我服务管理方式,以此促使大学生在参与和实践的过程中提高自我综合素质水平,形成管理与活动的有机联动、互相补充,将分散化、机械化的活动内容通过有效的管理整合熔铸为统一的整体,在活动过程中培育和践行社会主义核心价值观。

第五章　高校立德树人根本任务实现的工作机制

高校立德树人根本任务实现就是让社会主义核心价值观进入学校、学生,融入高校教育的全过程。从根本上讲,立德树人根本任务实现关键在于"学校化"与"学生化"两个过程。正如习近平总书记于2018年9月10日在全国教育大会上指出,"要把立德树人融入思想道德教育、文化知识教育、社会实践教育各环节,贯穿基础教育、职业教育、高等教育各领域,学科体系、教学体系、教材体系、管理体系要围绕这个目标来设计",强调"要在加强品德修养上下功夫,教育引导学生培育和践行社会主义核心价值观,踏踏实实修好品德,成为有大爱大德大情怀的人"。[①] 不过,不可忽视的是,在高校这一场域下,这一全过程的内在运作机理非常复杂,有必要对之进行专门的考察与梳理,才能进一步明晰高校立德树人根本任务实现的工作机制。

第一节　高校立德树人根本任务实现工作机制概要

关于高校立德树人根本任务实现工作机制的研究,其实就是对高校立德树人根本任务实现的内在运作机理的揭示,它在培育和践行社会主义核心价值观上有着举足轻重的作用。

[①]《坚持中国特色社会主义教育发展道路,培养德智体美劳全面发展的社会主义建设者和接班人》,载《人民日报》2018年9月11日。

一、高校立德树人根本任务实现工作机制的本体追问

"高校立德树人根本任务实现工作机制是什么"这一本体追问,是高校立德树人根本任务实现工作机制研究的开端,它包括高校立德树人根本任务实现工作机制的基本含义、特征、类型。

(一)机制与高校立德树人根本任务实现工作机制的含义

关于机制,国内学界对之进行了诸多讨论,达成了基本共识。机制是一个外来语,源于希腊文(mēchanē),意指机器、机械。英语(machanism)和俄语(mexahuam)也均有机械装置、机构、结构、历程、作用过程、途径、技巧等含义,属于一个机械学、物理学概念。① 到了近现代,机制一词逐渐进入社会科学领域,用以研究各种社会事物和现象之间的结构、相互关系和内外影响。当前,学界关于机制的含义的研究主要有社会学、系统科学和综合学科三个维度。本书偏重从社会学的维度进行考察。郑杭生认为,机制就是"带有规律性的模式",基本含义有三层:一是事物组成要素的相互联系,即结构;二是事物在有规律性的运动中发挥的作用、效应,即功能;三是发挥功能的作用过程和作用原理。②于真认为,"所谓机制是指事物在运动中,各相关因素(包括内部结构与外部条件)有一定向度的、相互衔接的律动作用联系。"③结合两位学者的观点,可以发现,机制是有规律可循的,是由要素构成的结构,能够在运作过程之中发挥功用的。基于此,我们认为,高校立德树人根本任务实现工作机制是指在高校领域内立德树人根本任务实现的各构成要素基于某种机理而形成的运转方式和运行过程。它隐含着一个基本旨趣,就是促进社会主义核心价值观的培育、践行,也即社会主义核心价值观的"学校化""学生化"。高校立德树人根本任务实现工作机制要研究高校立德树人根本任务实现过程之中各要素的关联方式(结构)、功能以及具体运作过程。换言之,在后面的内容中,我们阐述的主要内容包括:一是高校立德树人根本任务实现的构成要素及其结构,二是高校立德树人根本任务实现的各构成要素耦合而成的

---

① 参见于真《论机制与机制研究》,载《社会学研究》1989 年第 3 期;赵鼎新《论机制解释在社会学中的地位及其局限》,载《社会学研究》2020 年第 2 期。
② 郑杭生、李强:《社会运行导论》,北京:中国人民大学出版社 1993 年版,第 348 页。
③ 于真:《论机制与机制研究》,载《社会学研究》1989 年第 3 期。

功能,三是高校立德树人根本任务实现的具体运作状态。

(二)高校立德树人根本任务实现工作机制的特征

特征是基本含义的外在彰显。如前所述,高校立德树人根本任务实现是有规律可循的,其工作机制的外在特征也是非常显著的。第一,目的性。目的性也可以称作指向性,即高校立德树人根本任务实现具有明确的目的指向。在高校领域中,它规定着高校立德树人根本任务实现工作机制运行中各要素相互作用的功能和整体运行所要达到的方向。在这一过程之中,所有行为都暗含着趋向性,只不过在于表现的显著程度不同而已。目的性规定了立德树人根本任务实现工作机制的作用方向,它确定了"做什么""达到什么样的目标"等问题。第二,规律性。立德树人根本任务的实现是一个有规律性的过程,换句话说,它是一个实践、认识、再实践、再认识的过程。在这样一个螺旋上升的认识过程中,既要充分发挥能动性,又要尊重客观规律;既要克服因循守旧、懒惰懈怠,又要防止急躁冒进、揠苗助长。第三,整合性。① 立德树人根本任务的实现是一项复杂的系统工程,无论与工作系统内部,还是与外部的联系,必须进行整体性的统一协调,才能使其处于一种良性的运行状态,保证目标的实现。这种整合性特质能协调各部分的运行状态,使之相互关联、相互促进,形成共同的着力点,产生出整体大于部分功能的综合效应。第四,动态性。高校立德树人根本任务实现工作机制呈现出一个持续不断发展变化的图景。一方面,表现为各构成要素自身的不断变化;另一方面,各构成要素之间相互制约与作用的关系,使高校立德树人根本任务实现工作机制始终处在经常性的变化状态中。立德树人根本任务的实现必须顺应和反映时代要求,而机制的创新同样需要充分体现与时俱进,符合时代本质和潮流;否则,将被时代所淘汰。第五,发展性。发展的实质是新事物的产生和旧事物的灭亡,是事物的不断提高的过程。② 高校立德树人根本任务实现工作机制是一个随着客观情况变化、人们思想认识变化而不断深化、完善的过程,立德树人根本任务的实现必然是在适应——不适应——新的适应这样一个螺旋式的过程中不断前进。

(三)高校立德树人根本任务实现工作机制的类型

关于机制类型的划分,学界众说纷纭。其中,孙绵涛在研究教育机制理论时,

---

① 孟东方等:《建立保持共产党员先进性长效机制研究》,重庆:重庆出版社2006年版,第170页。
② 萧前等:《辩证唯物主义原理》,北京 人民出版社1981年版,第154页。

将教育机制作了层次机制（宏观、中观、微观）、形式机制（行政—计划、指导—服务、监督—服务）和功能机制（激励、制约、保障）的划分。① 李以渝在研究"怪圈结构产生机制"时，将机制划分为存在机制、变化机制、动力机制、制约机制和协同机制（整合机制）等五种类型。② 在高校领域中，立德树人根本任务实现工作机制关注立德树人根本任务实现的过程以及功能发挥的过程。换言之，高校立德树人根本任务实现工作机制偏重于过程性、功能性的理解。近年来，一些学者也提出了类似的观点。比如，李特等人提出了"建立'办学质量'评价机制、'线上—线下'联动机制、'管理—服务'协同机制和'师德—师风'保障机制"③。初冬青等人则提出，"健全完善高校领导体制与德育工作协同联动机制、建立'三全'育人体系、改进考核机制、保障机制和激励机制等"④。综上所述，我们认为，可以将高校立德树人根本任务实现工作机制的类型划分为决策机制、管理机制、评估机制、激励机制、反馈机制。借助从决策到反馈这一立德树人根本任务实现过程，细化高校立德树人根本任务实现工作机制这一总体框架。

二、高校立德树人根本任务实现工作机制的重要性

对于国家与社会而言，高校立德树人根本任务实现工作机制是文化建设的重要一环，关乎"国家治理体系和治理能力现代化"。在本书中，我们将立德树人根本任务实现工作机制限定在高校。从宏观上讲，由于高校的教育对象的特殊性，能否建构立德树人根本任务实现的长效机制，关乎国家长治久安与兴旺发达。从更为具体来说，对于高校这一场域而言，立德树人根本任务实现工作机制具备理论与实践方面的意义。

（一）理论意义

在高校，立德树人的对象不仅仅指向学生，还包括高校的领导和教职工。在某种程度上，立的"德"、树的人是全员性的，而不是局部性的。从这一意义上来

---

① 孙绵涛、康翠萍：《教育机制理论的新诠释》，载《教育研究》2006年第12期。
② 李以渝：《机制论：事物机制的系统科学分析》，载《系统科学学报》2007年第4期。
③ 李特、周晓波：《立德树人根本任务的实现途径和工作机制》，载《辽宁工业大学学报（社会科学版）》2018年第1期。
④ 初冬青、孟扬、张明月：《高校立德树人根本任务的实现路径及工作机制》，载《中国成人教育》2018年第6期。

说,高校立德树人根本任务实现工作机制的构建是契合现代人对自由全面发展的人的向往之情的。更深层的意义在于高校立德树人根本任务实现工作机制的构建能够为高校社会主义核心价值观教育提供新的理论来源,拓展高校社会主义核心价值观教育的理论基础。在前面,我们提到,高校立德树人根本任务实现工作机制要研究立德树人根本任务实现过程中各要素的关联方式(结构)、功能以及具体运作过程。而这一任务的完成,可以为高校培育和践行社会主义核心价值观输送丰富的理论资源。比如,丰富了对人的本质的回归的理论阐扬。有学者提出,通过"坚持和深化培育和践行社会主义核心价值观与师生精神塑造相融合、与学校办学定位相融合、与学校人才培养目标相融合、与学生全面发展相融合,创新'四个融合'的核心价值观教育思路……将社会主义核心价值观基本内容贯穿于课堂教学内容、贯穿于课外活动主题,使'富强、民主、文明、和谐、自由、平等、公正、法治、爱国、敬业、诚信、友善'24 个字的基本内容内化于心、外化于行,成为广大师生学习生活的基本遵循"①。这位学者所强调的是通过立德树人根本任务的实现,真正实现回归人的本质。这与马克思对人的自由发展的强调相契合,在一定程度上实现了"向自我的复归"。② 此类例子还有很多,在此就不多作赘述。

与此同时,立德树人根本任务实现本身研究的缺乏,也导致理论与实践的相互脱节,高校立德树人根本任务实现工作机制的研究无疑是一个很好的理论突破口。在以往的研究中,关于立德树人根本任务及其实现的研究被贴上了"道德性"和"政治性"③的标签。一方面,许多人将社会主义核心价值观当作一种个体性的道德观念的塑造,过于注重对个体的关注度,忽视了对个体与个体的相互关系以及整体社会的关注。另一方面,受我国一些特殊时期的历史经验影响,立德树人根本任务被贴上了某种"不正义"的标签,使得人们对政治性的理解过于偏狭,对国家的政治文化生活的关心程度不高。在这种形势下,尽管国家"三令五申",但是学界与民间所持的态度依然暧昧。因此,以全新的视角考察立德树人根本任务实现以及建构高校立德树人根本任务实现工作机制,便具备了全新的意义。

---

① 郑吉春:《立德树人:回归教育本质的实践与探索》,载《北京教育(高教)》2014 年第 11 期。
② 《马克思恩格斯文集》第 1 卷,北京:人民出版社 2008 年版,第 207 页。
③ 刘基:《高校思想政治教育论》,北京:中国社会科学出版社 2006 年版,第 204 页。

（二）实践意义

随着"社会主义市场经济的发展,对人们道德观念的变化产生了双重影响,一方面,它有力地促进了人们的新的价值观念和道德观念的产生,另一方面,也使人们在社会转型的过程中产生了种种新的道德困惑甚至道德迷失……在经济全球化、社会信息化、价值多样化的时代背景下,学校如何有效地推动中国特色社会主义理论体系进教材、进课堂、进头脑,如何有效开展理想信念教育,弘扬民族精神和时代精神,如何深入开展爱国主义、集体主义、社会主义教育,如何有效帮助学生树立社会主义的核心价值观,确立和坚守正确的社会主义道德观,如何帮助学生把握成长的方向和规律,培养学生优良的品德和健全的人格,把学生培养成品学兼优、德才兼备的栋梁之材,已成为突出的时代性课题"[1]。由此可见,研究在社会转型时期如何实现立德树人根本任务已然成为紧要之务,且具有重要的实践意义。

高校立德树人根本任务实现工作机制的构建,有利于促进当代大学生的身心健康,促进他们在德智体美等方面取得协调发展,提升他们的政治素质,从而有利于将其培养成国家和民族所需之才;有利于加强高校思想政治教育的针对性和实效性,纠正以往高校教育中的偏颇和不足之处,将人才的思想道德素质和政治价值观放在首位,从而提升人才培养的质量,为"国家治理体系和治理能力现代化"输送素质够高、能力过硬的人才,确保社会主义建设事业后继有人;有利于推动"双一流"建设,促进国内高校与世界一流高校、学科看齐,为实现我国在激烈的国际竞争中始终立于不败之地这一目的而努力;有利于扭转部分高校"自视甚高"的自我定位,矫正大学生"眼高手低"的心态,缓解社会矛盾、协调社会关系,从而为国家深化改革创造良好的精神环境。[2]

总而言之,不论是从理论上讲,还是从实践上讲,高校立德树人根本任务实现工作机制的构建为高校社会主义核心价值观教育开辟了可资探讨的空间,为高校社会主义核心价值观教育的内部运作过程提供了探察的平台。

三、高校立德树人根本任务实现工作机制的基本框架

高校立德树人根本任务实现工作机制主要呈现高校场域中立德树人根本任

---

[1] 骆郁廷、郭莉:《"立德树人"的实现路径及有效机制》,载《思想教育研究》2013年第7期。
[2] 刘基:《高校思想政治教育论》,北京:中国社会科学出版社2006年版,第205—206页。

务实现的运作过程的内在机理,它的基本框架是沿着决策机制、管理机制、评估机制、激励机制和反馈机制这一条主线架设起来的。

(一)高校立德树人根本任务实现工作机制的基本要素

我们根据高校立德树人根本任务实现工作机制的运作过程,将其划分为决策机制、管理机制、评估机制、激励机制、反馈机制等五种类型。在某种程度上说,这五种类型的机制不是单纯意义上相互独立的,而是相互联系的,这在后面会有所阐述。在这里,我们主要想说明,对于高校立德树人根本任务实现工作机制而言,决策机制、管理机制、评估机制、激励机制、反馈机制属于工作机制这一总体的构成要素。第一,决策机制。决策机制的实质是领导活动。高校立德树人根本任务实现工作机制的运行目标、决策管理、监督反馈等整个过程都离不开领导的顶层规划。在高校场域中,为实现立德树人根本任务,必须建立强有力的领导及决策机制,才能为立德树人根本任务实现提供方向。第二,管理机制。高校立德树人根本任务实现管理机制,是指在高校立德树人根本任务实现实践中,管理者基于一定的管理运行机理,通过对立德树人根本任务实现实施计划、组织、控制等管理手段,科学配置和有效使用学校资源,促进立德树人根本任务实现工作过程良性发展、确保立德树人根本任务既定目标实现的运转方式。第三,评估机制。高校立德树人根本任务实现评估机制是指结合立德树人根本任务实现的预期目标对任务整体运行过程及结果进行评估,并对部门、个人业绩进行考察的运行机制。评估机制十分复杂,因为它是对人的道德观念、业务素质、领导管理水平等全方位的评价,具有很大不确定性和多元性特点。评价本身不是目的,评价的根本目的在于更好地促进立德树人根本任务的实现。第四,激励机制。高校立德树人根本任务实现激励机制即满足个体欲望和需求以激发要素在系统运行中的能动性的机制。第五,反馈机制。高校立德树人根本任务实现反馈机制是指在立德树人工作机制运行过程中,对运行状态、具体问题、发展趋向进行有效收集、分析、评估并作出反应。

(二)高校立德树人根本任务实现工作机制的内部关系

在高校中,立德树人根本任务实现工作机制是一个总体性的运作过程,其构成要素相对独立、相互联系,建塑了一整套工作机制。一方面,决策机制、管理机制、评估机制、激励机制、反馈机制这五套机制相互独立,发挥各自的功用。第一,决策机制是立德树人根本任务实现的首要环节,涉及高校社会主义核心价值观建设的顶层设计、全局统筹的问题。第二,管理机制是立德树人根本任务实现的执行环节,是承接高校社会主义核心价值观教育的具体践行的重要环节。第三,评估机制是立德树人根本任务实现的检验环节,负责对高校社会主义核心价值观教育的客观检测环节。第四,激励机制是立德树人根本任务实现的动力源,促进高校社会主义核心价值观教育。第五,反馈机制是立德树人根本任务实现这一总体过程中的回馈环节,关乎高校社会主义核心价值观建设的长效性。另一方面,决策机制、管理机制、评估机制、激励机制、反馈机制这五套机制相互联系,产生联动效应。决策机制输出决定,从而为整套工作机制奠定了方向;管理机制与评估机制形成了内部小循环,通过"管理-评估"提高决策执行的水平;激励机制是整套工作机制的动力源,为其余四套机制提供支持服务;反馈机制是整套工作机制的相对"终端",是工作机制"轮回"中的目的地,但同时也是新的起点,连接了终点与起点,实现了整套工作机制的协同律动、螺旋发展。

(三)高校立德树人根本任务实现工作机制的基本结构

结构是层次性的,社会运行机制也是如此。郑杭生认为,社会运行机制是分层次的,它不是一个空洞、抽象的概念,而是由许多具体的机制组成的社会运行机制体系。[1] 高校立德树人根本任务实现工作机制属于高校领域之中的运行机制,也适用于社会运行机制的层次性。换言之,立德树人根本任务实现工作机制从根本上说是结构化的存在。就此而言,立德树人根本任务实现工作机制是一级运行机制,而决策机制、管理机制、评估机制、激励机制、反馈机制属于二级运行机制。也有人怀疑这样的划分方式会不会分解工作机制这一总体性存在。郑杭生回应道:"社会运行机制是一个有机联系的系统",我们将其划分为若干二级机制,"并非将这一有机系统机械地割裂开来,而是出于深入剖析社会运行机制的需要。"[2] 我们将立德树人根本任务实现工作机制划分为五个二级机制,目的在于细致入微地刻画其内部的运作机理,呈现立德树人根本任务实现的某种规律性的状态。下面,我们将通过图5-1来呈现立德树人根本任务实现工作机制的内部基本结构。

---

[1] 郑杭生、郭星华:《试论社会运行机制》,载《社会科学战线》1993年第1期。
[2] 郑杭生、郭星华:《试论社会运行机制》,载《社会科学战线》1993年第1期。

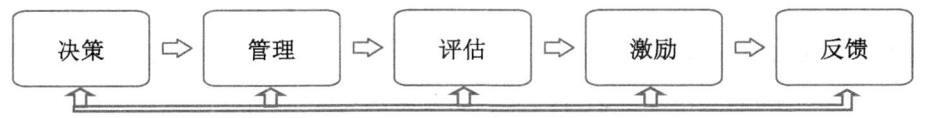

图 5-1 高校立德树人根本任务实现工作机制内部结构

根据图 5-1 可知,决策机制居于统筹地位,对管理机制、评估机制、激励机制、反馈机制有着指导作用;管理机制属于执行部门,直接管理评估机制、激励机制、反馈机制,并回馈给决策机制;评估机制对决策机制、管理机制、激励机制、反馈机制进行评估,并回馈给部门;激励机制对整套机制有着促进作用;反馈机制是为其余四套机制提供效果回馈。需要注意的是,五套机制是双向作用的,不是单向作用或者相互独立的。

第二节　高校立德树人根本任务实现的决策机制

我们认为,从过程的意义上来讲,对于高校立德树人根本任务实现工作机制而言,决策机制、管理机制、评估机制、激励机制、反馈机制是工作机制的构成要素。不过,这是总体意义上的,并不意味着机制是悬浮于主观中的逻辑推演。确切地说,高校立德树人根本任务实现工作机制是总体性的机制,而这些二级机制更为具体,贴近实际工作。而对高校立德树人根本任务实现工作机制的深度探索,就需要依靠对二级机制的刻画。那么,我们先来看看高校立德树人根本任务实现的决策机制。

一、高校立德树人根本任务实现决策机制的呈现

高校立德树人根本任务实现决策机制的具体呈现,包括含义、要素及其型构的运行结构。

(一)高校立德树人根本任务实现决策机制的含义

决策是一个古老的话题,伴随着人类的产生而产生。按照美国学者西蒙的观点,"决策即管理",即认为决策就是从诸多可能的行动方案之中选择最佳的选项,并加以实现的过程。[①] 我们并不认同西蒙所谓的"决策即管理"之说。从时间上

---

① 贺仲伟、王伟:《决策科学——从最优到满意》,重庆:重庆出版社 1988 年版,第 46 页。

看,决策先于管理;从格局上看,决策大于管理;从立足点上看,决策高于管理。但是,西蒙所描绘的决策的最优化趋向,则是可取的。那么,决策机制又是什么呢?综合一些学者的观点,我们认为,决策机制就是指组织在一定权限范围内,对组织活动作出抉择的机制。① 由此,将决策机制放入高校立德树人根本任务实现之中,高校立德树人根本任务实现决策机制就取得了这一意义,即指在高校党委领导下,按照社会主义核心价值观"学校化""学生化"总体目标的要求进行科学决策,并根据分解目标对各部门履行职能的过程进行质量监控,确保各项机制的有效运行的机理。②

(二)高校立德树人根本任务实现决策机制的要素

在高校之中,立德树人根本任务实现决策机制的基本要素包括决策者、决策目标、决策方案、决策结果、决策信息。③ 第一,决策者。对于高校的社会主义核心价值观教育而言,不论是从国家战略,还是从高校格局看,最有资格担任决策者的必然是高校党委。站在国家的战略高度上看,习近平总书记在全国高校思想政治工作会议上的讲话中,强调"高校党委对学校工作实行全面领导,承担管党治党、办学治校主体责任,把方向、管大局、作决策、保落实"④。从高校党委拥有的社会资源、地位、号召力及其自身要求看,只有且仅有高校党委才能承担起社会主义核心价值观教育的重任。第二,决策目标。对于高校立德树人根本任务实现而言,其目标在于最终实现社会主义核心价值观的"学校化""学生化"。第三,决策方案。决策不是单向的,而是双向的,这就要求决策需要多个方案备选,这才能适应瞬息万变的育人机制。第四,决策结果。立德树人根本任务实现的决策必须考虑到实施后的结果,其风险、效用都要纳入整套决策机制中。第五,决策信息。其实,这就是决策机制背后的信息环境,是决策的信息支持。

(三)高校立德树人根本任务实现决策机制的运行结构

高校立德树人根本任务实现决策机制由决策者、决策目标、决策方案、决策结

---

① 郭为禄、林炊利:《大学运行模式再造——大学内部决策系统改革的路径选择》,上海:上海教育出版社2012年版,第12页。
② 李旭炎:《立德树人实践论》,北京:中国文史出版社2014年版,第144—145页。
③ 张玉峰:《决策支持系统》,武汉:武汉大学出版社2004年版,第24—25页。
④ 《习近平在全国高校思想政治工作会议上强调:把思想政治工作贯穿教育教学全过程 开创我国高等教育事业发展新局面》,载《人民日报》2016年12月9日。

果、决策信息等五方面的要素构成。这些要素不是混乱无序地存在于这一套决策机制之中的,而是以一定的结构呈现出来的。以 HH 大学的社会主义核心价值观教育实践活动为例,HH 大学党委根据各部门所提供的关于当前学校社会主义核心价值观教育现状,召开专门的工作会议,制定了学校社会主义核心价值观教育专题实践活动方案,并进一步召开听证会,结合师生以及各职能部门的意见调整了方案,最终向全校推行方案,并在实施的过程之中不断进行微调。从中可以看出,"决策者—决策目标"是一条主线,高校党委作出种种决策的目的就在于实现社会主义核心价值观的"学校化""学生化"这一目标。而决策方案、决策结果、决策信息都属于高校党委作出决策、实现决策目标的手段或者说是中介。高校党委根据学校社会主义核心价值观教育的具体情况(决策信息)与决策目标之间的差距,制定具体的决策方案,进而根据可以预想到的或者实际的决策结果修改、调整决策方案,最终实现最优化地决策,达致这一阶段中的"学校化""学生化"的目标。当然,这是一个螺旋上升的过程,其间不同程度上存在问题重复的情况,这就需要高校党委的坚定的信念,使决策持之以恒,而不是朝令夕改。

二、高校立德树人根本任务实现决策机制的功能

功能来自要素与要素之间的相互关系所型构的结构。依循"决策者—决策目标"这一主线所产生的功能,主要包括统筹功能、整合功能、导向功能。

(一)高校立德树人根本任务实现决策机制的统筹功能

高校立德树人根本任务实现决策机制具备统筹功能。在一所拥有从本科到研究生的完整学段的"985""211"高校,决策机制的统筹功能可以非常鲜明地呈现出来。第一,统筹各学院各年级、各学段,高校就必须借助决策机制的力量,统筹各学段各自教育功能定位,理顺各学段的育人目标,使其依次递进、有序过渡;第二,统筹各学科,决策机制需要加强学科间的相互配合,发挥综合育人功能,不断提高学生综合运用知识解决实际问题的能力;第三,统筹课标、教材、教学、评价、考试等环节,全面发挥课程标准的统领作用,协同推进教材编写、教学实施、评价方式、考试命题等各环节的改革,使其有效配合,相互促进;第四,统筹一线教师、管理干部、教研人员等力量,充分发挥各自优势,明确各个力量在教书育人、服务保障、教学指导、研究引领、参与监督等方面的作用;第五,统筹课堂、校园、社团、

家庭、社会等阵地,发挥学校的主渠道作用,加强课堂教学、校园文化建设和社团组织活动的密切联系,促进家校合作,广泛利用社会资源,科学设计和安排课内外、校内外活动,营造协调一致的良好育人环境。①

（二）高校立德树人根本任务实现决策机制的整合功能

高校立德树人根本任务实现决策机制具备整合功能。整合区别于统筹,后者侧重于处理系统内部关系,而前者侧重于系统内外部关系的整体组合。在前面,我们提到,在高校这一系统之中,有且仅有学校党委能担负起统筹社会主义核心价值观教育这一重任。作为决策机制的主体的高校党委,需要承担起物质与精神资源的整合功能。第一,物质资源的整合。目前,我国的高校模式开始转向开放型大学这一模式,随之而来,高校的资源汲取能力也得到逐渐增强。比如,HH 大学于百年校庆向毕业多年的校友发出邀请,促成了数万校友共聚一堂的盛况。在这一过程之中,HH 大学通过募捐、推介等形式,汇聚了一大批资金、技术、人才。这些物质资源被投入到了学校的发展大计中,其中有一部分注入到社会主义核心价值观教育中来,推动了社会主义核心价值观的"学校化""学生化"。除此之外,HH 大学通过社会实践、创业创新等活动,使得社会之中的人力、物力资源被整合进高校之中。第二,精神资源的整合。精神资源是无形的,高校的精神资源也是最丰富的。高校可以借助向周边的社区、企业等输送高级人才的形式,输送精神资源,使得高校的精神资源在实践中得到再生产,并重新回归到或者整合到高校的社会主义核心价值观教育之中,促进社会主义核心价值观的"学校化""学生化"。

（三）高校立德树人根本任务实现决策机制的导向功能

高校立德树人根本任务实现决策机制具备导向功能。它具体指的是在高校立德树人根本任务实现决策机制运行过程中对教学、管理、科研活动的方向具有积极的引导作用。高校立德树人根本任务实现决策机制的导向功能发挥得如何,关系到社会主义核心价值观"学校化""学生化"效果的好坏和预期目的能否实现。在高校立德树人根本任务实现过程中,它会受到来自社会各个方面的影响。这些影响包括社会各种政治势力、政治思想、政治舆论、社会风气和传统文化等。这些因素通过各种方式和途径影响着社会主义核心价值观教育的过程,它们的影响或

---

① 《教育部关于全面深化课程改革落实立德树人根本任务的意见》,中华人民共和国教育部网,2014 年 3 月 30 日,http://www.moe.gov.cn/publicfiles/business/htmlfiles/moe/s7054/201404/xxgk_167226.html。

是促进或是阻碍社会主义核心价值观教育。面对这种影响,立德树人根本任务实现决策机制要发挥其正确的政治方向的引导作用,其引导作用表现为:第一,社会主义核心价值观教育活动沿着正确的轨道运行,保证立德树人根本任务目标的实现;第二,当社会主义核心价值观教育活动偏离正常轨道时,要及时地调整和纠偏,引导社会主义核心价值观教育活动回归正确的轨道和朝着既定的目标运行。

三、高校立德树人根本任务实现决策机制的优化

高校立德树人根本任务实现决策机制是对高校社会主义核心价值观教育的决策过程机理的揭示。理想规划的决策机制在实际的运行中难免会出现问题,比如,许多高校是党委直接管理学生的思想政治教育并组织实施,很难有效地将立德树人贯彻到教育的全过程;又如,部分高校定位发生偏离,从"育人首位"转向"业务绩效首位";再如,部分高校的社会主义核心价值观教育实践活动是阶段性的"运动战",很难实现持续的影响力、透彻的教育力。面对这些问题,高校立德树人根本任务实现决策机制必须调整自己的发展战略,优化自身的运作机理。

(一)制度创新,提升决策水平

在高校立德树人根本任务实现决策机制中,决策水平的提升依赖于党委工作机制和决策机制的制度规则建设。有了一定素质的决策主体,创建了一定的决策机构,只是构建了决策机制的雏形或短期的行为框架,这时的组织及其行为具有很大的随意性和偶然性,并没有形成稳定的工作机制,会随着人事的变动而发生剧烈的变化。① 一个组织要想凝聚组织的灵魂,需要一套完整的制度架构。尽管高校立德树人根本任务实现决策机制的主体是高校党委,但是高校党委事事亲为,显然不可能实现高效决策的目的。因此,必须进行制度的创新。这是一个长期摸索、磨合的过程,不是短时期内可以完成。在这里,我们提出要建立一套制度化、常规化、长期性的决策机制,使得高校社会主义核心价值观教育活动不至于因领导人的更迭而发生变化。同时,一套完整的、长期性的决策机制会将教育教学全过程的各个因素纳入自己的考量范围,进而得出综合决策。

---

① 刘基:《高校思想政治教育论》,北京:中国社会科学出版社2006年版,第210页。

(二)持守初心,坚定决策目标

高校的第一要务是培养人,将人培养成社会需要的人。换言之,高校是以育人为首位的。但是,部分高校误解了国家对"世界一流大学和一流学科"的目标定位。它们将高校的发展目标调整为全面推进"世界一流大学和一流学科"①的建设,甚至将重点放在"一流学科""一流科研成果"上,而轻视或者忽视了对大学生素质培养的关注。其实,国家对"世界一流大学和一流学科"的目标定位是建基于大学生的发展之上的。殊不知,没有学生的一流素质哪来的"世界一流大学和一流学科"呢?因此,高校立德树人根本任务实现决策机制须持守初心,将育人当作学校发展的战略目标。不过,这需要提升高校党委的素质与决策水平。一方面,通过必要的制度化、常规化的理论学习和进修培训,提高高校党委的整体素质和决策水平。另一方面,通过出国调研等方式,学习先进经验,开阔眼界,进而提升境界,进而实现高校社会主义核心价值观教育的理想目标。

(三)组织建设,提高决策效率

精简高效、灵活运转是当前社会对一个组织的最高评价。可以说,当前高校立德树人根本任务实现的决策机制的效度,依靠的就是精简高效、灵活运转的决策组织。第一,精简高效的决策机构。社会主义核心价值观是高校实现立德树人根本任务的主要内容,围绕这一内容,不需要高校党委全员出动,而只需要精简的、高效运作的决策机构即可。这个机构自身功能健全,能够发挥领导决策的作用,也能起到导向整合的功用。第二,灵活运转的决策机构。一定的互动促成了一定的组织结构,反过来,一定的组织结构体现了组织要素之间的互动方式。② 可见,决策机构除了精简高校的组织架设以外,还需要相互协调配合的组织关系。组织关系的协调配合的关键就在于互动。具体地说,高校立德树人根本任务实现的决策机构能够与执行部门乃至广大师生互动,并取得有效反馈,实现决策的及时调整,提高决策效率。

---

① 《关于印发统筹推进世界一流大学和一流学科建设总体方案的通知》,中华人民共和国中央人民政府网,2015年11月5日,http://www.gov.cn/zhengce/content/2015-11/05/content_10269.htm。
② 刘基:《高校思想政治教育论》,北京:中国社会科学出版社2006年版,第210页。

第三节　高校立德树人根本任务实现的管理机制

管理机制是高校立德树人根本任务实现工作机制的下位机制，是决策机制的具体执行部门，它在高校社会主义核心价值观教育的过程中发挥着重要作用。尤其是近年来，在学界，越来越多的学者开始关注在高校教育管理模式变革的环境下，推进高校立德树人根本任务实现的管理机制的优化、发展，以此来直接推进立德树人根本任务实现的效度，间接明晰高校教育改革的方向。①

一、高校立德树人根本任务实现管理机制的呈现

要想完整地呈现高校立德树人根本任务实现管理机制的面貌，需要借助基本含义、基本要素、运行结构的揭示。

（一）高校立德树人根本任务实现管理机制的含义

管理是协调的活动或过程。② 从某种意义上讲，管理即协调。将机制引入到管理中，其目的在于揭示管理的过程的运作机理。也就是说，管理机制指的就是保证管理的协调活动或过程得以实现的科学的组织构成及其运行原理。③ 它包括了两个部分，一是组织构成，二是机制的运行原理（要素之间的联系方式、运行原理与功能）。在教育中，管理并不限于事务性的管理，更重要的是还要包括宏观上的对决策的执行与协调。在高校立德树人根本任务实现过程中，管理机制承担着执行与协调两大重任，它也是一个过程。那么，所谓的高校立德树人根本任务实现管理机制，指的就是实现社会主义核心价值观"学校化""学生化"的执行、协调运行过程机理。

（二）高校立德树人根本任务实现管理机制的要素

高校立德树人根本任务实现管理机制的基本要素包括管理主体、目标、技术、环境。第一，管理主体。在高校中，高校党委作出宏观决策之后，就需要具体的部门贯彻、执行。而所谓的具体部门，并不是英国意义上的学校的全体成员包括校

---

① 金东瑞、王庆：《基于立德树人的高等教育管理变革与实践探析》，载《黑龙江高教研究》2019 年第 7 期。
② 程勉中：《现代大学管理机制》，北京：人民出版社 2006 年版，第 65 页。
③ 程勉中：《现代大学管理机制》，北京：人民出版社 2006 年版，第 65 页。

长、选举出来的家长们、高年级学生和社区代表们。① 在中国高校中,它包括了党委直接管理下的宣传部等主管社会主义核心价值观教育的部门、学校一级的行政部门(如学生工作处等)、二级学院的分管领导或者部门乃至于基层的辅导员等。可见,管理主体所涉及的范围是非常之广的,这就要求这些主体能够通过互动协调一致、取得共识。第二,管理目标。与决策机制类似,管理机制也需要一定的目标,不然会脱离具体的实际,停留于口头。在高校社会主义核心价值观教育中,管理目标来自全国性的政策规定、高校特色性的要求、具体部门的要求等。这些目标都需要得到统筹。第三,管理技术。管理机制是有规律性的协调过程,在具体管理中,必要的管理技术的运用是管理主体提高管理效率的要件。第四,管理环境。管理环境不仅仅限于周遭物理环境,还包括校园文化氛围、师生关系、学生心理状况等软性的环境因素。

(三)高校立德树人根本任务实现管理机制的运行结构

高校立德树人根本任务实现管理机制是由管理主体、管理目标、管理技术和管理环境等要素相互联系、相互作用型构而成的动态性的结构化存在。以 NJ 大学的"辅导员沙龙"为例。近年来,为了提升辅导员队伍的社会主义核心价值观素养,NJ 大学根据教育部《关于全面深化课程改革落实立德树人根本任务的意见》以及本校的特色,针对辅导员职业感、责任感缺乏的现实问题,开展了一系列的活动,比如"紫砂陶艺鉴赏""团体辅导""辅导员工作精品项目"等。在某种程度上,这些活动在提升辅导员这一群体的积极性的同时,也推动了立德树人根本任务的实现。从 NJ 大学的"辅导员沙龙"中可以看出,高校立德树人根本任务实现管理机制是遵循"管理主体—管理目标"这一主线而展开的。抽象地看,管理主体根据管理目标以及管理环境的差异,运用管理技术,执行决策者制定的社会主义核心价值观教育决策,并在执行过程中进行协调管理。现在看来,在某种程度上,管理机制与决策机制存在相似性,不过,两者的侧重点是不同的。

二、高校立德树人根本任务实现管理机制的功能

在高校场域之中,由管理主体、管理目标、管理技术、管理环境等要素相互联

---

① [美]珍妮·H. 巴兰坦:《教育社会学》(第 5 版),南京:江苏教育出版社 2011 年版,第 305 页。

系、相互作用而型构出来的结构体所衍生的功能是多样的。

(一)高校立德树人根本任务实现管理机制的维持功能

在高校社会主义核心价值观教育的过程中,管理机制的维持功能在于维持环境的稳定性、目标与内容的一致性。第一,维持环境的稳定性。这里的环境主要是指高校的文化氛围。我们可以追溯学校在社会中的作用。自春秋时期孔子开设私学以来,在理论上使得社会中的每一个人都能有受教育的机会。到了现代社会,尽管有少部分人对家庭教育乐此不疲,但是从总体上讲,学校成为人们接受教育的主要场所。正如夸美纽斯所认为的,"人人应该受到一种周全的教育,并且应该在学校里面受到……学校是造就人的工场。"①夸美纽斯对学校教育的重视,在一定意义上是由于学校能够提供稳定的教育与学习环境,在这样的环境下,学生能够接受稳定的影响,养成稳定的人格。而这个稳定的环境就需要依赖管理机制的支持。尤其是在社会主义核心价值观教育活动中,如果高校没有投入力量进行必要的日常管理、介入,那么后果不堪设想,例如频频爆出的大学生自杀事件,就可见一斑。第二,维持目标与内容的一致性。夸美纽斯又指出,"因为人之所以真正成为人,无疑地是由于学校的媒介,所谓真正的人就是:(1)一个理性的生物;(2)一个为一切生物之主并为自己之主的生物……假如学校能够培养心性聪明、行为谨慎、精神虔敬的人,事情便会是这样的。"②这说明了学校可以提供"如何成为真正的人"的系统性教育。换言之,学校教育的目标在于让人"成为真正的人",而教育的内容是"如何成为真正的人",那么,在目标和内容之间取得了一致。在现实世界中,教育目标与内容的一致性不是先天的,而是通过管理、协调的手段取得的。

(二)高校立德树人根本任务实现管理机制的推动功能

维持功能能够维持环境的稳定性与目标和内容的一致性。不过,维持只能是保持现状,使得整个管理机制得以正常运行,却未能够标示出整个管理机制的提升空间。但是,管理机制的目的不在于维持现状,更多是提升社会主义核心价值观的培育和践行的效度。因此,在这里,推动功能就成为高校立德树人根本任务实现管理机制的应有功能之一。推动的功用主要在于提升立德树人根本任务实

---

① [捷克]夸美纽斯:《大教学论》(第2版),北京:教育科学出版社2016年版,第36页。
② [捷克]夸美纽斯:《大教学论》(第2版),北京:教育科学出版社2016年版,第36—37页。

现的效率与升华社会主义核心价值观之于人的意义。第一,提升立德树人根本任务实现的效率。高校社会主义核心价值观教育活动不是既定的,而是具备人的主观能动性的。尤其是在管理的过程中,管理主体能够借助各式各样的方法,极大限度地调动师生的积极性,诸如 NJ 大学的"辅导员沙龙"活动。积极性被调动起来之后,社会主义核心价值观的"学校化""学生化"自然就会提高效率。第二,升华社会主义核心价值观之于人的意义。社会主义核心价值观是当今社会的时代精神的概括,它对于人而言,是精神上的"导师",是人不懈追求的理想目标。在这里,管理机制的意义就在于通过管理主体的管理揭示社会主义核心价值观对于人的高尚意义,摆脱工具理性的庸俗气质,回归价值理性的优雅脱俗。

（三）高校立德树人根本任务实现管理机制的规范功能

古语有言,没有规矩不成方圆。夸美纽斯也引用了类似的一句谚语"学校没有纪律犹如磨盘没有水"[①],可见规范在教育中的意义。管理是以一定的规范即秩序为前提的,否则将不成方圆,不能为管理提供秩序的依据。比如,在高校,若没有规章制度,成为完全开放自由的场所,那么,这个场所将混乱不堪,甚至不能再称其为教育的场所。由此可知,规范功能之于高校、之于管理的重要性。具体地说,高校立德树人根本任务实现工作的开展,会受到来自外部环境中消极因素的影响,比如,社会思潮多样化、腐败现象等因素就会干扰教育活动。当这些干扰的阻力过大,立德树人根本任务实现的目标就会难以达到。因此,要保证立德树人根本任务实现工作在各种干扰中能够始终保持正确的方向,朝着预定目标运行,就需要发挥好立德树人根本任务实现管理机制的规范作用。管理者和被管理者都生活在错综复杂的社会环境中,各种错误思潮、错误的思想观念每时每刻都在包围并影响着他们。如果丧失警惕,错误思想就会乘虚而入,立德树人根本任务实现工作的方向就会发生改变。所以,对于立德树人根本任务实现而言,必要的规范是不可缺少的。

三、高校立德树人根本任务实现管理机制的优化

虽然高校立德树人根本任务实现管理机制在具体的实践过程之中发挥着维

---

① [捷克]夸美纽斯:《大教学论》(第 2 版),北京:教育科学出版社 2016 年版,第 175 页。

持、推动、规范的功能,但是它正是因为这些功能限制了自身的发展。比如,管理机制在维持环境的稳定性、目标与内容的一致性的同时,可能会固步自封;管理机制在推动社会主义核心价值观教育的同时,可能会盲目追求效率;管理机制在规范社会主义核心价值观教育的过程之中,可能会使规范僵化。为了应对这些问题,必须优化高校立德树人根本任务实现管理机制,包括战略管理、以人为本、动态管理等方面。①

(一)战略管理,把握发展机遇

在前面我们提出,管理机制的维持功能很重要。但是,在维持稳定性的同时,还要高度重视战略机遇期,尤其是在"国家治理体系和治理能力现代化"与"世界一流大学和一流学科"建设的转型期。战略管理要求在对高校外部环境和内部资源条件分析和预测基础之上,通过制定战略意图和战略使命并付诸实施,进而促进教育规模、结构、质量和效益的统一,保障高校的生存和发展优势。②第一,战略管理要深刻认识时代趋势。当前,我国正处于社会转型期,各行各业都处于进入新的发展阶段的"前夜"。那么,对于高校而言,机遇与风险是并存的。而具体到高校社会主义核心价值观教育上来,更要重视时代环境的变化。面对这个时代,高校立德树人根本任务实现管理主体必须深刻认识"国家治理体系和治理能力现代化"这一时代潮流。更为重要的是,要将国家精神世界治理的先进理念引入到高校社会主义核心价值观教育中。第二,战略管理要预见未来社会对人才的精神素质的总体要求。当前乃至未来的很长一段时间内,国家与国家之间的竞争主要是人才的竞争,而人才的竞争在于精神素质的竞争。而对高校社会主义核心价值观教育进行管理,就是为了应对这种竞争的到来所做的准备。第三,战略管理要求不断加强管理队伍的建设。管理的水平如何在于自身队伍素质的状况。辅导员位于高校管理的"一线",其素质关乎高校社会主义核心价值观教育水平。

(二)以人为本,坚守育人首位的旨趣

一直以来,"以人为本"被不同程度地视为高校管理的核心理念。但是,"效率至上"的理念冲淡了"以人为本"的管理理念。在这里,高校立德树人根本任务实现管理机制的优化必须要回归到"以人为本"的育人旨趣。第一,管理模式的更新

---

① 程勉中:《现代大学管理机制》,北京:人民出版社2006年版,第51—53页。
② 程勉中:《现代大学管理机制》,北京:人民出版社2006年版,第52页。

换代。传统的管理模式是控制导向的,比如学生要听从辅导员、班主任等的指令,按部就班地完成任务。这种管理方式虽然有效率,但是于教育无益。从严格意义上,这不是教育,而是教化,先在地将人当作可以拿捏的对象任意"揉捏"。根据马克思的观点,这种管理模式是一种异化的管理方式。管理主体将控制学生、将学生按照既定路线"批量生产"当作一种谋生的手段,而本来是实现人生价值的管理事业已然对象化为异己的负担工作。[1] 不过,许多高校都已经意识到传统管理模式的问题,都在尝试改革,NJ 大学的"辅导员沙龙"就是一种典型的尝试。但是,总体上看,这并没有跟上社会心理的变化与学生的身心发展状况。因此,我们提出要坚持育人首位的管理改革,也就是以"小班化"降低管理压力,建立试点,进行不同理念的科学教育实验,寻找适合的管理方案。第二,人的发展与事业相统一。在这里,人主要指的是管理主体。管理主体要开发自身的潜在能力,将教育教学工作与学生的全面发展事业相结合,全面推进素质教育,让每一位学生的个性得到应有的尊重,培养全面发展的创新人才。[2]

(三)动态管理,适应信息社会的发展

信息化的社会已经是当前社会的真实写照,按照一定规章进行静态管理的模式已经不适应现代高校治理了。我们认为,有必要以动态管理更新高校立德树人根本任务实现管理机制。第一,动态管理要求建立信息网格。信息网格不是对学生进行直接的全方位监测、控制,而是拥有很大的自主空间,但信息网格只是提供预测性的协助、提示。一方面,信息网格掌握了全部学生的基本信息,定期进行思想状况抽样调研,及时更新学生思想状况数据。另一方面,信息网格利用大数据可以实时分析预测,为高校思想管理提供依据。当然,信息网格的建立要求非常之高,需要国家的大力投入、高校专业队伍的跟进。第二,动态管理要求灵活的秩序链。一般而言,秩序一旦建立是不可移易的。但是,这种秩序在现代高校治理中是不适用的,甚至会造成负面效应。因而,我们要更注重建立秩序链,即刚性秩序与柔性秩序的协同。换言之,在涉及高校思想治理根本的方面,刚性秩序在场,柔性秩序辅之,而绝大部分的日常管理中,以柔性秩序调节为主,刚性秩序为辅。

---

[1]《马克思恩格斯文集》第 1 卷,北京:人民出版社 2009 年版,第 162 页。
[2] 程勉中:《现代大学管理机制》,北京:人民出版社 2006 年版,第 51 页。

第四节 高校立德树人根本任务实现的评估机制

高校立德树人根本任务实现进行到什么程度？高校立德树人根本任务实现的决策机制、管理机制、激励机理、反馈机制是否有效？要回答这些问题，就必须构建高校立德树人根本任务实现评估机制。

一、高校立德树人根本任务实现评估机制的呈现

高校立德树人根本任务实现评估机制具备阶段性总结检验的性质，要了解它，必须揭示它的含义、要素、运行结构。

（一）高校立德树人根本任务实现评估机制的含义

评估与英语 assessment 的意思相近，其原意是评定、估定的意思，也就是一种实证分析和事实判断。[①] 在《教育评价辞典》中，将"评估"定义为对人或事物的价值，作出评量与估价。[②] 将机制引入到评估之中，是为了更为清晰地认识评估发生作用的运行过程。评估机制就是指根据社会的要求以及评估对象的实际，确立评估标准，对实际效果进行价值判断的过程机理。[③] 评估机制引入高校立德树人根本任务实现中，那么，高校立德树人根本任务实现评估机制指的是根据国家和社会对高校社会主义核心价值观教育的要求以及师生的思想状况，确立评估标准，对社会主义核心价值观"学校化""学生化"效果进行价值判断的过程机理。在这里，需要指出的是，所确立的评估标准或者评估方式，可以是质性的，也可以是量化的。

（二）高校立德树人根本任务实现评估机制的要素

高校立德树人根本任务实现评估机制的要素主要包括评估主体、标准、手段、对象。第一，评估主体。评估主体不是唯一的，根据评估内容不同，主体也就不一样。在评估社会主义核心价值观"学校化"时，决策者、研究专家等为评估主体；在评估社会主义核心价值观"学生化"时，教师就是客体，学生是主体；在学生对社会

[①] 秦尚海：《高校德育评估论》，北京：中国社会科学出版社 2006 年版，第 6 页。
[②] 陶西平：《教育评价辞典》，北京：北京师范大学出版社 1998 年版，第 55 页。
[③] 刘基：《高校思想政治教育论》，北京：中国社会科学出版社 2006 年版，第 213 页。

主义核心价值观接受程度方面,学生则是客体,老师是主体;在对校领导的核心价值观践行程度的评估方面,则学校基层管理人员、教师、学生、家长都是主体等。第二,评估标准。在高校立德树人根本任务实现评估机制中,评估标准的基准是类似的,而面对不同评估对象,标准是有所侧重的。要充分发挥对学校领导、管理人员、教师、学生的激励作用,在各个具体评估指标设计、观测点设定、权重取舍上体现导向性。第三,评估手段。评估手段分为质性和量化两种方式。一般而言,评估综合运用定性和定量的方法对事物作出评判。不过,需要注意的是,在评估方式和手段上,要坚持多层次、多角度、多主体、多渠道和灵活性原则。一个有效的评估体系来自对高校立德树人根本任务实现目标的层层分解和对工作过程的分析,因此在评估方法和类型上呈现出多样性。第四,评估对象。相对于评估主体,其余都是评估对象。

（三）高校立德树人根本任务实现评估机制的运行结构

高校立德树人根本任务实现评估机制的要素包括评估主体、评估标准、评估手段、评估对象。四个评估要素之间是相互联系、相互作用的,以"评估主体—评估对象"为主线的结构体。江苏省的大部分高校都会组织校园精神文明的自我评估。比如,一些高校会定期组织精神文明建设小组进行督查,其中部分高校会组织问卷调查,通过收集数据的形式,展现校园精神文明建设的成果。当然,这些活动在各所高校的呈现程度不同,有些甚至是隐于日常事务性工作中。从中我们可以发现高校立德树人根本任务实现评估机制的基本运行结构。其中,评估主体是评估的发起者,这一主体可以是高校的党委或者行政主管部门,也可以是委托的专家评估小组,也可以是社会中介机构。评估主体的素质直接决定了评估的实效性、规范性以及科学性。[①] 一般而言,高校都会组织由学校分管副书记带队的专家评估小组,确保评估的有序有效。专家评估小组根据高校的情况以及委托方的要求、意见,确定评估的标准,针对评估对象的特点,设计相应的评估方式,或量化,或质性,并严格按照既定程序进行评估。这一运行过程是一环扣一环的,中间任何一环出现纰漏,都将影响到评估的结果。

[①] 秦尚海:《高校德育评估论》,北京:中国社会科学出版社2006年版,第159页。

二、高校立德树人根本任务实现评估机制的功能

由评估主体、评估标准、评估手段、评估对象等要素型构而成的高校立德树人根本任务实现评估机制,在运行中形成了三大基本功能,包括教育功能、确认功能、预测功能。

(一)高校立德树人根本任务实现评估机制的教育功能

从根本上说,高校立德树人根本任务实现是指实现高校社会主义核心价值观的"学校化""学生化",归根结底是要将社会主义核心价值观内化为人的基本素养,促进人的全面发展。而评估的作用在于调整、促进"学校化""学生化"这一过程。在某种程度上说,评估机制的功能就在于促进人的全面发展以及进一步社会化。有学者从德育的角度提出评估机制的教育功能。他认为,"德育是在人类社会演进过程中而出现的并不断完善的培养人的素质的特殊活动,是在特定的时空条件下,通过有目的、高效率的教育活动,促进人的全面发展和社会化,使受教育者成为具有一定素质的公民……德育评估的教育功能集中体现在这种功能的实现上,体现如何促进受教育者素质的提高上,也就是促进人的全面发展上。"[①]高校是一个教育的场域,其间,通过评估,触发、调动各方面的积极性、创新意识,推动社会主义核心价值观建设的过程。

(二)高校立德树人根本任务实现评估机制的确认功能

评估既是一种第三方的客观评价,又是一种对在场双方的确认。我们知道,培育和践行社会主义核心价值观不是一朝一夕就可以完成的,这是一个教育的过程,需要循序渐进。不过,这一过程所占用的时间与空间资源非常多,需要借助评估来确认社会主义核心价值观教育到了什么阶段、达到了什么程度,为后续的发展提供源源不断的动力。但是,目前部分高校出现评估目的的异化。有学者指出,"在高等教育评估中,评估以鉴定性为主,常常带有明显的奖惩性,反映出一种强烈的'管理主义'倾向,评估强化了政府的主导甚至是垄断地位,被评估者的需求往往得不到适度和充分反映……只注重评估的等次和排名次序,忽视了高等教育评估的真正目的,对高等教育评估产生了一定的负面影响。"[②]这位学者所关注

[①] 秦尚海:《高校德育评估论》,北京:中国社会科学出版社2006年版,第10页。
[②] 夏开萍:《我国高等教育评估机制的内在缺陷及对策探讨》,载《学术探索》2008年第6期。

的是高等教育评估的目的错位的状态,这也在一定程度上折射出当今部分高校对评估排位的变相崇拜。这也影响到了高校立德树人根本任务实现评估机制的定位。我们认为,有必要重申确认功能之于高校立德树人根本任务实现评估机制的重要意义。

(三)高校立德树人根本任务实现评估机制的预测功能

评估除了确认阶段、程度的功能以外,还有预测的功能。预测的目的是为了应对复杂的情形,为决策提供必要的未来时空的信息。高校专职教育事业,但是学生的思想非常活跃,思想情势风谲云诡。与此同时,社会主义核心价值观是关乎社会主义精神文明建设的大事,需要实现内化与外化,这两个过程都不是一帆风顺的。那么,将高校与社会主义核心价值观教育结合到一起,其复杂程度可想而知。因此,这就需要获取尽可能多的未来信息,为当下的决策提供依据,评估就是做这样的事。在高校社会主义核心价值观教育活动中,评估主体依据评估标准,借助一定的方式、手段,评估社会主义核心价值观教育情况,总结经验,发现问题,改进工作,并为未来的工作、决策提供参考。

三、高校立德树人根本任务实现评估机制的优化

有学者将高校立德树人根本任务实现评估机制在运行过程之中出现的问题归结为评估目的错位、评估指标单一、评估过程不够规范、评估功能未得到充分发挥、评估后段整改监督力度不足。[①] 另有学者更为具体地指出,现今的评估"指挥棒"存在"唯分数论"的偏狭。[②] 基于此,我们将从多元化、个性化、标准化等三个方面进行优化。这三个方面并不存在冲突,而是相互融合、共生于统一的评估体系。

(一)建立多元化的评估体系

多元化的评估体系是针对评估指标单一而设定的。高校立德树人根本任务实现评估体系的多元化是指为评估而建立起来的一个多角度、多层次的指标体系和相应的标准,它是根据社会主义核心价值观教育的目的、内容和要求,按照党的路线方针政策的要求,从实际出发,调动师生从事社会主义核心价值观教育的积

---

① 夏开萍:《我国高等教育评估机制的内在缺陷及对策探讨》,载《学术探索》2008年第6期。
② 任友群、郅庭瑾:《立德树人要扭转教育评价指挥棒》,载《人民论坛》2019年第6期。

极性和创造性,提高高校立德树人根本任务实现的效率来制定的。① 可见,这里所讲的多元化直接指向评估指标的多角度和多层次。多角度就是指标不再仅限于业绩的高低,而将之放到更广的视野进行考察,将之与人的全面发展结合起来、与学校的发展战略结合起来。多层次是指指标不是扁平化的,而是立体化的,它直接指向当下社会主义核心价值观教育,但是还辐射了校园精神文明建设的其他内容。总而言之,多元化的评估体系的建设,可以为高校立德树人根本任务实现评估机制注入新的活力。

(二)建立个性化的评估体系

个性化的评估体系是针对评估目的错位、评估功能未发挥等情况而设定的。个性化的评估体系不是单一化的,而是在多元化的基础上建构起来的。个性化的评估体系关注的是目的、功能的个性化。一方面,目的的个性化。过去高校精神文明建设评估单单是为了了解某一领域内的建设状况,但是,这种评估方式已经不适用于当今高校了。现代高校要求高效、便捷、灵活,这就要求评估体系既能反映出社会主义核心价值观教育的状况,也能更为高效、高质地完成。个性化的评估体系是为评估目的量身定制评估体系,在普遍性之中追求特殊性,高效高质又能为其他评估提供框架参考。另一方面,功能的个性化。实质上,评估功能不能充分发挥是由于评估体系的不适用以及功能过剩。这就需要个性定制功能,既保证评估功能的充分发挥,又能将评估功能的效用最大化。由此,个性化的评估体系秉持着现代简约的风格,为高校立德树人根本任务实现评估机制注入新血液。

(三)建立标准化的评估体系

标准化的评估体系是针对评估过程不够规范、监督不力等情况而设定的。标准化的评估体系是建立在多元化、个性化的评估体系之上的,这一标准化的要求是契合多元化、个性化的评估体系构建的。标准化的评估体系需要遵从一定的构建要求,诸如有学者提出的"科学性要求""准确性要求""可比性要求""可行性要求""可行性要求"。② 需要明确的是,标准化不是回归到传统意义上的刻板、僵化模式,而是转型过后的标准刻度。这一标准刻度是为了应对现代社会生活、思想无序化、碎片化的现实提出的。标准刻度为高校社会主义核心价值观教育提供价

---

① 孙其昂:《思想政治教育学基本原理》,南京:河海大学出版社 2004 年版,第 237 页。
② 孙其昂:《思想政治教育学基本原理》,南京:河海大学出版社 2004 年版,第 236 页。

值依归,并为评估机制提供有迹可循的优化升级路径。

第五节 高校立德树人根本任务实现的激励机制

对激励的偏向是人的心理需求,激励机制是高校立德树人根本任务实现工作机制的重要组成部分,对决策机制、管理机制、评估机制以及反馈机制有着重要的调节重要作用。在某种程度上说,激励机制是高校立德树人根本任务实现工作机制的内生动力源。

一、高校立德树人根本任务实现激励机制的呈现

高校立德树人根本任务实现激励机制的内部化,需要基本含义、基本要素及其运行结构的阐发。

(一)高校立德树人根本任务实现激励机制的含义

许多学者追溯激励的起源,必从古希腊入手,其实不然。"激励"一词,早在先秦时期(公元前221年前)就开始使用,《六韬·王翼》中提到"主扬威武,激励三军"。它比拉丁文movere的使用早上了两三百年。这里的"激励"包含有振作的意思,与现代的用法已经相近。如今,学者们对激励的含义基本上达成了共识。广义的激励是指调动、激发人的积极性、主动性、创造性,将社会需要与个人内在愿望、需要和动力有机结合,它是一种普遍的、积极的、向上的行为导向,也就是凡是能激发人的主动性、积极性、创造性的行为都属于激励的范畴。[1] 狭义的激励是指使人们将外来影响转变为自觉行为的刺激,其特征是需要与行为的自觉结合,激励就是通过外部刺激进而调动人的内在主动性。[2] 进而言之,"激励机制是激励主体依据组织目标,组织激励系统内各要素相互联系,相互作用,以完成其组织激励的整体目标,实现其整体功能的动态运行系统。"[3]那么,高校立德树人根本任务实现激励机制就是指激励主体根据社会主义核心价值观"学校化""学生化"的目标,组织激励系统内各要素相互联系,相互作用,以完成其组织激励的整体目标,

---

[1] 刘正周:《管理激励》,上海:上海财经大学出版社1998年版,第2页。
[2] 王中立:《激励论》,太原:山西人民出版社1992年版,第4页。
[3] 黄桂琴:《大学生思想政治教育激励机制构建》,安徽工程大学,2010年,第15页。

实现其整体功能的动态运行过程机理。

(二)高校立德树人根本任务实现激励机制的要素

激励是激发客体主动性的活动,而激励机制就是制度化地激发客体主动性的运作机理。① 高校立德树人根本任务实现激励机制的基本要素主要包括激励主体、激励客体、激励原则、激励方式、激励环境等要素。第一,激励主体。激励主体是激励的发起者通过某种方式调动人们的积极性。在高校立德树人根本任务实现激励机制之中,党委、行政部门、基层辅导员乃至某一种规章制度等都可以充当激励主体。第二,激励客体。激励客体是被激励的对象,是激励的接受对象。第三,激励原则。激励原则是成套、成体系的,是与激励机制相适配的,主要包括公平性、客观性、整体性、目的性、发展性、适时适度等原则。② 第四,激励方式。激励的方式有很多,大体上分为两大类,即物质激励和精神激励。第五,激励环境。稳定、适度宽松的环境的营造,适合激励机制的运作,有利于提高激励的整体效果。

(三)高校立德树人根本任务实现激励机制的运行结构

激励主体、激励客体、激励原则、激励方式、激励环境等要素是高校立德树人根本任务实现激励机制的构成要素。五要素相互联系、相互作用,共同熔铸高校立德树人根本任务实现激励机制的运行结构。这里可以通过具体的事件更容易将高校立德树人根本任务实现激励机制揭示出来。江苏省为在校大学生建立了比较完整的创业创新服务体系,比如江苏省大学生创新创业训练计划项目、江苏省普通高校学术学位研究生创新计划项目等。在某种程度上,这些项目的设立就是一种激励方式,而整套体系就是激励机制的体现。各高校的学生会通过公平竞争,争取创业创新类型的项目,取得施展抱负的启动资金。这一例子比较宏观地反映了江苏省在全省范围内建立起来的面向高校的激励机制。具体地说,以江苏省教育厅为主、各高校配合组成了激励主体,它们依据客观性、科学性、公平性等原则,结合大学生的实际需求,营造创业创新的校园文化氛围,调动大学生创业创新的积极性。通过这一过程,实际地反映了高校立德树人根本任务实现激励机制的内部运行结构。其中的每一个要素绝不是孤立存在的,而是相互关联,共同型构激励机制。

---

① 吴燕:《高校学生思想政治教育激励机制研究》,太原科技大学,2013年,第1页。
② 吴燕:《高校学生思想政治教育激励机制研究》,太原科技大学,2013年,第26—27页。

二、高校立德树人根本任务实现激励机制的功能

高校立德树人根本任务实现激励机制的功能是指激励机制在高校立德树人根本任务实现之中发挥的功效、作用。它的基本功能主要包括引导功能、调节功能、强化功能。

（一）高校立德树人根本任务实现激励机制的引导功能

激励机制的引导功能区别于决策机制的导向功能，后者侧重于全局性的方向导向，前者侧重于局部性的调动与约束。从这个意义上可以看出，高校立德树人根本任务实现激励机制的引导功能通过两个层面的意义得以发挥：一是调动的意义。激励的直接作用就在于调动激励客体的积极性，实现激励目标。这是从正面、积极的意义上来运用激励的。二是约束的意义。在前面，我们已经提到，激励的目的在于达到一定的目的，那么，一旦偏离既定的路线，激励所发挥的功用将不再是调动的意义，而是消极意义上的约束功能。激励可将偏离既定路线的激励客体引导回正常发展轨道。

（二）高校立德树人根本任务实现激励机制的调节功能

我们认为，高校立德树人根本任务实现激励机制的运作过程不是自发自愿的，而是后发外生的。人的意识具备主观能动性。这一直是我们人类引以为傲的能力。但是，进入社会主义核心价值观培育，这种主观能动性就具备了极大的不确定性。当然，我们并不是取消人的主观能动性之于人类的意义，而是在社会主义核心价值观培育过程中，要高度重视人的主观能动性。因为人的主观能动性一旦突破正常的限度，就会转化为主观随意性，它会阻碍社会主义核心价值观"学校化""学生化"。因此，一旦人的主观能动性突破正常的限度，转化为主观随意性，这时候就需要激励机制的调节功能的介入。只有有意识地借助激励机制的调节功能，才能缓解、调和矛盾，促使社会主义核心价值观"学校化""学生化"顺利完成。

（三）高校立德树人根本任务实现激励机制的强化功能

引导功能和调节功能是高校立德树人根本任务实现激励机制的"两足"，但是仅仅依靠这"两足"是不足以支撑起激励机制的，还需要"第三足"，这就是强化功能。强化功能不同于引导功能和调节功能。强化功能是在后两者的基础之上发

挥功效的。具体来看,强化功能在于强化引导功能和调节功能。第一,强化引导功能。引导功能是在调动和约束两个层面的意义上使用的,而强化就在于强化调动积极性的效果与强化矫正的作用,进而使得引导功能取得长久的功效。第二,强化调节功能。调节功能重在关注主观随意性的校正,缓解、调和矛盾。而强化使得调节功能能够最大限度地发挥校正、缓解、调和的功效。与此同时,有学者提出强化分为正强化和负强化。他们认为,正强化会使激励具有一定的鼓励作用,它通过激发激励客体的兴奋点让激励客体保持兴奋状态,并巩固和保持其原有的行为习惯;负强化是通过惩罚和批评,对激励客体的行为进行抑制,负强化帮助激励客体纠正或者预防不良行为;正强化和负强化是相互制约、互为前提的,对某一行为的激励即是对另一行为的抑制,同样的强化功能在不同人身上的反应也不尽相同。①

三、高校立德树人根本任务实现激励机制的优化

激励机制在高校立德树人根本任务实现中发挥着重要作用,但是也遭遇困境。比如,激励的泛化、物化、封闭化。由此,激励机制的优化成为当前研究的重要议题。

(一)规范型激励

规范是对高校立德树人根本任务实现激励机制的最基本的规定,主要是从管理层面加强和改进激励机制建设。当前部分高校调动学生积极性的做法,就是与奖学金挂钩,将大量的学生活动与一年一度的奖学金评定联系起来,进而导致激励机制的泛化。长久以来,学生们养成了"唯奖学金"的心理,阻碍了社会主义核心价值观的"学校化""学生化"。面对泛化的激励机制,我们认为,需要将激励控制在一定的范围,建构规范型的激励机制。规范型激励机制主要从程序、标准、原则出发:第一,激励的程序要合理。激励机制的运行切忌无的放矢,要有据可依,以理服人。第二,激励的标准要统一。激励的有效性在于激励标准的一致性,所有人在同一"起跑线",才能提高积极性,否则,积极性将消失殆尽。第三,激励的原则要公平。许多辅导员在评定奖学金的时候,经常会考虑到个别没有获得奖学

---

① 吴燕:《高校学生思想政治教育激励机制研究》,太原科技大学,2013年,第28页。

金的人,本着兼顾的原则,人为再分配奖学金。殊不知,这不仅损害了优秀学生的积极性,也造成了没有获得奖学金的学生的消极怠惰。因此,在实行激励的时候,必须秉持公平的原则,确保规范化激励的长效性。

(二)按"需"型激励

目前,学生活动无人问津的情形非常普遍。细究之,可以发现,这类活动基本上没有或者只有象征性的奖励,属于兴趣类型的活动。从中,可以总结出一个比较严重的问题,那就是学生的物化趋向日益严重。在这里,我们不谈时代与社会环境的问题,仅谈激励的问题。学生们对物质激励的反应程度远远高于象征性的精神激励。这也导致了部分高校重视借助高物质奖励的方式激励学生。针对这种物化的激励机制,我们认为,部分高校尚未开发出面向高级需求的激励模式。美国社会心理学家亚伯拉罕·马斯洛提出了需要层次论,需要层次论是西方最有代表性的激励理论。马斯洛认为激发人的动机必先了解人的需要,根据人的需要的重要性和发生先后性,从低到高分别为生理需要、安全需要、社交需要、尊重的需要和自我实现的需要;人的需要是由低级向高级逐渐递进发展的,只有实现了低级需要才能激发其追求高级需要的动机;生理需要是人的最低级需要,自我实现需要是人的最高级需要,只有满足了人的自我实现的需要,人才能真正实现自我的人生价值。① 但是,在日常的激励之中,许多高校重视生理需要的激励,或者可以说是物质与低层次的精神需求的满足。这不足以支撑起现代人格培育这项重任的。因此,我们认为,有必要建构一套按"需"型激励机制,按照人不同层次的需求予以激励,并提升人的趣味。

(三)开放型激励

激励的封闭化主要是指激励主体的激励方式的单一化。当今社会是一个信息化的社会,高度发达的互联网勾连了全球的人民,使得远在千里之外的人们面对面沟通交流成为现实。面对这种时代,激励主体需要博采众长,而不能滞留于老套的一对一激励。第一,调动多方面的信息调动学生积极性。目前,全球优秀的高校都会在假期开设夏令营,吸引优秀的学生前来参观、学习、交流。辅导员们完全可以将类似的信息传递给学生,尽管工作量会加大,但是这种激励的模式可

---

① [美]马斯洛:《马斯洛人本哲学》,成明编译,北京:九州出版社2003年版,第231页。

能会激发部分消极怠惰的学生的积极性。第二，重视间接激励。传统激励的方式一般采用直接激励的形式，许多辅导员认为只有通过自己调动学生的积极性，才称得上激励、教育。但是，在现代社会，他们与社会接触的机会与日俱增，辅导员等管理主体已经不是学生唯一接触的对象。学生们可以在与社会的互动之中获取激励的因素。而辅导员等管理主体则身居学生之后，在必要的时刻给予指导乃至纠偏。总而言之，开放型的激励机制的建构有利于解放激励主体、调动激励客体的积极性，促进社会主义核心价值观的"学校化""学生化"。

第六节 高校立德树人根本任务实现的反馈机制

通常而言，评估与反馈是放在一起。但是，在本书，评估侧重于过程，即关注作出价值判断的这一过程；而反馈侧重于结果，即针对结果作出回应。在高校立德树人根本任务工作机制中，评估机制所得到的结果会在反馈机制这里得到回应。因此，在这里，必须将评估和反馈分开来运用。

一、高校立德树人根本任务实现反馈机制的呈现

那么，什么是高校立德树人根本任务实现反馈机制呢？我们从含义、要素、运行结构进行阐述。

（一）高校立德树人根本任务实现反馈机制的含义

反馈（feedback）是控制论的一个重要概念。"反馈是从电磁学中的反馈电路引申出来的，指系统的输出反作用于输入，从而影响再输出。如果加强了再输出，称为正反馈；如果减弱了再输出，则称为负反馈。反馈是因果关系中结果对原因的反作用。"[1]反馈进入传播学，是指受众对传播者所传信息必然作出的各种反应。[2] 在这里，我们取传播学中的反馈概念。反馈机制是指反馈主体将信息传输给反馈客体并发生效应的信息处理机理。进而，高校立德树人根本任务实现反馈机制指的是在高校社会主义核心价值观教育过程中反馈主体将"学校化""学生化"的效果传输给反馈客体并进行交互的过程机理。

---

[1] 廖盖隆等：《马克思主义百科要览·下卷》，北京：人民日报出版社1993年版，第3085页。
[2] 赵玉明、王福顺：《中外广播电视百科全书》，北京：中国广播电视出版社1995年版，第49页。

（二）高校立德树人根本任务实现反馈机制的要素

根据高校立德树人根本任务实现反馈机制的含义，可以发现，它的基本要素包含了反馈主体、客体、方式等。第一，反馈主体。广义上的反馈主体是指高校内所有接受社会主义核心价值观"学校化""学生化"影响的人、事、物。狭义的反馈主体直接指向广大师生。第二，反馈客体。反馈客体指的是社会主义核心价值观"学校化""学生化"的推动者，包括决策者和管理主体，即学校党委及其直接管理下的宣传部等主管社会主义核心价值观教育的部门、学校一级的行政部门（如学生工作处等）、二级学院的分管领导或者部门乃至于基层的辅导员等。第三，反馈方式。反馈方式包括了技术性的手段和反馈过程中形成的交互模式，技术性的手段包括电话、邮件、咨询会、当面交流等形式。而交互模式则是一种抽象性的交流沟通的理念或者方式。

（三）高校立德树人根本任务实现反馈机制的运行结构

高校立德树人根本任务实现反馈机制的运行过程是非常清晰的，就是遵照"反馈主体—反馈客体"这一主线进行的。反馈在高校之中非常普遍，比如，在成绩查询、招生咨询、学术会议、后勤服务、课堂教学、图书馆借书、体育场运动等这些场景下，反馈主体与反馈客体之间都会形成交互关系，而唯一的不同，就是目的不同。在高校内，立德树人根本任务实现反馈机制发生作用的具体过程，包括两种模式。第一，单向型运行模式。在这种运行模式下，学生们将社会主义核心价值观"学校化""学生化"的效果反馈给学校管理机构或者关系更为直接的辅导员，但是得不到进一步的回馈，也不知道学校的未来计划、如何改进等等信息。单向型运行模式相对比较普遍，许多高校为了降低管理成本，往往"冷处理"——不理会、不回应。第二，双向型运行模式。这种运行模式是比较理想化的。在这种运行模式下，反馈客体面对反馈主体的咨询，往往会有一套比较健全的对话机制应对反馈主体所提出的问题，第一时间处理问题。可以看出，这种模式相较于单向型运行模式更为高效，所营造的校园氛围更为和谐。

二、高校立德树人根本任务实现反馈机制的功能

在前面我们提到，当前部分高校对反馈机制不够重视，这也导致了反馈机制的荒废，其功能也未得到应有的彰显。在这里，我们将总结高校立德树人根本任

务实现反馈机制的主要功能,包括缓冲功能、协同功能、升级功能。

(一)高校立德树人根本任务实现反馈机制的缓冲功能

缓冲功能是高校立德树人根本任务实现反馈机制的理想功能之一。目前,高校社会主义核心价值观"学校化""学生化"处于初级阶段,这一过程必定不是顺风顺水的,会遭遇到许多阻力。其中最大的阻力就是由于方法不当、理念偏移造成的"灌输式"教育,会引发学生的逆反心理。为了应对这种困境,就需要反馈机制出场。其实,反馈机制在这个过程之中充当着中介者的角色,能够缓和学生与决策者和管理主体之间的冲突,能够在最大限度上减少剧烈冲突的可能性。但是,反馈机制却在具体的实践中遭遇冷待,这不得不说是一种损失。

(二)高校立德树人根本任务实现反馈机制的协同功能

反馈机制在社会主义核心价值观"学校化""学生化"过程之中充当着协同者的角色。首先,我们必须明确,决策不是面面俱到的,总会存在一定程度的缺憾,但是,决策在一定的时间范围内是不能随便更改的。那么,在这期间出现问题,怎么办呢?这时候,反馈机制就可以配合决策机制,协助决策机制、管理机制、评估机制、激励机制应对可能出现的问题。反馈机制的协同功能表现在内部协同和外部协同两方面。第一,内部协同。在高校社会主义核心价值观教育内部存在着诸多非线性的相互作用关系,人际协同、部门协同、制度协同都是高校社会主义核心价值观教育内部协同的重点。① 有学者总结出:"校院两级"的协同,可以使理论与实践得以有效结合;学院内部"院系办"三级协同,可以使信息传递与反馈更为便捷有效;班主任辅导员队伍协同,可以优化资源配置,提高学生管理的有效性;教师队伍与学生组织的协同,可以营造交互主体教育的和谐氛围。② 第二,外部协同。高校不是孤立存在于社会之外的,而是与周遭的社区、企业、社会组织有着千丝万缕的关系的。在高校社会主义核心价值观"学校化""学生化"的过程中,充分考虑周遭的环境,将之纳入反馈机制,实现立德树人根本任务实现工作机制的正常运行。

---

① 郑吉春等:《大学生思想政治教育工作机制优化路径研究——基于协同理论的视角》,载《北京工业大学学报(社会科学版)》2016年第5期。
② 陈峰:《协同学理论及其在教育研究中的移植》,载《湖南师范大学学报(社会科学版)》1993年第4期。

(三)高校立德树人根本任务实现反馈机制的升级功能

反馈机制还有一个重要的功能,就是促进整个高校立德树人根本任务实现工作机制的优化升级。具体地说,反馈机制的升级功能表现在要素及其相互关系的优化升级。第一,反馈主体的优化升级。反馈不是即时性的,而是历时性的,这是一个自我锻炼的过程。它需要花费时间收集情况、总结情况、反馈情况。因此,成为反馈主体的人,最起码具备责任意识、拥有良好的素养,在反馈的过程之中完成自身的优化升级。第二,反馈客体的优化升级。前面提过,反馈客体是与反馈主体直接相对的,具备直接相关性。那么,为了应对反馈主体的反馈,必须不断更新自己,提高应对能力。在这个交互的过程中,也实现了自我优化升级的目的。第三,反馈方式的优化升级。反馈方式的优化升级是反馈主体和反馈客体携手共同完成的,在双方的交互中,不断更新对话机制,实现方式的优化升级。

三、高校立德树人根本任务实现反馈机制的优化

优化取向是高校立德树人根本任务实现反馈机制的内在要求。在反馈中,反馈主体一般将反馈客体当作"他者",相信"他者的丰饶"[①]而寄托过度的期盼。这种过度期盼与前面提到的反馈的单向型运行模式不同,它是由于反馈主体的主观意愿而强加给反馈客体的,但是反馈客体又满足不了反馈主体的需求,进而产生埋怨的情感。因此,针对反馈主体的主观强加与反馈客体的不理会,高校立德树人根本任务反馈机制有必要对自身进行优化。

(一)合理定位反馈机制

在前面,我们提出,高校立德树人根本任务实现反馈机制指的是在高校社会主义核心价值观教育过程中反馈主体将"学校化""学生化"的效果传输给反馈客体并进行交互的过程机理。这一定义明确表示,反馈机制承担的职责是传输信息与维持信息的交互,但是并没有说通过反馈客体可以解决一切的问题。反馈主体对反馈客体的过高期许遮蔽了反馈机制的正常功用。因此,有必要梳理反馈机制在高校立德树人根本任务实现工作机制中的地位,合理定位反馈机制的作用及其作用的范围。

---

① 李有成:《他者》,杭州:浙江大学出版社2013年版,第31页。

(二)建立完善的反馈制度

之所以会发生反馈主体的主观强加与反馈客体的不理会的情况,重要原因之一在于反馈制度的不健全。一方面,建立一支有高度责任感的信息反馈队伍,形成信息网络,并且建立必要的信息反馈制度,明确责任。如专兼职信息员工作责任制,工作汇报制度,辅导员、班主任例会制度,政工干部深入学生制度,主管领导接待学生制度等。① 另一方面,落实信息反馈责任到人制度,过滤掉不必要的反馈信息,提高信息反馈的质量,提高反馈的效率。

(三)构建双向互动反馈机制

反馈作为一种交往形式,按照其本源意义,反馈是一种双向互动的交往模式。但是,在高校立德树人根本任务实现工作机制中,反馈机制受到反馈主体与反馈客体的双向"撕裂",进而使得整个反馈机制的双向交互的模式难以为继。要重新构建双向互动的反馈机制,就必须面对反馈主体与反馈客体之间的双向"撕裂"问题。这一问题的产生,归根结底来自反馈主体的主观强加与反馈客体的不理会。而要解决这些问题,可以从两方面着手:一方面,扭转反馈主体的主观意识。反馈主体需要意识到反馈只是立德树人根本任务实现工作机制中的一个环节,它不足以支撑起反馈主体的殷切期盼,引导反馈主体正确认识、定位反馈机制。另一方面,要求反馈客体摆正姿态。反馈客体直面高校社会主义核心价值观"学校化""学生化"的效果,如果他面对反馈主体的反馈而毫无反应,那么会在极大程度上损害了反馈主体的积极性,抵消了社会主义核心价值观"学校化""学生化"的已有成就。总之,必须加快构建双向互动机制,让反馈主体与反馈客体回归到正常的互动型运行模式中去。

---

① 吕振华:《试论建立高校思想政治教育信息反馈机制》,载《学校党建与思想教育》2005年第5期。

第六章 高校立德树人根本任务实现载体体系

2018年9月10日,习近平总书记在全国教育大会上发表重要讲话中指出:"要把立德树人融入思想道德教育、文化知识教育、社会实践教育各环节,贯穿基础教育、职业教育、高等教育各领域。"①立德树人的根本任务是培育和践行社会主义核心价值观,从具体实践层面来说,要将立德树人作为中心环节,实现全程育人和全方位育人,必须找准载体,既要发挥课堂教学的主渠道作用,又要重视制度管理、校园文化活动、社会实践和网络新媒体的重要作用,建构全方位、多层次的载体体系,形成协同育人的效应。

第一节 高校立德树人根本任务实现载体概述

建构立德树人根本任务实现的载体体系,首先必须辨明何为载体以及何为立德树人根本任务实现载体,在此基础之上,根据高校内外部环境的发展变化进一步探讨立德树人根本任务实现载体的创新与发展。

一、高校立德树人根本任务实现载体的内涵

在汉语中,"载体"一词是指能传递能量或运载物质的物质和承载知识或信息

---

① 习近平:《坚持中国特色社会主义教育发展道路培养德智体美劳全面发展的社会主义建设者和接班人》,新华网,2018年9月10日,http://www.xinhuanet.com/politics/2018-09/10/c_1123408400.htm。

的物质形体。"载体"这一概念最初是化学领域的专业术语,随着自然科学的发展,尤其是自然科学对人文社会学科影响的日渐深入,"载体"这一概念也开始运用于社会科学领域,且多被引申为"承载知识和信息的物质形体"。

研究高校立德树人根本任务实现载体的内涵首先要理解思想政治教育载体。思想政治教育载体是思想政治教育学科研究中的重要概念之一,属于思想政治教育途径的一种形态,是承载、传导思想政治教育信息和内容,能为思想政治教育主体运用的物体,是思想政治教育的基础设施。[①] 社会主义核心价值观教育是高校思想政治教育的重要内容,因此高校立德树人根本任务实现与高校思想政治教育的开展和落实是同一过程的不同方面。根据上述的思想政治教育载体概念,我们可以进一步地给出高校立德树人根本任务实现载体的定义,即在高校立德树人根本任务实现的过程中,能够承载和传递立德树人根本任务的内容或信息,能为立德树人教育主体所运用,从而促使立德树人根本任务实现的活动形式和物质实体。具体而言,高校立德树人根本任务实现载体的内涵包括以下三方面。

首先,能够承载立德树人根本任务的相关信息,并能为高校主体所运用。这里所说的承载立德树人根本任务的信息,主要是指要能够承载培育和践行社会主义核心价值观的目的、内容、原则、方法等要素。此外,成为高校立德树人根本任务实现载体还在于其可以为高校教育主体所控制和运用,能够进入立德树人根本任务实现的过程中。比如高校学生事务管理,教育主体可以有意识地将社会主义核心价值观融入其中,从而使其为立德树人根本任务实现服务。其次,能够联结主体和客体,使主客体发生互联互动。高校立德树人根本任务实现载体是作为连接教育主体与教育客体的中介存在的,是实现教育目标、内容、任务的途径。高校培育和践行社会主义核心价值观不是教育主体单方面的活动过程,而是教育主体和教育客体共同参与、相互作用的过程。通过载体发挥的中介作用,社会主义核心价值观传达到高校学生面前,为他们所感知,对他们产生影响,从而主客体之间发生信息交流,由此社会主义核心价值观的教育过程才算完成。最后,立德树人根本任务实现载体是具有主体性的客观存在。这里的客观存在是指立德树人根本任务实现载体作为物质形态或活动形式,不是教育主体的主观臆造物。而主体

[①] 孙其昂、黄世虎:《思想政治教育学基本原理》(第四版),南京:河海大学出版社2015年版,第190页。

性是指立德树人根本任务实现载体是教育主体在教育过程中主动的、有意识地选择和运用的,是一种主体性活动。

二、高校立德树人根本任务实现载体的特性

特性是指某一事物区别于其他事物的显著特点与标志。高校立德树人根本任务实现载体主要具有以下特性:

(一)承载性

承载性是指载体能包含并承载社会主义核心价值观内容和信息的特点,它是高校立德树人根本任务实现载体区别于其他事物的主要特征。高校立德树人根本任务的实现需要将社会主义核心价值观的信息这一意识形态性的内容传递到大学生中,并使之对这一价值观产生情感态度上的认同。而这些信息依托、渗透、存在于高校立德树人根本任务实现的载体之中,只有通过载体才能表现出来,才能被大学生所感知,才能对他们产生影响,使社会主义核心价值观内容发生交流、传播等形式的运动。

(二)方向性

方向性是指高校立德树人根本任务实现载体所承载和传递的信息具有社会主义核心价值观教育的特定、明确的目的和原则,它是高校立德树人根本任务实现载体的重要特性。高校立德树人根本任务实现的主体和客体的特点决定了载体的这一特性。高校立德树人根本任务实现载体的选取、设计和运用以及载体的内容和形式都是针对大学生群体的,是以培育和践行高校学生社会主义核心价值观为方向。

(三)互动性

高校立德树人根本任务实现载体的互动性是指载体所具有的中介和传导作用。高校立德树人根本任务实现载体连接教育主体和客体,是两者之间相互联系的桥梁和纽带。通过载体,教育主体和客体能够实现双向互动。一方面高校思想政治教育者能通过这些载体把社会主义核心价值观内涵传递给学生,使其作用于学生;另一方面,教育主体还可以通过中介获得反馈,从而不断促进社会主义核心价值观的教育方法、手段的优化与更新,使其更好地为学生内化和吸收。

(四) 发展性

高校立德树人根本任务实现载体具有发展性，它随着社会环境、受教育者特点的发展变化而不断调整的。高校立德树人根本任务实现载体体系建设是一个不断优化和完善的过程。这主要表现在两个方面：一方面，原有的载体根据变化的情况进行了调整与完善，改变了传统载体的作用方式。如思想政治理论课这一主渠道不断丰富内容与形式，以增强自身的亲和力。另一方面，随着社会发展和技术进步，出现了新的载体形式。如现代信息技术的发展促使社会主义核心价值观借助互联网进行传播，网络新媒体进入高校立德树人根本任务实现过程，成为重要载体。

三、高校立德树人根本任务实现载体的创新发展

习近平总书记在全国高校思想政治工作会议中指出，做好高校思想政治工作要因事而化、因时而进、因势而新。[1] 在中国特色社会主义进入新时代的条件下，应不断总结经验，立足时代、立足高等教育发展的方向，实现高效立德树人根本任务实现载体的创新和发展。

(一) 高校立德树人根本任务实现载体创新发展的经验

近年来，高校立德树人根本任务实现的载体建设取得了丰硕的成果，主要表现为载体形式丰富多样，承载效果显著。总体而言，取得了以下经验：

第一，注重内容与形式的统一。价值观教育不同于一般的知识教育，它不能仅通过知识的灌输来实现，还应该采取对话、理解等交往方式。以往，思想政治理论课较为注重知识化内容，一定程度上限制了其亲和力和吸引力。近年来，许多高校都在推进思想政治理论课教学改革，通过优化思想政治理论课课堂叙事方式及增强学生主体性、参与性等方式促进内容与形式的统一，有效地提升了思想政治理论课的吸引力。如上海部分高校针对学生关心的重大问题开设的"中国系列"课程，受到了学生的追捧。[2]

第二，注重提升载体的针对性。当今的大学生群体个性化倾向较为显著，市

---

[1]《习近平在全国高校思想政治工作会议上强调：把思想政治工作贯穿教育教学全过程 开创我国高等教育事业发展新局面》，载《人民日报》2016年12月9日第1版。
[2] 邓晖、颜维琦：《从"思想政治理论课程"到"课程思政"》，载《光明日报》2016年12月12日第8版。

场经济所带来的多元文化以及地域差异导致的文化差异决定着大学生拥有着不同的兴趣爱好和文化认同。在这样的背景下,以课堂为主导的普遍性的价值观教育方式虽然发挥着十分重要的作用,但还远远不够。作为课堂的载体的补充,丰富多彩的校园活动和社会实践则有效地提升了针对性,在一定程度上满足了不同学生群体的需要,取得了较好效果。

第三,注重载体间相互融合。载体融合的概念来源于传播学中的重要概念媒介融合,简单来说,媒介融合是指各种媒介呈现出的多功能一体化趋势。当前,立德树人根本任务实现的载体也越来越呈现出融合的趋势,如思想政治理论课平台与网络新媒体的融合、一些高校探索的思想政治理论课程实践与校园文化活动的融合等。不同载体间的相互融合有利于形成"同向同行、协同育人"的育人新机制。

(二)高校立德树人根本任务实现载体创新发展的路径

从经验出发,并结合高校培育和践行社会主义核心价值观的实践中的问题,实现高校立德树人根本任务实现的载体的创新和发展必须遵循继承与发展的统一、覆盖与针对的统一、理论与实践的统一以及灵活与可控的统一。

高校立德树人根本任务实现载体的创新发展应当遵循继承与发展的统一。中共中央、国务院印发的《关于加强和改进新形势下高校思想政治工作的意见》指出,要"坚持改革创新,继承和发扬传统工作优势,同时适应时代和实践发展新变化,推进理念思路、内容形式、方法手段创新,增强工作时代感和实效性"。[1] 首先,要继承优秀的传统载体形式。对传统载体的继承并非一味沿用,而是因时而进、因势而新。比如,谈话、开会和理论教育是思想政治教育的传统载体[2],它们今天仍然发挥重要的载体作用,但是发展性要求对具体的形式进行改进和优化。其次,要坚持立德树人根本任务实现载体的发展创新。改革开放以来的社会化进程为高校立德树人创设了新的内外部环境,既使得高校系统更为复杂,也为立德树人根本任务的实现提供了更为丰富的社会化载体形式。与此同时,网络新媒体载体的发展也为立德树人根本任务的实现带来了崭新的机遇与挑战。在这样的背

---

[1]《中共中央、国务院印发〈关于加强和改进新形势下高校思想政治工作的意见〉》,中华人民共和国中央人民政府网,2017年2月27日,http://www.gov.cn/xinwen/2017-02/27/content_5182502.htm。

[2] 张耀灿等:《现代思想政治教育学》,北京:人民出版社2006年版,第397页。

景下,高校立德树人根本任务的实现要积极对接新情况,应对新问题,努力做到因时而进、因势而新。

高校立德树人根本任务实现的载体创新要实现覆盖性与针对性的统一。覆盖性具有两层含义,一是指载体的普遍适用性,比如课堂教学就是具有普遍性的载体,它适用于任何学生;二是指弘扬社会主义核心价值观各个方面的适用性,比如思想政治理论课教学要兼顾国家、社会、个人三个层面的核心价值。具有覆盖性特征的载体有利于总体、全面地把握社会主义核心价值观。与之相对应,针对性一方面是指适用群体的特殊性,另一方面是指核心价值观不同层面的特殊性。具有针对性的载体能够就具体的价值层面,结合具体的人群实现更好的效果。因此,高校立德树人根本任务实现的载体创新既要坚持普遍性,又要考虑特殊性,建构起普遍性和特殊性相统一的载体体系。

高校立德树人根本任务实现的载体发展要实现理论性与实践性的统一。首先,大学生社会主义核心价值观的理论教育是立德树人根本任务的基础内容,因此,立德树人根本任务实现的载体首先要能够传递社会主义核心价值观本身的含义,使受教育者完成对社会主义核心价值观基本理论的认知。其次,培育和践行社会主义核心价值观是立德树人的根本任务,因此,载体要具有实践性,即能够以实际行动的形式深入实践活动,进而培育和践行社会主义核心价值观。培育和践行社会主义核心价值观是"认知—内化—外化"的过程,因此,其载体应当既能完成理论的传播,又能提供实践的训练,为"培育"和"践行"两个方面提供充分的条件。从具体的载体建设角度来说就是要强化和改进理论教育,同时不断创新实践育人的平台。

高校立德树人根本任务实现的载体创新应当实现方法灵活性与过程可控性的统一。高校社会主义核心价值观通过各种制度平台、事件仪式、符号礼节以及网络新媒体载体进行传播,具有鲜明的灵活性特点,一方面,在个性化的校园文化生态环境下,灵活性、多样性的载体形式是核心价值观教育的必然选择;另一方面,灵活多样的载体也使核心价值观教育具有了潜移默化的特点。这是值得肯定的,但同时,在坚持载体灵活多样的同时又要注意教育过程的可控性,教育过程的可控并非意味着教育者或组织者的绝对主导,而是在一定共识和规则、规范下的组织管理,以实现教育过程的秩序性。对此,高校必须以核心价值观审视自己的制度规范,为"制度育人"提供良好的条件。

第二节 高校立德树人根本任务实现的制度载体

习近平总书记在全国高校思想政治工作会议上指出,"要坚持不懈培育优良校风和学风,使高校发展做到治理有方、管理到位、风清气正。"① 而高校要做到"治理有方、管理到位、风清气正"便离不开好的制度。制度不仅为育人创造环境,其本身也具有重要育人功能,学生与制度的互动过程就是培育学生价值观的过程,它是高校培育和践行社会主义核心价值观的重要载体。高校制度作为社会主义核心价值观的载体具有总体性、统筹性的特点,它在总体上规定着学生的日常生活与学习,关联着学生的切身利益。

一、高校立德树人根本任务实现的制度载体的内涵与形式

价值取向是制度建设的根基,制度是某种价值取向的载体和体现,这是制度作为立德树人根本任务实现载体的基本内涵。制度是指为了方便管理,所有人都必须遵守的、具有规定性和指导性的程序或准则,它是现代各类组织得以运转的前提基础。所谓的大学制度是指"借以协调、制约和干预大学与外部利益相关者以及大学内部各利益相关者之间的行为规则或规范体系"。② 不同的高校有自己不同的特点,一所学校培养的学生或多或少地透露着这所学校的"气质",而这种气质很大程度上是一所学校的制度文化所塑造的。制度一方面体现着学校的特色,另一方面也在塑造学校的特色,这实际上不是制度本身在发生作用,而是制度背后所蕴含的文化和价值导向在发挥作用。科学合理的制度对于实现立德树人根本任务具有重要价值,它集中体现在为学校道德教育提供明确稳定的价值指南,实现制度规约与道德认同的良性循环,与时俱进地推进育人工作的创新等方面。③ 在具体形式方面,大学制度的表现形式主要有大学章程、学生管理制度、党团建设制度、学术制度、教师队伍建设制度等方面,这里就具有代表性的前三者进行分析。

---

① 《习近平在全国高校思想政治工作会议上强调:把思想政治工作贯穿教育教学全过程 开创我国高等教育事业发展新局面》,载《人民日报》2016年12月9日第1版。
② 唐世纲:《大学制度价值论》,青岛:中国海洋大学出版社2017年版,第39页。
③ 冯永刚:《学校制度文化育人的价值意蕴及其实现》,载《教育科学研究》2018年第5期。

(一)大学章程

大学治理,千头万绪,最重要的是建立和健全以章程为核心的现代大学制度。① 目前,许多高校已经积极建立起自己的大学章程,大学章程有利于理清高校内外部的种种关系,确保高校的自主性、学术性,激发学术人员的主动性和创造性。因此,大学章程在高校治理和管理中发挥着利益实现、文化创造和精神传承的重要功能,它在总体上规定着一所高校的风貌,是高校各项活动开展和学生价值行为取向的指挥棒。大学章程理应成为社会主义核心价值观的重要载体。从具体实现上来说,首先,大学章程的制定在内容和形式上必定体现出民主、法制、公正等价值取向;其次,大学章程是一所高校甚至是近代以来中国高等教育办学经验的制度化,其中所体现出的优良传统与社会主义核心价值观是一脉相承的;最后,大学章程将高校的校史、校训、校风优良传统与文化总结成文,是高校精神文化和价值取向的缩影,有利于社会主义核心价值观的学校化和学生化。

(二)学生管理制度

大学章程是高校治理总的规范和原则,围绕着总的规范和原则,还有微观具体的规定,学生管理制度就是其中之一。而学生管理制度又可以进一步细分为奖学金评定制度、寝室管理制度、图书馆使用制度、就业管理制度、学生组织制度等,这些成文的规定实际上体现了学校的价值取向。学生管理活动具有全覆盖性,并直接关系到大学生的学习、生活和切身利益,是社会主义核心价值观实现学校化和学生化的"最后一公里"。因此,它是高校立德树人根本任务实现的重要载体。党的十八届三中全会再次强调要坚持立德树人,"不断创新高校人才培养机制",为高校学生管理工作提出了新的要求。目前,我国高校的学生事务管理工作还存在"理念保守化""体制刻板化""关系层级化"和"队伍不合理化"等问题②,在一定程度上制约着立德树人根本任务的实现。与此同时,一些高校也通过积极通过模式创新和资源优化整合创新学生管理制度,为立德树人根本任务的实现创造有利条件,比如设立学生事务管理中心。

(三)党团建设制度

培育和践行社会主义核心价值观是立德树人的根本任务,同时也是高校党建

---

① 靳诺:《育人为本、教师为体、制度为基、文化为魂》,载《中国高等教育》2016年第6期。
② 戴卫义等:《坚持立德树人 推进高校学生事务管理工作》,载《中国高等教育》2014年第4期。

的重要任务。基层党组织是社会主义核心价值观学习和践行活动的重要组织者,是推动相关工作和活动可行性、常态化的重要力量。习近平总书记强调,办好中国特色社会主义大学要坚持立德树人,把社会主义核心价值观融入教书育人的全过程;要全面推进党的建设各项工作,发挥基层党组织的战斗堡垒作用。因此,必须将培育和践行社会主义核心价值观融入高校党团建设。组织的组织生活制度是中国共产党一贯的优良传统,是培育和践行社会主义核心价值观的重要抓手。《关于加强和改进新形势下高校思想政治工作的意见》指出,要坚持党的组织生活各项制度,组织党员深入开展"两学一做"学习教育,认真做好在高校优秀青年教师、高校学生中发展党员工作,加强党员日常管理监督。① 因此,必须完善学生党团员的准入机制、加强学生党团成员组织生活的考核与管理,逐步建立起学习型大学生党团组织。

二、高校立德树人根本任务实现制度载体的相互关系、特点及作用

高校立德树人根本任务实现的制度载体具有自身的特点和优势。总体来说,高校立德树人根本任务实现的制度载体具有规范性、诱导性、隐性化的特点,传播、规导和育人是其最重要的作用。

(一)高校立德树人根本任务实现制度载体间的相互关系

高校立德树人根本任务实现的制度载体之间是互动的关系。首先,大学章程是总体性的规范和原则,为学生管理和党团建设提供了原则性的指导;学生管理活动、党团建设活动以及其他类型的管理活动也必须通过规范和章程来理清彼此关系,从而得以有序开展。其次,学生事务管理以及党团建设的具体实践又会对章程提出新的要求,制度在实践过程中不断遇到新情况、新问题,反过来又对章程本身进行了补充、修正和完善。再次,在我国,高校对学生各方面的管理和服务是相互裹挟的,学生管理囊括了非常多的内容,其中当然也包括大学生党团组织的建设工作。因此,制度虽然在形式上相互独立,但实际上是相互依存的,它们只有结合在一起才能共同发挥高校立德树人根本任务实现的载体作用。

---

① 《中共中央、国务院印发〈关于加强和改进新形势下高校思想政治工作的意见〉》,中华人民共和国中央人民政府网,2017年2月27日,http://www.gov.cn/xinwen/2017-02/27/content_5182502.htm。

(二)高校立德树人根本任务实现制度载体的特点

高校立德树人根本任务实现的制度载体是与大学生与高校互动的中介,具有较强的规范性、规划性和规则性。因此,高校立德树人根本任务实现的制度载体有诸多特点:第一,规范性。即以计划规划、规章制度的形式,通过对学生日常生活与学习的管理和要求传递社会主义核心价值观的基本精神。第二,诱导性。制度平台内含价值观的因素,其表现出的规范性和规则性实际上带有特定主体的价值倾向,因此具有诱导性。第三,长效性。合理的制度本身是稳定、长效的、具有前瞻性的,随着实践工作的开展,制度虽然在一定的时间内可能会遇到新问题,从而发生某些局部的调试,但总体上是稳定的。第四,反馈性。反馈性指的是制度的效果和效应,它们具有直观性的特征。在一定程度上,学生对社会主义核心价值观的知、情、意、行就可以从制度运行的效果的角度来进行评估。

(三)高校立德树人根本任务实现制度载体的作用

价值传播。高校立德树人根本任务实现制度载体的价值传播是在制度信息传播的过程中实现的,但它不是指制度信息本身的传播,而是制度拥有的一项功能,即在制度传播的同时伴随着价值传播。所谓制度传播指的是规章制度的顺利运行建立在它广为人知的基础之上,通俗地说,"推广"是一项制度建立必不可少的环节。因此,由于制度背后具有的价值倾向性,一旦制度信息广为人知,它所内含的价值观因素也就在一定意义上获得了传播。高校的规章制度具有全覆盖性的特点,这决定了它们具有广泛的传播功能。

文化创造。制度作为一种规则、规范性的存在,具有规范功能,即对价值观通过规范要求和利益分配使管理者与被管理者形成特定的价值和行为取向。特定的价值和行为取向经过时间的沉淀便会具有文化意义。因此,从长远来看,制度不仅起到规范和引导的作用,还具有文化创造的重要功能。因此,社会主义核心价值观化的制度有益于社会主义核心价值观化的校园文化的形成与塑造。

精神传承。制度还具有精神传承的重要功能。从长远来看,制度一方面能够进行文化创造,另一方面,优秀的精神、文化和传统也会对制度进行反馈。因此,制度在某种程度上就成了优秀的文化、精神和传统的凝结。比如前面所说的大学章程,就涵盖了一所学校在历史发展中所形成的具有自身特色的校歌、校训等文化和精神内容,并通过不断的传颂使其得以传承。

三、高校立德树人根本任务实现制度载体的运用

制度是高校维持日常教学秩序、进行科研管理,以及规定其他各项活动开展的重要手段。但是,高校制度并不仅仅发挥着管理的功能,还起到价值传播、文化创造和精神传承的重要作用。因此,高校必须以社会主义核心价值观审视各项规章制度,全面推进社会主义核心价值观融入规章制度,形成社会主义核心价值观化的校园规章制度。

(一)在制度建设中融入社会主义核心价值观

"社会主义核心价值观是最高层次的价值遵循,它不仅体现在公民的行为中,更体现在国家和社会的基本制度和体制机制中……它首先是对国家制度和大政方针的规约和要求,而不是首先对公民个人的要求",同样"高校培育和践行社会主义核心价值观,不仅是对领导、教师和学生个人的要求,也是对高校制度和体制机制的要求"。① 因此,推进社会主义核心价值观进高校,必须要推进社会主义核心价值观融入高校的制度。首先,推进社会主义核心价值观融入高校大学章程和各类规章。大学章程是大学精神和价值取向的集中体现,它是一所高校的"根本大法",因此,大学章程的规划、制定、颁布、执行、修订以及大学章程的本身都要体现社会主义核心价值观的精神要求。高校的各个方面的规章制度是在大学章程基本精神的指导下制定的,因此它也必须符合社会主义核心价值观的基本要求。其次,推进社会主义核心价值观融入大学的管理机制。高校内部各项工作的顺利开展依赖一定的程序环节和各部门之间的衔接,因此,在长期的工作过程中会形成固定的、惯例性,正式或非正式的做法。从功能论的视角来看,这些做法的存在具有一定的合理性,但是从价值合理性的角度来看,有些做法不一定符合社会主义核心价值观的精神。因此,必须依据社会主义核心价值观的基本要求对相关的章程、制度、体制机制进行整改和创新,使其绽放出社会主义大学特有精神气质。

(二)在制度运行中培育和践行社会主义核心价值观

在制度运行的过程中培育社会主义核心价值观,彰显高校制度的社会主义核心价值观化的基本气质,为学生的全面发展服务。高校制度最终面向人发挥作

---

① 刘建军:《高校培育和践行社会主义核心价值观的四个步骤》,载《思想理论教育》2016年第3期。

用,因此,必须使用好制度,让制度发挥作用的过程成为在学生群体中培育社会主义核心价值观的过程。举例而言,高校日常评奖评优活动就是制度发挥作用的过程,评奖评优过程是否公平公正、能否说服学生,直接关系到学生价值观的培育。制度的使用在一定意义上是其执行者价值观的投射,但一项好的制度如果在运行的过程中执行不当也难以有效发挥作用。因此,首先要让社会主义核心价值观进领导者和组织者的头脑,只有高校的领导者、组织者深刻地领会社会主义核心价值观的基本内涵和精神,"核心价值观化"的制度实施才有可能。

第三节 高校立德树人根本任务实现的平台载体

不同于制度的规范性、具体性,高校的教学、社会实践、文化建设等能够为社会主义核心价值观提供丰富的活动空间和活动形式。因此,教学、社会实践、文化建设等对于高校立德树人根本任务的实现而言具有平台意义。重视各类平台载体的建设,有利于对社会主义核心价值观教育进行学校化、学生化的转换。

一、高校立德树人根本任务实现的平台载体的内涵与形式

相对于事件仪式、符号礼节等载体,平台载体是高校立德树人根本任务实现较为宏观的载体形式,它同制度载体一样具有总体性和统筹性的特点。除此之外,平台载体还具有基础性和聚合性的特点。平台涵盖的内容比较广泛,以至于无法对其下一个合适的定义。就高校来说,课堂教学、社会实践、校园文化都是开展社会主义核心价值观教育的平台,从广义上讲,制度建设也属于平台。平台为高校立德树人根本任务的实现提供了基础资源和宽广的空间,它是立德树人根本任务实现的工作台。立德树人根本任务实现的工作必须借助平台,才能够得以展开。根据学界的相关研究并结合江苏省各高校培育和践行社会主义核心价值观的实践经验,立德树人根本任务实现的平台载体主要包括教学平台、社会实践平台以及校园文化建设平台。

(一)教学平台

教学是高校立德树人根本任务实现重要的平台载体,教学平台主要包括思想政治理论课和其他课程。习近平总书记在全国高校思想政治工作会议上指出,"要用好课堂教学这个主渠道,思想政治理论课要坚持在改进中加强",同时其他

各门课也要"守好一段渠、种好责任田,使各类课程与思想政治理论课同向同行,形成协同效应"。① 思想政治理论课是高校社会主义核心价值观教育的主渠道、主阵地,是落实高校立德树人根本任务的关键课程,发挥着不可替代的作用。② 其他的课程,尤其是人文社会科学类的课程也是社会主义核心价值观教育的重要载体,比如一些高校面向全校开设的人文素质选修课、哲学社会科学课、专业课等,在课程教学中就可以有机地融入社会主义核心价值观的基本内容与精神特质。教学作为平台载体,不仅仅体现在课堂教学之上,教学过程中的各类要素,比如教材、教学形式等也可以成为高校立德树人根本任务实现的载体。

(二)社会实践平台

社会实践是大学生走出课堂、践行社会主义核心价值观的重要平台,是社会主义核心价值观教育"认知—内化—外化"过程的"外化"阶段,从这一意义上来说,它既是载体又是归宿。中共中央、国务院《关于进一步加强和改进大学生思想政治教育的意见》也明确指出:"社会实践是大学生思想政治教育的重要环节,对于促进大学生了解社会、奉献社会,增强社会责任感具有不可替代的作用。"就主要的类别来说,高校的社会实践平台主要包括暑期社会实践、创新创业实践、网络展示平台、相关课程的实践教育环节等类型,不同的实践类型均搭载了丰富多样的实践活动,具有实践性、自主性、开放性、灵活性、新颖性的特点。

(三)校园文化建设平台

校园文化是学生对校园归属感的重要来源,具有内化于心、外化于行的特征,因此,校园文化最能够实现润物无声的育人效果,是高校立德树人根本任务实现的理想载体之一。文化有广义和狭义之分,广义的校园文化几乎包含了校园中所有的物质和精神性存在,而这里所说的校园文化指的是狭义的校园文化。狭义的校园文化在本质上是一种组织文化,是指以校园为空间,以教师、学生为文化传承创新主体,以精神文化为核心,并与物质文化、制度文化、行为文化相统一的具有

---

① 《习近平在全国高校思想政治工作会议上强调:把思想政治工作贯穿教育教学全过程 开创我国高等教育事业发展新局面》,载《人民日报》2016年12月9日第1版。
② 《中共中央、国务院印发〈关于加强和改进新形势下高校思想政治工作的意见〉》,中华人民共和国中央人民政府网,2017年2月27日,http://www.gov.cn/xinwen/2017-02/27/content_5182502.htm。

时代特征的一种群体文化。[①] 校园文化建设是一个复杂、系统的工程,不仅涉及师生的各种精神生活,还关乎制度、物质等方方面面,因此可以为高校立德树人根本任务的实现提供多样的载体。

二、高校立德树人根本任务实现平台载体的相互关系、特点及作用

教学平台、社会实践平台以及校园文化建设平台等载体既相互独立,又互相关联,它们具有聚合性、覆盖性、长效性和反馈性等特点,为高校立德树人根本任务的实现提供了广阔的活动空间。

(一)高校立德树人根本任务实现的平台载体间的关系

作为高校立德树人根本任务实现的平台载体,教学、社会实践、校园文化建设之间既相互独立,又有着紧密的联系。首先,教学平台、社会实践平台、校园文化建设平台彼此的形式和内容各不相同,相互独立。教学平台主要通过知识的讲授实现价值观传播,社会实践主要通过社会参与进行社会主义核心价值观的培育和践行,而校园文化建设平台主要通过各种各样的校园精神文明和文化活动对学生进行熏陶。其次,各平台之间又是相互联系、相互交叉的。教学可以通过社会实践的方式进行,教学氛围、社会实践的氛围和内容等又构成了校园文化建设的重要组成部分。总之,各平台载体之间既相互独立,具备自身鲜明的特征和优势,又相互联通、互相促进,共同发挥着培育和践行社会主义核心价值观的载体作用。

(二)高校立德树人根本任务实现的平台载体的特点

高校立德树人根本任务实现的平台载体具有聚合性、覆盖性、长效性和直观性的特点。第一,聚合性。平台并非具体的载体,而是各类载体存在和活动的空间,是它们的"工作台"。第二,覆盖性。高校立德树人根本任务实现的平台载体是高校学生学习和生活的空间,它聚合了围绕教学、实践以及文化建设的各类活动,而这类活动是面向整个校园的,例如课堂是每个学生都需要参与的,社会实践和校园文化建设也力图影响和覆盖尽可能多的学生,等等。因此平台载体具有全覆盖的特点。第三,长效性。一方面,平台在一般情况下是长效存在的,比如教学平台、校园文化建设平台,只要高校存在,就不会没有教学,不会不谈校园文化。

[①] 马平均、胡新保:《社会主义核心价值观融入大学校园文化建设的几点思考》,载《思想教育研究》2017年第1期。

另一方面,平台发挥的影响是长效的。学生的校园生活是建立在各种平台的基础之上的,因此当学生离开校园之后,建立在这些平台之上的内容和价值依然会发挥影响。第四,反馈性。作为高校生存和发展、学生学习和生活的重要空间,学生对社会主义核心价值观的知、情、意、行都会鲜明地体现在学校的教学、社会实践和文化中。因此,平台载体能够直观地反映社会主义核心价值观培育和践行的效果。

(三)高校立德树人根本任务实现的平台载体的作用

平台载体的特点决定了它在社会主义核心价值观的培育和践行过程中发挥着较为特殊的作用。平台作为载体是宏观和笼统的,确切地说,平台本身不直接发挥载体的作用,而是为社会主义核心价值观具体的载体提供存在的空间。因此,高校立德树人根本任务的实现视野中的"平台"实际上就是社会主义核心价值观在高校的活动空间。培育和践行社会主义核心价值观的任务传递到高校,必须进行学校化和学生化的转换,这一转换必须具有工作平台。社会主义核心价值观的学校化和学生化就是将社会主义核心价值观的基本精神融入高校的各个平台,通过依托各类平台开展的具体活动将社会主义核心价值观学校化和学生化的转化最终落实。因此,高校的各类平台作为高校立德树人根本任务实现的载体,其主要作用就是为社会主义核心价值观在高校的传播提供工作平台和活动空间,使社会主义核心价值观学校化和学生化的转换成为可能。

三、高校立德树人根本任务实现平台载体建设

各类平台是高校得以开展日常工作的重要载体,这意味着教学、社会实践、校园文化建设等不仅是培育和践行社会主义核心价值观的载体,还可以成为其他事物的载体。因此,培育和践行社会主义核心价值观必须主动运用和建构这些平台载体,打造高校立德树人根本任务实现的平台载体体系。

(一)重视现有平台载体的优化

培育和践行社会主义核心价值观,发挥高校各类平台的载体作用,必须重视现有平台的建设工作,为高校立德树人根本任务的实现提供良好的空间环境。为此,首先要以社会主义核心价值观审视高校现有的各类平台,尤其要加强思想政治理论课建设。发挥思想政治理论课的关键课程作用,必须坚持在改进中加强,不断推进思想政治理论课改革创新,推动思想政治理论课建设内涵式发展,提高

思想政治理论课教学实效。[1]除此之外,还要加强其他平台载体的优化,中共中央办公厅《关于培育和践行社会主义核心价值观的意见》中明确指出要加强社团、讲座、论坛、研讨会、报告会的管理[2],实际上就是有意识对各类平台进行优化。其次,让社会主义核心价值观融入高校平台。一方面,对于高校平台中本来就与社会主义核心价值观精神一致的内容和形式,要积极倡导。另一方面,平台在某种程度上是一个介体,也可能被其他价值的传播所运用。在这个意义上,它们也是"阵地",社会主义核心价值观的传播要对各类阵地进行主动占领。最后,拓展现有平台载体的广度。拓展平台载体的广度就是为社会主义核心价值观在高校的培育和践行创造更为广阔的活动空间。对于校园文化建设、社会实践这两类平台来说,就是要动员更多的学生主动参与到具体的活动中来,提高平台的覆盖面,使更多的学生成为社会主义核心价值观的自觉践行者。

(二)培育打造新型平台载体

高校培育和践行社会主义核心价值观不仅要巩固现有的平台载体,还需积极适应社会的变化,培育和打造新型平台载体,尤其是网络全媒体平台。高校要善于接受并运用新平台,并能够将其合理地纳入学校的管理体系,为学校的发展以及立德树人根本任务的实现服务。例如,近年来,网络新媒体平台已经发展到网络全媒体的阶段,主流网站、微博、微信等成为学生主要的信息来源,可以实时传播学校的各类信息。高校必须重视并适应这种变化,积极地打造社会主义核心价值观的校园融媒体平台载体,使微信、微博等空间中的校园文化健康有序,符合社会主义核心价值观的精神要求。例如,江苏省高校传媒联盟每年评选十佳校园传媒单位、优秀新媒体运营单位等,通过这一方式鼓励高校重视网络新媒体的建设,这是江苏高校积极培育和打造新兴传媒平台载体的表现。

(三)促进平台载体间的相互整合

高校中不同的平台代表着校园生活的不同方面,但是校园生活各部分之间又是不能完全分开的。因此,高校各类平台作为社会主义核心价值观的载体并非完全独立的,它们之间存在着各种各样的联系,高校立德树人根本任务实现的平台

---

[1]《思想政治理论课是落实立德树人根本任务的关键课程——二论学习贯彻习近平总书记在学校思想政治理论课教师座谈会上重要讲话精神》,载《中国教育报》2019年3月21日。
[2] 中共中央办公厅:《关于培育和践行社会主义核心价值观的意见》,载《党建》2014年第1期。

载体作用的有效发挥建立在各平台相互配合的基础之上。比如,对于教学平台来说,教学可能包含社会实践的环节。同样,社会实践平台也离不开教学,实践内容在一定程度上与课堂教学中学习的内容相联系。因此,在具体的实践中要善于将社会实践和校园文化融入教学的全过程,在社会实践中体现学校、学院和专业的知识特点。平台间的相互整合是为了形成合力,从而更好地倡导、培育和践行社会主义核心价值观。与此同时,社会主义核心价值观也为这些平台间的相互整合提供可靠的联结点,通过社会主义核心价值观,内容、作用不一的各类平台彰显的基本精神和价值也得到了统一。

第四节　高校立德树人根本任务实现的符号载体

符号在人类社会发展的早期就已经诞生,在文字还没发明以前,各种形式的符号对人与人之间的交流就起到重要作用,密切了人与人之间的社会关系;在语言文字发明以后,符号更是极大地推动了社会历史的发展。当前高校立德树人根本任务的实现必须重视符号载体,有效利用各种形式的符号,将其转化为社会主义核心价值观教育的重要中介。

一、高校立德树人根本任务实现的符号载体的内涵与形式

符号作为一种传播中介能够直接承载社会主义核心价值观信息与内容,并通过与其他物质性载体的结合为教育客体所感知。符号载体在立德树人根本任务实现的载体体系中是较为微观的载体形式。所谓"符号",在《符号——传播的游戏规则》中被定义为"是人类的一种'自由创造',以此来表示人与事物,以及事物与事物之间的联系","人类以符号为认知的工具,通过符号对世界进行分类和抽象,借助符号对事物作出演绎和推理,利用符号实行人际交流和传播信息"。[①] 从中可以看出符号本身就具有载体的某些特性和功能。把符号作为高校立德树人根本任务实现载体,在于其能够通过编码来承载和传递社会主义核心价值观的内容,从而进入大学生社会主义核心价值观培育过程。高校立德树人根本任务实现的符号载体贯穿于社会主义核心价值观学生化的各个环节,并呈现出多种多样的

---

① 余志鸿:《符号——传播的游戏规则》,上海:上海交通大学出版社2003年版,第4页。

表现形式。以下论述集中于主要的符号载体形式。

（一）语言文字

语言文字是一种符号载体，是传递信息、实现交际的符号，也是最基本的符号。在立德树人根本任务实现的过程中，任何其他的符号最终发挥载体作用都要通过语言文字的转译，语言文字通过对高校立德树人根本任务实现过程中的各种事物进行命名、编码和传播，使原本复杂无序的事物变得鲜明有序，易于接受。在高校立德树人根本任务实现过程中，语言文字作为载体主要通过口头和书面的形式承载和传递社会主义核心价值观的内容，是使用频率最高的载体。在实际高校立德树人根本任务的实现过程中，语言文字作为符号载体主要有以下几种运用方式。首先，校园中的横幅标语常常承载能够体现社会主义核心价值观的信息，对全校的学生产生引导，是社会主义核心价值观宣传的重要载体。其次，高校的校训校歌作为文字符号的一种，与社会主义核心价值观具有内在本质的契合、互通共融。最后，语言中介还是教学研讨、交流谈话、演讲等形式的价值观教育形式的载体。

（二）行为举止

行为举止是相对于语言文字而言的社会交往符号，更是体现着个人的品德和价值追求，蕴含着社会交往中的"礼"，是高校立德树人根本任务实现的重要符号载体。这种在社会交往中的作为"礼"的行为举止包括多方面的内容，它们主要是借助人际关系表现出来的。就高校学生而言，有学习之礼，如听讲时，应端坐或直立，不支颐交股，弯腰、翘足等；有为人处世之礼，如己所不欲，勿施于人；有对众之礼，如两人对谈，不向中间穿走，不在公共场合喧哗；有见面之礼，如与同学朋友相见，点头致意、握手或打个手势招呼，是同辈交往中习以为常的礼貌之举；与老师相见，向老师问好，表示尊重；等等。这些日常生活的具有礼貌和礼节性质的行为举止作为高校立德树人根本任务实现载体，是人际关系交往中不可缺少的道德行为，蕴含着丰富的社会主义核心价值观教育价值。

（三）象征物

象征物是高校立德树人根本任务实现的重要符号载体。符号是携带意义的感知：意义必须用符号才能表达，符号的用途是表达意义[①]，而象征物就通过某种

[①] 赵毅衡：《符号学原理与推演》，南京：南京大学出版社2011年版，第1页。

有形的具有联想意义的事物,暗示或指代另一种无形的东西,是典型的"携带意义的感知"。因此,作为立德树人根本任务实现的象征物,就是以有形的物体指代无形的社会主义价值观念以及表达社会主义核心价值观的个人与群体意义。任何含有社会主义核心价值观象征意义的物体都是立德树人根本任务实现的载体。具体而言,如国旗作为中华人民共和国的象征,蕴含着一种"爱国"的价值观。再如高校内的名人雕像,如 XZ 学院的陶行知雕像,代表着对陶行知先生价值观的认可,也蕴含着社会主义核心价值观的教育意义。又如校园内的特色建筑,承载着一所高校的文化精神与价值理念,往往契合社会主义核心价值观基本内涵。总之不管任何象征物,只要它主要表达一种与社会主义核心价值观相符的意义,都是高校立德树人根本任务实现的符号载体。

二、高校立德树人根本任务实现符号载体的特征

符号是高校立德树人根本任务实现的重要载体,是教育主体在社会主义核心价值观的宣传教育过程中用来指代特定含义的标志物,是社会主义核心价值观的表达方式。上述多种形式的符号载体具有自身鲜明的特性。

(一)社会历史性

符号是人类社会历史发展的产物。可以说,人类文明发展史,实际上就是符号的建构史,或者是对自然和人类社会符号化的历史,也是人类通过符号认识世界的历史。就社会性而言,符号从一开始就是因为人与人之间的交往需要而产生的,并且从一开始就更多表达群体意向。"意义的赋予,开始可能是偶然的、随意的,但一定的意义与一定的符号的联系一经为一定群体所认同,便固定下来,并社会地遗传。所以,符号所负荷的是群体的意向,符号是社会信息的载体。"[1]此外,符号在随着人类社会的需要而产生后,就一直贯穿于人类社会历史的发展。"符号化的思维和符号化的行为是人类生活中最富于代表性的特征,并且人类社会的全部发展都依赖于这些条件"[2],作为高校立德树人根本任务实现的符号载体是在各个国家和民族世世代代相传的过程中保留下的,体现着国家和民族的历史经历和精神文化特征。就我国而言,汉字和汉语是中华文化符号的代表,比如"成语"

---

[1] 涂德均:《论符号的功能》,载《天府新论》1996 年第 4 期。
[2] [德]恩斯特·卡希尔:《人论》,上海:上海译文出版社 1985 年版,第 35 页。

作为某一具体的表达方式通常蕴含着许多历史典故。最后，人类社会发展的每个时代都有特定的符号，而这些符号是这个时代的政治、经济、文化、道德等各个方面的面貌的反映。当前我国高校立德树人根本任务实现符号载体能够反映时代的新貌，体现当前时代的价值追求和精神风貌。

（二）承载指代性

承载指代性是符号载体的基本特性。"符号的巨大魅力就在于它不仅揭示内容的意义，而且是社会对象化的意义载体，由此产生相关联的各个不同的意义系统，从而拓展了文化的意蕴和内涵"[①]。也就是说，符号本身可以看成是信息客体，许多符号本身包含的内容丰富的契合社会主义核心价值观的文化信息，在高校立德树人根本任务实现过程中可以直接被主体使用。比如校歌、校训作为校园文化符号承载着与社会主义核心价值观一致的信息和精神内核。符号的指代性主要指如象征物、仪式礼节等符号往往具有特定的含义，指代某种特殊的文化意义。如五角星并非单纯地表示星星，在革命战争年代，它指代革命精神，是进步的象征；许多纪念碑上的旗帜往往指代一种感召力，是团结凝聚的象征。

（三）表达传播性

表达传播性是高校立德树人根本任务实现载体的重要特性。所谓的传播是通过符号的编码和译码来赋予意义的过程。其中，编码是指通过媒介技术手段把思想、感情、意向等编成别人可以理解的传播符号；译码是指将从外界接收到的传播符号进行破译、赋予意义或进行评价的过程。高校立德树人根本任务实现的符号载体一方面具有能够将社会主义核心价值观的信息转化成具体的、形象的，能够使大学生迅速理解和接受内容的特性；另一方面，语言文字符号能够将某些具有概括性、象征性的符号进行解释和说明，从而将承载在其中的信息表达出来为传播对象所接受。符号的这种表达传播的特性使其成为高校立德树人根本任务实现的重要中介。

三、高校立德树人根本任务实现符号载体的运用

符号载体以其自身的特性在高校立德树人根本任务实现的过程中具有不可

---

① 张笑扬：《符号学视阈下国家文化软实力研究》，载《广西社会主义学院学报》2011年第10期。

替代的作用。对符号使用的优化可以拓展社会主义核心价值观教育的途径,提升社会主义核心价值观培育与践行的效果。

(一)灵活运用语言文字符号载体

语言文字的灵活运用是高校立德树人根本任务实现的符号载体发挥作用的基础。首先,创新语言文字符号运用的形式。在高校社会主义核心价值观的宣传教育中,通过各种形式的语言文字进行传播,善于用简单的词汇和清晰的逻辑表达社会主义核心价值观的深刻内涵和意义。如通过横幅标语的形式,将社会主义核心价值观的内容简明直观地展现给大学生,宣传和社会主义核心价值观相一致的精神文化;通过演讲、谈话谈心等语言形式来进行社会主义核心价值观的传播。其次,掌握语言文字符号运用的技巧,提升语言文字运用的艺术水平。一方面在高校立德树人根本任务实现的语言运用中要巧妙运用词汇,提升语言表现力。不管是在口头语言还是在书面文字的使用中,都要用对、用活"词语",尤其要关注承载历史文化和价值观导向的成语、谚语、惯用语;另一方面,要通过适当使用修辞,包括比喻、排比、设问等将社会主义核心价值观的内核通过语言表达出来,使语言更加生动具体形象,增强语言的感染力。总之,要让语言文字符号恰当地出现在社会主义核心价值观教育全过程,成为与高校立德树人根本任务实现的重要中介和有力载体。

(二)准确运用非语言文字符号载体

非语言文字符号包括上述的象征物、表情体态、仪式礼节等,它呈现出多样性的特点,是高校立德树人根本任务实现语言文字符号载体的重要补充,在培育和践行社会主义核心价值观的过程中扮演着语言文字所不能替代的重要角色。准确运用非语言文字符号,首先要用善于发现与社会主义核心价值观教育相关的非语言文字符号,注重发掘能够承载社会主义核心价值观内容的声音、物体、行为等一系列符号。其次,要善于建立符号和社会主义核心价值观之间的联系,注重唤起学生的情感共鸣。比如,五星红旗作为我国的国家象征,往往会令人联想到国家和社会层面的事物,容易激发学生的爱国情感。最后,注重突出非语言文字符号的特性,发挥非语言文字符号对语言文字符号的补充辅助作用。许多非语言的符号往往形象直观,或容易为人理解,比如表情体态符号;或对人造成较强烈的冲击令人印象深刻,比如,当通过谈话交流的形式引导学生树立社会主义核心价观的过程中,教育主体的态度、表情、动作等都要自然并且合适到位,让学生感受到教育者的亲和力和相应的主体地位,从而使语言表达的内容更愿意为学生接受。

(三)促进多种符号载体的整合运用

促进多种符号载体的整合运用是高校立德树人根本任务实现的符号载体发挥作用的重要保证。高校立德树人根本任务的实现是一个复杂的过程,各种符号载体在这一过程必须相互补充和结合,进行综合性的运用才能迸发出巨大的活力,对培育和践行社会主义价值观产生强大的正向推动力。首先,深入把握各种符号载体的特性,了解语言文字载体和其他非语言文字载体的共同特性和主要区别,认识到各自的优缺点。其次,促进多种符号载体在高校立德树人根本任务实现的过程中的综合运用。高校社会主义核心价值观的培育和践行是一个"自上而下"的过程,是从国家层面进入学校层面,从学校领导层面到具体高校操作层面,再到学生层面的过程,也是学生从感性认知到理性认知,从观念接收到观念认同,再内化为自身的精神品质的过程。在这一系列的过程中,既要促进某种符号载体在特定的阶段的主导作用,又要灵活运用其他符号载体,促进多种符号载体在高校培育和践行社会主义核心价值观过程中的整合运用。

第五节　高校立德树人根本任务实现的仪式载体

事件仪式是高校中较为具体的活动形式,丰富多彩的事件仪式活动是校园生活的重要组成部分。高校精心组织开展的仪式、事件活动是践行社会主义核心价值观的重要手段,是深化社会主义核心价值观教育的重要途径。作为高校立德树人根本任务实现的仪式载体,它主要包括重大纪念日、节日、开学典礼、毕业典礼、校庆典礼、志愿服务、各类主题活动等。

一、高校立德树人根本任务实现的仪式载体的内涵与形式

与制度载体、平台载体相比,仪式载体相对中观,它们多是在制度之下、平台之上开展的相关活动。这里理解的"仪式"指的是高校中较为重大的、能够对学生产生一定影响的事件活动。"仪式"本是人类学中的概念,它起源于人类原始活动或宗教活动,是在特定的场合按照一定的程序规范举行的,具有鲜明的象征性、表

演性和文化性的活动。仪式后来以其独特的功能受到了社会学和政治学的关注，并成为它们重要的研究对象。从文化人类学的视角来看，人们的日常生活也具有显明的"仪式化"特征。同样，高校日常活动也不例外，比如"上课"这一事件就具有浓厚的仪式化韵味。这里探讨的高校立德树人根本任务实现的仪式载体主要包括各类典礼仪式、重大纪念日或节日以及志愿服务、主题活动等具有仪式感的活动和事件。

（一）典礼仪式

"仪式"本身是人类学中的概念，它常常出现在宗教和日常活动中，后来"仪式"研究又进入了社会学和政治学的视野，有研究认为仪式活动是实践理性与文化理性的统一。[①] 高校中的典礼仪式主要包括开学典礼、毕业典礼、校庆典礼、升旗仪式、入党宣誓、各类活动开幕式等，除此之外，一些日常性的活动也具有仪式化的特征，它们中都蕴含着丰富的礼节。比如在很多仪式和活动开始前，升国旗都是不可或缺的环节。近几年，很多高校越来越重视典礼仪式的作用，不仅对典礼仪式进行精心的组织，还就典礼仪式进行全媒体的宣传，以扩大其覆盖面，比如开学典礼和毕业典礼中各高校的校长讲话近年来成为媒体关注的热点。作为高校立德树人根本任务实现的载体，典礼仪式一方面包含着核心价值观化的内容；另一方面，典礼仪式本身的常规性、连续性、集体性和情境性蕴含着丰富的育人功能，它为学生的共同情感的表达提供了渠道。

（二）重大纪念日、节日

所谓的重大纪念日和节日是指一些重要的历史事件发生日、重要领袖诞辰日或逝世纪念日，以及重要的现代和传统节日。它们具有极为重要的象征意义，例如十月一日国庆节、毛主席诞辰日、五四青年节、国家公祭日等。在较为重大的纪念日、节日，高校会组织开展各种纪念活动，比如每年3月5日，HH大学会组织各学院志愿者走进西康路开展"学雷锋"活动，服务周边居民；每年5月4日，HH大学会组织学生代表座谈会，官方网站和微博做相应宣传报道；每年元旦，大部分高校会举办元旦晚会，通过丰富多彩的晚会节目对过去一年进行总结，同时对新的一年作出展望。重大纪念日、节日的象征性、传承性特点以及凝聚功能使其成为

---

① 闵学勤：《仪式的实践理性与文化理性——对瓯镇寿礼仪式的人类学考察》，载《广西民族研究》2004年第4期。

高校立德树人根本任务实现的重要载体。

(三) 志愿服务

近年来,高校的志愿服务出现了越来越多的活动形式,如"学雷锋"活动、"暑期三下乡"志愿服务活动、"支教团"计划等,从短期活动到长期计划,形式极为丰富。立德树人根本任务与志愿服务具有内在一致性,二者都是建设社会主义精神文明的重要内容。志愿服务精神是"奉献、友爱、互助、进步",有学者指出,志愿服务精神与社会主义核心价值观具有内在契合性:"真诚奉献的志愿理念,体现文明和谐的价值追求";"互助尊重的志愿服务,传递平等观念";"强烈的社会责任感,凸显爱国善举意识";"专业精诚的志愿工作,彰显敬业精神";"高尚真切的志愿情怀,追求诚信品质";"助人为乐的志愿行为,弘扬友善品德"。[1] 由此可见,志愿服务作为高校立德树人根本任务实现的载体,具有教育价值、精神价值和社会价值三方面的重要意义[2],体现了社会主义核心价值观在个人、社会和国家三个层面的价值追求。

(四) 主题活动

高校的主题活动包括很多种类型,班级、专业、学院、学校都会以各种名义开展各式各样的主题活动。这里的主题活动主要是指学校层面主导的,在全校范围内开展的,以学校、学院、专业为特色或针对某一主题的,以学生为主体开展的学习、文化和娱乐活动,主要包括学习榜样典型、主题党日活动、主题团日活动等等。高校的主题活动一般以系列活动形式出现,比如榜样典型学习活动可能包括了宣讲活动、征文活动、服务活动、文艺演出等多种形式。主题活动一方面具有鲜明的仪式化色彩,另一方面是对常规事件仪式活动的补充,具有灵活性、主题性、引领性以及明确的目的性特征。它的主题性、引领性和目的性等特点决定了它可以成为高校立德树人根本任务实现的有效载体,为社会主义核心价值观的学习和践行创造丰富的活动形式。

二、高校立德树人根本任务实现仪式载体的相互关系、特点及作用

高校中的事件、仪式的活动形式多种多样,相互间的界线并非十分明显。仪

---

[1] 张伟娟:《刍议完善志愿服务活动与培养大学生社会主义核心价值观》,载《理论导刊》2014年第8期。
[2] 姜长宝等:《大学生践行社会主义核心价值观的有效载体》,载《思想理论教育导刊》2016年第3期。

式本身具有情境性、延续性和象征性等特点,这使它们具有表达共同情感、增强集体凝聚力以及激励个体的作用。

(一)高校立德树人根本任务实现仪式载体间的相互关系

从高校立德树人根本任务实现的仪式载体的形式来看,志愿服务、重大纪念日、典礼仪式、主题活动之间的界限并不是十分明确,它们相互之间会采取彼此的形式开展自身的活动,比如在重大纪念日和节日的前后开展系列主题活动,举行纪念仪式、进行志愿服务等。除此之外,高校中的仪式既有较为重大的活动,比如校庆典礼、毕业典礼,同时也有相对微观的仪式环节,比如典礼中的升国旗仪式。以上探讨的几种形式都是相对宏观的仪式活动,它们在具体的实践活动中还包含了具体的仪式环节。因此,在关注重大仪式活动的同时也不能忽略具体、微观的环节。微观的仪式环节既可以独立存在,又可以成为重大事件、仪式活动的组成部分。微观的仪式环节和宏观的事件活动都发挥着仪式的作用,但功能各不相同。离开微观的仪式环节,大型的事件、仪式无法进行;而仅靠微观仪式环节也无法取得重大的事件、仪式活动的效果。

(二)高校立德树人根本任务实现仪式载体的特点

首先,高校立德树人根本任务实现的仪式载体具有情境性特征。仪式总是为了表达一定的意义在特定的时间和特定地点进行,是时间、空间和表意所构成的场景。这种仪式场景具有极强的情感调动功能,无论是志愿服务还是重大纪念仪式,都可以营造一定的心理氛围,这种情境感通过对感官和心理的调动打通在场者的知、情、意,巩固和加深在场者的记忆。

其次,高校立德树人根本任务实现的仪式载体具有延续性。高校的志愿服务活动、纪念活动以及各类典礼是连续的,而非暂时的、阶段的,比如开学典礼、毕业典礼每年都会举办,志愿支教分批次派出都是连续性的体现。高校的志愿服务活动、纪念活动以及各类典礼的内容是连贯的、积累的。比如学雷锋活动,雷锋精神的表现形式是随着时代的变化而变化的,雷锋精神的内涵是不断丰富的,但是其意义是延续的。这说明每年的学雷锋活动是一个连贯的、积累的过程。

最后,高校立德树人根本任务实现的仪式载体具有象征性。仪式不仅仅是一种活动形式,还是一种象征。由于事件仪式的特殊性,它们实际上已经进入了"编码"和"解码"的程序当中,具有了表意功能。即一旦提及某个具体的事件或者仪式,人们便自然地想到其背后蕴含的政治和社会意义。作为立德树人根本任务实现的载体,高校事件、仪式应当自觉地充当社会主义核心价值观的象征。

（三）高校立德树人根本任务实现仪式载体的作用

高校立德树人根本任务实现的仪式载体的功能既有普遍性又有特殊性,同其他载体一样,仪式载体具有规导功能、熏陶功能和育人功能,同时又有自身独特的功能,即共同情感表达功能、凝聚功能和激励功能。

共同情感表达功能。高校立德树人根本任务实现的仪式载体为共同情感的表达提供了渠道。一般来说,人们情感的表露需要一定的刺激,共同记忆、共同情感的表露同样需要一定的情境。仪式载体具有情境性的特征,为共同情感的表达提供了条件。在这方面,最具代表性的就是典礼仪式。以高校的毕业典礼为例,其场景性和意义性常常能够打通学生的情感通道,对于个体来说,由于即将离开长时间学习和生活的地方,在学校多年的学习和生活经历在脑海"放映",不舍之情转化为对学校的认同和归属;对于群体来说,这种学习和生活的记忆具有一致性,反过来,这种集体情感又会投射到个体当中,成为一种集体情感的表达。因此,在毕业典礼上,毕业生们合唱校歌比任何时候都嘹亮,这正是集体情感的表达。

凝聚功能。仪式具有共同情感的表达功能,相应也具备凝聚集体的功能。所谓的凝聚功能指的是仪式通过对共同情感、共同价值的调动,使个体暂时忽略与他人的差异,从而最大限度地融合于集体之中,增强群体凝聚力。仪式越被合理、精心地组织,其凝聚功能就越能得到更好发挥。作为高校立德树人根本任务实现载体的事件仪式,应该通过精心的组织和设计,充分调动人们对社会主义核心价值观的认同,使其逐渐内化为人们价值观层面的"无意识"。

激励功能。高校立德树人根本任务实现的仪式载体具有凝聚学生的功能,同时,它们又是学校化和学生化的社会主义核心价值观的表意形式,其内含的价值是高校精神的凝练,是学生价值观层面的"无意识"。当这种情感价值被调动起来的时候会发挥巨大的激励功能,激励学生以相应的价值和精神要求自己树立远大的理想和目标,开拓进取,勇于探索。

三、高校立德树人根本任务实现仪式载体建设

在高校立德树人根本任务的视阈下,高校的仪式活动必须符合助力学生树立

正确世界观、人生观和价值观的要求。因此,要以社会主义核心价值观审视高校的仪式活动,在此基础上创新和丰富高校仪式活动的形式,提升高校仪式活动的质量。

(一)以社会主义核心价值观审视高校的仪式活动

创新发展高校立德树人根本任务实现的仪式载体,首先要以社会主义核心价值观审视高校的仪式活动。"仪式是负载文化意义的社会行为,仪式就其本身来说无非是作为社会行为的符号,而真正重要的是这些符号所附带的意义,所以,认识每种活动的仪式意义是学校文化建设的前提"①。因此,以社会主义核心价值观审视高校的仪式就是审视仪式背后的文化意义,审视其内涵与社会主义核心价值观的关系,若二者一致就大力倡导,若不足就作出相应的调整,若相悖则予以取消。同时,也要审视仪式活动的组织形式,即审视活动形式是否文明,组织方式是否和谐。例如,近年武汉某高校毕业"仪式"有男生"攻占"女生宿舍的活动,"攻占"活动过程中出现了一些不文明、不和谐的现象,因此活动受到一些女同学的抵触。这就是仪式的活动形式扭曲,同时缺乏相应的组织管理,导致活动变味的例子。

(二)创新高校仪式活动形式

高校立德树人根本任务的实现要求不断丰富和创新高校的仪式活动形式。高校的仪式活动的形式创新要遵循继承性、导向性、科学性、多样性和个性化原则,充分体现活动的"学校化"和"学生化",既保证社会主义核心价值观的传播,又保证不同的学生群体能够"各取所需",实现两者的有机结合。因此,高校要充分利用各种途径。第一,充分利用校内的资源。比如张闻天是HH大学的杰出校友,那么HH大学就可以充分发挥这一资源,开展一定的仪式纪念活动以及张闻天思想、精神的主题学习和宣传活动,并使之时令化。第二,充分利用本土资源。比如南京是一座历史文化名城,承载着丰富的历史文化教育资源,在宁高校可以充分利用江东门纪念馆、雨花台烈士陵园等教育基地,开展爱国主义教育活动。第三,充分利用国际资源。随着高校国家交流项目的增加,高校里留学生的面孔越来越多。因此,高校事件仪式活动的创新还可以利用国际资源,比如开展"国际

---

① 余清臣:《学校文化的载体:仪式建设》,载《教育科学研究》2005年第8期。

日""国际周"等中外学生交流活动。① 在组织管理层面上,坚持统筹安排与自主创新的结合。部分院系和部门有自身的特点,可以依靠这些资源创造独特的活动形式,高校在统筹安排活动的同时应当充分考虑到不同院系和部门的差异,为其自身优势的发挥留出足够的空间。

(三)把控高校仪式活动质量

发挥仪式的载体作用,必须把控好相关活动的质量。有质量的仪式活动才能真正吸引学生,在学生中发挥影响力,实现育人目标。因此,首先要防止仪式活动流于形式。一般来说,高校的主题学习、志愿服务等活动是统一领导、分层组织的,所以常常以"指标"的形式层层下发,具有一定的"任务性"特征。有的部门或院系行政事务繁杂,为了完成任务就常常使活动流于形式,从而丧失了仪式活动本来的意义,既浪费了资源,又无法达到相应的目的。因此,高校必须加强仪式活动的组织管理。首先,坚持统一领导与分层组织的结合,尤其加强思想和价值观导向层面统一领导,坚持社会主义核心价值观导向。其次,在此基础之上,对于"指标型""任务型"活动,要建立完善的评估机制,形成切实可行的标准。对缺乏吸引力、形成不了效果的活动做相应的"减法",对反响好、有影响力的活动提供更多的资源支持,形成一定的竞争氛围。最后,注重仪式活动的意义构建。在社会主义核心价值观的指导下丰富仪式活动的文化内涵,使仪式活动的开展能够真正地发挥出育人功能。

第六节 高校立德树人根本任务实现的网络新媒体载体

习近平总书记在全国高校思想政治工作会议上指出,要运用新媒体新技术使工作活起来,推动思想政治工作传统优势同信息技术高度融合,增强时代感和吸引力。② 自 20 世纪 90 年代进入我国以来,互联网发展迅猛,并在社会各个领域得到广泛运用,给我国社会带来了巨大变革,推动我国社会向信息化社会快速转变。网络新媒体传递着海量的思想内容、文化信息、价值观念,对我国大学生的思想、

---

① 郭广银等:《新时期高校校园文化建设的理论与实践》,南京:南京大学出版社 2007 年版,第 317 页。
②《习近平在全国高校思想政治工作会议上强调:把思想政治工作贯穿教育教学全过程　开创我国高等教育事业发展新局面》,载《人民日报》2016 年 12 月 9 日第 1 版。

观念、行为和生活方式产生重大影响。充分利用和开拓网络新媒体载体,传播正能量,促进大学生的成长成才成为当前高校教育的必然选择。

一、高校立德树人根本任务实现的网络新媒体载体的内涵与形式

高校立德树人的根本任务在于大学生社会主义核心价值观的树立,网络新媒体载体具备承载传播社会主义核心价值观相关内容的物质实体属性,也是当前与之相关的信息运动的媒介、工具和手段,是高校培育和践行社会主义核心价值观的重要载体。概括而言,高校立德树人根本任务实现的网络新媒体载体,就是高等院校通过网络新媒体这一信息系统和传播媒介,直观、形象、便捷地向学生传递社会主义核心价值观的内容和信息,让学生学习和掌握社会主义核心价值观,从而有效地将其内化为自身的精神状态的物质形体。作为高校立德树人根本任务实现的载体,网络新媒体具有丰富的内涵和多样的形式。

(一)主流网站

主流网站是高校立德树人根本任务实现最基本的网络载体。主流新闻网站与其他网站最根本的区别在于其更为注重正确的宣传和舆论引导,以取得良好社会效益为主要目的,在新闻信息的传播中自觉弘扬社会主义核心价值观和社会主旋律。一般意义上,主流网站是指"由我们党和政府领导、反映社会主义核心价值体系的网站,包括各级党委和政府建立的网站、党的传统媒体建立的网站和其他以弘扬社会主义核心价值体系为使命的网站"①。具体而言主要包括以下几种:第一,各级党委、政府所建立的网站,如各级党政网。第二,党和政府的传统媒体建立的网站,如人民网、新华网。第三,其他各部委、机关建立的所有以弘扬社会主义核心价值观为主的网站。第四,高校立德树人根本任务实现的主流网站载体除了上述主流网站,还包括与学生联系更加紧密的、由高校自己举办的依托校园网存在的高校主流网站。高校校园主流网站由校方主办或得到校方认可,并有专人负责日常管理和维护,包括各高校的新闻网站、专业学科网站等。

(二)网络论坛

网络论坛是高校立德树人根本任务实现的重要网络新媒体载体。网络论坛

---

① 《加强主流网站建设　形成舆论引导新格局》,载《人民日报》2008年12月12日。

也称作 BBS,是一种随着互联网发展而产生的可以允许多主体同时参与讨论的新媒体空间,具有匿名性、开放性、参与性的特点。当前,在高校立德树人根本任务实现过程中,多种类型的网络论坛可以发挥重要的作用。主要的网络论坛包括以下几种:一是校园论坛(BBS)。大部分高等院校都有自己的校园论坛,它是学校师生进行时事评论、畅谈人生、相互交流的重要平台。二是新闻论坛。新闻论坛主要是由报刊等各种新闻媒体的相应网站设立的,是人们对时事新闻进行评论、发表意见的场所,比如新华网的论坛、人民网的"强国论坛"等。这些论坛往往容易形成社会舆论,能够对高校学生产生一定影响。三是主题论坛。这类论坛的讨论往往具有针对性,主要讨论某一领域、专业或兴趣爱好等主题内容,是大学生参与的重要论坛之一。四是综合论坛。综合论坛往往规模较大,面向受众广,话题种类多,比如知乎社区、天涯社区、豆瓣网等。总之,在高校立德树人根本任务实现的过程中,网络论坛以其信息丰富、讨论充分、交流便捷的特点,成为不可忽视的载体。

(三) 自媒体

作为网络新媒体的一种,自媒体对高校立德树人根本任务实现产生着越来越重要的影响,是必不可少的载体。"自媒体"(We Media)一词来源于国外,2003 年 7 月,谢因·波曼与克里斯·戚里斯在美国新闻学会媒体中心出版了一份自媒体研究报告明确提出:"自媒体是一个普通大众经由数字科技强化,与全球知识体系相连之后,一种开始理解普通大众如何提供与分享他们本身的事实、他们本身的新闻的途径"[①]。自媒体作为新媒体传播方式,最主要的特征就是个人成为传播的主体,个人可以直接决定发布的内容,这从根本上变革了信息传播的方式,使得"人人成为传播主体"的媒体传播局面成为现实。当前网络环境下,主要自媒体包括以下几种:一是微博。当微博用户发布面向社会全体成员的信息时,便成为一种自媒体,尤其是"微博大 V"受众多,在信息传播中具有一定的影响力。二是微信公众号。三是抖音、快手等短视频平台。这些公共性的自媒体很多拥有成千上万的关注数,通过自媒体传播内容往往能够迅速引起关注、互动和反馈。在高校立德树人根本任务实现过程中,公共性的自媒体对相关信息的传播呈现出强大的影响力,是培育大学生形成社会主义核心价值观的重要载体。

---

① Shayne Bowman,"Chris Willis,We Media:How audience are shaping the future of news and information", in The Media Center,2003.6.

(四)社交网络

社交网络是高校立德树人根本任务实现的又一重要载体。社交网络,是由Social Network Service(SNS)意译过来,也就是社交网络服务,即"网络+社交",指的是通过网络这一载体把人们连接起来,从而形成网络社会生活的圈子。社交网络技术的进步,是网络需求不断变化发展的结果。当前大学生群体中社交网络的普及率和使用率呈现不断升高的趋势,因此,高校立德树人根本任务的实现必须重视这一载体。社交网络载体中,大学生用户往往以实名制注册,以好友和熟人社交圈为基础,深扎根于现实社会,还原现实社交关系的网络平台,并且以个人主体为中心,强调平等参与。在这一载体中,每一位大学生都能展现自我个性,接收、发布、分享信息,且信息传播高效,颠覆了过去单向、迟延的信息传播模式。社会主义核心价值观内容或信息进入社交网络,能够迅速铺开,从而取得更广的覆盖面和更高效的传播效果。

二、高校立德树人根本任务实现网络新媒体载体的特点

网络新媒体载体作为现代信息社会精神文化传播的新家园,以其强大的覆盖性和超级的兼容性,在高校立德树人根本任务实现中越来越发挥出重要的作用。在这过程中,网络新媒体载体给社会主义核心价值观的传播和教育带来新的革命性的变化,具有多样性、及时性、开放性、交互性等传统载体所不及的特点。

(一)多样性

网络新媒体载体的多样性表现在其内容和形式两个方面。一方面,网络新媒体所承载的信息和内容丰富多样,几乎包含了我们工作学习和生活的内容,可以供高校社会主义核心价值观教育所加工和利用,拓展教育的空间和渠道。另一方面,网络新媒体所承载的信息表现形式丰富多样。网络新媒体载体在呈现和传导信息时,往往使用声音、图像、视频、动画等多媒体手段,可以化抽象为具体,使社会主义核心价值观以一种形象、生动、直观、有趣的形象呈现在大学生面前。网络新媒体的这种多样性的特点,可以使得通过这一载体传播的社会主义核心价值观内容更容易为大学生所接受。

(二)及时性

网络新媒体载体的及时性主要指网络传播信息具有传统方式无法比拟的速

度优势。网络新媒体通过现代信息技术,使得信息内容可以在网络上以裂变的方式和速度进行传播。随着网络直播技术的出现,网络新媒体载体能够在短时间内迅速、快捷地收集、处理和输出社会主义核心价值观相关信息,甚至同步将最新的内容传达给大学生群体。这是其他传统媒体所无法实现的。网络新媒体载体传播的及时性,可以让高校大学生在短时间内接触到相比以往更丰富、更全面的信息,促使学生更充分地了解国情,开拓视野,激发大学生社会责任感,从而为社会主义核心价值观培育奠定基础。

（三）开放性

网络新媒体是一个具有开放性的载体。首先,在网络中,个体可以自由地发布信息、发表观点言论,这打破了传统媒体的信息壁垒,实现了信息赋权。其次,新媒体的出现,进一步推进了媒介融合,它将传统的报纸、杂志等数字化,并通过通讯网络进行集成,任何人都能不受时间和地域的限制找到自己感兴趣的内容,并且可以反复观看和阅览,摆脱了传统媒体的种种限制。新媒体的开放性既能够使教育主体克服资源和条件的局限性,创造性地生产和传播社会主义核心价值观化的内容信息,也可以实现学校、家庭、社会等力量间的整合,拓展社会主义核心价值观教育的时间和空间。

（四）交互性

网络新媒体在其开放的基础上还具有交互性的特征。一方面,现实社会中的规范和秩序在网络空间中被淡化,相比于现实空间,在网络空间中的交流更为自由和充分。比如大学生可以通过网络新媒体载体自由地抒发内心感受,发表自己的观点和疑惑。另一方面,这种网络新媒体改变了人际沟通的模式,不仅扩大了交往的群体和范围,还使得交流互动的反馈更为高效和及时。这种交互性有利于社会主义核心价值观在充分的讨论中得到传播,在与各种价值观的碰撞中获得大学生的理解和接受。

三、高校立德树人根本任务实现网络新媒体载体运用

网络新媒体载体作为高校立德树人根本任务实现的重要载体,在当前高校社会主义核心价值观教育中凭借其自身优势,发挥着重要作用。中共中央办公厅印发的《关于培育和践行社会主义核心价值观的意见》中指出,"善于运用网络传播

规律,把社会主义核心价值观体现到网络宣传、网络文化、网络服务中,用正面声音和先进文化占领网络阵地。做大做强重点新闻网站,发挥主要商业网站建设性作用,形成良好的网上舆论环境,集聚网上舆论引导合力。"[①]高校教育主体应当充分重视网络新媒体载体,不断提升网络新媒体载体的运用水平。

(一)充分发挥主流网站的导向作用

网络新媒体既是高校立德树人根本任务实现的载体,也可以成为其他教育或社会活动的载体;若不加以主动管理和运用,也会成为落后文化和资本主义价值观存在和传播的载体。而主流网站不同,它始终坚持坚定的政治方向,是传播社会主义核心价值观的中坚力量。当前西方社会的生活方式、交往方式、道德观、价值观通过网络传播所带来的意识形态的渗透,使得大学生通过网络载体接受符合社会主义核心价值观的信息内容时受其影响,阻碍其对社会主义核心价值观的认同。因此,在高校立德树人根本任务实现过程中,必须发挥主流网站的导向作用。一方面,要进行主流网站本身的建设。主流网站在社会重大事件、热点问题中,既要做到真实准确报道,掌握主动权,也要抢占先机,把符合社会主义核心价值观的态度和内容进行有效传播,引导社会舆论。另一方面,要高校教育主体引导大学生关注和信任各大主流网站。只有主流网站上所传播的信息和内容为大学生所了解,才能真正进入立德树人根本任务实现的过程,发挥导向作用。

(二)加强对网络新媒体载体运用的监督和管理

高校立德树人根本任务实现的网络新媒体载体有效运用还在于政府和学校的共同监督和管理。首先,政府相关部门应加强对网络空间的监督管理。切实执行《中华人民共和国计算机信息系统安全保护条例》《中华人民共和国计算机信息网络国际联网管理暂行规定》等规定和条例,维护互联网的安全健康发展,加强对网络违法行为的打击,净化网络新媒体环境。其次,高校也要做好网络新媒体监管。《中共中央国务院关于进一步加强和改进大学生思想政治教育的意见》指出,"要密切关注网上动态,了解大学生思想状况,加强同大学生的沟通与交流,及时回答和解决大学生提出的问题。要运用技术、行政和法律手段,加强校园网的管

[①]《〈关于培育和践行社会主义核心价值观的意见〉印发》,中华人民共和国中央人民政府网,2013年12月23日,http://www.gov.cn/jrzg/2013-12/23/content_2553019.htm。

理,严防各种有害信息在网上传播。"①高校应做好各自的校园网管理工作,通过技术等手段确保高校网络与社会主义核心价值观思想观念保持一致,使其成为社会主义核心价值观教育的主阵地。

(三)形成网络新媒体与其他载体的整体融合效应

高校立德树人根本任务实现网络新媒体载体的运用还需要在充分调动和发挥各种形式网络新媒体基础上,进一步形成网络新媒体与其他载体的整体合力。一方面,高校立德树人根本任务实现的网络新媒体载体合力是指推动主流媒体、网络论坛、自媒体和社交网络等各种形式的网络新媒体载体的综合运用。不同形式的网络载体在社会主义核心价值观传播中的载体作用存在一定的差异性,载体合力的形成就是要进一步发掘各种形式的网络新媒体的特色,并利用各自优点综合使用,从而使其功能最大化。另一方面,高校立德树人根本任务实现的网络新媒体载体合力是指网络新媒体与其他载体的融合,主要包括以下几方面的内容:一是网络新媒体载体与教学平台载体的融合,打造"网络教学平台和教学资源中心"。二是网络新媒体载体与学生事务管理的融合,建立学生管理网站,将学校制度和物质载体通过互联网与学生共享。三是网络新媒体载体与党团建设的融合,通过社交网络,比如通过微信群建立党团学习小组,促进学习型党团组织的建设。

---

① 《中共中央国务院发出〈关于进一步加强和改进大学生思想政治教育的意见〉》,中华人民共和国教育部网,2004 年 10 月 14 日,http://www.moe.gov.cn/s78/A12/szs_lef/moe_1407/moe_1408/tnull_20566.html。

第七章 高校立德树人根本任务实现的保障体系

高校要顺利实现立德树人根本任务,不仅需要对载体和工作机制进行研究,还要对根本任务实现保障进行研究,架构科学的保障体系用以确保系统内外部相互协调运作、发挥合力。本章主要从思想保障、组织保障、动力保障、制度保障以及环境保障等五个方面构建立德树人根本任务实现的保障体系,基本要求是确保立德树人根本任务的工作机制、实现载体和实现路径的贯彻落实,以顺利推进高校立德树人根本任务圆满完成为总目标,最终塑造出具备和践行社会主义核心价值观的合格大学生。

第一节 高校立德树人根本任务实现的保障体系概述

教育强则国强,教育兴则民兴。教育对一个国家和民族而言,是其综合实力提升的根本保障。同样,教育作为国家和民族事业,需要全社会的共同参与,共同保障教育事业的发展。新形势下,高校朝着"立德树人"的方向进发,高校必须始终以"立德树人"为根本,探索"立德树人"的实现路径,创新"立德树人"的工作机制,提高"立德树人"的实际成效。要完成这一系统性的改进任务,需要以全面的、强力的保障体系作为坚强后盾,为高校立德树人根本任务的实现提供思想、组织、动力、制度、环境等全方位保障。

一、高校立德树人根本任务实现的保障体系内涵

高校立德树人根本任务实现的保障体系,需要从目标、主体、内容三个方面进行。首先,深化理解高校立德树人根本任务实现保障体系的目标,根本上就要厘清立德树人保障体系与立德树人之间的根本关系。要知道保障本身不是目的,保障体系存在的意义是为目标和任务的实现提供根本条件,所以立德树人保障体系与立德树人根本任务之间是条件准备的关系,只有保障体系的完备与扎实,才能实现根本任务的有效完成。因此,确保根本任务高效率、高质量、高水平完成,成为高校立德树人根本任务保障体系的建设目标,即以更好地实现学校的教育目标,培养德智体美劳全面发展的社会主义建设者和接班人,提高学生思想水平、政治觉悟、道德品质、文化素养,让学生成为德才兼备、全面发展的人才为目标。

其次,需要明确高校立德树人根本任务实现保障体系的主体。高校立德树人根本任务实现保障体系的主体包含两个方面:第一,是建设保障体系的主体。高校立德树人根本任务本质上来说是教育任务。国家富强,教育先行,教育事业从来都是国家和民族的共同事业,需要全社会的共同参与。高校立德树人根本任务的实现,不仅仅需要高校加强阵地建设,也需要全社会力量的共同投入,建立起高校立德树人根本任务保障体系的直接主体是高校,从更广义上来说,还应当包括党、国家、社会和家庭。只有在党的指引下,凝聚起从家庭到学校,到社会,再到国家的力量,一同为高校立德树人根本任务的实现提供保障,保障体系的建立才是坚实的、完备的。第二,是立德树人保障体系所保障的对象。高校立德树人,面向的是学生主体。一方面,立德树人强调了"德"在人的德智体美诸种素质中的核心地位,德育在学校各项工作中的首要地位,教学、科研、管理都要服务于"立德"。另一方面,"立德树人"强调"立德"是"树人"的一种方式,树人需要立德,立德才能树人。所以,立德树人以实现人的全面发展为目标,培养起德智体美劳全面发展的社会主义建设者和接班人。同样,高校立德树人根本任务保障体系的建设,也要牢牢把握住"学生"这一主体,围绕学生的全面发展建立起全面、多元的保障体系,真正使立德树人落到每一位学生主体身上,使每一位学生都能在高校立德树人根本任务实现过程中得到发展和提升。

最后,需要明确高校立德树人根本任务实现保障体系的内容。高校立德树人

根本任务实现的保障体系从思想、组织、动力、制度、环境五个方面展开,这五个方面构成了保障体系的主要内容,涵盖了高校立德树人根本任务实现的整个过程。思想观念的指导和引领是高校立德树人根本任务实现的思想保障,只有立德树人思想深入人心,成为高校教育、教学、科研、发展的制度理论和思想,才能在总体上为高校立德树人根本任务的实现提供保障;良好的组织是高校立德树人根本任务实现的关键,要优化高校"三位一体"的领导、管理组织架构,继续发展教学育人、管理育人、服务育人,要通过高校主体的积极有效的组织,将立德树人落到实处;高校立德树人根本任务的实现是一个可持续的过程,也是一个长远的发展方向,建立有效的动力机制,是实现高校立德树人根本任务可持续发展的根本,也为高校立德树人根本任务各项配套措施和建设活动提供了强劲的动力;制度层面对高校立德树人根本任务进行规定,是对立德树人的一项重要保障;加强高校立德树人根本任务实现的外部环境建设,要提供一个有利于立德树人全面实施、推进的外部条件,加强教育设施的完善和增加教育投入,为高校立德树人根本任务的实现提供资金、技术支持,营造有力的外部保障。

二、高校立德树人根本任务实现的保障体系特点

高校立德树人根本任务实现的保障体系属于教育系统中的一个子系统,它除了具有一般保障体系的特点之外,同时又具有自身的特征。深入细致地研究其特征,有利于高校立德树人根本任务的顺利完成。概括地说,其特征体现在以下四个方面:

(一)方向性

方向性指的是立德树人根本任务实现保障体系应该坚持正确的社会主义政治方向,为培养合格的社会主义接班人,应坚持正确的价值导向。这是由我国教育的社会主义性质所决定的。立德树人根本任务实现保障体系的构建必须坚持社会主义的正确方向,坚持以中国特色社会主义理论为指导,深入贯彻落实习近平新时代中国特色社会主义思想,以立德树人为根本,将培育和践行社会主义核心价值观融入教育教学全过程,引导学生准确理解和把握社会主义核心价值观的深刻内涵和实践要求,树立正确的世界观、人生观和价值观,同时做到坚决抵制各种错误观点。

(二) 主体性

主体性指的是在高校立德树人根本任务不断实现的过程中,其他各方面同时进行,将学生的主体地位作为各项工作顺利开展的根本原则,将学生作为思想政治教育过程的主体,做到完全并充分尊重其主体地位,使其更好成才。为了保障立德树人根本任务的实现,首先需要做到的是,应充分尊重不同阶段学生的主体地位,尊重学生身心成长规律,积极地调动他们对于学习内容的积极性,同时充分发挥他们的创造性。其次,应注重加强教师与学生之间的双向互动,缺乏任何一方对教育教学活动的参与,立德树人根本任务实现就很难继续顺利地开展与进行。再次,应建立起以学生为主体的思想政治教育模式,在做到充分尊重学生的主体地位的基础上,发挥学生的主体能动性,形成一种全新的思想政治教育思想与理念,有效促进开展相关学生的思想政治教育工作。

(三) 适应性

适应性指的是立德树人根本任务实现保障工作应根据不同时代的不同要求,不断进步与变化,积极适应新情况,解决新问题。当今社会,经济持续发展,科学技术突飞猛进,在这样的时代背景下,教育也取得了长足的进步与发展,立德树人内容也随之不断变化和更新,应紧紧跟随社会主义现代化建设的步伐,紧追现行大环境的趋势,积极主动适应目前的经济、政治、文化、社会、生态发展现状,吸纳各项建设中的先进内容,为把我国真正建设成为一个富强、民主、文明、和谐、美丽的社会主义现代化国家培养中国特色社会主义的合格建设者和可靠接班人。

(四) 系统性

系统性指的是从整体的角度出发,形成一个完整大系统,与子系统互相联系、互相作用,最终形成合力,从整体上实现目标。立德树人根本任务实现保障体系作为一个系统,首先,应将其置于整个社会大系统之中,在自觉遵守党和国家方针政策的同时,保障家庭与社会形成良好的思想政治教育氛围。其次,应将其本身作为一个大系统看待其地位,依靠教育体系这个整体来对其进行调节与保障。从系统本身角度看待保障体系的构建,不仅可以实现立德树人根本任务,使整体形成一盘棋,提高高校的思想政治教育效率,形成良好的高校思想政治教育体系,同时对于建设完善的社会思想政治教育大体系有着非常重要的意义。立德树人保障体系包含有思想、组织、动力、制度、队伍、评价保障体系这几个子系统。子系统之间既相互独立,又有着许多联系,彼此相互作用,最终形成一个统一完整的有机整体。各个子系统在形成一套统一的整体保障体系的同时,从整体上发挥作用,达到作用最大化,各个子系统又从各自的保障功能出发,发挥自身作用,互相形成合力。因此,从这方面来说,建构并完善立德树人根本任务实现保障体系就必须坚持系统性的原则。

三、高校立德树人根本任务实现的保障体系的创新发展

构建高校立德树人根本任务实现保障体系向深化"以人为本"理念的方向发展。不论是立德树人还是以人为本,最终的落脚点都是放在"人",即大学生,两者的出发点和目标都是一致的,构建高校立德树人根本任务实现保障体系不仅要实现立德树人根本任务,同时也要保证"以人为本"的理念深入人心。

构建高校立德树人根本任务实现保障体系向促进高校教育现代转型的方向发展。社会分化和整合趋势愈演愈烈,势必会引发高校传统教育制度与新时期学校根本任务间的冲突,另外,受西方思潮和社会价值观多元化影响,大学生价值观念发生变化,构建高校立德树人根本任务实现保障体系是时代赋予高校立德树人根本任务实现的新要求。

构建高校立德树人根本任务实现保障体系为实现中华民族伟大复兴奠定基础。培育和践行社会主义核心价值观,是激发全面建成小康社会、实现中华民族伟大复兴中国梦的根本路径。习近平总书记在阐述核心价值观与文化软实力之间的关系时强调指出,"核心价值观是文化软实力的灵魂","是决定文化性质和方向的最深层次要素","一个国家的文化软实力,从根本上说,取决于其核心价值观的生命力、凝聚力、感召力"。

第二节 高校立德树人根本任务实现的思想保障

树立以德育人的育人理念是中国特色社会主义高校立德树人的根本。习近平总书记强调指出,"思想政治工作从根本上说是做人的工作,必须围绕学生、关照学生、服务学生,不断提高学生思想水平、政治觉悟、道德品质、文化素养,让学

生成为德才兼备、全面发展的人才。"①在这里,习近平总书记强调的思想政治工作的根本任务,事实上也是高校的根本任务,也就是立德树人,为中国特色社会主义现代化建设输送合格的建设者和接班人。

理论是行为的先导,高校要完成立德树人根本任务实现的使命就必须有相应的育人理念作为指导,而这一理念就是以德育人,这是高校立德树人根本任务实现的思想保障。所谓以德育人,就是强调高校在教育工作中要把思想政治教育放在中心位置,使思想政治教育成为整个教育的先导和引领,发挥思想政治教育对于各种知识的激励和促进作用。要树立以德育人根本任务实现的育人理念,一方面必须加强大学生的理想信念教育,坚持不懈地传播马克思主义的科学理论,树立大学生对于共产主义的信仰,促使他们形成为共产主义奋斗终生的信念。另一方面必须培育和践行社会主义核心价值观。核心价值观事实上也是一种德,既是个人的德,也是国家的德和社会的德,是一种大德。要树立以德育人根本任务实现的育人理念,就必须坚持不懈地在广大师生之中弘扬社会主义核心价值观,使社会主义核心价值观入脑入心,引导他们成为社会主义核心价值观的坚定信仰者、积极传播者和模范践行者。具体来说,建立立德树人根本任务实现的思想保障,必须在思想领域牢固树立四个方面的教育意识。

一、加强"四个自信"教育,培养政治合格意识

立德树人思想,科学阐明了"教育的根本目标是培养德智体美全面发展的社会主义建设者和接班人"这一中国特色社会主义教育的本质,回答了"为谁培养人""培养什么人""怎样培养人"这个教育的根本问题。这启示我们,大学生思想政治教育要紧紧围绕培养什么人的根本问题,牢牢把握社会主义方向,加强"四个自信"教育,把培养政治合格的社会主义建设者和接班人作为首要目标。政治合格,就是要求大学生树立坚定的马克思主义信仰,自觉坚持中国特色社会主义,自觉拥护中国共产党的领导,与党同心同德。要加强马克思主义理论教育,加强中国特色社会主义理论体系教育,使大学生认识到马克思主义理论和中国特色社会主义理论体系是中国共产党治国理政的指导思想,是全党全国人民为实现中华民

---

① 《习近平在全国高校思想政治工作会议上强调:把思想政治工作贯穿教育教学全过程　开创我国高等教育事业发展新局面》,载《人民日报》2016年12月9日。

族伟大复兴而奋斗的行动指南。要坚持以马克思主义理论、中国近代革命史、中国共产党史的学习为抓手,运用科学的理论引导大学生的学习和实践,通过近现代历史比较,以及对新中国成立后特别是改革开放以来所取得成就的认知,增强大学生道路自信、理论自信、制度自信、文化自信,使中国特色社会主义成为青年大学生牢固确立的人生信念。要加强中华优秀传统文化教育,引导大学生自觉认识到中华文化根基深厚,在历经外来文化不断冲击之后,浴火重生,重新以自信的心态接受外来文化挑战,以广博的胸怀吸收各种优秀文化成果,与多元文化和谐共存,与时俱进,始终保持自身的先进性,从而使大学生增强文化自信、文化自强,自觉承续和发扬中华优秀传统文化,勇敢地肩负起时代赋予的光荣使命。

二、加强理想信念教育,培养思想过硬意识

立德树人,科学揭示了教育的根本价值是"为受教育者谋幸福",教育不但要实现国家的培养目标,而且要关照受教育者自身的幸福和理想的实现。这启示我们,大学生思想政治教育要关心个体成长,把促进大学生个体利益和理想实现作为思想政治教育的重要内容,要加强理想信念教育,培养思想过硬的中国特色社会主义建设者和接班人。人类社会发展的历史经验表明,个体的幸福以社会发展、国家文明富强为基础,个人理想只有与国家人民的共同理想相统一才能实现。思想过硬,就是要求大学生把追求个人幸福融入为民族昌盛、国家富强的不懈奋斗中,把个人理想融入国家和人民的共同理想中,自觉担当实现中华民族伟大复兴的历史使命。思想过硬,核心在于加强理想信念教育。坚定的理想信念是大学生成长成才的基本支柱和精神底色。"理想指引人生方向,信念决定事业成败。没有理想信念,就会导致精神上'缺钙'。"[①]大学生是最有朝气、最富有梦想的群体,要把坚定理想信念作为大学生思想政治教育第一任务,教育引导青年大学生树立远大理想,坚定理想信念。党的十九大提出了"两个一百年"的民族复兴目标,当代青年大学生生逢其时,同时也重任在肩。如果说"生逢其时"是自然时间的际遇,那么"重任在肩"便凸显大学生自我的选择。实现国家富强、民族振兴、人民幸福的中华民族伟大复兴的中国梦,充分体现了中华民族和中国人民的一致利

---

① 《习近平同各界优秀青年代表座谈时的讲话》,载《人民日报》2013年5月5日。

益,凝聚了无数中国人的夙愿,是每一位中华儿女的共同期盼。中国梦是国家的,也是民族的,更是青年一代的。要用中国梦号召引领大学生,使中国梦成为当代大学生的共同理想,要把理想信念建立在对科学理论的理性认同上,筑牢坚定为实现中华民族伟大复兴中国梦而努力奋斗的理想信念之堤。

三、加强社会主义核心价值观教育,培养道德高尚意识

立德树人,科学揭示了教育的根本目的是"促进人的全面发展",教育就是把"自然人"转化为"社会人",最根本的是促进人道德属性成长,德性成长是人全面发展的根本保障。这启示我们,大学生思想政治教育要把"育德"放在首位,着重于传道,加强社会主义核心价值观教育,培养道德高尚的社会主义建设者和接班人。社会主义核心价值观凝结着中国人民共同的价值追求,集中体现了当代中国精神,也是大学生成长成才和道德的基本遵循。树立正确的价值观"就像穿衣服扣扣子一样,如果第一粒扣子扣错了,剩余的扣子都会扣错"①。加强社会主义核心价值观教育,培养引领社会道德风尚的建设者和接班人是高校育人工作的切入点。必须注重抓好大学生价值观的培养,要按照社会主义核心价值观的基本要求,规范大学生行为,把社会主义核心价值观的基本内容融入大学生日常教育管理。在大学生社会主义核心价值观培育过程中,要强化理论认知,要通过加强课堂教学和舆论宣传,使大学生认知理解社会主义核心价值观的内容和要求;要内化情感信仰,以大学生喜闻乐见的形式,通过积极的情感体验,将核心价值观理论转化为自觉的情感认同和接受,将其熔铸为内心坚定不移的信仰;要深化行为践行,要组织开展各类校外社会实践,通过深入的、系统的、精心筹划的社会实践,深化大学生对社会主义核心价值观行为践行;要优化环境引导,通过法制规范、舆论引导、社会教育、利益影响,营造培育和践行社会主义核心价值观环境和氛围,使核心价值观的影响无所不在、无时不有,持续、长久地引领大学生的行为。要以社会主义核心价值观引领立德树人,坚持渐进原则,通过日复一日的学习、实践,使社会主义核心价值观成为学生内心自觉奉行的信念和自觉的行为准则,为实现中华民族伟大复兴的中国梦凝聚强大正能量。

---

① 习近平:《青年要自觉践行社会主义核心价值观——在北京大学师生座谈会上的讲话》,载《人民日报》2014年5月5日。

四、加强责任使命教育,培养时代新人意识

立德树人内在地包含了对受教育者个性心理品质的要求,回应了新时代人才培养目标的新要求。这要求我们在大学生思想政治教育过程中,加强大学生个性心理品质培养,特别重视意志、大义、担当等品质的熏陶,加强时代责任感和历史使命感教育,培养堪当民族复兴大任的时代新人。同新时代共同前进,投身中华民族伟大复兴,不辱时代使命,不负人民期望,做社会主义建设者和接班人,这是当代青年最大的人生际遇,也是最大的人生考验。青年有理想、有本领、有担当,国家就有前途,民族就有希望。① 培养"三有青年"是一项系统育人工程,要教育引导大学生忠于祖国,忠于人民,立鸿鹄志,求真学问,练真本领,知行合一,做奋斗者,做实干家,勇于承担起实现中华民族伟大复兴的使命担当。要加强大学生的时代责任感和历史使命感教育,教育引导大学生做积淀深厚、视野广阔的时代新人。通过读史,了解中国博大精深的思想价值体系,汲取中华优秀传统文化的精髓,陶冶情操、志存高远、积淀文化和修养;同时,要放眼全球,了解世界不同民族历史文化,学习世界先进文明,开阔眼界和视野。做志存高远、求真务实的时代新人。要把理想信念融化在自己的血液中,将民族复兴的中国梦与个人事业追求的成功梦结合起来,自觉为推进中国特色社会主义事业而刻苦学习,做到知行合一、求真务实,将理想信念落实到求真学问、练真本领的学习生活中,为实现初心和梦想不懈努力。做勇于负责、敢于担当的时代新人。自觉培养将党的事业和人民利益始终放在第一位的政治思想品质,自觉锻炼敢于迎难而上、攻坚克难的能力,勇敢地担当起建设社会主义现代化强国的历史责任。做仁爱包容、深明大义的时代新人。在学习和社会生活中,要富有人文关怀,拥有爱心和善心,给他人以更多的关注,自觉践行社会主义核心价值观,促进社会和谐。做德才兼备、追求卓越的时代新人。把品德养成作为学习的首要任务,刻苦学习,努力成长成才,在孜孜不倦的学习生活中培养和锻炼服务社会的本领。做善于开拓、勤奋有为的时代新人。要抓住学习的黄金关键期,将学习融入生活,树立梦想从学习开始,事业靠本领成就的观念;勇于开拓进取、探索求知,坚持学以致用,在学习实践中积累成就梦想

---

① 《四论学习贯彻习近平总书记关于青年工作的重要思想》,共青团中央网,2018 年 6 月 30 日,http://politics.gmw.cn/2018-06/30/content_29576569.htm。

的本领,自觉担负起实现中华民族伟大复兴中国梦的历史使命。

第三节　高校立德树人根本任务实现的组织保障

高校立德树人根本任务的实现是一个组织化的过程,从组织的角度加强对高校立德树人根本任务实现的保障至关重要。组织关系到高校立德树人根本任务的实现队伍,关系到队伍的领导以及根本任务的具体实施。加强高校立德树人根本任务实现的组织保障,需要从组织领导、组织队伍和组织实施三个方面发力。

一、加强党对高校立德树人根本任务实现的组织领导

大学生社会主义核心价值观的顺利培育和践行,与坚持和加强党的领导息息相关。

（一）坚持和加强党的领导的重要性

坚持和加强党的领导的重要性不言而喻。坚持和加强党的领导,不仅是历史的选择,也是人民的选择;不仅是建设中国特色社会主义事业的必然要求,也是高校立德树人根本任务实现领导保障核心要求;不仅是教育改革的主要力量,也是实现中国梦和中华民族伟大复兴的中流砥柱。坚持和加强党的领导,不是抽象的表述,而是要落实到具体实践中去,坚持和加强党对意识形态领域的领导,在党的领导下开展社会主义核心价值观培育和践行工作就是坚持党的领导的根本原则。

（二）以社会主义核心价值观推动和加强党的建设

党的建设是执政党为提高自身领导力和生命力所采取的理论和实践活动,简称"党建"。它主要包括政治建设、思想建设、组织建设、作风建设、制度建设以及反腐倡廉建设等。培育和践行社会主义核心价值观的成效直接与党的建设工作程度挂钩。一方面社会主义核心价值观为党建工作奠定基础、提供精神动力、树立道德规范,另一方面党建工作引领社会主义核心价值观培育和践行,二者互相补充,共同增益。以社会主义核心价值观推动党建工作,不仅是在理论上倡导,更是落实到实践中。因为社会主义核心价值观不仅体现在个人的行为举止上,也体现在社会小单位的家风建设上,更体现在国家社会的共同理想上,它需要理论学习和日常践行相结合。党员干部尤其需要找准自身位置,带头学习和践行社会主义核心价值观。

二、构建高校立德树人根本任务实现的组织队伍

人是组织的主体,是高校立德树人根本任务实现的主体力量。高校立德树人根本任务的组织保障,就是要使人员队伍组织化,要形成从顶层领导到中层决策,到基层实践为一体的多层次的实践队伍。在完整的人员队伍体系的基础上,还要实现从"人员队伍"向"人才队伍"的转变,增加、引进高质量人才,充实高校立德树人根本任务主体力量。

（一）建设系统的组织队伍

高校要积极选拔政治、业务素质好、品学兼优的中青年教师和高校优秀毕业生充实教育队伍。高校教育队伍包括五方面人员：

一是决策层领导群体。决策层领导群体是人才队伍中的主导力量,高素质的领导群体是高效推进立德树人工作的保证。所以,应选拔培养具有如政治家、教育家般远见卓识和才干的优秀人才进入决策领导群体。只有德才兼备的领导群体,才能从讲政治、讲道德、讲教育的高度认识立德树人的重要性,高度重视立德树人根本任务的完成,切实将立德与树人相结合,坚持中国特色社会主义办学方向。

二是思想政治理论课教师。思想政治理论课教师是马克思主义理论、中国特色社会主义理论的传播者、教育者。教育者必须首先进行自我教育,以完善自身理论水平、思想道德水平,才能在日常教学活动中以高超的理论水平说服人,以高尚的道德修养折服人,以端正的行为举止影响人。从长远来看,要从人才培养体系的层面对高质量思想政治理论课教师培养给予足够重视,完善起思想政治理论课教师的培养体系,从源头上为思想政治课教师打上高质量的烙印。另外,还需要完善自我教育提升的机制,为理论课教师提供良好的学习提高机会,为其自身素质的加强开辟道路。

三是日常思想政治工作辅导员队伍。他们是学生"习惯养成教育"的人生导师,其素质和能力直接影响学生的素质、行为和思想,提高他们的综合素质至关重要。优秀的、有担当意识的辅导员的产生绝非一蹴而就,需要依赖健全的培养体系和培训体系。树立辅导员队伍专业化意识,提升辅导员的职业地位,明确辅导员在立德树人教育培养中的重要作用,培养形成一支职业化、专业化、专家化的辅

导员队伍。

四是专业任课教师。专业教师是课程思政的主体,他们既是知识的传播者,又是学生灵魂的工程师。专业教师的学识和人品对学生的影响都很大,专业课教师是立德树人根本任务实现中的关键一环。在"大思政"格局之下,以"全员、全方位、全过程"为实践导向,推动大学生全面可持续发展,专业课教师包含在全员之内,专业教育包含在全方位之内,专业课程教学也包含在全过程之中。要加强专业课任课教师立德树人意识,不能让专业课教师只教授专业知识,不能养成专业课教师对学生道德教育、人格教育事不关己的态度。要提升专业课教师教育技能和艺术水平,增强立德树人教育与专业知识教育的融合。

五是管理服务队伍。过去通常将高校成员分为教职工和学生,或领导、教职工和学生,有时简称为师生。改革开放以来,高校组织管理领域日常多样化,高校除了国家因素以外,市场因素、社会因素、文化因素等多种因素进入高校,成为高校社会的组成部分。在信息化时代,全球化因素通过互联网直接进入高校,成为高校社会的因素。围绕大学生思想政治教育和社会主义核心价值观教育,管理、服务人员应实现多样化,这也成为高校立德树人根本任务实现的重要方面。

(二)完善政策措施,稳定立德树人队伍

制定并完善相关政策,稳定思想政治教育队伍是实现高校立德树人根本任务的基本保障。

需要国家坚持正确的政策导向,积极引导制定相应的法律法规,用法律的权威保障立德树人队伍建设的有效落实,对队伍建设方面制定有倾斜性的相关规定与政策,从政策上提供优势,为思想政治教育工作者提供优厚的福利及待遇,从而提高岗位吸引力,促使立德树人教育人才选择相关职位,充实高素质教育者的数量,减轻扩招形势带来的压力。可以通过提供良好的就业环境,解决高校思想政治教育工作者有关就业保障的后顾之忧,创造良好的工作条件,减轻工作者的工作压力。可以完善各种学校立德树人相关活动的激励政策。例如,安排丰富多彩的立德树人教育活动,推动思想政治教育工作者参与其中、出谋划策,增强其融入感与责任心。同时还可以通过开展最美教师评比活动,对有突出表现或取得优异成绩的教师,及时进行奖励与表彰,充分地让工作者在工作过程中意识到自身的价值与地位,促使其更加努力地在自己的岗位上发挥作用。可以提供多种机会与条件,让立德树人工作者可以在其岗位上充分施展自己的才华,发挥自己的强项,从而让其充满活力,对自己的工作充满热情。

高校要作出相关规定,调整立德树人队伍结构,增强队伍结构合理化。例如,聘用一些专业业务精湛、所学专业相对口、教学功底扎实的青年教师,解决队伍老龄化问题,为思想政治教育队伍注入新鲜的活力,更加有效地开展思想政治教育工作;督促教师不断学习并实践丰富多样的教学方式,改变单一的灌输式教学模式,利用思想政治教育实践活动,利用有纪念意义的思想政治教育场所与纪念馆,对学生进行理论与实践相结合的教学模式,促使学生在实践中学习,在实践中成长。

高校不仅要与立德树人工作者进行工作上的交流与沟通,及时解决他们的困惑,帮助他们处理工作中遇到的难题,在他们工作之余,还要注重与其进行思想交谈,帮助其排除工作疲劳与心理压力,在生活上提供帮助。这些可以促使他们一心一意全身心地投入到思想政治教育工作中去,提高工作的效率,凸显立德树人效果。

(三)加强培训,不断提高立德树人工作者素质

立德树人根本任务实现工作队伍提高自身的业务水平与素质。作为一名思想政治教育工作者,一手过硬的专业素质是必不可少的。学校通过开展系列培养与培训工作,增强教师的专业性。例如,学校可以进行相应学历教育,来提高教师的学历水平,从而增加其立德树人素养;通过定期定点的开展教师培训工作,完善思想政治理论课教师培养培训体系,做好培养培训规划,通过以上措施来提高立德树人教师的专业水平和教学能力;通过学术交流、项目资助等方式,培养教学骨干、培养具有理论素养与教学实践能力的思想政治理论课教师。最重要的是,对于教师本身而言,要熟悉掌握立德树人相关知识与内容,对所讲授的内容做到脉络清晰、思路顺畅、倒背如流。在授课过程中,充分凸显其掌握课堂的主导作用,与学生形成互动,在互动交流中互相学习、互相进步,不仅可以充实教学内容,积累教学经验,还可以形成良好的课堂氛围,达到较好的课堂效果。教师的素质除了包含以上所必备的专业素质外,作为一个立德树人工作者,还必须拥有坚定正确的政治信仰,坚持以科学的理念为指导思想,坚持社会主义的正确政治方向,坚持形成高尚的职业道德,坚持实地调查,坚持科学研究的工作作风。只有这样,才

可以不断增强工作自信,提高教师的教学能力,从而使教师真正成为专业水平一流、素质高的立德树人骨干力量。

三、落实高校立德树人根本任务实现的组织实施

高校是立德树人根本任务实现的重要阵地,落实立德树人根本的组织实施,需要通过统筹课程、管理、服务三个因素来进行,课程是教育思想、教育目标和教育内容的主要载体,集中体现国家意志和社会主义核心价值观,是立德树人根本任务实现过程中的核心。

(一)立足于课堂,发挥"第一课堂"育人功能

第一课堂,特别是思想政治理论课,它是大学生思想政治教育的重要组成部分和进行系统性马克思主义理论教育的主渠道和主阵地。相对于其他学科来说,针对性和时代性是思想政治理论课教学的显著特色,与当下中国特色社会主义实践联系密切。作为最富活力的青年群体,大学生在面对经济全球化、文化多元化时,一些具有典型时代特征的变化和新问题也随之而来。因此,如何不断提高高校思想政治理论课的有效性、实现高校"立德树人"这一根本任务,应当成为学术界普遍关注的课题。

第一课堂,亦称第一渠道,指在课堂上通过教师讲授教材内容,把信息传递给学生。第一课堂是教师有目的有计划地引导学生迅速掌握人类长期积累起来的文化科学知识,发展学生的德育、智育、体育和美育,实现社会主义教育目的,培养有理想、有道德、有文化、有纪律的合格人才的主要途径。[①] 思想政治理论课作为"第一课堂",是高校大学生思想政治教育的主渠道。因此,应积极发挥思想政治教育的主阵地作用,实现高校"立德树人"根本任务。

要立足于课堂,不断提高第一课堂思想政治理论课的有效性,努力发挥和实现"第一课堂"的育人功能。"立德树人"是思想政治教育的根本任务,它决定着思想政治教育的内涵、目标、功能和发展方向。只有坚持"三贴近"原则,努力增强思想政治教育的亲和力、感染力、号召力,积极创新教学方法,把社会主义核心价值观的基本内容解读与教师自身的工作经历学科背景结合起来,增强课堂教学效

---

① 张洪昌、徐文东:《学业纵横论——大学生必读》,哈尔滨:哈尔滨船舶工程学院出版社1990年版,第546页。

果,为广大学生更好地理解社会主义核心价值观的丰富内涵提供多样化的角度。

思想政治理论课教学中要突出诚信意识和创新能力的培育。作为立国之道、做人之本、修得之基,诚信应成为学生的永恒财富,应当在诚信教育方案和实践活动中让学生体会到诚信的重要性,让学生在学中悟、悟中醒、醒中行。创新,作为动力和灵魂,要注意培养学生敢于开拓、敢为人先的品格,要着力培养学生对未知世界的好奇心和对科学真知的不懈追求,勇于突破旧观念、旧思维,敢于扬弃老经验、老办法,在创新的道路上知难而进、不畏挫折,这既是时代对大学生提出的要求,也是"立德树人"根本任务实现的重要体现。

党的十八大报告中提出:"加强社会主义核心价值体系建设","推动中国特色社会主义理论体系进教材进课堂进头脑。"[①]我们要以习近平新时代中国特色社会主义思想为指导,以师德建设为核心,以提升水平为重点,以学科建设为依托,以体制机制为保障,全面推进教学及教学管理工作,实现"真心喜爱、终身受益、毕生难忘"的课程目标。在新的历史条件下坚持与时俱进、改革创新,既要继承长期以来形成的优良传统和宝贵经验,又要根据教学对象的发展变化,不断探索新方法、新手段。要由说教向引导转变,由讲授向体会转变,由单一形式向复合形式转变;要探索建立问题教学、互动教学方法;要探索建立校内数字化、场景化试验室,通过辩论、答题、展示、演讲等形式,特别重视课堂教学中的师生互动和生生互动,实现教学方式的多样化,让课堂真正"活"起来,用生动的形式吸引人,多渠道、多途径影响学生的心理接受意愿,促进社会主义核心价值观的内化。

(二)立足高校管理,形成管理育人体系

管理是用权威的组织、行政的手段、必要的规范等,强化和协调共同实现某一目标的人们的行为,以更有效率地实现组织目标的社会实践活动。[②] 这其中有两层含义:一方面,管理是针对教育行为和服务行为,通过对两者的深层优化,间接取得对大学生的教育效果。另一方面,这是对大学生这一主要群体的管理,通过对大学生行为的规范作用,使组织的价值取向内化为学生的自觉意识,直接取得

---

① 胡锦涛:《坚定不移沿着中国特色社会主义道路前进 为全面建成小康社会而奋斗——在中国共产党第十八次全国代表大会上的报告》,北京:人民出版社2012年版,第67页。
② 刘群、张迎春、吴云志:《高校思想政治理论课教育教学研究》,吉林:吉林大学出版社2007年版,第267页。

教育效果。任何一项为了共同目标而进行的复杂活动,都离不开科学、有效的管理。高校立德树人根本任务的实现这一宏伟目标离不开教书育人和服务育人的支撑,而教书育人、服务育人更离不开制度管理规范的支持,教书育人、服务育人、管理育人等都应成为高校立德树人根本任务实现以及培育和践行社会主义核心价值观的组成部分。

美国著名的管理学家巴纳德认为,不论哪一级的组织,都包含三个要素,即协作的意愿、共同的目标和信息交流;而管理人员则有三项职能:规定组织的目标、促进组织成员提供必要的服务、建立和维持信息交流的体系。高校作为一个组织,自然包含上述三个要素,因此,结合高校的实际情况,我们将管理育人工作分为三个部分:目标管理育人、激励管理育人和沟通管理育人。

高校的一切工作都是围绕着某个特定的目标开展的,高校立德树人根本任务实现作为高校系统下的子系统,应成为高校教育的根本任务,而实现教育最终任务的工作应处于高校一切工作的核心。

1. 目标管理育人

德鲁克于1954年出版的《管理的实践》中第一次提出目标管理。其依据的管理理论是"注重自我控制,促进权力下放,强调效果第一",其宗旨是用"自我控制的管理"取代"压制的管理"。

高校要实现立德树人的根本任务,实现教育的根本目标,其目标管理包括如下几方面:首先,战略目标,即"培养什么人"的问题;其次,策略目标,即院、系等各级机构"怎么培养人"的问题;最后,要想实现目标管理育人,还需要一系列的先决条件。如果缺失这些要素,目标管理育人就是一纸空谈。实现目标管理育人,离不开学校高层的管理人员、教师和学生的积极参加,要对当前高校学生的思想道德素质和社会形势有着清晰、准确的认识,对实现高校立德树人这一目标所需的手段如人、财、物有控制权,可以随时进行对偏离目标等行为的纠正,还要相信广大师生的创造力和责任心。

目标管理育人的实现要经历三个阶段。首先,高校领导要自身认识到高校立德树人根本任务的重要性,了解并清楚各项要求。其次,要向参与的单位和师生提供明确的系统信息,使之明确国家所规定的高校立德树人根本任务的总体战略目标,了解自身的利益、职责和地位,通过各级教育机构和人员,包括让学生参与制订高校立德树人根本任务实现的目标和计划,提高计划的科学性,使之符合高校和学生的实际。在高校立德树人根本任务实现阶段,强调师生对教学过程的自我管理和约束,保证高校教学工作的社会主义方向和价值导向,对于有助于教学目标实现的行为予以支持和鼓励,对盲目的或者偏离教学目标的行为予以纠正或制止。最后,与最终目标体系相比,要树立典型,及时总结经验和教训,并使参与这个体系的学校成员在目标管理的过程中受到教育,达到在教学目标的制订和管理的过程中实现育人这一宏伟目标的目的。

2. 激励管理育人

按照巴纳德的"组织平衡论",高校作为一种组织,应该提供必要的诱因以满足组织成员的个人动机和需要,如物质待遇、声誉、地位和共同理想等。这实际上提出了高校管理中的激励方式。

"激励"一词作为心理学的术语,指的是持续激发人的动机的心理过程。将激励应用到管理学的领域,通常指的是如何调动人的积极性的问题。狭义的激励一般只指使用正面的方法调动人的积极性,广义的激励则还包含用鞭策的方式反向调动人的积极性。[①]

高校立德树人根本任务实现需要激励管理育人,这是一种着眼于动力的管理育人方法。以激励作为一种管理手段,以增强高校师生教学的积极性为目标,对不同的个体进行差异性的激励对待,引导师生的思想和行为,从而达到教育效果。要在激励管理中实现育人效果,离不开一个良好的教学效果评估体系。只有在建立教学效果评估体系的前提下,才能明确激励的目标和方向,才能引导师生的意识和行为,才能将师生实现自身利益的愿望和高校立德树人的目标联系在一起。教学效果评估体系的建立要坚持方向性原则,体现高校立德树人以及培育和践行社会主义核心价值观的价值取向,并将之具体化为一系列教学目标,要以最终的实际效果为准,即"树立自己的德性,改变自己,发展自己,塑造自己"。物质激励和精神激励是常用的两种方法。物质激励要以严谨的教学效果为基础,进行差异性的奖励,如果不同的教学效果最终收获了同样的福利,成绩、素质、立德等差异较大的学生享受到了同等待遇,无非会助长懒人心态,高校立德树人根本任务的

---

① 刘群、张迎春、吴云志:《高校思想政治理论课教育教学研究》,吉林:吉林大学出版社2007年版,第269页。

实现也终将是虚幻的泡影。

3. 沟通管理育人

信息沟通是复杂的组织生存和发展的必要条件。高校作为一种组织,要让组织成员普遍接受共同的目标以及为实现目标而进行一系列的奋斗的过程需要良好的、上传下达的信息沟通系统。

高校组织中的信息沟通体系由四个方面组成。首先是高层管理者(校级),其次是中层管理者(院系级),然后是教师和大学生。这四个方面组成的信息沟通体系对于高校立德树人根本任务的实现有着十分重要的意义。

要达到沟通管理育人的效果,首先要建立和维持一个通畅的沟通体系。该体系要以对信息交流的管理形成良好的育人环境、收到育人效果为目的。个别高校在遇到教学事故、安全事故和不利的政策文件等信息时,对师生采取隐瞒甚至欺骗的方法,这是极不负责任的做法,更是与沟通管理育人的思想背道而驰。置身于网络时代的大学生,信息来源极广,要在信息公开的前提下,通过充分辩论和耐心说理,指导学生自己分辨信息何为真何为假、何为善何为恶。要达到这个效果,有三个先决条件:教师在学生中的威信、对学生耐心细致的工作、对信息动态迅速精确的把握,特别是要重视对网络平台中信息动态的把握。此外,强硬的管制手段只适用于触犯了国家法律或突破了道德底线的恶劣信息。①

(三)立足高质量服务,探索服务育人体系

高校服务部门作为学校的一个重要组成部分,在做好教学、科研和服务的同时,还承担着创造良好育人环境、培养教育学生的职责。

服务部门职工创造出来的物质成果本身以及他们在服务工作中的行为都会对学生起到教育作用。具有民族特色和时代气息的建筑,整洁明亮的教室、宿舍、图书馆、实验室,色香味美的食品,都是一种无声的教育。服务部门职工关心学生、爱护学生、热心为学生服务,在工作过程中展现出的职业道德、敬业精神、劳动品德都会对学生产生潜移默化的影响。

服务部门通过加强图书馆、宿舍、教室和校园管理,维护良好的学习、工作、生活秩序,对学生进行养成教育。与此同时,还为学生提供实践、实习岗位,吸收学

---

① 刘群、张迎春、吴云志:《高校思想政治理论课教育教学研究》,吉林:吉林大学出版社2007年版,第273页。

生参与教室、宿舍、食堂等管理,这些有助于形成良好的文明举止和精神面貌,对于形成良好的校风、学风具有很大的促进作用,为立德树人根本任务的实现打下了坚实的基础。

服务育人目标以及高校立德树人根本任务实现都离不开一系列条件的支持,学生事务工作队伍的专业化、学生事务工作的规范化,这些都是学生事务管理工作的基本前提和根本保证,也是高校立德树人根本任务实现的基本前提和重要保证。为适应新时代条件下高等教育管理体制改革发展需要,高校必须根据各自实际情况制定和完善符合自己高校特色和有助于高校立德树人根本任务实现的各项规章制度,使学生事务工作规范化、制度化,做到有章可依、执章必严,实现管理服务育人,为高校立德树人根本任务实现添砖加瓦,增添动力支持。

第四节 高校立德树人根本任务实现的动力保障

高校立德树人根本任务的实现不是一蹴而就的,是一个长期的过程,要使长期过程变为可持续化的过程,则需要强效的动力保障。高校立德树人根本任务的实现动力源自三个方面:合理高效的工作机制、稳定的专项经费投入、现代化的技术支持。

一、合理高效的工作机制是动力产生的基础

合理高效的工作机制是动力产生的基础。多年来,高校学生思想政治教育工作机制主要有以下几种:第一种模式为党委系统为主,行政为辅。大部分院校都实行这种模式。由学校(院)党委领导主管,由组织部、宣传部、学工部、各二级学院党总支和团委为二级管理部门,由学生党支部、各二级学院团总支、各班团支部为基层管理部门。这一模式,由学校党委统一领导,学生工作指导委员会宏观指导,学生处、学工部、宣传部具体实施,通过院系学生工作组(学生辅导员、班主任层次)落实到学生。第二种模式为党政共同管理,党委领导,行政负责,院系结合,以院为主。第三种模式为学校宏观管理,由学工部总负责,各系部主管。高校应建立适应本校实际的学生思想政治教育工作机制,为顺利推进学生思想政治教育提供机制保障。[①]

---

① 何会宁:《论大学生思想政治教育保障机制的构建》,载《西南农业大学学报(社会科学版)》2008年第3期。

2016年12月,全国高校思想政治工作会议明确提出加强和改善党对高校的领导,同时发出的文件即《中共中央、国务院关于加强和改进新形势下高校思想政治工作的意见》(2016年12月4日)对此作了明确规定:"坚持和完善普通高校党委领导下的校长负责制,高校党委对本校工作实行全面领导,对本校党的建设全面负责,履行管党治党、办学治校的主体责任,严格执行和维护政治纪律和政治规矩,落实党建工作责任制,切实发挥领导核心作用。"[1]

为高校立德树人根本任务实现提供动力保障,还要依托制度和合力机制的建立,这既是实现立德树人根本任务领导保障的需要,同时也是大学生思想教育社会化的要求。高校立德树人根本任务在党委的统一部署下,党政齐抓共管,要建立和完善高校社会主义核心价值观教育合力机制,努力形成高校各部门、各主体相互配合、彼此联系、共同推进的合力局面,形成高校党、政、团、学等部门立德树人工作的合力。党委主要制定任务目标、计划,对重大问题进行决策;行政部门既参与学校立德树人工作部分重大问题的决策、讨论,又通过行政管理具体落实各项工作计划和决策;学生处、团委在全校范围内配合各院系开展具体工作,如组织各项校园文化活动、社会实践活动等。党、政、团、学、院系各部门应相互沟通、相互协调,形成高校党政干部、共青团干部、思想政治理论课教师、哲学社会科学课教师、班主任和辅导员等各教育主体的合力,各教育主体因部门性质和分工不同,在教育方法和途径上存在差异,有各自的工作规律、职责与分工,应加强合作、沟通与支持,取得事半功倍的效果。[2]

总之,高校立德树人工作是一个系统,应追求整体效应,各部门、各教育主体的合力机制一方面是实现领导保障的结果,一方面又巩固了领导保障的"安全阀"作用。

二、稳定的专项经费投入是动力不竭的保障

高校立德树人根本任务实现是一项十分复杂且十分重要的系统工程,它不仅涉及高校日常管理、服务和思想政治理论课程教学,还涉及校园文化建设、课外实

---

[1]《习近平在全国高校思想政治工作会议上强调,把思想政治工作贯穿教育教学全过程,开创我国高等教育事业发展新局面》,新华网,2016年12月8日。
[2] 闵永新:《大学生思想政治教育整体有效性问题研究》,北京:中国社会科学出版社2012年版,第222页。

践活动等,只有投入大量的人力、物力和财力,才能确保该项工程的顺利开展。总体来讲,目前,高校思想政治教育投入相对较少,导致高校开展思想政治教育活动困难,"少支持、难支持、不支持"已是常态。造成这样尴尬的局面跟高校等各方面的认识不无关系。部分高校认为,增加大学生思想政治教育支出不一定能提升学校的知名度和办学水平,对学生个人才能的增长以及学生立德树人和社会主义核心价值观的培育和践行也并非切实可见。与此同时,高校还存在着另一种声音,他们认为,思想政治教育已经占据了大学生较多的学习空间,相关投入已经很大,在大学生心理层面已经引起了他们的反感和抵触,不应该再加大投入。然而,没有基本的经费和物质保障,高校思想政治教育实效性的增强就缺乏保障,如果高校思想政治教育实效性日益衰微,相应地,高校立德树人根本任务实现以及培育和践行社会主义核心价值观的效果更会受到影响。目前,高校资源配置相对不平衡,有些甚至差距较大,综合性大学、人文类大学因其人文学科的优势,思想政治教育基础相对较好,可以在原有基础上适当投入;而理、工、农、医、林等单科院校,思想政治教育投入本来就少,人文资源储量相对又少,迫切需要加大经费投入来保障思想政治教育资源的开发,以促进高校立德树人根本任务的实现。

高校应按照《关于培育和践行社会主义核心价值观的意见》等文件精神,在各省教育系统大力推进培育和践行社会主义核心价值观工作。教育系统作为培育和践行社会主义核心价值观的重要阵地,要紧紧围绕立德树人这一根本任务,坚持从学校抓起,加强教师队伍建设,组织高校哲学社会科学专家学者深入研究阐释社会主义核心价值观的丰富内涵,为社会主义核心价值观进教材、进课堂、进头脑作出应有贡献。建立大学生思想政治教育专项经费,在每年的年度预算中单列,并随着学校经费的增长逐年增加。思想政治教育活动的关键在于建设一支精干、高效的思想政治教育工作队伍,必要的专项经费则是建设这支队伍的物质基础。应该每年拨出专项经费,帮助思政教师参加短期进修、攻读在职研究生、进行岗位技能培训、开展理论研讨和考察等,不断提高他们的整体素质,使他们保持良好发展势头,同时尽力为他们改善工作条件,切实提供人力、物力、财力保障。

三、现代化的技术支持为动力转化提升效率

作为各种技术和设施的总称,技术设施为教育活动的顺利开展提供了物质基

础条件,各类信息服务系统、信息传播媒体以及配套运作软件是其主要的组成部分。技术设施支持作为教育这大系统下的子系统,它是其他子系统能够得以存在、功能得以发挥的前提与基础。高校技术设施的支持服务直接关系到教育者的教学活动和受教育者的学习情况,最终将会影响高校立德树人根本任务实现。因此,提供良好的技术设施支持服务应是高校重要的职责和任务。

在计算机多媒体和网络技术蓬勃发展和广泛应用的今天,仍然不可忽略视听技术和视听设施的重要作用。视听设施是指传播教学信息内容且通过人的视觉、听觉发生作用的设备和媒体。作为以视听为主的设备设施,主要有传统的投影仪,它具有直观、简单、经济、普及的优点,在高校的教育活动中,投影仪发挥了不可替代的重要作用。在党的十八大报告中,将立德树人作为教育的根本任务,高校理应加大对投影仪等设备的支持力度,这有助于教育者顺利开展一系列的教学任务,也有助于受教育者更直观、清楚、明白地了解教师所要传达的内容。与此同时,高校应加大多媒体教室的建设力度,配置教师用计算机、投影机与屏幕、音像播放机、扩大机等设备的教室。教师可以通过多媒体教室,可以将文字、图片、声音、图像、动画等教学素材有机整合,为学习者提供形象直观、生动丰富的教学内容,从而提高教学效果。电子阅览室类型繁多,可通过配置几台多媒体计算机等网络设备为学习者提供阅读电子文献。立德树人作为教育的根本任务,是教育的一件大事,具有前瞻性和战略性,尤其是经济技术条件相对较差的地区,高校更应该加大支持力度,为辅助直观教学提供方便,以提高教学效果,促进高校立德树人根本任务的实现。

第五节 高校立德树人根本任务实现的制度保障

制度建设是建立保障体系的基础,制度问题是根本问题,只有加强制度建设方能使高校立德树人根本任务实现真正获得保障。制度保障主要包括国家政策法律法规保障、评估监督制度保障、课程体系制度保障、管理制度保障。

一、国家政策法律法规保障

国家政策法律法规保障是指中央对培育和践行社会主义核心价值观工作已经作了明确的规定,具有权威性和相对稳定性。但必须有相应的法律法规,才能保证教育者和受教育者以及社会有关方面共同遵循。当前，国家立法部门必须加紧、加快制定相关法律法规，来保障高校立德树人根本任务的顺利进行。同时，在推进社会主义核心价值观教育法制化进程中还应注意以下几个问题：首先，在制定法律法规和政策的时间上，要坚持适时性，即当某种事实发生或社会关系的出现需要法律规范调整时，在一个合理的时间区内，要依据客观环境和现实的要求，及时制定和颁布实施相关的法律法规。其次，在制定法律法规和政策过程中，要注意整体协调性。一是关于社会主义核心价值观培育和践行的立法，要相对完整、系统、全面，自成体系；二是关于社会主义核心价值观培育和践行的立法，要与原有的其他法律、法规相协调、相补充，健全我国的法律体系；三是在制定法律法规时，要注意针对性、准确性。对于社会主义核心价值观教育的主要负责主体要有明确的权责交代，力求避免似是而非、含混不清、难以实施的情况。最后，强调法制保障的同时，国家、社会和高校不可以忽视社会主义核心价值观的道德引导以及人的"心灵秩序"建设。美国著名经济学家道格拉斯·诺斯曾经指出，即使在最发达的社会体系中，"正式制度"约束也只是决定人们行为选择的一小部分，人们行为选择的大部分空间是由"非正式制度"即伦理道德、文化传统、价值观念等规则来约束的。所以，在强调依法治国思路语境的同时，应当使法律和道德既保持内在价值命令的契合，又保持各自诉诸的力量方式；既有彼此的独立形式，又有相互的内在联系，建立起法治和德治共同发挥调控作用的社会治理模式。

二、评估监督制度保障

评估监督制度保障是指在实现高校立德树人根本任务的过程中，评估主体遵循一定的评估标准对评估对象进行评估监督的实践活动。任何工作都有一个效益问题，立德树人工作也不例外。因此，建立效益评估、督导落实机制以提高立德树人根本任务的有效性，势在必行。立德树人评估和督查是高校立德树人根本任务独立系统的重要环节，它包括评估、监督和反馈三个部分，不仅能及时反馈教育过程的各个环节信息，对立德树人根本任务的现实效果和社会价值作出科学判断，而且还能及时总结经验教训，为下一个循环系统的正确决策提供依据。因此，建立和完善高校立德树人根本任务的评估监督保障，一方面有利于客观评价高校立德树人根本任务实现工作和教育工作者的成绩，另一方面有利于高校立德树人根本任务实现的实际操作体系的不断完善。新时期,要加强高校立德树人根本任务的评估监督工作,就必须把培育和践行社会主义核心价值观的实际工作情况作为对高等学校办学质量和水平评估考核的重要指标,纳入高校党建工作和教育教学评估体系之中,将自评和他评相结合,按照常态化的标准充分保障领导主体培育和践行社会主义核心价值观教育工作顺利展开。另外,在实际考核工作中,加强统一规划、组织协调、具体指导、督促检查和评比表彰,坚持精神激励与物质激励、近期效益与长远效益、个体效益与群体效益、静态效益与动态效益、定性分析与定量分析的统一,借助管理科学中的检测、评估方法,对思想政治工作的实践结果进行多形式、多层次、多方面的综合性评估,促使广大教师既教书又育人,积极参与学生管理和思想教育,从而促进大学生思想政治教育工作水平不断提高。

三、课程体系制度保障

高校思想政治理论课是大学生思想政治教育和培育社会主义核心价值观的主渠道,因此,将社会主义核心价值观融入大学生思想政治教育,首先就是要将社会主义核心价值观融入高校思想政治理论课。目前高校思想政治理论课开设了五门课程,应结合这五门课程将社会主义核心价值观融入其中:一是要根据"马克思主义基本原理概论"课程特点,把社会主义核心价值观的内容有机融入课程教学、科研和实践中;二是要结合"毛泽东思想和中国特色社会主义理论体系概论"的需要,有针对性地把社会主义核心价值观融入教学内容、课题研究和社会实践活动中;三是要依据"中国近现代史纲要"课程主要发展线索,把社会主义核心价值观的内容融入课程体系中,激发和培养大学生正确认清历史,勇敢担负起振兴中华、实现伟大中国梦的历史任务;四是要结合"思想道德修养与法律基础"课程的现实特点和具体要求,着重把社会主义核心价值观关于道德规范、公民道德修养的内容融入课程教学、科研和社会实践中,重点培育大学生遵守基本公民道德规范和塑造良好的道德意识和修养;五是要根据"形势与政策"课程需要,把社会主义核心价值观融入进去,帮助大学生了解国情、世情,树立正确的人生观和价值观。由此可见,这五门思想政治理论课都有各自的内容和特点,应有机地将社会主义核心价值观纳入各门课程教学中,确保社会主义核心价值观顺利地进大学生头脑、进大学生课程、进大学生教材。

高校思想政治理论课的新课程体系是一个结构合理、功能互补、相对稳定的课程体系，几门主干课程在内容上有一些交叉部分。正确处理这些交叉内容，有利于提高教学的实际效果。如关于社会主义本质问题，"马克思主义基本原理概论""毛泽东思想和中国特色社会主义理论体系概论""中国近现代史纲要""思想道德修养与法律基础""形势与政策"课程均有所涉及，虽角度各有不同，但重要知识点是相同的。如"中国近现代史纲要"应该将社会主义核心价值观放在中国社会主义革命和中国特色社会主义建设进程中，以动态的过程来解读，用发展的眼光来讲解社会主义核心价值观的历史必然性；"思想道德修养与法律基础"应着重基于大学生培养目标来解读社会主义核心价值观，总体上起到指导性、规范性作用，践行社会主义核心价值观是当代大学生勇于担当、爱家报国的历史责任和时代要求。"形势与政策"课程应当策划专题报告、论坛交流等，让大学生立足国情、认清形势，准确理解党和国家的各项路线、方针和政策，增强大学生的社会责任感、强烈事业心和爱国敬业精神。① 因此，这就要求每位思想政治理论课教师在教学实践中要拥有宏观的、整体的眼光，力避各自为政、自说自话。每门课的任课教师在设计教学方案时，应在总体把握课程教育教学目标和功能的前提下，明确各门课程的定位、清楚各门课程的教学时限、主线和重点，把握好各门课程之间的逻辑联系和论证角度，根据每一门课程教学目标的要求确定讲授的角度和深度。总之，思想政治理论课教师要努力把握五门课程的内在关联，使各门课程教学之间既相互补充、印证，又相互协调，从教学上充分体现课程内容的科学性、逻辑性、连贯性，实现课程讲授内容的整体优化。

四、管理制度保障

管理制度是管理的原则、体制和内部管理方法等规定的总称。它的核心是解决其系统内部、整体与部分间、主体与主体间、不同层次间的责任、权力、利益三者相结合的问题。高校立德树人根本任务的实现，是高校教育系统整体运行的良性结果，需要科学合理的管理制度的保障。

---

① 何育静：《社会主义核心价值观融入大学生思想政治教育研究》，广东财经大学，2015年，第30—31页。

(一)转变管理理念是实现管理保障的中心任务

高校立德树人根本任务实现的管理保障要发挥作用,转变管理理念是前提。众所周知,思想是行动的先导,所以管理理念的科学化将直接引领管理保障朝着科学化、制度化的方向发展。按照《教育管理学:理论与实践》书中的观点,管理思想一般来说存在三个模型:古典组织理论、人际关系模型和行为科学方法模型。三种管理思想的主要区别在于领导、组织、产量、过程、权力、管理、奖励和结构等[1]。

古典组织理论方面,泰勒将"科学管理"概括为科学的工作分析、人员的选择、管理合作和功能性监督。科学管理主要是对单个工人工作的研究,行政管理则集中研究整个组织的管理。人际关系模型认为,雇员受社会、心理和经济驱动;认可、归属感和安全感比工作环境的物理条件对工人的士气和劳动生产率更重要;在工作环境中,个体的感知觉、信仰、动机、认知对挫折的反应和价值观等影响个体行为;各种类型组织的人希望在正式组织之外建立一个非正式社会组织,这个组织对管理的作用既有帮助又有阻碍等。行为科学方法模型认为,行为科学学派的观点角度各异,但最近的行为科学方法模型正试图调和理性经济模型与社会模型间的不一致。

那么,理想的管理理念究竟是何种?是否如卡拉汉一般将"效率的崇拜"视为科学管理的思想核心?当然,社会上任何一种学科的学术思想必须根植于具体的历史场景和国情土壤之中。我国是中国特色社会主义国家,这既是国家的基本符号,也是高校一切政策制定的根本。培育和践行社会主义核心价值观是全社会的共同责任,更是高校教育的根本任务。

首先,将"以生为本"理念融入管理思维方式中,高校立德树人根本任务主要面向的对象是大学生。这既是"以生为本"的核心在高校教育管理中的客观要求,也是现代转型中思想政治教育发展的必然要求。其次,秉持合法性、科学性和整体性的管理原则。合法性要求高校管理者在法律的前提下颁布校园有关规章,依法进行大学生社会主义核心价值观教育。科学性提倡管理要学习和借鉴国外优秀的德育管理经验和方法,实行开放式管理,把民主性管理与制度性管理、自律性

---

[1] [美]弗瑞德·C.伦恩伯格、[美]阿兰·C.奥斯坦:《教育管理学:理论与实践》,孙志军译,北京:中国轻工业出版社2003年版,第13—14页。

管理与他律性管理有机统一起来。整体性是指管理者全盘考察管理全过程,全面了解管理对象,运用科学的管理方式使管理者和其他职能部门协同进行大学生社会主义核心价值观教育。再次,加强管理主客体两个维度入手的管理手段。管理不仅是外部施压,还要内部推动、内外协同。高校社会主义核心价值观教育不能仅仅依靠外部管理强制管理来实现,还需要利用大学生群体自身特殊性,发挥学生团体和学生干部的先进榜样作用。

(二)完善管理行政系统是实现管理保障的基础保证

在强调党的领导是高校思想政治教育的核心力量的同时,应当特别强调管理行政系统的问题。强调党的领导是思想政治教育系统管理的核心力量,并不意味着有关思想政治教育工作都由党委一包到底,是党组织的"专利",与行政系统无关。高校在实行党委领导下的校长负责制的情况下,要健全教育的系统管理机制,就必须把社会主义核心价值观教育纳入行政管理的轨道,建立和完善以校长及其行政系统为主的教育管理机制。高校的校长及其行政管理人员都应责无旁贷地抓好社会主义核心价值观教育工作,并把它纳入高校行政管理体系之中。

管理行政系统中的各职能部门作为独立的工作子系统,要明确各自的育人职责,加强沟通,密切协作,努力保障立德树人根本任务的实现。工会、学生处、共青团在立德树人根本任务实现中处于贯彻实施的地位,是党联系教职工和团员青年的桥梁和纽带,要上下齐心、团结一致,共同承担培育和弘扬社会主义核心价值观的责任,在党委的领导下,在行政的支持下,发挥各自的优势,积极、创新、主动地开展各种具有特色的教育工作。学工部门是学生工作的主管部门,承担着全校学生思想政治教育、招生、就业以及助学贷款等工作,同时还负有管理队伍建设的任务,事情繁杂,因此要建立相应的管理机制,强化各教学单位及辅导员、班主任的责任意识,充分调动他们的积极性;共青团组织要充分利用贴近学生的优势,深入到学生中,通过开展各项丰富多彩、健康有益的活动,拓展学生的素质,竭诚为学生成长成才服务,同时加强对学生社团的管理和指导,并针对学生特点开展生动有效的社会主义核心价值观教育,发挥好桥梁和纽带作用;工会的工作要紧紧依靠广大的教职工,协助党政领导抓好教职工的思想建设和文化活动设施建设,教育教职工树立主人翁意识,组织教职工参加民主管理和民主监督,维护教职工的合法权益,积极开展教职工喜闻乐见、健康向上的丰富多彩的文化娱乐活动,理解人、尊重人、关心人、服务人,以此增强学校的凝聚力;教务部门作为教学管理部门,承担着全校学生的专业学习、考试管理、学籍管理等,需要把社会主义核心价值观教育融于这些管理中;后勤服务部门要把后勤社会化与学校育人职责有机结合起来,不断增强服务育人功能,以为学生提供优质服务为目标,做好后勤保障,让学生在令人满意的服务中受到感染和教育。

(三)创新管理模式是实现管理保障的重要环节

管理保障是否真正落到实处,主要依据"三贴近"思想,即贴近学生、贴近生活、贴近实际。立德树人根本任务是培育和践行社会主义核心价值观,如何将社会主义核心价值观元素注入高校管理模式中是立德树人根本任务实现管理保障的重要环节。具体包括以社会主义核心价值观指导大学生日常管理,以社会主义核心价值观加强大学生学风建设,以社会主义核心价值观引领大学生生活社区管理。①

第一,以社会主义核心价值观指导大学生日常管理。大学生日常管理包括对学生遵守学生守则等校园行政条例的监督和对日常行为的规范上,通过社会主义核心价值观约束大学生不良行为习惯,是利用外化途径最终达到内化的目的。社会主义核心价值观明晰了高校立德树人根本任务要立何种德,积极培育和践行社会主义核心价值观是大学生日常管理的思想先导。以社会主义核心价值观为指导建立科学的、具体的操行评价体系,并加强对日常表现的评估,在大学生中树立一批践行社会主义核心价值观的模范和榜样,使大学生见贤思齐、学有榜样、行有示范,营造人人崇尚先进、学习先进、争当先进、赶超先进的良好氛围。

第二,以社会主义核心价值观加强大学生学风建设。学风是决定高校人才培养质量的重要因素,学风建设是改进校风的重要手段,也是帮助大学生认同社会主义核心价值观的重要手段。学风问题不是仅仅产生于学习领域,而是更多产生于思想领域,部分学生往往是由于理想不够坚定、目标不够明确、态度不够端正等思想认识不到位的问题而产生了各种学风问题。因此,在加强学风建设的过程中,要发挥社会主义核心价值观的引领和指导作用。为此,要关注学生的思想问题,从源头解决学风问题。要积极发挥社会主义核心价值观的导向作用,通过深

---

① 隋璐璐、王洛忠:《在大学生中培育和践行社会主义核心价值观的路径探析》,载《思想教育研究》2014年第2期。

度辅导、班会、主题活动等形式,帮助大学生树立崇高的理想和坚定的信念,端正学习态度,激发学习动力,调动学习积极性。

第三,以社会主义核心价值观引领大学生生活社区管理。加强生活社区的建设与管理是保证大学生勤奋学习、健康成长的必要手段,也是大学生形成良好集体意识和道德品质的重要途径。学生生活社区的建设与管理要注重社会主义核心价值观的文化导向。一方面,要在生活社区的规划、建设中体现社会主义核心价值观的要求,融入育人元素,营造良好氛围,打造既便利舒适又有文化品位的生活社区;要通过生活社区活动增进学生间的友谊,增强集体主义观念和团队协作精神。另一方面,要在生活社区的管理中充分发挥学生党员和干部践行社会主义核心价值观的模范带头作用;发挥学生自我教育、自我管理和自我服务的作用,尤其要为学生党员等优秀分子发挥示范作用搭建平台。

第六节 高校立德树人根本任务实现的环境保障

立德树人根本任务的实现是在一定的环境中进行的。对高校而言,立德树人根本任务实现所需的环境支持是可以创设的。在这里,校园环境主要包含了校园物质环境、校园文化环境、校园网络环境。

一、创造良好的校园物质环境

物质文化是指校园文化主体曾经和正在作用于其上的一切物质对象。它是看得见、摸得着的,主要包括学校各种教学、科研、生产和生产资料以及校园环境。它们是根据一定的目的,由人去布置或制订的,体现了高校的理念和价值追求。在满足建筑使用功能的规范化、标准化基础上,要具有自己的文化风格,无论是形式,还是色彩,都应该给人一种愉悦感和文化影响。富有特色的建筑使人产生自豪感、自信心和对理想的追求,使校园人更加热爱自己的学校,从而更加热爱学习和生活。

校园绿化美化不仅是生活需要,又是文化的需要。一系列的自然景观都可以让学生们在学习、生活的同时,获得知识和美感。校园绿化既是"人化"的结果,与此同时,也承担着"化人"的作用。高校建筑可谓是独具匠心,那些独具特色的建筑艺术也促成了大学风格的百花齐放。作为一种文化符号,高校建筑艺术或风格特色承载着教育者的理念,蕴含着大学精神,可以说它是作为无声的老师无时无刻不在影响着大学生。如根据学校风格特色设计既能够体现民族特色又具有现代风格的教室、食堂、图书馆、体育场等设施,学校的建筑风格、绿化美化程度、自然风景特色、环境整洁水平、设备现代化层次等,这些既是学校物质文明建设的成果,又是学校精神文明建设的反映。根据学校的传统、培养目标,学校设计不同的雕塑、景观等。雕塑这一艺术形式对人的思想观念的影响是多方面的,如校友名人像可以使师生获得一种自豪感,而正是这种自豪感又驱使在校师生努力进取,以期取得像校友名人那样的成就。当然这种作用是很微妙的,人们不一定能自觉地意识到,它是以一种无形的力量激发校园人的求知欲与成就欲。有些雕塑则表明了该校的特质,激发了校园人的主人翁意识,使他们有一种使命感,起到增强其事业心的作用。

良好的校园物质环境建设还需要加强管理和维护,要对师生尤其是学生进行环境意识教育,提高学校师生员工的环保意识,要使师生通过一系列的主题教育活动,如义务植树、义务劳动等形式参与到环境建设中来。整洁、文明、优美的校园环境,既是学生健康成长的场所,更是高校立德树人根本任务实现的有力保障。

二、建设良好的校园文化环境

高校要高度重视立德树人根本任务实现工作,注重发挥校园文化的熏陶功能,把培育和践行社会主义核心价值观作为大学生思想政治教育的重要工程来抓,加强大学生的道德教育和实践,提升大学生思想政治意识和道德素质,内化于心、外化于行,让社会主义核心价值观成为大学生的价值追求和自觉行动。任何文化的诞生,必须具备三个基本条件,即创造的主体、对象以及一定的文化创造得以进行的手段与环境。学校系统中具备了文化创造的主体,具备了从事文化活动的独特对象,具备了文化得以产生的独特手段和环境。它随着学校的产生而成为一种客观存在,并且在整个人类文化建设和社会生活中发挥作用。校园文化可以从广义和狭义两个角度来理解。从教育意义上理解校园文化,便是广义的校园文化,包括学校物质文化、学校制度文化和学校精神文化。校园中的一切都在以不同的方式影响着青少年学生,塑造着青少年学生。狭义的校园文化是指师生课外文化活动,也即我们通常所说的以第二课堂为主要表现方式的文化氛围和精神。

首先，高校要营造智能型的知识文化，主要以课程文化为代表，既包括自然科学，也包括社会科学，同时发展一些包括以增长知识、开发智力、发展个性特长为主要目的的课外文化。比如，课外学术讲座、辩论赛、出板报、办校刊校报、课外兴趣组织活动等。高校要组建一支关于社会主义核心价值观融入工作的义务教育宣传队伍，根据融入工作，具体负责立德树人根本任务实现工作。要把社会主义核心价值观融入学校举办的各种类型的专题论坛、学术会议、主题班会、演讲辩论赛、体育运动会、文艺晚会、毕业典礼等，利用重要的校园文化节以及元旦、中秋、国庆等重大中华传统文化节日的良好时机，加强社会主义核心价值观的宣传教育，与大学生喜闻乐见的活动结合起来，将其融入大学生的学习和生活中去。

其次，在营造智能型知识文化的同时，一种隐形文化值得高校关注和重视。它是一种由一定的历史传统、民族习俗、道德情操等投射于校园文化主体身上的精神风貌。它既潜隐于某一特定校园文化氛围中，又显形于个体行为中。它使校园文化主体中的每一个成员都受其熏陶感染，形成一定的心理习惯、行为模式，乃至于受教育者完成学业、走向社会之后，也会把这种特有的文化印记带到工作岗位上，对社会文化、社会心理、民族精神产生积极的影响。例如，我国历史上的"抗大"精神，就是这类校园文化的范例。那种"团结、紧张、严肃、活泼"的校园风气，对当时的抗大学员的精神风貌具有极其深刻的影响。

最后，高校应该努力构建观念文化，它是精神文化的核心。观念文化一旦内化到个体的个性心理结构之中，就可支配人的行为、左右人的意志、调节人的情感、塑造人的性格。对于人才的成长起着决定性作用，对高校立德树人根本任务的实现起着举足轻重的作用。

三、营造良好的校园网络环境

近年来，互联网快速兴起和蓬勃发展，网络已成为大学生生活中不可分割的重要部分。互联网是一把双刃剑，它在给大学生带来方便快捷的同时也带来了诸多负面影响。因此，为大学生营造健康、清朗的网络环境至关重要，高校要把网络作为培育和践行社会主义核心价值观的重要阵地。高校要与时俱进，积极抢占培育社会主义核心价值观工作所需的网络阵地。高校校园网站，是一所高校的形象代言人，高校应建设好一批具有社会主义核心价值观培育功能的教育实践网站群,为大学生学习社会主义核心价值观培育与践行提供网络环境。与此同时,针对大学生经常使用的一些社交平台,如学校信息门户网、校友网、校园论坛、微博、QQ、微信、抖音、快手等,高校要通过设计专题网、公益广告等形式围绕培育与践行社会主义核心价值观开展生动活泼的文化宣传活动,通过这些媒体平台来宣传、教育、推广社会主义核心价值观,利用网络的优势引导大学生自主学习,而教师则可利用网络与大学生互动交流社会主义核心价值观的内容。通过链接中央、省、市、区相关专题网站,主动把与社会主义核心价值观关系密切的文字、图片、视频放到共享库,免费给大学生学习使用。同时,教师要及时发布信息、密切关注大学生思想动态,加强与大学生之间的沟通与交流,及时掌握大学生的思想状况,调整工作思路,及时回答和妥善处理他们碰到各种疑难问题,提高立德树人根本任务实现的针对性和时效性。倡导大学生文明上网,遵守网络道德规范,不造谣,不传播有害信息。高校要充分利用现代网络安全技术构建"防火墙",成立专门的网络管理机构,依靠技术手段,大力净化网络文化环境。要打击微博、微信上的低俗色情、暴力内容、垃圾信息、道德失范、恶意攻击、造谣惑众和诈骗等不良信息。总之,要把社会主义核心价值观融入校园网络平台中来,为大学生营造培育和实践社会主义核心价值观良好的网络文化舆论氛围。

第八章 高校立德树人根本任务实现的科研基础

高校立德树人根本任务的实现,需要知识支撑。2019年3月18日,习近平总书记在学校思想政治理论课教师座谈会上,反复强调高校立德树人需要不断总结立德树人长期以来形成的规律性认识与经验,认为只有系统把握立德树人的精髓要义、科学方法,才能扎实推进新时代立德树人守正创新。为高校立德树人根本任务实现提供知识支持,最为关键的便是深研高校立德树人根本任务实现的科研基础。只有通过科学研究这一系统性活动,才能为高校立德树人根本任务的实现提供源源不断的内生动力。进而言之,阐释高校立德树人根本任务实现的科研基础,其目的便是要构建高校立德树人根本任务实现的科研体系。换言之,就是打造高校立德树人根本任务实现的智库(下文简称"核心价值观智库"),为培育和践行社会主义核心价值观这一过程提供综合性、专业化、宽视野的智力支持。

第一节 高校立德树人根本任务实现的知识支持

理论的推进,需要切合时宜的预设。高校立德树人根本任务实现是一项知识活动,是一种多层次的文化现象。首先需要明确的是,高校立德树人根本任务实现是一种整体性存在,其内部空间分为三个层面,包括社会主义核心价值观、培育和践行社会主义核心价值观以及实现社会主义核心价值观进入学校、学生即"学校化""学生化"。值得注意的是,社会主义核心价值观是一种文化存在,更是一种知识存在,培育、践行以及实现社会主义核心价值归属于一种知识的实现活动,换言之,就是社会主义核心价值观教育活动是知识观念的教育活动。

一、高校立德树人根本任务是一种知识存在

高校立德树人根本任务为什么是一种知识存在?高校立德树人根本任务实现为什么是一种知识活动?可能的原因有以下几点:一是文化承载。社会主义核心价值观是对社会主义核心价值体系的高度凝练和集中表达,是对中华优秀传统文化和马克思主义理论的结合的承载,是对中国人精神的形象表达,其本身就是一种知识集合体。二是学术热度。自党的十八大正式提出社会主义核心价值观以来,国内学术界围绕社会主义核心价值观展开了多领域的讨论,产出了一系列研究成果,其学术热度呈几何增长。三是论域众多。社会主义核心价值观及其培育、践行乃至于实现是问题的综合体,其复杂程度是罕见的,没有任何人能承诺将之解释透彻,唯有不断深挖、研究、比较、探讨,才能改进推进,不断优化、提升。立德树人根本任务作为一种知识存在,是社会主义文化的独特内容。

(一)社会性、历史性的知识存在

如前所述,高校立德树人根本任务是一种知识存在,而高校立德树人根本任务实现是一种知识活动。但是,无论是知识存在,还是知识活动,它们都归属于文化的范畴。对知识的起源的考察,可能会对问题的明晰有很大的帮助。德国社会学家马克斯·舍勒(Max Scheler)从知识社会学的角度提出,对知识的追求"源于人和高级脊椎动物尤其是人和类人猿所共同具有的一种天生的内驱力性的冲动。当这些类人猿在调查和仔细观看似乎既没有生命过程方面的用处,从个体角度或者从物种角度来说对它们也无害的那些对象和事态时,它们会表现出极大的好奇心",在内驱力的驱动下,会产生出更为高级的"求知欲"。[①] 在这里,舍勒将知识的来源归于人始发于内在精神中的内驱力。舍勒对知识的追溯抛却了外在的社会和历史的因素,将问题导向了纯粹的精神世界,对于知识这一客观存在而言,是不全面的。

我们认为,一方面,知识是一种人与社会互动产生的存在物。从辩证唯物主义的观点出发,知识是一种客观化的意识表征,它"不外是移入人的头脑并在人的头脑中改造过的物质的东西而已"[②],也就是说,知识是人依据外界的事物抽象归

[①] [德]马克斯·舍勒:《知识社会学问题》,艾彦译,南京:译林出版社2012年版,第80页。
[②] 《马克思恩格斯文集》第5卷,北京:人民出版社2009年版,第22页。

纳出来的概念化的存在。可见,追根溯源,知识来源于人的主观世界之外的客观世界,但值得注意的是,客观世界的现象进入人的主观世界并进行必要的"加工",不能缺少人的内部因素及内生活动,这是人的主体能动性的反映。另一方面,知识还是一种历史性的存在物。只要说到知识,就不得不将历史与社会等因素纳入考虑的范围。"人是社会关系的总和"①是马克思对人的社会性的集中表述。人从交流中交换知识,到思考中生产和再生产知识,都处于一定的社会关系之中。回过头来,高校立德树人根本任务及其实现作为一种知识存在或者知识活动,社会性和历史性便是其生之于人类社会的必备"素质"。

(二)规范性的知识存在

无论是知识存在,还是知识活动,它们都具有规范性,即具有知识的规范功能,可以归属于文化的范畴。从根本上说,高校立德树人根本任务是一种文化存在,高校立德树人根本任务实现是一项文化活动。许多研究者将文化理解为"样式""模式",而文化也是一种价值观念,存在一定程度的价值预设,其中暗含着规范特性的趋向。有研究者区分了规范性文化和非规范性文化,认为所谓的规范性文化指的是"特定的历史时代,由占据统治地位的阶级或阶层规定或提倡所有社会成员都必须遵守和奉行的政治经济制度、社会准则、行为规范和价值信念体系",其主要内容包括"社会公理系统的规范(正义、公平、自由等)、中介性规范(积极、进步、健康等)、基本行为规范(集体主义、爱国主义、艰苦奋斗等)";所谓的非规范文化指"在社会生活中实际上普遍流行且为特定社会群体所认可的非正式制度、非正式规则和价值信念",包括"习惯""风俗""惯例""风气""非正式群体""集体无意识行为"。②

按照社会学的理解,文化是一种规范性的存在,没有所谓的非规范之说,而上述所谓规范性与非规范性之区分,是从狭义的文化层面去理解的。对于高校立德树人根本任务及其实现而言,可从"大文化"视角去考察文化,无论是统治阶级的要求,还是非正式规范,都属于规范性文化的范畴。社会主义核心价值观及其培育、践行以及实现,在国家意识形态"高纬"与主体人日常生活"低纬"相结合的基础上,从国家(如大局观)、社会(社会责任意识)、个人(爱国)层面规范了人自身、

---

① 《马克思恩格斯文集》第1卷,北京:人民出版社2009年版,第501页。
② 卞谦:《规范文化与非规范文化初论》,载《社会科学家》1999年第4期。

人与人、人与社会乃至人与自然的关系。在高校中,社会主义核心价值观作为一种知识要素、价值观念、外在规范,其意义就如同每天呼吸的空气一般为每一位大学生共同拥有,进入大学生的日常生活、教师教学过程之中,逐渐编织出内在规范。在日常生活中,大范围的社会主义核心价值观宣传,在某种程度上,会将社会主义核心价值观内化为大学生的思想观念,实现自我规制,并反映到日常行为上。在教学过程中,尽管"思想政治理论课"教师的作用备受质疑,但是课程中深度的理论阐扬、通俗的日常呈现会影响学生的观念。

(三)增益性的知识存在

知识是人类认识世界、掌握世界的方式之一,它以概念的形式反映社会现象,将生动具体的社会现象抽象为固定意义的语词。知识作为人类的文化资源,具备增益性的特质。诚如"概念很小,空间很大"①,一定领域中的知识,向内可以以文化史或结构考察等形式挖掘知识的内部空间,向外可以联系其他学科或者更换语境等方式扩大目标知识的外延域限。从某种意义上说,目标知识的增益性的意义在于通过探讨目标知识,深化对目标知识的认知,拓宽目标知识的内部、外部空间,提供目标知识丰富充盈的知识以夯实研究基础,进而提升研究自信心。

对于高校立德树人根本任务实现而言,其增益性表现在内部的增益性和整体的增益性。第一,高校立德树人根本任务实现的内部增益。高校立德树人根本任务实现是一个结构化的整体性存在,内部空间分为三个层次,包括社会主义核心价值观、培育和践行社会主义核心价值观以及社会主义核心价值观教育的实现。社会主义核心价值观的增益性属于基础内容的增益,包括国家意识形态的生产(赋予新内容)和学术界的生产与再生产,后者具体表现为高校立德树人根本任务的内涵及关系、实现过程及对象等研究的深化。培育和践行社会主义核心价值观以及社会主义核心价值观教育的实现的增益性属于过程的增益,其中包含了内容和形式的增益。在内容上,在培育和践行过程中、在教育实现过程中,内容以自我增益与"卷入式"增益为主要形式丰富内容。在形式上,培育和践行与教育实现需要不断提升的技术、丰富的过程以达到知识增益的目的。第二,高校立德树人根本任务实现的整体增益。高校立德树人根本任务实现即社会主义核心价值观教

---

① 孙其昂:《思想政治教育学前沿研究》,北京:人民出版社 2013 年版,第 8 页。

育的实现是一个整体,其增益性有两个方向:一是分支型增益,二是交叉型增益。前者指的是高校立德树人根本任务实现的内外部结构、整合、载体、机制、保障等主题研究的深化;后者指的是高校立德树人根本任务实现在不同学科视阈下的深化研究,诸如教育学、社会学、政治学、心理学、马克思主义理论等。

二、高校立德树人根本任务实现需要知识支持

众所周知,党的十八大报告明确指出,将立德树人作为教育的根本任务,究其实质,这是对教育本质的深刻阐释,也是对高校"培养什么人,怎样培养人,为谁培养人""办什么样的大学,怎样办好大学"两个根本性问题的精确解答。[①] 可见,不论是从提出的时间看,还是从研究的深度看,高校立德树人根本任务实现是新推出的研究领域,是一项未竟事业,它不仅本身就是一种知识存在物,而且需要外部知识的支持。

(一)外部环境的倒逼

尽管高校立德树人根本任务实现备受国家推崇,从中央到地方,政府教育、宣传等部门在其中扮演着推介的角色,但是高校立德树人根本任务实现作为一项知识活动要受到社会的接纳,尤其是要成为普遍的社会现象、受到人们的认可,使大学生内化于心、外化于行,还存在诸多现实性问题。比如,外部知识支持的隔阂和内在知识化受到阻滞。

第一个问题是高校立德树人根本任务实现外部知识支持存在隔阂。造成隔阂的原因很多,对于社会主义核心价值观教育活动的实现而言,主要来自社会环境的嬗变。中国正处于社会现代化进程之中,全球化的"时空坍缩"形成了一个"前现代""现代""后现代"相互交织的时空环境,出现了中西方价值观、主流意识形态与非主流意识形态相互冲突的思想情境,社会主义核心价值观遭遇了从传统到现代变迁的现代性遭遇,包括传统价值观的消解与断裂(利益主体日趋多元化、利益需求日益多样化、利益关系日呈复杂化,对传统的道德原则和价值关系提出了严峻的挑战)、多元化社会思潮的挑战与挤压、信任危机的滋生与扩散、价值观践履的错位与偏差(个人权利意识的增强和民众主体性意识的觉醒,人们在物质

[①] 谭秀森:《论高校立德树人根本任务的实现机制》,载《思想教育研究》2013年第11期。

丰富的同时,精神生活世界和价值观世界却充斥着贫瘠和荒芜)。①

高校处在思想争鸣的"一线",不可避免地卷入到剧变的现代性境遇之中,完整的社会主义核心价值观教育活动的实现过程必然在不同程度上存在"真空"状态,比如社会主义核心价值观转化为高校思想政治教育内容、进入大学生的思想等因跟不上外部环境的变化速度而呈现不适应乃至真空状态。与此同时,除了外部环境的客观隔阂,还需要关注的是高校立德树人根本任务实现存在知识支持的需求。在遭遇传统的道德原则和价值关系的挑战时,人们有崇尚完满的倾向,期盼重构新的道德原则、价值关系以适应现代环境。在遭遇多元化社会思潮时,人们企求一种有完整的、科学的知识支撑的新的文化体系以应对挑战。在遭遇信任危机时,人们希求重建现代诚信体系以应对危机。

在遭遇价值观践履的错位与偏差时,人们寄希望于新的价值准则以衡量人与社会的关系。不论是新的道德原则、价值关系,还是新的文化体系,还是现代诚信体系,还是新的价值准则,归根结底,都需要文化的蕴养,更深层地说,是对知识生产与再生产的需求,以此实现价值澄清。

(二)内在知识化需求

在这里,需要探讨第二个问题,就是高校立德树人根本任务实现的内在知识化需求。需要明确的是,高校立德树人根本任务实现存在着内在知识化阻滞的问题即理论化探讨的展开困难。

第一,高校立德树人根本任务实现是实践层面的问题,很难进入学理层面的探讨。高校立德树人根本任务实现就是实现培育、践行社会主义核心价值观进入学校、学生的过程,它既是过程性的问题,又是实践性的问题。考察高校立德树人根本任务的相关文献,绝大部分的研究成果的基本内容框架以"经验总结——现实困境——问题分析——对策出路"为主,真正学理性的探索却少之又少,更别提哲学层面的讨论。这对于高校立德树人根本任务实现的长远发展是不利的,其在学术界的"跟脚"是不扎实的。

第二,高校立德树人根本任务实现的理论概括缺少理论工具,很难形成规模效应。在学术界,尽管绝大部分立德树人根本任务的相关研究停留于经验概括层

---

① 侯勇、孙其昂:《论社会主义核心价值观建设的现代性境遇与超越》,载《中国特色社会主义研究》2011年第2期。

面,但依然有部分研究试图挣破经验性研究,进入学理性讨论乃至哲学探讨。有研究者从逻辑学角度讨论社会主义核心价值观的整体性问题[①],有研究者从伦理学角度探讨当代中国信念问题[②],有研究者从社会学角度关注社会主义核心价值观的乡土化问题[③]。但是,上述研究者的研究仅是抓住所属学科的一个点展开讨论,仅仅完成了一篇学术论文的写作,对于立德树人根本任务研究的整体推进而言,仍缺乏足够说服人的理论阐释工具,很难形成规模效应。

第三,高校立德树人根本任务实现的知识化不是一蹴而就的。任何学术研究都不是一蹴而就的,需要时间的积淀、精力的倾注、钻研的深刻才能在一定程度上实现知识的生产乃至再生产。高校立德树人根本任务实现本身就是一项长远性的工程,需要数年、数十年乃至更长的时间。那么,对于它的研究,更是要根据事实现象的变化不断求索。问题与挑战的存在必然要求高校立德树人根本任务实现加紧推进内部的知识化,同时,其自身就存在对知识化的诉求。从前所述,社会主义核心价值观是一种知识,知识本身就存在增益性的诉求,在理论解释的过程中,不断完善、充实自身。而为了达致社会主义核心价值观的培育、践行与社会主义核心价值观教育的实现,知识的增益性在其间发挥至关重要的作用。

(三)知识分析需要注意的问题

高校立德树人根本任务实现需要知识支持是一种事实现象,是客观需求,但是在知识化的过程中,需要注意把握尺度。常言道,过犹不及。按照学术的规范性要求,严格的学术话语中是不允许所谓的俗语当作理论依据的。但是,在这里,学术规范本身可以为"过犹不及"提供注解。在规范化的学术研究过程中,种种必要的条件对研究对象作出了规定,将之限定在一定范围内供人们讨论,而由此得出的结论仅在一定范围内适用。一旦超出一定范围,便会成为谬误。同理,如果研究对象没有得到相应条件的限定,那么学术研究就不成其为学术研究,其中暗合了"过犹不及"的理念。

在这里探讨"过犹不及"是为阐发高校立德树人根本任务实现知识分析的尺度把握做准备的。高校立德树人根本任务实现知识分析是过犹不及的,存在两种

---

① 钟明华、刘小龙:《论社会主义核心价值观整体性的发生逻辑》,载《社会主义核心价值观研究》2016年第2期。
② 吴俊、周嘉婧:《信念伦理及其当代中国社会的建构》,载《社会主义核心价值观研究》2016年第4期。
③ 张春芳:《论社会主义核心价值观乡土化及其构建途径》,载《东南学术》2011年第2期。

极端,一是宏大叙述,二是经验叙述。前者是指研究者考察高校立德树人根本任务实现的过程中,对生动的事实或者过程现象进行过度的抽析,失去与现实生活的必要联系,陷入纯粹话语范式,形成宏大的实在,诸如权力、激情、优美等。这对于高校立德树人根本任务实现而言,就失去了现实意义。后者指的是研究者在考察高校立德树人根本任务实现的过程中,囿于具体的现象,仅仅呈现事实的经验,而与知识化要求失之交臂,陷入经验漩涡不可自拔。不论是宏大叙述,还是经验叙述,都是不可取的,高校立德树人根本任务实现需要抓住问题的本质,即社会主义核心价值观教育的实现问题,围绕这个问题,克服外部知识支持的隔阂、内在知识化的阻滞,展开外部知识的勾连、内在知识化的构建。

三、构建高校立德树人根本任务实现知识体系

立德树人根本任务是一种知识存在物,其实现过程需要知识支持,凸显出立德树人根本任务及其实现是一种文化现象,更是知识社会的重要现象。上文指出,立德树人根本任务的实现过程会遭遇外部环境的隔阂、内在知识化阻滞等问题,而这些问题的解决需要厚实的知识基础支撑,那么,构建高校立德树人根本任务实现知识体系,便成为当前要务。

(一) 基础自信

目前,围绕立德树人根本任务的研究非常丰富,为实现问题提供了质料基础。但是,系统性、学术性的探讨比较欠缺,此类问题上文中已作探讨不再赘述,现在需要关注的是高校立德树人根本任务实现知识体系的构建,它是高校立德树人根本任务实现的生命基础。其必要性主要有三点:

一是自信来源。高校立德树人根本任务实现在具体的研究过程中往往陷入经验性的叙述,缺乏有深度的学理性探索,在与其他成熟学科对话的时候难免会底气不足。而坚实的高校立德树人根本任务实现知识体系不仅会吸引师生、说服师生,还会让师生感受到社会主义核心价值观的知识力量,为师生提供知识的专业自信。[1] 在学科上,根据目前的研究,立德树人根本任务尚未具备形成一门专门学科的基础,但是可以将之放到马克思主义理论学科中探讨,结合社会学、政治

---

[1] 孙其昂:《论知识体系作为思想政治教育专业的生命基础》,载《思想教育研究》2014年第8期。

学、心理学、哲学等学科,可以助力其学科自信的建立。

二是问题自明。目前,高校的社会主义核心价值观教育主要是在课堂和校园文化中完成的,但效果不是非常理想。究其深层原因,很大程度上是由于对问题阐发的澄明度不足造成的。模糊的宣传话语和教学话语使得部分学生忽视社会主义核心价值观作用,甚至使得部分工科教师将之理解为纯粹的国家意识形态宣传手段而轻视之。其中的最大问题在于高校立德树人根本任务实现的知识基础薄弱,许多问题得不到应有的澄明。

三是科学发展。在某种程度上,绝大部分的高校立德树人根本任务实现的研究是一种"应景性"的研究,而尚未进入真正意义的科学研究。而构建高校立德树人根本任务实现知识体系便是为了促动社会主义核心价值观研究系统化、知识化乃至科学化,力求以严密的逻辑、科学的话语、专业的思维关照社会主义核心价值观教育的实现。

(二)研究对象

研究对象的确立是实现立德树人根本任务"学校化""学生化"的基本前提,也是构建高校立德树人根本任务实现知识体系的第一要务,对于加强立德树人根本任务知识建设以形成稳定的基本认识有重要作用。高校立德树人根本任务实现问题的核心在于实现,在于社会主义核心价值观教育的实现。因而高校立德树人根本任务实现知识体系以高校立德树人根本任务实现过程(或者是实现社会主义核心价值观"学校化""学生化"过程,或者是社会主义核心价值观教育的实现过程)为研究对象。

这一研究对象可以分解为两个层面的问题:一是场域转化实现"学校化",二是对象区分实现"学生化",二者共同的要素是"内容"。高校立德树人根本任务实现主要围绕社会主义核心价值观这一内容展开,着力研究培育、践行社会主义核心价值观融入学校教育全过程,实现两个方面的变化。实现第一个层面的场域转化:通过一定主体的转译,将社会主义核心价值观转化为学校教育的内容,实现第一个层面的"学校化"。实现第二个层面的对象区分:通过一定主体的传播、教育,将学校教育的社会主义核心价值观内容转化为各个学段实施的内容,实现第二个层面的"学生化"。场域转化与对象区分是高校立德树人根本任务实现的同一个过程的两个方面,两者同时进行,不存在时间和空间的差异。

（三）研究论域

论域是人们把握事物的主观方式,将复杂的现象划分成为若干领域,以便进一步加深研究。高校立德树人根本任务实现知识体系是一个复杂的文化现象或者知识存在物,涉及诸多研究论域。在高校立德树人根本任务实现研究领域中,其讨论的问题具备较大的张力。从总体上看,主要集中于九大论域,并且每个论域都呈现出不同的特点。

第一,高校立德树人根本任务实现的基本原理。它主要指向的是高校立德树人根本任务实现的理论依据,包括第一章提及的高校意识形态安全理论、以人为本教育理念、内化与外化理论等。

第二,高校立德树人根本任务实现的基本路径。它主要指的是高校立德树人根本任务实现的场域转化、对象区分两条路径。

第三,高校立德树人根本任务实现的内部结构。它主要指的是高校内部即高校类型、高校组织、高校主体结构、高校社会生态与立德树人根本任务的关系。

第四,高校立德树人根本任务实现的外部结构。它从国家、中小学、社会三个层面论及立德树人根本任务的外部环境。

第五,高校立德树人根本任务实现的整合机制。它主要包括对目标、对象、阵地、活动、管理等层面的整合问题的研究。

第六,高校立德树人根本任务实现的工作机制研究。它主要包括对领导、管理、评估、激励、反馈等机制的研究。

第七,高校立德树人根本任务实现的载体体系。它主要包括对制度平台、事件仪式、符号礼节、网络新媒体等载体的研究。

第八,高校立德树人根本任务实现的保障体系。它主要包括对领导、管理、实施、环境、设施等方面的保障的研究。

第九,高校立德树人根本任务实现的科研基础。它指向的是高校立德树人根本任务实现的知识化、系统化、科学化的发展方向的研究。

上述九大论域是高校立德树人根本任务实现的主要研究领域,在一定程度上,为当下乃至未来的研究提供方向性启示。

第二节　高校立德树人根本任务实现的科研配合

诚如"沉默的螺旋"理论所言,当发现自己的意见占据"优势"时,他们便倾向于大胆表达自己的观点,反之,就屈从于环境的压力转向沉默或附和。[①] 对于高校立德树人根本任务实现而言,占据话语、理论"优势"不落入"沉默的螺旋"之中便是重中之重。在这里,我们就必须借助科研,通过科研的配合,避免或者克服"沉默的螺旋"。在前面提到过,立德树人根本任务是一种关于价值观念的知识存在物,高校立德树人根本任务实现是一项关于实现教育的知识性活动,无论是其对知识的需求,还是知识体系的构建,都表明了对自身以及周遭社会进行科学研究的诉求,更为直接的就是提出建立"核心价值观智库"的目标。

"核心价值观智库"是服务于高校立德树人根本任务实现活动的,是服务于社会主义核心价值观教育活动的实现的,是服务于每个个体对崇高价值观的需求的,是服务于社会整体文化环境的营造的,是服务于国家意识形态建设需求的。由此可见,为了能够顺利地构建"核心价值观智库",必须加强高校立德树人根本任务实现作为整体的存在与科研之间的相互配合关系。所谓科研,就是"人们有目的探索自然、社会和思维运动、发展规律的一种社会实践活动,它的成果一般是以知识形态的科学概念和原理表现出来的精神产品"[②]。为了能够清晰地呈现高校立德树人根本任务实现研究与科研之间相互配合的关系,我们选取了高校立德树人根本任务实现研究与科研活动的共同过程的三个方面,即科研项目、科研活动、科研成果,分层次检视高校立德树人根本任务实现的科研过程,进一步为"核心价值观智库"的打造提供思路。

一、科研项目

高校立德树人根本任务实现研究与科研的共同过程的第一个方面就是科研

[①] Elisabeth, Noelle‐Neumann. The Spiral of Silence A Theory of Public Opinion, *Journal of Communication*, 1974,24(2),pp.43-51.
[②] 刘文英:《哲学百科小辞典》,兰州:甘肃人民出版社1987年版,第443页。

立项。议题导向的课题研究又别于自主性研究。后者是研究者在一定的学术领域中围绕自己的学术兴趣展开的针对性研究,这是学术研究者的学术"生命线"。前者是研究者围绕政府或者社会机构设置的议题进行针对性的论证或者探索。依据目前的研究,高校立德树人根本任务实现的自主性研究相对较少,更多偏向于议题导向的课题研究。从这个角度考虑,科研立项就成为高校立德树人根本任务实现研究第一个要考虑的问题。

根本议题导向的课题研究的特质,可将目光聚焦于国家哲学社会科学基金项目、江苏省社会科学基金项目和江苏省高校哲学社会科学基金项目的课题指南以及立项情况。对于本书而言,有三点须作说明:首先,"社会主义核心价值观"一词是自2012年召开党的十八大以来流行开来的,曾以"社会主义核心价值体系"的形式出现,因而,为了最大限度地控制变量以实现客观分析,本书将所搜集的基金项目的时间框定于2010年至2019年。其次,国家哲学社会科学基金项目代表国家层面,江苏省社会科学基金项目代表地方层面,而江苏省高校哲学社会科学基金项目则特别回应高校这一前提性规定,本书希望通过国家、地方、高校三个层面考察在科研立项阶段上高校立德树人根本任务实现的基本情况。最后,国家哲学社会科学基金项目中包含了重点项目、一般项目、青年项目,在这里不作细分。

(一)国家重视

在科研立项中,国家层面对社会主义核心价值观的重视主要集中表现在国家哲学社会科学基金项目上。为什么它能反映国家对社会主义核心价值观的重视程度呢?根据《国家哲学社会科学基金项目管理办法》规定,其选题要以我国改革开放和社会主义现代化建设中的重大理论问题和实践问题作为主攻方向,积极探索有中国特色社会主义经济、政治、文化的发展规律,注重基础研究、新兴边缘交叉学科和跨学科综合研究,积极推进理论创新,支持具有重大价值的历史文化遗产的抢救和整理工作。可见,能够入选国家哲学社会科学基金项目课题指南或者得以立项的,理论上都属于国家重点关注、集中力量发展的领域。由此,笔者整理了2010年至2019年以社会主义核心价值观为主题的国家哲学社会科学基金项目的课题指南以及立项情况,得到了图8-1。

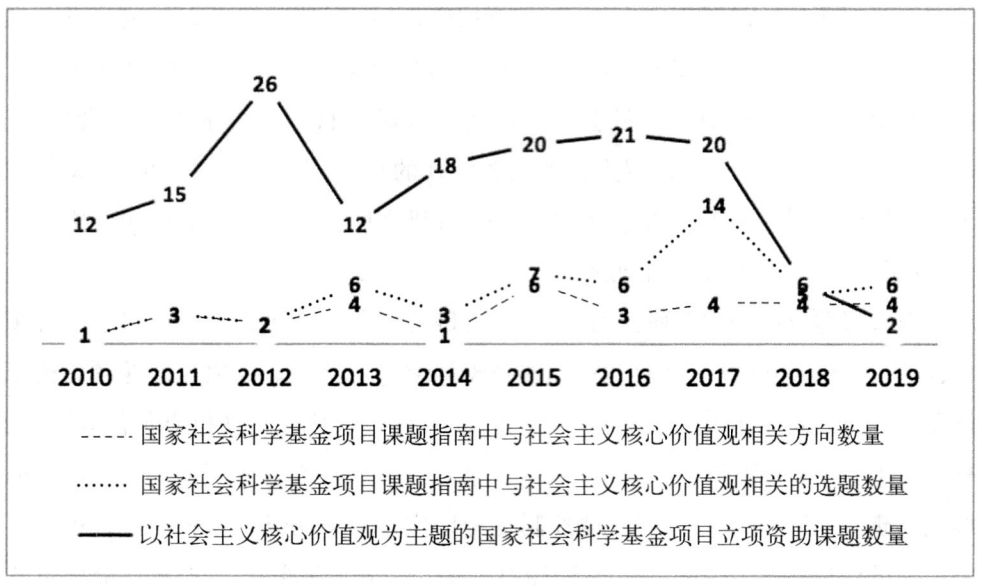

图8-1 以社会主义核心价值观为主题的国家哲学社会科学基金项目情况表(2010—2019)①

根据图8-1,从总体趋势上看,自2010年开始,国家对社会主义核心价值观的重视程度是呈现上升态势的,但是,到了2017年之后,开始呈现下降态势。首先,交叉学科研究逐渐成为热点。有趣的是,最早展开社会主义核心价值观交叉研究的是中国文学(《当代文学创作与社会主义核心价值观研究》),随后延伸至马克思主义·科学社会主义、哲学、新闻学与传播学、政治学、党史·党建、法学、体育学等领域。其中,马克思主义·科学社会主义是重点研究领域,对社会主义核心价值观展开了多方面的研究,具体内容在后面会提到。其次,议题设置逐渐呈现多元化。国家哲学社会科学基金项目中与社会主义核心价值观相关的选题非常丰富,其逻辑展开主要表现为围绕本体内容展开的多元化研究的方式。比如,"社会主义核心价值观研究""社会主义核心价值观的国际影响和意义研究""建设社会主义核心价值体系与培育社会主义核心价值观研究""培育和践行社会主义核心价值观研究""社会主义核心价值观的凝练研究""用社会主义核心价值观引领当代中国社会思潮研究""中国优秀传统文化与社会主义核心价值观辩证关系研究""中国共产党在全社会培育和践行社会主义核心价值观的历程和经验研究"

---

① 数据来源于全国哲学社会科学规划办公室官网。

"社会主义核心价值观传播研究""中国传统优秀文化与社会主义核心价值观的内在关联研究""红色文化与培育社会主义核心价值观研究""网民素养与社会主义核心价值观认同研究"等选题,其中,许多选题(过程实现、内容实现、关联实现)关照了社会主义核心价值观的实现问题,为本课题提供了一定的基础。再次,立项课题数量呈现增长趋势。在10年间,以社会主义核心价值观为主题的国家哲学社会科学基金项目立项资助课题数量从总体上讲是比较丰富的,最多的年份拥有立项课题26项。由此可知,国家对立德树人根本任务的关注还是比较高的,虽然没有明确指向高校立德树人根本任务实现问题,但是在很多选题中给出了预设或者暗示,这为"核心价值观智车"的打造提供了丰富的课题资源基础。

(二)地方重视

与国家哲学社会科学基金项目的全局性不同,江苏省社会科学基金项目偏向关注江苏省情、民情,对社会主义核心价值观的关注点除了对社会主义核心价值观本身的研究,还包括了社会主义核心价值观与江苏省情、民情的结合研究。这里整理了2010年至2019年以社会主义核心价值观为主题的江苏省社会科学基金项目的课题指南以及立项情况,得到了图8-2。

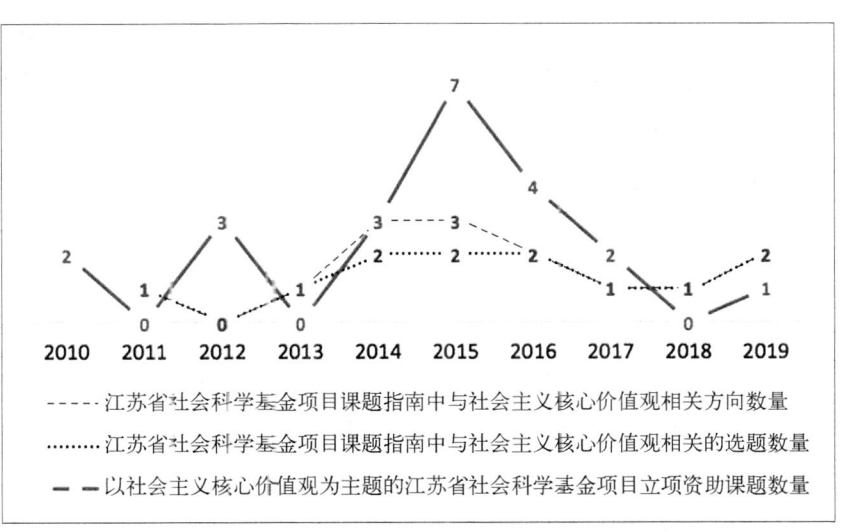

图8-2 以社会主义核心价值观为主题的江苏省社会科学基金项目情况表(2010—2019)[①]

---

① 数据来源于江苏社科规划网。

根据图8-2,总体上看,江苏省对社会主义核心价值观的关注度比较高,地方性特色鲜明。首先,多学科视角考察社会主义核心价值观的相关问题。在江苏省社会科学基金项目的课题指南中,涉及社会主义核心价值观的学科领域包括哲学、马克思主义·科学社会主义、体育学、教育学等,多学科的视角使得社会主义核心价值观相关问题的研究得到了深入探讨。其次,议题设置遵照规律。江苏省社会科学基金项目的议题设置以马克思主义和科学社会主义领域为主,凸显出马克思主义立场下的社会主义核心价值观研究。再次,地方性鲜明。地方性是地方层面充分发挥自主性关照社会主义核心价值观最佳方式,诸如"社会主义核心价值观区域特色研究""江苏红色文化与培育践行社会主义核心价值观研究"等指导选题便是最好的明证。更为具体的是,近年来,在立项课题中地方文化与社会主义核心价值观相结合的研究明显增加。比如,"江苏省农民培育践行社会主义核心价值观与乡村治理现代化研究""家风文化与社会主义核心价值观家庭培育机制研究""乡贤文化与农村社会主义核心价值观培育研究"等。最后,课题立项增长态势明显。以社会主义核心价值观为主题的江苏省社会科学基金项目立项资助课题数量增长明显。在2010年至2019年间,极差数值达到7,也反映出了每年的立项课题数量处于不断的变化之中。但是,到了2015年之后,江苏省对社会主义核心价值观关注程度呈现出下降的态势,这需要人们引起注意,应提升对社会主义核心价值观的研究强度和程度,这必将有利于打造适合江苏省情、民情的具有地方特色的"核心价值观智库"。

(三)教育管理部门(教育厅)重视

接下来分析与高校直接相关的地方教育管理部门(以江苏省教育厅为代表)层面对社会主义核心价值观的关注程度,本书整理了2012年至2019年江苏省教育厅发布的高校哲学社会科学基金资助项目立项情况,得到了图8-3。

根据图8-3,从总体趋势上看,以社会主义核心价值观为主题的江苏省高校哲学社会科学基金资助项目立项数量的增长态势强劲,但是,到了2016年之后,这种势头开始迅速减弱。具体表现在两个方面:一方面,2012年至2016年,立项课题数量逐年递增。2012年以社会主义核心价值观为主题的江苏省高校哲学社会科学基金资助项目仅有5项,过了4年后,急剧增长了5倍有余,这在高校哲学社会科学研究中是相对比较少见的。另一方面,立项课题内容日益多元。2012

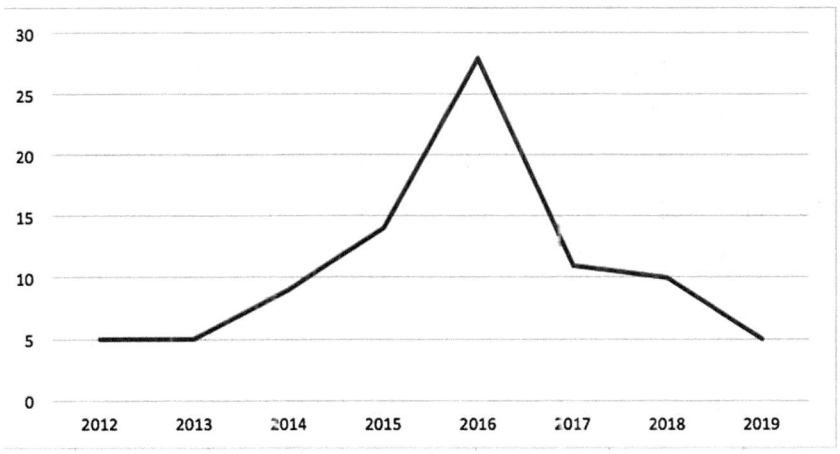

图 8-3 以社会主义核心价值观为主题的江苏省高校哲学社会科学基金资助项目立项情况表(2012—2019)①

年,立项课题的研究内容主要包括大众化、公民道德建设、新江苏精神建设、生活化教育模式、大学生群体思想等研究。到了 2016 年,除了一项重大项目("新四军文化的主导价值与社会主义核心价值观研究")得以立项以外,研究范围从社会转向高校、虚拟世界,研究对象从内容转向一定的主体(如大学生),研究视阈从一元转向多元等。此外,需要注意的一点是,教育厅对立德树人根本任务相关研究的投入力度非常大,尤其是资金投入。不过,到了 2016 年之后,受种种原因影响,教育厅对立德树人根本任务相关研究的关注力度开始下降。

从总体上看,从国家层面的国家哲学社会科学基金项目到地方层面的江苏省社会科学基金项目,再到江苏省教育厅的高校哲学社会科学基金项目,这些基金项目都非常关注立德树人根本任务相关的研究,投入了大量的资源支持立德树人根本任务的研究。高校立德树人根本任务实现研究与科研是科研立项的同一过程的两个方面,通过立项课题,打开高校立德树人根本任务实现研究的局面,为科研服务于高校立德树人根本任务实现提供条件。当然,科研立项服务于高校立德树人根本任务实现研究的程度还是不够的。第一,资金不足。高校立德树人根本任务实现研究是价值观实现研究,是对考察人的价值观的研究,而要了解人(如大

---

① 数据来源于江苏教育网。

学生)的价值观的问题,需要进行调研,没有足够的经费支持,是不足以支撑数千乃至数万样本的调查与分析的,因而需要进一步加大资金投入力度。第二,申报不足。在整理国家哲学社会科学基金项目、江苏省社会科学基金项目和高校哲学社会科学基金项目的数据时,可以发现,个别年份有相关的课题指南,却没有或者没有足够数量的相关立项课题,这可能是项目立项的"宁缺毋滥"引起的,因而需要加强相关课题申报的指导工作,提高申报质量。

二、科研活动

高校立德树人根本任务实现研究与科研的共同过程的第二个方面就是科研活动。在这里,科研活动是科研动态的集合体,包括学术活动、宣传教育、实践活动等。学术活动指向的是高校立德树人根本任务实现理论层面上的研究、探讨活动;宣传教育指向的是以社会主义核心价值观为核心的专项宣传、传播、推广的活动,这是学术活动走向实践活动的中介;实践活动指向的是社会主义核心价值观教育的实现活动,在高校中,就是"学校化""学生化"的活动过程。

(一)国家推动

在国家层面谈及高校立德树人根本任务实现的科研活动,更多偏向于对科研活动作出全局性的统筹安排与指导,为具体实行奠定基调。在中共中央办公厅印发的《关于培育和践行社会主义核心价值观的意见》中,提出培育和践行社会主义核心价值观,是推进中国特色社会主义伟大事业、实现中华民族伟大复兴中国梦的战略任务,为科研活动奠定了意义基础;提出培育和践行社会主义核心价值观要融入国民教育全过程,注重发挥具体的科研活动的作用,推动社会主义价值观教育的实现;在高层面提出要把培育和践行社会主义核心价值观落实到经济发展实践和社会治理中,将科研活动与社会实践结合起来以促进理论转化;科研活动不是零散性、任意性的活动,要建立健全培育和践行社会主义核心价值观的领导体制和工作机制,加强统筹协调,加强组织实施,加强督促落实,提高工作科学化水平。

(二)地方保障

江苏省作为教育大省,在社会主义核心价值观教育活动乃至实现的研究中,做了许多工作。首先,开展学术活动。最早由江苏省伦理学会和广东省伦理学会共同主办过"道德与幸福"学术研讨会。后来,江苏省青年研究会以"社会主义核心价值观与青年发展"为主题举办了学术研讨会,江苏省社科联组织开展了"优秀传统文化与社会主义核心价值观"系列学术讲座,江苏省社科联主办了"弘扬江苏优秀文化传统与培育践行社会主义核心价值观"学术沙龙等。上述丰富多彩的学术活动紧扣时代脉搏,从道德幸福、青年发展、传统文化等角度阐释了社会主义核心价值观,为社会主义核心价值观教育及其实现提供了新思路、新观点。其次,深化宣传教育。江苏省组织专家编写社会主义核心价值观通俗理论读本,把社会主义核心价值观纳入重点课题研究规划,组织社科界对社会主义核心价值观重大理论和实际问题进行研究阐释。最后,专注实践活动。实践活动是学术活动和宣传教育活动的落脚点,是社会主义核心价值观走向实践的节点。江苏省建立了培育和践行社会主义核心价值观领导小组,把社会主义核心价值观学习教育纳入各级党委(党组)中心组学习计划,纳入各级党委讲师团经常性宣讲内容,纳入各级各类干部教育培训机构教学计划。各级各类新闻媒体在公共场所、公共交通策划、制作、刊发刊播了大量社会主义核心价值观公益广告,还实施文艺精品工程,切实抓好"中国梦·我心中的梦""我们的价值观"等主题文艺创作。通过社会主义核心价值观的学术交流、宣传推介、具体践行,推动了立德树人根本任务的实现。从内容上讲,从理论、宣传、实践三个层面全面宣传、推广了社会主义核心价值观;从教育上讲,在社会中,通过广泛的推介、展示,社会主义核心价值观内化为人的思想;从实现上讲,在全省范围内建立了培育和践行社会主义核心价值观领导小组,形成了体系化的组织体系,实现了内容转化、内容区分。

(三)具体运行

江苏省教育厅与立德树人根本任务直接相关,高校立德树人根本任务实现成为其关注的重点。江苏省教育厅在自己的官网页面上设立了"教育专题",即"'践行社会主义核心价值观·凝聚江苏教育发展正能量'集中主题宣传活动"专题网站。该专题基本上囊括了江苏省各级教育系统开展的关于培育和践行社会主义核心价值观的活动。不过,这些活动基本上以学术活动、宣传教育、实践活动相互结合的形式呈现出来,因而,这里就不再进行区分。从层次来讲,不同层次的教育系统所开展的社会主义核心价值观活动是存在差异的。根据呈现的资料,可以发现,"985""211"院校开展的活动偏向实证研究,以研究的态度进行相关活动;其余本科院校开展的活动偏向教学研究,关注如何将社会主义核心价值观转化为教育内容;高职高专院校开展的活动关注具体践行,通过各种类型的活动引导学生践行社会主义核心价值观;地方教育系统开展的活动更为直接,直接与中小学课堂教学相关并进行少量的兴趣培养教育。这种层次之间的差异所带来的内容、教育、实现差异,具体原因在后面会得到进一步阐释。依据活动的考察,江苏省教育系统在教育厅的领导下,取得了显著的成绩,为高校立德树人根本任务实现的科学研究提供了大量的经验性的素材。存在的主要问题在于理论解释不足。高校立德树人根本任务实现是一项知识活动,更为直接地说,是过程性的实践活动,经验性的呈现是其常态,而对于"核心价值观智库"而言,这是不够的,必然需要科研的介入,加强对培育和践行社会主义核心价值观的具体活动进行深度解释,抽析出社会主义核心价值观培育和践行的理论框架,夯实社会主义核心价值观教育活动实现的理论基础。这就是本书想要竭力完成的任务。

三、科研成果

高校立德树人根本任务实现研究与科研的共同过程的第三个方面就是科研成果。科研成果是高校立德树人根本任务实现研究的成果,是科研成就的结晶。在这里,不再对经验层面的科研活动进行介绍,转而进入对理论层面的揭示。科研成果不仅停留于一系列学术论文、一本本学术著作,更多是内层理论的蕴积与突破。

(一)内容的研究

高校立德树人根本任务实现的内容研究主要指向的是社会主义核心价值观的研究,包括必要性、意义和科学内涵等内容的研究。首先,对于必要性的关注,学术界达成基本共识。"弘扬既能回应人们的现实需求,又符合历史发展潮流的新的核心价值观,为全面深化改革的事业凝聚共识,为实现中华民族伟大复兴中国梦注入道德精神的正能量,是当前文化建设和意识形态工作的重中之重。"[①]其次,对于意义的研究,主要集中于三个层面:一是以社会主义核心价值观为思想引

---

① 刘芳:《社会主义核心价值观研究述评》,载《北京行政学院学报》2015年第2期。

领,提升国家文化软实力。① 二是推进国家治理体系和治理能力现代化的需要。②三是弘扬社会主义核心价值观为实现中华民族伟大复兴的中国梦提供价值支撑。③ 最后,对科学内涵的关注,主要集中于三个方面:一是对国家、社会、公民个人三个层面中重点词汇的理解;二是对国家、社会、公民个人三个层面内容的内在逻辑关系的理解;三是对社会主义核心价值观思想内核的进一步提炼。前两者的研究是普遍意义上的解释路径,而第三个视角则是对社会主义价值观的深度突破。有研究者就此认为,一个社会的核心价值观应该是"一种基于实践又高于实践的最高抽象意义上的哲学概括和哲学提升",还应该进一步提炼可以统领国家、社会、公民个人层面的"最高层次、哲学意义上的价值观"。④ 对社会主义核心价值观的高度抽析有两种:一是"集体主义"的内核。有研究者提出"三个倡导"是"互为前提、互相促进、和谐共生'的,是马克思、恩格斯关于个人只有在共同体中才能获得全面发展的论断的体现,因此社会主义核心价值观的价值"基础"是集体主义。⑤ 二是"公平正义"的内核。有研究者提出,"公平正义是反映中国特色社会主义制度性质的最根本的社会主义核心价值观"⑥。众多研究者对内容的探索,进一步厘清了高校立德树人根本任务实现内容,为深入进行教育乃至实现的研究提供了出发点。

(二) 教育的研究

内容的实现需要教育承载,社会主义核心价值观教育的研究是科研成果的第二个重要领域。社会主义核心价值观教育也就是社会主义核心价值观的培育和践行。对于社会主义核心价值观培育和践行问题的研究成果非常多,包括三个方面:首先,机制研究。社会主义核心价值观培育和践行的机制研究是学界研究的重点,有研究者比较系统地提出社会主义核心价值观培育和践行机制,包括协同联动机制、利益保障机制、制度保障机制、社会激励与约束机制、示范引领机制,从外推与内生角度分别对社会主义核心价值观培育和践行机制进行了细致深入的

---

① 《提高国家文化软实力要努力传播社会主义核心价值观》,载《光明日报》2014 年 7 月 23 日。
② 戴木才:《论国家倡导社会主义核心价值观的依据、意义和着力点》,载《教学与研究》2019 年第 1 期。
③ 马健永、费孛辉:《论社会主义核心价值观与中国梦的内在契合性》,载《学习论坛》2018 年第 3 期。
④ 戴木才:《积极培育和践行社会主义核心价值观》,载《思想政治工作研究》2014 年第 2 期。
⑤ 郝立新、沈江平:《培育和践行社会主义核心价值观需要关注的几个问题》,载《红旗文稿》2014 年第 9 期。
⑥ 韩震:《公正是社会主义核心价值追求》,载《中国特色社会主义研究》2014 年第 6 期。

探索。① 有研究者结合当代大学生自身思想特点和行为特征,建构了"完备的教育引导机制、实践养成机制、制度保障机制、环境优化机制和评价反馈机制"。② 其次,载体研究。对于载体,有研究者综合学术界的观点,指出"广播、电视媒体和网络新媒体"是思想宣传和主流价值观教育的重要载体和意识形态阵地,是推动社会主义核心价值观培育的重要载体。③ 最后,比较研究。社会主义核心价值观是思想政治教育学的重要研究领域,比较是思想政治教育学经常采用的研究方式,对于培育和践行社会主义核心价值观而言,比较是促进社会主义核心价值观研究的重要方式。比如,有研究者提出借鉴新加坡共同价值观教育经验,如开展富有成效的学校教育活动,创设良好的家庭教育环境,运用丰富多样的社会传播形式,完善国家法律引导机制。④

(三)实现的研究

高校立德树人根本任务实现研究是实现培育和践行社会主义核心价值观的"学校化""学生化"的过程研究,也是社会主义核心价值观教育的实现研究。对此,学术界的研究相对比较局限,基本上都是从机制的角度去理解。有研究者认为社会主义核心价值观教育的实现离不开需要激励机制、目标导向机制、主体能动机制以及创新驱动机制等有效机制的推动和保障。⑤ 有研究者围绕立德树人根本任务建立科学的工作机制,提出以高校立德树人根本任务实现为目标规范高校办学质量评价,以学生为中心优化配置教育资源,以立德树人为职业标准建立教师工作制度,以学生成长成才为中心构建学生教育管理服务体系,以大学社会功能充分释放为目的完善高校社会评价反馈机制。⑥ 有研究者通过理论创新与更新观念相结合、力量整合与完善机制相结合、物质建设与文化建设相结合、以人为本与主体激发相结合和师德建设与队伍建设相结合,实现高校立德树人根本任务。⑦ 由此可见,高校立德树人根本任务实现的研究空间非常广阔,现实需求也非常急迫。

---

① 李娟、王倩:《社会主义核心价值观培育机制浅析》,载《人民论坛》2013年第5期。
② 曾永平:《论大学生社会主义核心价值观培育机制的构建》,载《学校党建与思想教育》2018年第5期。
③ 金伟、李宗良:《十八大以来社会主义核心价值观培育研究综述》,载《思想理论教育导刊》2015年第11期。
④ 彭建国、周霞:《论新加坡共同价值观教育对我国社会主义核心价值观培育的启示》,载《思想教育研究》2014年第5期。
⑤ 李金杰、陈树文:《实现"立德树人"根本任务的有效机制研究》,载《思想教育研究》2013年第7期。
⑥ 谭秀森:《论高校立德树人根本任务的实现机制》,载《思想教育研究》2013年第11期。
⑦ 陈丹雄:《高校立德树人根本任务的实现困境及其破解》,载《高等农业教育》2014年第3期。

四、智库打造

高校立德树人根本任务实现研究与科研存在共同过程,两者之间需要相互配合,而从科研立项到科研活动再到科研成果,最终是要实现"核心价值观智库"的打造。"核心价值观智库"不是摆设,要求智库依据实际活动建立自我创生更新机制,与实际部门建立密切联系,健全上下流动互动机制,发挥真实、接地气的作用。而专业性就是"核心价值观智库"的关键。

(一)打造专业团队

资金、人才和团队建设是打造"核心价值观智库"的首要之务。首先,资金支持。"核心价值观智库"是顺应国家培育和践行社会主义核心价值观大趋势建立的,它贯穿于经济领域、政治领域、文化领域,是一项关乎社会主义建设全局的事业。因而,从国家到地方各级政府都加大了资金投入力度,设立专项建设资金,并对项目加以监督。其次,人才支持。"核心价值观智库"已经拥有潜在的人才资源库。目前,我国大部分高校基本上建立马克思主义学院,配备了思想政治理论课师资力量。而"核心价值观智库"的人才就可以兼职的方式引进高校。同时,思想政治教育学等相关专业培养已经为"核心价值观智库"提供了充实的人才储备。最后,团队建设。"核心价值观智库"需要通过凝聚高端智库人才、加强青年学术后备力量、推动智库人才交流,培养和打造高校和地方智库队伍。①

(二)明确专业分工

现代意义的"分"的思维是中国人所缺乏的,现代意义的合作意识②也是中国人所缺乏的,而"核心价值观智库"需要明确而又专业的分工,才能打造真正专业的、具备针对性的政策建议,以供政府决策。"核心价值观智库"起码可以分出"社会主义核心价值观研究子智库""社会主义核心价值观与传统文化子智库""社会主义核心价值观教育研究子智库""社会主义核心价值观教育实现研究子智库"等多个子智库。"核心价值观智库"不需要"大而全"而需要"小而精",如果能够为政

---

① 《发挥高校优势,打造新型智库》,中国教育新闻网,2014年3月24日,http://www.jyb.cn/talk/ftjb/201403/t20140324_575221.html。
② 在江苏省社区发展研究会2019年年会上,时任南京大学社会发展学院副院长陈友华教授在会议主旨发言中分析认为,推进国家治理体系现代化需要合作意识,但中国人及中国文化缺乏合作传统,这需要在国家治理体系和治理能力现代化过程中引起重视。

府提供专业化、专门化的政策建议,那么,它的功能就实现了。

（三）建立专业运作模式

"核心价值观智库"作为新兴的智库,虽然底子相较于同类智库要薄弱,但是其有一定优势,它在建立之初就可以设计科学、专业的运作模式。首先,"核心价值观智库"要建设新型智库机构体系。从国家的智库总部到结合地方特色（设立在地方）的分智库,全国范围内建立了完整的机构体系。其次,"核心价值观智库"要创新组织管理模式。机构与机构之间既不要过于分散,也不要过于集中。再次,"核心价值观智库"要建立常规运营模式。要密切跟踪重大决策,要加强理论联系实际,要建立与需求对接的新模式。最后,"核心价值观智库"要拓展成果应用渠道。"核心价值观智库"不仅要满足政府决策的需要,还要面向高校、研究机构、中小学教育系统等,满足他们的需求。

第三节 高校立德树人根本任务实现与科研互动

知识是不断增益的,立德树人根本任务作为一种知识存在物,其本身必定是不断丰富发展的。那么,高校立德树人根本任务实现是一项知识活动,其必然也是处在不断变化发展的过程之中。同时,高校立德树人根本任务实现研究与科研是相互配合的,两者在科研立项、科研活动、科研成果中经历共同的发展过程,借此打造"核心价值观智库"。由此可知,为了明晰社会主义核心价值观教育实现的相关问题,为了促进高校立德树人根本任务实现研究与科研的相互配合,为了有力地推动"核心价值观智库"的繁荣发展,必须以多元化的视角考察高校立德树人根本任务实现与科研之间的互动状况。

一、持续变迁的高校立德树人根本任务实现状况与科研的互动

不断变化的高校立德树人根本任务实现状况,是高校立德树人根本任务实现的状态之一。理论的发展是永无止境的,实践的发展也是永无止境的,理论与实践一直处于不断变化中。高校立德树人根本任务实现研究的过程是理论与实践相互结合、相互推动的过程,不断变化的高校立德树人根本任务实现状况与科研保持的互动状态,促进了高校立德树人根本任务实现研究的跃迁式发展。在这里,首先需要明确的是,为了分析方便,本书将研究范围限定在高校,这也符合本

书的研究目标,发生变化的对象是社会主义核心价值观转化为学校教育内容的状况的变化(即"学校化"的变化)与社会主义核心价值观内化为大学生思想状况的变化(即"学生化"的变化)。

(一)事实层面的变化

高校立德树人根本任务实现作为理论与实践相互结合的存在,能在现实生活中找到对应的事实与活动。

首先,不同时期"学校化"发生变化。党的十八大把立德树人作为教育根本任务,要求培养德智体美全面发展的社会主义建设者和接班人。可见,立德树人被提到了很高的高度,许多"思想政治理论课"教师将之初步纳入自己的课堂之中,但是尚未经过翔实论证实现静态化。经过几年的发展,2014年,教育部发布了《关于全面深化课程改革落实立德树人根本任务的意见》,将立德树人根本任务的实现纳入高校和中小学的课程改革中,要求充分认识全面深化课程改革、落实立德树人根本任务的重要性和紧迫性,准确把握全面深化课程改革的总体要求,着力推进关键领域和主要环节改革,切实加强课程改革的组织保障。① 2019年,中共中央办公厅、国务院办公厅印发了《关于深化新时代学校思想政治理论课改革创新的若干意见》,对立德树人根本任务实现的关键课程——思想政治理论课,确定了改革创新的方向,规划了改革创新的图景。在这个过程中,立德树人根本任务融入学校教育全过程得到了一定程度的实现。

其次,不同时期"学生化"发生变化。"90后"进入高校成为大学生恰好是立德树人被当作根本任务提出的时候,而"95后"甚至是"00后"大学生则是当前大学生群体的主要构成。"90后"与"95后""00后"之间正好可以成为比较的研究对象。"90后"大学生在校期间,社会主义核心价值观的宣传教育活动刚刚开始或者说是处于起步阶段,许多工作还未开展起来。而对于"95后""00后"大学生而言,情况又是另一番模样。现在,无论是在公共交通上,还是在公共场所中,又或是在新闻媒体上,铺天盖地的社会主义核心价值观宣传、推介,其内化的作用的程度、产生的效果相较于过去有过之而无不及。由此可知,高校立德树人根本任务实现状况一直在发生变化,其作用、效果愈加明显。

---

① 《教育部关于全面深化课程改革落实立德树人根本任务的意见》,中华人民共和国教育部网,2014年3月30日,http://www.moe.gov.cn/publicfiles/business/htmlfiles/moe/s7054/201404/xxgk_167226.html。

（二）理论层面的变化

从高校立德树人根本任务实现实践活动中抽象出来的理论是对高校立德树人根本任务实现的事实现象在理论层面上的反映和描述。在前面曾提及，当前大部分高校立德树人根本任务实现的相关研究尚处于经验总结的阶段，还未进入理论化的阶段。这是针对研究成果本身而言的，但是每一个研究成果都是研究者采用一种或者数种理论框架解释而得之的。从这个角度讲，现有的研究可以纳入理论层面的变化之中进行比较。在这里，理论层面的变化，最鲜明的是反映在理论解释框架的变化上。以社会主义核心价值观培育的代际问题为例，存在三种理论解释框架。一是以实证研究的方式，采取分层抽样的方式调研得到数据，通过数据的分析比较，得到比较结果。二是以理论演绎的形式，在高度抽象的语境下，综合诸多现象，经过严密的逻辑论证，抽析出背后的理论缘由，进行比较研究。三是以实证调研与逻辑演绎相结合的方式，兼取两家之长，以实证调研取得事实数据，以逻辑演绎论证问题与结论、现象与本质之间的紧密相关性。上述三种理论解释框架是共存的，但是在不同时期会存在谁主谁辅的问题。由此可知，高校立德树人根本任务实现研究范式发生持续变化，但不存在绝对性的优劣问题。

（三）哲学层面的观点

依据马克思的观点，自然界、人的世界都处在不断发生、发展、消亡、再发生、再发展、再消亡以至循环往复的过程。诚如"凡是想在理论的、一般的自然科学中有所成就的人，都不应该像大多数研究者那样把自然现象看成一成不变的量，而应该看成变化的、流动的量"[1]。高校立德树人根本任务实现研究的过程是不断变化的过程，科研的活动也需要随之调整，要进行适应社会主义核心价值观教育实现状况的研究。又如，"当我们通过思维来考察自然界和人类历史或我们自己的精神活动的时候，首先呈现在我们眼前的，是一幅由种种联系和相互作用无穷无尽地交织起来的画面，其中没有任何东西是不动的和不变的，而是一切都在运动、变化、生成和消逝。"[2]由此可见，在分析精神性的活动的过程中，不能忽视首先呈现在我们面前的社会的相互联系。在高校立德树人根本任务实现与科研的互动中，不能仅仅考虑高校立德树人根本任务实现中内容、教育、实现的研究，还要考

---
[1]《马克思恩格斯全集》第22卷，北京：人民出版社1965年版，第364页。
[2]《马克思恩格斯文集》第3卷，北京：人民出版社2009年版，第538页。

虑科研的条件因素,更要考虑整个社会大环境乃至历史性因素给高校立德树人根本任务实现"学校化""学生化"带来的种种变因。

二、不同类型高校立德树人根本任务实现情况与科研的互动

高校是研究者的聚集地,是科学研究的主要场所。但是在高校内部存在层次性的差异,在这里,根据主题需要,将高校分成五种类型,即"985""211"工程院校、其他公办本科院校、民办院校、高职高专院校、成人院校。不同类型的高校的功能定位、学科定位、服务方向、教育资源分布等存在显著的差异,其科研发展状况、组织能力也是不同的,而高校立德树人根本任务实现的研究的水平也就会出现差异。

(一)"985""211"工程院校

在强调建设"双一流"大学的方针影响下,"985""211"工程院校的提法已经有些过时了,但是,从总体上讲,国内高校层次格局没有发生根本性变化。因而本书依然沿用"985""211"工程院校。那么,"985""211"工程院校相较于其他院校,在高校立德树人根本任务实现研究与科研互动的情况有什么不同呢?在功能定位上,"985""211"工程院校偏向研究型院校,培养精英人才;在学科定位上,学科建设成为"985""211"工程院校的主要任务;在服务方向上,"985""211"工程院校服务于国家全局性的建设和地方建设;在教育资源的分布上,国家为"985""211"工程院校投入了大量的人力、物力支持其发展。从总体上讲,"985""211"工程院校的科研能力相较于其余高校要高,而强大的科研能力足以支持支撑学科的建设。在此类型的高校中,大部分建立了完整的马克思主义理论学科体系以及独立的思想政治理论课教学科研机构,存在立德树人根本任务研究的组织基础,只要学校重视,在科研组织、专业团队、经费支持的推动下,那么高校立德树人根本任务实现研究会在理论上将会得到很大的推进,为"核心价值观智库"的打造提供了专业性的基础。

(二)其他公办本科院校

在这里,其他本科院校的组成成分非常复杂,包括非"985""211"工程院校、三本院校、独立院校等。在功能定位上,以教学服务为主,提供教育服务、科学服务和经济服务。① 其中值得注意的是,近年来部分由高职高专升格为本科院校的高

---

① 徐绪卿:《浅论教学服务型大学的若干问题——兼论地方院校和民办高校的发展定位》,载《教育研究》2012年第2期。

校,偏向于应用型高校,是以本科教育为主体、以应用性人才培养为突出特征的一种新型高校。① 在学科定位上,其中部分高校有力量组织学科建设,但是三本院校、独立院校则更多偏向于教学、应用;在服务方向上,服务地方经济、文化建设是此类院校主要发展方向;在教育资源分布上,国家投入相较于"985""211"工程院校相对较少,以地方支持为主。此类院校中部分院校建立了相对比较完整的马克思主义理论学科体系以及依附于二级学院或者学校直属单位的思想政治理论课教学科研机构,对于高校立德树人根本任务实现研究有一定的推动,但是限于专业团队的缺乏,更多停留于经验层面,理论的推动后劲欠缺。

(三)民办高校

民办高校的组织主体是企业事业组织、社会团体及其他社会组织和公民个人,相较于公办类型的院校,其功能定位、学科定位、服务方向、教育资源分布等存在极大的差异。在功能定位上,江苏省拥有民办高校 26 所,其中以"教学应用型"和"职业技术型"高校为主,主要是为了培养技术型人才;在学科定位上,民办高校之内存在悬殊,少部分民办高校具备完善学科体系,具备较强的科研实力,而大多数民办高校学科体系相对单一,倾向于单一领域的科研实力的建设;在服务方向上,民办高校主要是为了服务一定区域内的社会建设或者满足企业的人才需求;在教学资源上,大多数民办高校与企业合作,拥有大量的实践基地,并依托实训基地开展实践教育,总体上民办高校的教育资源以市场为导向,波动比较大。对于高校立德树人根本任务实现的研究,总体上看,大多数民办高校弱于其余类型高校,而其内部也存在较大差异。

(四)高职高专院校

高职高专院校的自我定位非常明确,高职高专是有别于普通高等教育的另外一种类型教育,时任教育部高教司司长张尧学曾明确提出,"高职人才的培养应走实用型的路子,而不是按照'学术型'人才培养。高职教育就是让学生在接受较完整的高等教育的同时,具备较高超的职业技能。"②由此可见,在功能定位上,高职高专院校以培养高素质的实用型人才为主,它关注专业技术的发展过程,而不注重学科的发展;在服务方向上,此类院校坚持为地方社会经济发展服务中赢得政

---

① 吴晓义、唐晓鸣:《应用型本科高校的发展定位、指导思想与校本特色》,载《高教探索》2008 年第 4 期。
② 张尧学:《正确定位促进高职高专教育健康发展》,载《中国高等教育》2002 年第 1 期。

府和社会的支持,为社会发展培养一大批技术型人才;在教育资源的分布上,高职高专区别于本科院校,它们除了争得政府支持以外,还依靠产学研补充政府投入的不足。高职高专院校也是社会主义核心价值观教育的重要主体部分,但是停留于教学层面的教育,而很少深入到研究层面,可以为高校立德树人根本任务实现研究提供经验性素材但不能从真正意义上推进其研究发展。

（五）成人院校

成人教育是我国高等教育的重要补充,它不仅是一种学历补偿,还是给予学员就职、创业本领、培养高素质、高层次应用型、技能型人才的主要渠道,成人院校的设立是提高全民族科学文化水平的重要措施,关乎国运民生。在功能定位上,成人高校的直接目的是满足职业需求,是继续教育、终身教育的模式之一;在服务方向上,在处理好工学交替矛盾的基础上,以短周期培训、快速见效的方式,开展各种形式的教育与培训,满足人们对学历教育和岗位技能的需求;在教育资源的分布上,成人院校的教育资源相对比较欠缺。成人院校是链接高校与社会的重要纽带,打开了高校与社会交叉界面中群体的高校立德树人根本任务实现状况研究的门户,但仅仅能提供研究对象,这对本身理论的研究推进是不够的。

三、不同主题的高校立德树人根本任务实现情势与科研的互动

高校立德树人根本任务实现的结构、整合、载体、工作机制、保障等主题的研究都归属于高校立德树人根本任务实现层面的内部化的研究。如前所述,对高校立德树人根本任务实现的内部结构、外部结构、整合方式、载体类型、工作机制、保障形式进行了多层次、宽领域、立体化的考察。但是,这毕竟是创生性的研究工作,进一步的科学研究有待进一步深入。在这里,在结构、整合、载体、机制、保障等主题内部化研究基础上,试图呈现出高校立德树人根本任务实现研究的科学化朝向。

（一）结构的科学研究

高校立德树人根本任务实现结构分为内部结构和外部结构。对于内部结构的研究,包括高校类型、高校组织、高校主体结构、高校社会生态等与立德树人根本任务之间的关系的研究。实质上,这属于对高校立德树人根本任务实现的内里结构的探索,而其注意的问题或者说在此基础上更进一步的突破口在于新环境带

来的新变化。2016年2月教育部印发了《教育部2016年工作要点》,要求加快世界一流大学和一流学科建设,国内高校开始了"双一流"建设大潮。在建设"双一流"大学的指导下,高校类型、组织、主体结构、社会生态等必然会发生变化,高校格局在一定程度上被打破,高校类型、组织更为多样,新的环境下个体、群体、组织主体产生变化、交叠,社会生态愈加复杂,尤其是教育市场化、虚拟化情况可能更为明显。在变更的大潮中,高校立德树人根本任务实现研究要将这些变化的因素作为重点内容纳入高校立德树人根本任务实现科学研究之中。同理,对于外部结构的研究,主要包括国家、中小学、社会三个层面内容的研究,同样要考虑变化的因素对其产生的影响。

(二)整合的科学研究

高校立德树人根本任务实现的整合分为目标、对象、阵地、活动、管理等五个层面的整合,要将整合的意蕴融入高校立德树人根本任务实现的过程之中。高校立德树人根本任务实现的整合是一项系统工程,需要实现内部的整合和外部的整合,需要实现过程的整合,需要实现整体性的整合。首先,内外部的整合。关于内部的整合:对于高校立德树人根本任务实现而言,高校限定了高校立德树人根本任务实现的研究范围,将对象集中于大学生,围绕着社会主义核心价值观教育研究实现问题。如此这般,就形成了有界限、有对象、有内容、有目的的内部整合。关于外部整合:高校之外的社会是高校立德树人根本任务实现整合的重要内容。大学生不是纯粹的高校内的人,他还是社会人,扮演着多重角色,由此,整合的时候必然要考虑其学生身份之外的身份及其社会、心理背景。其次,过程的整合。高校立德树人根本任务实现是一个过程性的存在,其研究就是对这一过程的理论审视,必然需要考虑过程前、过程中、过程后的因素,将之整合为一个存在内部差异性的统一体。最后,整体的整合。我们在前面提过,高校立德树人根本任务实现研究是整体性的存在。分,可以分为诸多因素的组合、构成;合,可以形成结构化的系统存在。由此,高校立德树人根本任务实现需要把握整合的诸多注意事项,达致高校立德树人根本任务实现与科研的整合互动。

(三)载体的科学研究

载体是高校立德树人根本任务实现的重要研究对象,高校立德树人根本任务实现的载体是多种多样的,包括平台载体、事件仪式载体、符号礼节载体、网络新媒体载体等。但是,关于载体的研究很容易出现理论经验化的趋向。这就是高校立德树人根本任务实现的科学研究需要注意的问题。我们认为可以从两个方面去避免。首先,从理论工具出发避免理论经验化呈现。载体的经验性描述也即以事实呈现的方式呈现高校立德树人根本任务实现载体,很大程度上是由于缺少恰当的理论工具,而借助结构功能主义、文化史考察等工具,从开端就可以科学化的视角、语言抽析事实现象。其次,从系统思维出发避免理论经验化呈现。高校立德树人根本任务实现的载体众多,不宜以枚举的方式列举载体,这是经验化的呈现方式,比较合适的方式就是以系统的形式呈现高校立德树人根本任务实现载体,系统性地回应社会主义核心价值观教育的实现。

(四)机制的科学研究

工作机制的研究,究其实质,是一种过程性的抽象考察。在高校中,在具体工作层面上,高校立德树人根本任务实现主要包括学校怎么做、学院如何贯彻、辅导员如何落实、学生怎么做等,这些往往都是以工作总结报告、经验建议的方式呈现出来,是一种经验性的呈现,还谈不上抽象意义的工作机制。而在现实的研究中,往往将之模糊化处理,时常出现经验对理论的僭越。由此,有必要对工作机制的研究进行规范化处理。工作机制是一个过程,需要完成闭合式的"回路"。从领导机制到管理机制到评估机制到激励机制到反馈机制,形成的是高校立德树人根本任务实现的完整的工作机制。从领导机制直到反馈机制,一出一回,恰好形成"回路",而科学研究就是在这个过程中实现的,是融入社会主义核心价值观的教育活动中去的,进入到社会主义核心价值观教育的实现中去的。

(五)保障的科学研究

保障是对高校立德树人根本任务实现的各方面的保障,包括领导、管理、实施、环境、设施等的保障。高校立德树人根本任务实现保障研究需要注意两个问题,一是力度,二是效度。首先,关于保障的力度。不论是领导保障,还是管理保障,它们都属于自上而下的支持与监督。不管环境保障,还是设施保障,它们都属于软件和硬件上的支持,而实施保障则属于过程性的保障,是保障高校立德树人根本任务实现的研究。其次,关于保障的效度。保障不仅需要力度层面的维持,还需要过程有效性的保持与目标效果的检验。不管是保障力度,还是保障效度,都是从本质上要求高校立德树人根本任务实现的保障研究的科学化。

立德树人根本任务是一种知识存在,其实现是一项知识活动。作为整体性存在的高校立德树人根本任务实现需要科研支持,为其提供知识上的支持。对高校立德树人根本任务实现的科研支持的目的便是要构建高校立德树人根本任务实现的科研体系。换言之,就是打造"核心价值观智库",为培育和践行社会主义核心价值观提供综合性、专业化、宽视野的智力支持。因而,高校立德树人根本任务实现研究就需要科研的全过程的配合,同时,需要从多元化的视角考察高校立德树人根本任务实现与科研的互动情况,为打造"核心价值观智库"指明道路方向。

第九章　高校立德树人根本任务实现的个案分析

江苏高校将培育和践行社会主义核心价值观付诸实践,普遍开展多种形式的探索,数年内提供了丰富多彩的案例,积累了丰富而值得学习和研究的经验,为深入持久开展立德树人根本任务实现提供了信心。2019年5月16日,江苏省教育大会在南京举行,省委书记娄勤俭提出,推进教育现代化,必须把立德树人作为首要任务,努力培养德智体美劳全面发展的社会主义建设者和接班人。江苏高校立德树人根本任务实现在队伍建设、课程改进、活动实践、校园文化建设、网络平台构建等方面均形成了大量值得深研的个案。

第一节　高校立德树人根本任务实现的队伍建设

一、管理队伍建设:以NH大学[①]"改革进行时之人才改革新机制"为例

(一)案例描述

1. 活动理念

2015年,国务院发布《统筹推进世界一流大学和一流学科建设总体方案》,启动"双一流"高校建设战略。其中,"211工程""优势学科创新平台"高校都被纳入了一流学科建设的队伍中。有关高校都在紧抓契机,加快推进"双一流"建设,从

[①] 根据经验研究规范,大学名称作匿名处理。

师资队伍建设方面引进领军人才、着重优化培养。NH大学在相关部门的推动下也适时颁发了《关于加强高层次人才队伍建设的若干意见》,进一步解放思想、广开渠道、打破常规、创新发展,加快学校的高层次人才队伍建设。

2. 具体实施

(1) 出台相应的指导文件。NH大学根据学校提出的建设,在"四支队伍"的目标和学校师资队伍的"十三五"发展目标的指引下,学校出台了《师资引聘管理办法》《本校毕业生师资选留暂行办法》《〈博士后研究人员管理工作暂行规定〉补充规定》《专职科研人员聘用管理暂行办法》等文件,完成了部分优化增量的人才工作新机制设计。

(2) 具体内容。NH大学打破"铁饭碗"制度,师资引进实施"非升即走",即新聘请的教师暂时采用不进入事业编制、预聘的制度,有利于激励教师的工作积极性。设置"绿色通道",灵活高效地引进优秀人才,为学校提升学校核心竞争力、灵活高效地延揽优秀人才提供了制度保障。增设专职科研人员,主要从事基础、应用研究及工程研发等工作,灵活地设置岗位。校企联动,将业界的高级专家引进校园,有助于学校的教学科研工作迈上一个新台阶。

(二) 案例分析

1. 注重教师队伍建设。NH大学十分重视教师队伍的建设水平,为了切实地提高教师队伍的实力,学校制定了"四支队伍"方案,即一支专任教师队伍、一支专职科研与博士后队伍、一支兼职企事业专家队伍、一支外籍教师队伍。同时,学校为引进的高端人才和青年拔尖人才单独提供岗位和资源,引进不设限制,在普通师资的补充上,设置严格标准,提高师资队伍的整体质量。

2. 政策针对性强。NH大学的人才引进根据学科现状和学科发展规划,实事求是、按不同层次人才的发展需求进行引进,具有极强的针对性。学校人事工作中"优化增量"部分的相关工作制度改革和设计基本完成,创建了学校高水平师资队伍建设的新局面。

3. 自主创新性强。NH大学为了提高学校国际竞争力和自主创新能力,明确要求在选留人才时需要有海外学术经历。通过这些政策的实施,学校不仅加大了对国家级高层次人才和优秀青年人才的培养力度,而且为满足新形势需要,不断推进新的岗位聘任及津贴方案。

二、教师队伍建设:以 KD 大学"用制度涵养师德"为例

(一)案例描述

1. 活动理念

教师是高校人才的培养者,也是高校社会主义核心价值观的示范者,教师的师德水平直接影响高校教学质量和学生素质的高低。KD 大学牢牢把握"立德树人"这一根本任务,师德建设被纳入培育和践行社会主义核心价值观的重要方面,并且学校全面推行"制度驱动、教育推动、实践联动、典型带动"四轮并驱的师德培育和提升计划,引导全校教师以坚定的理想信念导航职业生涯,以良好的道德情操教导英才。除此之外,KD 大学构建了一个立体化的体系,师德教育具备了严谨而科学的制度保障。

2. 具体实施

(1)"用制度涵养师德"。在社会主义市场经济的社会环境中,高校教师的师德建设面临一些困境,如教师重科研轻课堂、照本宣科不重视教学等,极大地影响课堂的教学质量。KD 大学针对当前师德建设的现状和困境,将师德建设提升到制度的高度进行审视并且形成了较为系统的师德制度体系。学校实行"教学信息员"制度,学生代表作为信息员,定期将任课教师的上课情况汇报给学校,学生的反映和意见甚至直接影响教师的评优、晋升等。"女教授与女学生结对子"也是其中一项制度,学院的女教授和女学生结成对子,这样老师能够更加清楚地了解学生的情感动态、学习和生活情况,能够针对学生的具体情况进行"因材施教"。

(2)"立德树人·最美教师"楷模评选。"十年树木,百年树人"。社会主义核心价值观为立德树人提供了价值依据和标准,也更加明确了新时期"德"的科学内涵,另外,教师的师德也能体现一所高校的校园精神和品格。KD 大学为了更深入地进行师德建设,还举行了教师楷模评选活动,进而发挥榜样的示范作用。学校倡导教师"立德树人,带头培育和践行社会主义核心价值观""满怀爱与责任"以及"学为人师,行为世范"。在这个过程中,KD 大学评选出若干优秀教师,其中,多名教师被授予"全国模范教师""全国优秀教师"和"全国教育系统职业道德建设标兵"等称号。这些榜样教师倾心于教书育人事业,践行立德树人的职业使命,更树立了学高为师、大爱无疆的师德形象。

(二)案例分析

1. 建构了制度性的师德体系。师德不仅关系高校教师队伍的形象,更是直接影响高校教师"教书育人"的质量。社会和校园环境的复杂化,导致高校师德建设难以达到预期的效果甚至不受重视,KD大学对当前师德建设的困境进行审视,一方面重视教师的业务水平,另一方面注重教师职业道德素质建设,从而形成了全方位的师德制度体系。

2. 注重师生的互动,切实践行师德建设。学生可以对教师说"不","教学信息员"及时向学校回馈教师的课堂情况,这虽然让老师感到压力,但在一定程度上能改变高校教师"重科研轻教学"现象。"力行计划"让教师走出校园并深入到单位挂职锻炼到企业开展调研、进行社会调查,这些实践方式让教师们更深刻地领悟到"艰苦奋斗、自强不息"的民族精神,并将这些精神融入自身的教学。

3. 发挥榜样教师的模范作用。榜样教师是高校教师队伍中的优秀代表,对典型模范事迹的宣传和教育,也能够影响教师思想政治教育的成效。其中的师德楷模,如"立德树人育桃李·传道授业甘为梯"化工学院陶有俊老师,"融爱于教·寄责于育"管理学院侯晓红老师等,都是通过推选、投票,最后才确认入选楷模名单。在此过程中,教师们的光辉事迹已经被学校教师和学生所熟知,师生不仅直接被事迹感染,而且会受其鼓舞、向其学习。这种光辉事迹、模范行为的影响,可以使教师更加有效地践行社会主义核心价值观和进行德育。

三、辅导员队伍建设:以NN大学"辅导员沙龙"系列活动为例

(一)案例描述

1. 活动理念

高校辅导员队伍是大学生思想政治教育和社会主义核心价值观教育的重要力量,辅导员队伍的专业化建设也在高校教师队伍建设中占有重要比例。NN大学以"为发展而工作,为幸福而生活"为理念,以"沙龙"为活动载体,通过专题培训、总结汇报、经验交流、团体辅导、素质拓展等形式展开"辅导员沙龙"系列活动,旨在不断提高辅导员队伍的职业素养和专业化水平。

2. 活动实施

NN大学自2012年第一次举办"辅导员沙龙"活动以来,7年间一直坚持举办

形式多样、主题内容丰富的系列活动。具体而言,主要有以下几种:

(1)继承传统文化,感悟民族艺术。传统文化是积极培育社会主义核心价值观的重要方面,在辅导员沙龙系列活动中,让辅导员队伍感受中华民族的传统文化成为学校十分关注的视角。在"中国传统文化之紫砂陶艺鉴赏"这一活动中,辅导员队伍主要从紫砂文化和紫砂陶艺制作两大部分来了解紫砂陶艺。在制作手工环节,辅导员队伍设计并亲手制作,从而体验中国传统文化紫砂陶艺的魅力。

(2)倡导团体辅导,注重经验交流。当今高校大学生个体多样、思想多元,这就要求辅导员队伍在进行大学生思想政治教育时,自身需要具备较高的理论素养和实践经验。在辅导员沙龙的团体辅导活动中,学校在介绍辅导员团体辅导理论知识的同时,更是注重让辅导员体验团体活动的重要性。团体辅导主要由疏泄情绪、情感共鸣、沟通信息、仿效行为、发展社交技巧和助人为乐等六个方面的影响机制组成,辅导员队伍多了解团体辅导的基本知识,分享工作体会和交流经验,有助于辅导员更加灵活地开展工作和进行学生的思想政治教育。

(3)培育辅导员工作精品项目,推广示范的项目。辅导员精品项目主要从辅导员平时的日常工作、开展学生工作以及辅导员培训课程中,注重凝练、总结工作经验,如"精细化的个体学业指导""学院学生组织建设""倡感恩之心、树德育之风、奏和谐之声——人文社会科学学院感恩节系列活动"成为辅导员精品项目的主题。这种辅导员沙龙活动能够积极引导辅导员队伍加强工作研究、深化实践成效、提升理论素养,从而更加清晰地审视自身的身份职责并不断总结、完善、提升,提高自身的职业能力和工作水平。

(二)案例分析

1. 针对性强,目标明确。高校辅导员队伍建设中存在一些难题,如辅导员的职业责任感培育、辅导员队伍较为年轻和缺乏工作经验等,是高校培育和践行社会主义核心价值观必须面临的挑战。NN大学贯彻和落实了"立德树人、勤学敦行"的指导思想,开展辅导员沙龙系列活动解决这些问题,具有较强的针对性。

2. 发挥了辅导员的主体性。高校社会主义核心价值观教育,需要辅导员队伍深入了解并主动贯彻和执行,换言之,需要调动辅导员队伍自身的主体性。NN大学开展的辅导员沙龙系列活动,形式灵活、活动主题多变,辅导员的参与度较大。

3. 增强辅导员队伍的自我认同。NN 大学让辅导员作为主体进行理论知识学习的同时,体验多重平台,自主思考疑难,主动交流讨论,不断丰富和完善自身的职业素养。在这种带入式情境中,辅导员的自主性被潜移默化地调动出来,促进了自我感悟和修养,促进了辅导员工作规范化、科学化,同时也促进了辅导员对自身职业的认同感。

四、学生骨干队伍建设:以 NS 大学团学、党员骨干培训班为例

（一）案例描述

1. 活动理念

高校是重要的青年教育和培育基地,承担着培养中国特色社会主义的合格建设者和可靠接班人的重要使命。高校学生干部是青年学生在高校教育和管理等工作中最直接的参与者、组织者和执行者,在很大程度上,学生干部扮演着为教师和同学服务的双重角色,又能在活动、服务中成长。NS 大学为了让学生干部科学地自我定位、有效地开展工作并处理好学习和生活的关系,通过开设团学和党员骨干培训班,让学生干部充分发挥自身的职能,产生"点亮一盏灯、照亮一大片"示范和榜样作用,从而进一步发挥团组织的育人作用。

2. 活动形式

（1）团学骨干培训班。NS 大学的团学骨干培训班为期三周,对新生团干部参与、引领基层团务、班务工作有着深刻的指导性作用。培训的环节主要围绕专家讲座、主题研讨、学习考察、交流研讨和结业典礼五个方面,旨在组织 2018 级新生干部深入学习党的十九大、团的十八大精神,强化荣誉感、责任感和使命感,增强奉献精神和服务意识,更好地服务广大学生和学校"双一流建设"。团中央领导和校领导主讲培训班专题讲座,如"团干部在国家和学校发展中的使命与担当""高效共青团改革的思考与举措"等专题,这些专题让团干部对高校共青团改革、学校的发展规划有了全新的认识和思考,并且激励团干部勇于责任担当,努力成为践行社会主义核心价值观的楷模。

（2）党员骨干培训班。NS 大学的党员培训班主要以"先锋党校""先锋训练营"的形式开办,分为若干期,有明确的开学和结业典礼,主要分为理论学习研讨、专题热点调研、素质拓展提升、基层实践锻炼和先锋岗位服务等板块。教学的内

容主要以"两学一做"、党章党规的学习以及习近平新时代中国特色社会主义思想的学习为主线,让青年党员不断提高自身的政治觉悟。另外,也有如"生命平衡论""成长,成长为更好的自己"等轻松趣味话题的讲座,让同学们学会树立目标并成为更加优秀的学生榜样。学生党员骨干培训的开展,旨在要求青年党员在学习、工作中,不断提高党性修养,做合格党员;不断发挥先锋引领作用,做先锋党员。

(二)案例分析

1. 定位准确,目的性较强。青年党员干部和共青团员是先进青年的典型代表,甚至是中国共产党党员的后备军。因此,高校的团学和党建活动,需要明确活动的政治方向,提高党员和共青团员的思想政治觉悟和道德情操。NS 大学通过团学和党员骨干培训班的学习方式帮助青年学生干部成长,这种方式贴近学生、贴近生活,关注学生的主体地位,让青年学生干部能够自觉在思想上接受党的洗礼,最终达到自我教育的效果,坚定理想信念,争取为中华民族的伟大复兴贡献自己的青春力量。

2. 活动形式多样,内容丰富。当代信息日新月异、个体价值多元,学生的思维非常活跃、思想动态表达网络途径较多,面对日趋现代化的校园文化环境,NS 大学结合学生的特色,举办的学生干部培训班也颇有创造性,不仅继承传统的专题讲座形式,还开创了具有创造性的活动,如素质拓展提升、社会实践锻炼等。这些活动打破传统较为"命令式"的方式,侧重从学生的角度开展较"接地气"的活动,注重学生干部自我个性的伸张。因此,活动的魅力促使更多的学生干部积极地参与并主动学习,使活动达到更为显著的效果。

3. 开拓思路,可发挥新媒体功能。学生骨干培训主要以专题讲座、交流会等形式为教育途径,没有较多地发挥网络新媒体的作用。新媒体具有虚拟的教学空间,既可以建立虚拟的团学和党员班级组织,还可以开拓专门的教育平台。一方面,网络平台可以发挥空间效应,给予足够的空间进行党团建工作和思想政治教育的宣传;另一方面,利用新媒体更容易迎合当代大学生的习惯和喜好,学校可以借用微信平台和微博话题互动等方式,积极与学生干部进行线上和线下交流,加强引导,增强活动的影响力和实效性。

第二节 高校立德树人根本任务实现的课程改革

一、思想政治理论课课程设置：以 XZ 学院"精品课程建设和教学模式改革"为例

（一）案例描述

1. 活动理念

高校思想政治理论课课程设置方案经历了三次变动，最近的一次是 2005 年中央政治局常委会根据新时期高校大学生思想政治教育面临的新情况而制定的"05 方案"。"05 方案"最重要的就是课程设置的改革，即将原来课程体系中的 7 门课程整合成了 5 门课程，分别是：思想道德修养与法律基础、中国近现代史纲要、马克思主义基本原理概论、毛泽东思想与中国特色社会主义理论体系概论、形势与政策。针对新一轮的课程设置方案，高校以及思想政治理论课教师都认识到实施新课程设置方案的重要性，其中 XZ 学院对于课程之间的内在联系、知识结构以及新型课程设置方案形成的新挑战都制定了一定的应对措施，并且取得了相应的成效。

2. 活动规划与实施

XZ 学院为进一步适应时代发展以及新的高校思想政治理论课课程设置方案的变化，在 2008 年开始推行学年学分制，2011 年试行完全学分制。在现行的人才培养方案中，全校各专业开设了通识教育选修课程、专业选修课程和跨专业选修课程。教务处在"分批立项建设通识教育选修课程""分学段解决各类学科现存问题"的基础上，还引入了 15 门网络精品课程，以拓宽学生的选修学习渠道，给予学生更多的选课学习机会。引入的网络精品课程涵括三大类，分别是"哲社类"，包括《西方哲学智慧》《美学原理》《学术基本要素》《中西文化与文学专题比较》《世界建筑史》；"自然科学类"，包括《魅力科学》《数学文焕》《从愚昧到科学——科学技术简史》《从爱因斯坦到霍金的宇宙》《化学与人生》；"艺术类"，包括《影视鉴赏》《音乐鉴赏》《美术概论》《书法鉴赏》《园林艺术概论》。这些课程是北京超星尔雅教育集团与北京大学、清华大学、南开大学和南京大学等国内著名高校的知名专家合作开发的优质资源课程。选课学生在登录学习平台之后，通过观看名师教授视频、在线完成作业、参与课程讨论等才能参与考试，最终完成所选课程的修读。

3. 活动成效与价值

网络课程的建设是XZ学院"精品课程建设与教学模式改革"的主要内容,也是全校"十二五教学质量工程"的重点打造项目。根据《全校2014—2015学年第一学期教学工作思路与要点》的工作部署,XZ学院也相应启动慕课建设和翻转课堂的教学实验,从每个专业中遴选3—5门核心课程进行慕课建设、试行翻转课堂等课程改革。XZ学院引入网络精品课程建设与教学改革的针对性尝试,不仅丰富了现有学校课程内容资源,提供了新颖的学习形式,拓宽了学生自主的学习时间与空间,并且也为其他高校推行相关课程开发与建设提供了一个很好的范例。

(二)案例分析

1. 响应号召,合理设置。高校思想政治理论课是大学生的必修课,是帮助大学生树立正确世界观、人生观、价值观的重要渠道。所以对高校思想政治理论课课程进行合理的设置和安排,就显得尤为重要。XZ学院及时响应新课程改革方案的号召,及时、有针对性地改革设置课程。XZ学院也始终把大学生思想政治理论课作为对学校办学质量和水平评估考核的重要指标。目前,XZ学院开设思想道德修养和法律基础、马克思主义基本原理概论、中国近现代史纲要、毛泽东思想和中国特色社会主义理论体系概论、形式与政策课程。

2. 结合时代,创新运用。在新的时代背景下,学校需要充分调研,遵循时代发展的特点,配备基本的教学设备,教师要学会运用相关的教学设备。XZ学院正式申请获批成为国家精品开放课程"爱课程"校园端试点应用单位,申请加入了中国高等教育的慕课平台,共享丰富的网络教学资源。XZ学院的教学设备非常齐全,全部具备多媒体教学的条件,其中部分教师可以进行网络教学。

3. 注重践行,尊重主体。就高校而言,学校、教师以及学生之间的交谈、互动和开放的交流方式逐渐趋于平等,学校要充分尊重学生的主体地位,从以学生为本的角度出发,调整设置思想政治理论课程。高校作为培育社会主义接班人的主要阵地,必须倡导、培育和践行社会主义核心价值观,而社会主义核心价值观必须是学生主动积极接受的,这样才能最大限度地调动学生对于社会主义核心价值观的践行力。所以高校对于思想政治理论课程的设置必须注重学生的主体性发挥,关注学生,了解学生,定制合理的课程。XZ学院对于新型的慕课和翻转课堂的运用充分体现了对于学生主体性的尊重。

二、思想政治理论课教材：以 NJ 大学"悦读经典计划"为例

（一）情况概述

1. 总体描述

思想政治理论课教材是联结课程与教学之间的纽带，也是保证思想政治理论课教育教学质量的关键性环节和基础性工作。思想政治教育理论课教材作为高校学生可以直接接触到立德树人有关的实物载体，对于教材的编写和把握显得尤为重要。"05 方案"规定全国使用同一种教材，高校理解并讲授这些教材。为进一步响应"05 方案"的号召，教育部社科司在 2013 年发布了 127 号文件《关于高校思想政治理论课 2013 年修订版教材和教学大纲使用的通知》，通知中指明了高校思想政治理论课在 2013 年使用根据中宣部和教育部安排的修订版教材和教学大纲，所以目前江苏高校使用的教材都是 2013 年及后续修订版的教材和教学大纲。本科生统一使用由高等教育出版社出版的《思想道德修养与法律基础》《中国近代史纲要》《马克思主义基本原理概论》《毛泽东思想和中国特色社会主义理论体系概论》。

2. 具体实施

（1）NJ 大学创立了《经典书目读本》，《经典书目读本》是 NJ 大学开设的"悦读经典计划"主题下的课程教材。《经典书目读本》入选的书目包括《唐诗选》《红楼梦》《呐喊·彷徨》《中国文学欣赏举隅》《世说新语校笺》等。对于这些读本的学习已经列入了课程体系之中，60 本经典分成 2 册读本，由 60 名导读教师带领学生一起研读经典，进行 60 个虚拟课堂教学，最终占通识教育课程的 2—4 个学分。对于《经典书目读本》的学习分为"研读、导读、悦读"三个模块，紧扣"经典"开展多方面、多层次的探讨，而在研读经典的过程中则可以弘扬中华民族优秀的传统文化，品味到传统文化中个人品德修养的内涵和风韵，进一步对自己个人品德的形成产生潜移默化的影响。

（2）NJ 大学马克思主义学院的思想政治理论课包括了理论课教材和实践课教材，理论课教材的学习占了一部分学分，实践课教材的学习占了另外一部分的学分。实践课教材的编写由 NJ 大学马克思主义学院的相关研究专家编写而成，这部分教材由该校出版社出版。思想政治理论课实践教材的出版，是对于思想政治理论课相关教材的有益补充，思想政治理论课实践教材的出版为学生行为塑造了一定的衡量标准。实践教材做到了理论与实践的完美结合，运用合理则可以成

为高校学生将思想转化为行动的指南。

(二)活动分析

1. 谨慎编撰,合理针对。教材是重要的教育教学因素,它既是教师传授知识的依据,也是学生学习知识的主要载体,同时也是提高学生的科学素质、实现教学目标的先决条件。正是对于教材的重视,国家才召集社会各界的专家对于思想政治理论课程相关教材进行编撰。由于青年学生的特殊性,为了让他们能够更准确快速科学地践行社会主义核心价值观,必须通过一定经典文本的阅读积累。高校想要将"立德树人"的根本任务顺利进行下去,必须抓住教材这一阵地,必须有针对性地编写相关社会主义核心价值观的内容。

2. 避免重复,注重衔接。思想政治理论课的内容主要包括中国特色社会主义理论体系、理想信念教育、爱国主义教育与集体主义教育、职业道德教育、优良传统教育、法制教育、审美教育等方面的理论知识。这些内容与中学的政治课程存在一定程度的重复和重叠。思想政治理论课的部分内容在中学的政治课当中已有所表述,教师必须对教学内容进行筛选,避免重复,保持教学内容的新颖性。NJ大学的《经典书目读本》中都是学生以前读过的文本,但是在此基础上增加了内容解读的梯度,并非一般意义上的重复。

3. 注重形式,灵活运用。内容必须通过一定的形式表现出来,恰当的形式可以使学生对于学习内容的理解起到事半功倍的效果,所以教材在形式上应该更加灵活多样。NJ大学的"悦读经典计划"已经建立形成由名师团队领衔、涵盖"文学与艺术""历史与文明""哲学与宗教""经济与社会""自然与生命""全球化与领导力"等六大单元的"经典研读课",广泛采用了"课前主题阅读＋课内导师组研讨＋学习组讨论"的小班研讨形式。其中每一模块的内容都具有一个针对性的主题,教材内容与这一主题相关。采用这种形式可以让大学生真切感受到思想道德教育的实在性和实用性,打破了以往教材的呆板枯燥的印象。

4. 把握时代,适当增补。虽然各本科院校与高职院校使用的是同一教材,都是由教育部统一编写的,但是时代的变化要求教师要根据不同高校的办学特点和生源特点,防止将思想政治理论课变成空洞的说教。这需要对教材进行及时有益的增补和拓展,内容包括:一是党的重要方针和政策,二是国家调整的重要方针、政策,三是国际国内的焦点问题。

三、思想政治理论课教学科研：以 NT 大学"中特基地构筑理论工作高端平台"为例

（一）案例描述

1. 活动理念

科研与教学是高校的两个核心任务，科研与教学也顺理成章地成为高校热议的话题之一。参与科研活动可以使高校教师关注学术前沿，促使其在自己的研究领域深钻下去，掌握科技文化的发展动向。因此，做好科研是讲好课的基础。新时期包括江苏省在内的各个高校都加强自身科研能力的建设，做到以科研促进课堂，用课堂带动科研。NT 大学以优异成绩跻身全省首批 15 家"中国特色社会主义理论体系研究基地"（简称"中特基地"）行列。NT 大学的中特基地正是该学校科研能力的体现。

2. 活动规划与实施

NT 大学中特基地按照中央和省委推进理论工作"四大平台"建设总部署，贯彻中国特色新型智库建设总要求，工作特色与成效明显。基地聘请中共中央党史研究室原副主任、中央马工程咨委李忠杰教授担任学术委员会主任，聘请中国社科院世界历史研究所原所长、中央马工程首席专家于沛担任学术委员会顾问。基地研究习近平总书记"四个全面"战略思想，参加撰写"四个全面"战略布局研究丛书（总论卷）。基地副主任成长春领衔申报省委宣传部 2015 年度省社科基金特别委托项目"新时期高校意识形态工作领导权研究"，获得 12 万元立项资助。中特基地成立常设运行机构"NT 大学中国特色社会主义理论体系研究中心"，制定中长期发展规划和年度计划，成功申报校内协同创新中心并获 10 万元立项资助。基地每年投入专项经费 20 万元，拥有 30 名核心成员，仅 2015 年就获得 21 项各级别项目，出版论著 5 部，发表论文 26 篇。基地内的 4 名研究人员还应邀参加 2015 年 7 月求是杂志社和中共江苏省委共同举办的"四个全面"战略思想理论研讨会。

3. 活动成效与价值

研究基地是人才汇集、学科引领、团队协作、成果产出的示范性平台。中特基地作为一项科研实践基地，在专业人员的努力下，以省内一流、国内领先的研究阵地为目标，伴随着成果的多产多出，不仅仅为新时期江苏省思想理论建设和理论

工作"四大平台"建设作出突出贡献,而且参与人员应该将他们的研究成果带进课堂,进一步丰富教学内容,增加学生对科研新成果的了解。

(二)案例分析

1. 运用多媒体,改进教学手段。在教学过程中首先需要改善教学方法和手段,灵活运用师生问答、案例分析、主题演讲、行动体验等教学方法。另外,教学手段正在向多媒体与网络化相结合的方向转变。多媒体教学手段以视频、动画、图片等信息资源为媒介,将教学内容以学生喜闻乐见的形式展现出来,使学生更易于理解和消化,提升教学效果。NT大学中特基地的"四个全面战略布局研究"科研项目完成后,在教学过程中讲到相关内容时,可以将科研项目取得的成果拿过来用,而在进一步教学过程中,教师还可以发现以前没有发现的问题。

2. 利用好课堂,形成教学成果。课堂教学是教育教学中普遍使用的一种手段,它是教师向学生传授知识和技能的过程,教学成果只有源于课堂教学又用于课堂教学,才是最好的成果转化。高校思想政治理论课堂是立德树人的主渠道。教师在课堂教学中必须运用恰当的语言和方法将社会主义核心价值观的内容传播给学生,同时要保证学生能够领会社会主义核心价值观的精神,并将其自觉转化为自己的行动。

3. 扎实做学术,钻出科研成果。高校教师要想教学效果好,必须重视科研,科研和教学是带动高校发展的两辆并驾齐驱的马车,缺一不可。通常来说,科研课题是从教学过程中发现的问题中凝练的。在经过课程设计或者毕业设计的初步研究后进行立项、深入研究,然后将研究成果带回课堂,以达到更新教学内容、提升教学效果的目的。普通的高校教师如何获得深厚的专业功力并保持与时俱进,答案只有一个:扎扎实实做学术、搞科研。NT大学中特基地是一个立足于搞科研、做学术的基地,关注当前学术的前沿问题,并形成了一系列理论成果。

四、思想政治理论课实践:以HH大学暑期社会实践"送文化下乡"为例

(一)案例描述

1. 活动理念

思想政治理论课是"融思想性、政治性、知识性、综合性和实践性于一体的课程"。思想政治理论课不仅要向学生传播正确的理论观点,更要"引导学生身体力

行,努力实践,做到知行统一"。思想政治理论课的实践包括三个方面:课堂实践、校内实践以及校外实践。HH大学的暑期社会实践"送文化下乡"通过深入社会、走基层,更深入地了解社会发展,以提高学生的综合素质,培养学生的创新精神和实践能力,从而为学生将来走出校门打下坚实的基础。

2. 活动规划与实施

HH大学大学生艺术团32名成员组成大学生暑期"送文艺下乡"实践团,先后深入江苏省宿迁市宿城区项里街道、泗洪县车门乡朱庄村、南京溧水经济开发区和南京市高淳区,为当地群众送去"琴弦波动心灵,艺术点亮基层"专场音乐会。音乐会上,实践团演绎了多首中外经典曲目,包括弦乐合奏《G大调弦乐小夜曲》《春天》《走西口》,小提琴独奏《花儿为什么这样红》,二胡独奏《新赛马》,打击乐《鼓动神州》,竹笛独奏《春到湘江》,古筝齐奏《战台风》,小提琴与舞蹈《梁祝》等,现场展示了艺术的感染力,也让观众充分领略了音乐的魅力和生命力。每场演出结束时,全体演出团队成员共同演唱《HH大学校歌》,传播HH文化,展现HH精神。文化下乡期间,实践团师生还为当地儿童带来艺术课堂,现场演示、教授音乐舞蹈等,讲解基础乐理知识,普及艺术常识,体验不同乐器的演奏技巧。

3. 活动成效与价值

HH大学的文艺演出受到当地群众的热烈欢迎,观众累计达三千人。文艺作为一种特殊的意识形态、精神生产形态,它能够以独特的形式、形象、意境感染人、影响人、塑造人,它能够在潜移默化中陶冶情操,提升精神境界,提高全民的思想道德素质。文艺蕴含着丰富的思想政治教育实质与内容,能够承载社会主义核心价值观教育的功能,并以一种隐性教育的方式增强教育的有效性。这次送文化下乡活动还让当地的孩子同台演出,激发了小朋友们对艺术的兴趣。这次活动是一次弘扬HH文化的旅程,也是一次让参与活动的学生自觉践行社会主义核心价值观的过程。

(二)案例分析

1. 创新实践理念。思想政治理论课实践的目的是提高大学生的综合素质,进而树立正确的人生观、世界观与价值观。因此,实践模式的创新是以理念创新为基础和前提的,不能为了创新而简单地增加实践。传统的实践模式更多是走出校门做一次访谈、填几份问卷,然而社会实践更多是需要大学生能够将在学校学习到的理论、学习到的蕴含社会主义核心价值观的理论通过自觉的行动不自觉地转化成对别人的影响。"送文艺下乡"实践团队通过文艺的形式宣扬了传统文化,实现了对当地居民的一次熏陶,并且用自己的行动感染了别人。

2. 丰富实践形式。课堂教学是对学生进行思想政治教育的基础环节,但理论要内化为感情、意志和行为还需要经过实践这一重要环节。按照"中央16号文件"精神指示,思想政治理论课要积极开展社会实践,"引导大学生走出校门,到基层去,到工农群众中去。"实践是提升思想政治理论课教学实效性的关键,HH大学每年都进行暑期社会实践活动,大量学生通过自由组队、自主选题的形式,在一定指导老师的带领下深入社会,并且在实践的过程中积极开发实践基地、创新实践方法,从而让学生在实践中验证理论,坚定理想信念,培养高尚人格。

3. 保证经费投入。大学生走出校门进行社会实践,需要有一个物质保障,所以高校要建立思想政治理论课实践教学专项经费,保证实践教学经费的合理使用,保证实践教学的持续发展。HH大学社会实践通过评定院级重点、校级重点等进行分别拨款,每一组实践团队都能够得到一定的经费支撑。有了经费的支撑,学生的社会实践便有了一定的经济保障。

4. 稳定实践基地。为了保证实践教学的规范化和长效化的发展,必须要保证校外实践基地的平稳发展,只有这样,思想政治理论课实践教学的场所、实践和内容才能有保证。因此高校要积极争取地方政府的帮助,充分利用地方资源,建立长久稳定的实践教学基地。HH大学"送文化下乡"的活动,得到了江苏省宿迁市宿城区项里街道、泗洪县车门乡朱庄村、南京溧水经济开发区和南京市高淳区等地方政府的大力支持。

第三节 高校立德树人根本任务实现的活动实践

一、专题讲座:以JZ学院"和大一同学说说心里话"活动为例

(一) 案例描述

1. 案例理念

大一生活是整个大学的开端,大一生活很大程度上决定了大学生是否在大学期间拥有美好、充实且充满意义的大学生活。作为一名刚入学的大学新生,大多数学生对自己的学习和生活充满疑惑,如对大学生活方式的不适应、不善于人际

交往、对自己专业的认知不足等。这些问题如果不能被及时地梳理和解决,将会极大地影响大一新生展开大学生活的进度和质量,并且容易产生心理矛盾与思想包袱。为了帮助大一学生合理地规划自己的大学生活,实现自己的理想和目标,JZ学院举行了"和大一同学说说心里话"活动。

2. 活动内容

(1) 勤奋学习,合理规划。大一新生很多时候都会感到迷茫,不知道该如何分配自己的时间,但是同学们要有一个大致的方向,使自己有一个比较明确的道路。学习永远是学生的主要任务,大一新生一开始就应该确立正确的学习态度,获真知、学本领,做一个勤奋拼搏、踏实肯干的人。考试不挂科,这是对一名大学生的基本要求。平时可以参加社团举办的活动,这些活动比较锻炼能力,但是不能过于沉迷,不要因为社团活动而荒废了自己的学业。

(2) 学会与人交流,学会自律。社会中的每一个人都生活在人际关系网中,每个人的成长和发展都依存于人际交往,大学生也生活在学校的交流圈当中。人际关系的好坏是一个人心理健康水平、社会适应能力的综合体现,大学生的人际交往更为复杂、广泛,独立性更强,更具社会性。因此,培养良好的人际社交能力,不仅是大学生活的需要,更是为了将来更好地适应社会。所以,大一新生一入学,要和室友处好关系、要和班级成员处好关系,在这个过程当中,不仅可以收获友谊和真情,更可以使自己在健康、愉快的社会环境中成长。

(二) 案例分析

1. "谈心法"深入德育。JZ学院举行的"和大一同学说说心里话"活动,以聊天、交流的形式展开,以真情实感地说"心里话"为主线,聊的话题十分活泼轻松,易于激发同学们的积极性和兴趣。"谈心"作为一种思想工作方法和一种教育手段,是思想政治教育者开展思想工作、德育的主要方式,并逐渐发展成为一门艺术和学问。

2. 一场生动的入学教育。大学新生入学教育是高等教育的首要环节,也是高校思想政治教育的重要环节。新生入学教育是大一学生迈向新的学习殿堂并接受的第一个教育环节,可以说是一场较为温和的入学教育活动,旨在让大一新生更好地了解大学生活、学习的特点,懂得专业及其发展方向,认识自我,了解成才途径。

3. 理论深入生活。"和大一同学说说心里话"活动以轻松愉悦的聊天方式为主线,老师在向同学们分享自己的经验和阅历基础上,为同学们解答疑惑,并给同学们学习和生活的建议,从而给大一新生帮助和指导。如"大学生应不应该谈恋爱"是大一学生入学应该思考的问题,在大学当中,如何展开自己的感情生活,应该以何种方式对待恋爱,这些都是同学们感兴趣但比较迷惑的地方。并且,老师通过了解学生的思想状态,可以更好地进行"三观"教育。

二、党团日活动:以 HH 大学"不忘初心、牢记使命"主题教育活动为例

(一)案例描述

1. 案例理念

"不忘初心、牢记使命"主题教育,是党的十九大作出的重大部署,是以习近平同志为核心的党中央统揽伟大斗争、伟大工程、伟大事业、伟大梦想作出的重大部署。2019 年是中华人民共和国成立 70 周年,在这个具有特殊历史意义的重要时间节点开展"不忘初心、牢记使命"主题教育,具有更加重大而深远的意义。HH 大学党委按照中央统一部署和教育部党组安排,认真学习《习近平关于"不忘初心、牢记使命"重要论述选编》等学习资料,校领导班子成员在暑期举行集中学习研讨、专题读书班,并开展了专项调研。教育部直属高校动员部署会后,学校召开党委常委会研究主题教育实施方案,成立主题教育领导小组及办公室,为开展好主题教育奠定了良好的思想基础、工作基础和舆论氛围。

2. 活动内容

(1)暑期专题读书班。学校举行领导干部"不忘初心、牢记使命"暑期专题读书班结班式暨校党委中心组集体学习,就高等教育的初心和使命、学校人才培养的核心目标进行深入细致的交流研讨。本次暑期专题读书班主题特色鲜明、内容安排丰富、学习研讨深入,大家通过提前学习、充分思考、凝心聚力,更加准确把握了教育"国之大计、党之大计"的战略定位,更加深刻理解了"培养社会主义建设者和接班人"的根本要求,为正式开展"不忘初心、牢记使命"主题教育做好了思想准备和理论"热身"。

(2)主题教育动员部署会。作为第二批参加主题教育的单位,HH 大学坚持高起点高标准组织开展好主题教育,校党委提前谋划,将主题教育列入学校年度工作重点,全面发放《习近平关于"不忘初心、牢记使命"重要论述选编》等学习资

料,要求党员干部先学一步、学深一步,并对学校开展好主题教育提出三点意见。一是要深刻领会主题教育重大意义,用习近平新时代中国特色社会主义思想统一思想和行动。二是要准确把握目标任务,高质量贯彻落实主题教育。三是要切实加强组织领导,确保主题教育取得实实在在的成效。

(3) 主题教育辅导报告会。为切实增强"不忘初心、牢记使命"主题教育集中学习研讨的针对性、实效性和感染力,HH大学举行主题教育首场报告会,邀请省内知名学者就学习《习近平新时代中国特色社会主义思想学习纲要》作辅导报告。王金水教授围绕"为何学、学什么、怎么学",紧紧抓住"不忘初心、牢记使命"这个主题、牢牢把握坚持和发展中国特色社会主义这个核心要义、深刻理解坚持党对一切工作的领导这个最鲜明的特征,就习近平新时代中国特色社会主义思想产生的时代背景、重大意义、科学体系和核心内容等进行了系统阐释和深入解读,对习近平新时代中国特色社会主义思想体现的理论品格、精神特质与实践担当进行了深入剖析和阐释。他提出参会人员要紧跟党的步伐,加强理论学习,深刻领悟和掌握习近平新时代中国特色社会主义思想所蕴含的科学思想方法和工作方法,更加自觉用这一思想指导解决实际问题。

(二) 案例分析

1. 领导起模范引领作用。对"不忘初心、牢记使命"主题教育的各种报告和讨论会,HH大学的校领导给予了极大的重视和支持,校领导班子成员在暑期举行集中学习研讨、专题读书班,并开展了专项调研,提出高质量贯彻落实工作要求,在中层以上领导班子和领导干部层面,学习教育要往深里走、心里走、实里走,调查研究要察实情、出实招、求实效,检视问题要有广度、有深度、有精度,整改落实要重点抓、持续抓、深入抓,成效总结要求实效、见成效、有长效。

2. 学习氛围浓厚。在学校领导层面,HH大学党员领导干部高度重视并多次带领各学院和全校师生学习和讨论"不忘初心、牢记使命"精神,并在基层党支部学习教育和检视整改层面,提出要抓好学习教育,组织自主学、开展培训学、加强研讨学、创新方式学,要认真检视整改,深入查摆整改,充分履职尽责。另外,为了使"不忘初心、牢记使命"主题教育活动得到更好的开展,"不忘初心、牢记使命"精神在校园文化中也得到极大的传播,从而使"不忘初心、牢记使命"扎根于学校的教育实践中。

3. 学习形式丰富,教育平台多样。HH大学在校园的新闻网站中专门开设了

"不忘初心、牢记使命"主题教育专栏,分别开设了"中央通知文件""先进典型""学习资料""活动要闻""工作简报""学校通知""院系动态"七项栏目,学习条目非常清晰、内容有层次感。并且,学校每周定期召开领导小组及办公室会议,组织编写"不忘初心、牢记使命"主题教育简报,编制"不忘初心、牢记使命"主题教育周报,开通"不忘初心、牢记使命"主题教育网站和微信微博专栏等。

三、重大事件纪念活动:以NL大学纪念五四运动100周年主题微团课大赛为例

(一)案例描述

1. 案例理念

习近平总书记在纪念五四运动100周年大会上的重要讲话中指出,五四运动,爆发于民族危难之际,是一场以先进青年知识分子为先锋、广大人民群众参加的彻底反帝反封建的伟大爱国革命运动,是一场中国人民为拯救民族危亡、捍卫民族尊严、凝聚民族力量而掀起的伟大社会革命运动,是一场传播新思想新文化新知识的伟大思想启蒙运动和新文化运动,以磅礴之力鼓动了中国人民和中华民族实现民族复兴的志向和信心。为了把组织引导广大青年深入学习宣传贯彻习近平新时代中国特色社会主义思想持续引向深入,2019年4月28日晚,在NL大学关工委、团委、马克思主义学院的共同组织下,该校团干部代表、学生骨干代表、学生社团代表及各学院200余团员青年在该校报告厅参加了"五四青年说"——NL大学纪念五四运动100周年主题微团课大赛。

2. 活动过程

(1)组建学习小组,开展学习活动。2019年1月,NL大学选拔了团干部代表、学生组织代表和十佳社团负责人代表共计50人,组建习近平新时代中国特色社会主义思想学习小组,开展为期一年的学习活动。学习活动分为导学、比学、讲学、践学、研学五个阶段,随着学习的不断深入,各小组将学习心得形成微团课,并通过"五四青年说"主题微团课大赛进行比学。

(2)举办主题微团课大赛。比赛在合唱《中国共产主义青年团团歌》中拉开了序幕,十组学员通过微团课的形式向大家展示他们的学习成果。各组就《习近平新时代中国特色社会主义思想三十讲》中的一个专题,通过讲演、视频、动画等形式,结合现实案例进行了深入的分析和探讨,评委们从课程内容、语言表达和主体

形象三个方面对每个小组进行评价,评选出了一、二、三等奖,并在现场进行了颁奖仪式。颁奖环节结束后,张新义老师就微团课展示进行了点评,他对同学们的表现表示充分的肯定,并从条理性、主题性等方面逐一进行点评。随后项银康老师对习近平新时代中国特色社会主义思想学习小组的前期活动进行了阶段性小结,提出了专题学习习近平新时代中国特色社会主义思想是当前最重要的学习任务,应当老青共学,一同拓展。

(二)案例分析

1. 形式新颖,倡导、践行有效融合和统一。NL 大学这次主题微团课活动,打破常规纪念五四运动的活动形式,参赛的每一节微团课都能紧扣青年实际,关注社会热点,结合校园和身边的生活,做到小切入、大展开、有思想、接地气,体现青春正能量。在新媒体、"微"时代背景下,NL 大学不断探索如何创新团课传统教育模式,激发广大团员青年的参与热情,使对团员青年的意识形态教育不只是流于形式、浮于表面。这种主题学习的实践视角,有效地在活动中调动起师生主动学习的积极性,能够使同学们加深对活动主题的理解,深入学习了习近平新时代中国特色社会主义思想,紧跟党的时代步伐,做一名合格的青年大学生。

2. 传递正能量,弘扬主旋律。NL 大学以新中国成立 70 周年、纪念五四运动 100 周年等重大事件为契机,以爱国主义教育为重点,组织开展"五四青年说"主题微团课大赛,激发青年学子自主探索、主动学习的热情。不仅能够不断提升团课教育实效,加深广大团员的团员意识,以培养鲜明的时代责任担当为目标,扩大教育辐射面,加深广大团员意识,而且有利于引导青年学生"学起来""讲起来""做起来",树牢"四个意识"、坚定"四个自信"、坚决做到"两个维护",汇聚起爱国奋斗主旋律的舆论声势,激励青年学生勇担复兴大任,做"自信一代""学习一代""创新一代""奋斗一代"。

四、志愿服务活动:以 YS 学院"与第 1000 名赴新疆支教人同行"为例

(一)案例描述

1. 案例理念

支教是我国志愿服务活动的主要形式之一。目前,我国西部贫困农村地区学校的教师十分缺乏,不仅教师缺口大,一些文体类课程也难以开展。YS 学院作为

一所师范类院校自觉承担起支援西部教育的责任,自发支援新疆教育事业,并在2009年开始大力倡导"与第1000名赴新疆支教人同行"赴新疆支教活动。自2009年2月起,YS学院已派出21批1324名师生奔赴新疆,在哈密、伊犁、克州三个地区的中小学、幼儿园开展顶岗实习支教工作,这项工作已经延续了10年,不仅深入贯彻和执行了社会主义核心价值观,践行了志愿服务精神,更是将一份浓烈的社会责任心传递于东、西部地区之间。

2. 活动过程

(1) 出征仪式。"与第1000名赴新疆支教人同行"的每一批志愿者赴新疆义务支教之前,学校都会举行庄严的出征仪式。出征仪式上,支教团成员进一步认识支教纪律、明确教书育人的使命,坚信自身的理想信念并严格要求自己完成各项支教任务。"践行志愿精神,严守支教纪律;心怀教育理想,致力立德树人;上好每一节课,关爱每一个学生。"这份誓词不仅代表支教团成员的决心,更提升了支教团成员的使命感,他们在仪式当中获得身份和认同,在产生情感共鸣的基础上,增强自身的思想政治教育,从而为支教活动作贡献。

(2) 赴新疆支教。YS学院自主组织志愿者赴新疆支教已长达10年时间,这21批支教团成员先后到达新疆哈密、乌鲁木齐、克州和伊犁等地区,工作的内容主要分为两个类型:师范生的支教工作和非师范生的支建工作。在新疆支教的过程中,气候的恶劣和硬性设施的欠缺确实给支教团成员带来了极大的挑战,甚至有指导教师在支教的过程中身体不适,流了长达一个月的鼻血。他们不仅勇敢地克服困难,还在支教过程中做出很多的感人事迹,如:志愿服务团在哈密市大泉湾乡圪塔井小学支教时,筹集捐赠1200余册图书并为该校建立了小型图书馆等。支教团成员的志愿行为,不仅弘扬了中华民族精神,带动了东、西部文化的交流,更是在支教的过程中践行了社会主义核心价值观。

(3) 载誉而归。每一批支教团完成支教任务回到学校时,学院相关领导亲自迎接他们的归来,并与他们亲切握手、合影留念等。每一批支教团回校之后,学校都会举行赴新疆实习支教工作经验交流会。经验交流会上,志愿者代表不仅会以演讲的形式深情地讲述他们在支教中的感人故事,更会对自己在支教期间的工作、生活等进行总结。可以看出,这种交流的过程中也是志愿者精神传承的过程,树立了青年学子热爱社会、不畏艰辛的良好形象。

（二）案例分析

1. 弘扬了中华民族的传统美德。"与第 1000 名赴新疆支教人同行"支教团成员的支教行为，不仅发扬了 YS 学院"艰苦奋斗、自强不息、敬业奉献、追求卓越"的学院精神，更是在支教的过程中大大弘扬了"仁爱孝悌""勇毅力行"的中华传统美德，支教团成员树立了良好的江苏青年、盐城学子形象，用自己的实际行动服务社会、锻炼自我，从社会和个人层面践行了社会主义核心价值观。

2. 用支教传承"志愿精神"。志愿者作为公民秉承着社会信仰和社会责任心积极贡献他人、回报社会，更将"自愿性、公益性、非报酬性"的志愿精神在不同的区域和团体中进行传承。这种"奉献、有爱、互助、进步"的志愿精神，不仅在 YS 学院得到歌颂和赞扬，更是鼓舞更多的有志青年投身支教队伍、志愿者队伍，代代相传。

3. 形成了系统的"支教"活动体系。YS 学院自主组织志愿者赴新疆支教已有 8 年时间，形成了出征仪式、赴新疆支教、载誉而归等一系列的"支教"活动服务体系。并且，支教团成员不仅积极适应当地的风俗习惯，依据当地的教育实情制定切实可行的教学计划，而且以旺盛的工作热情和勤奋踏实的工作作风完成实习支教的各项工作任务。YS 学院"与第 1000 名赴新疆支教人同行"的 21 批支教团队在学校的支持下，致力于立德树人，结合自身学习的教育教学理论，全身心投入支教工作，发扬不怕吃苦、勇往直前的精神。

第四节　高校立德树人根本任务实现的校园文化建设

一、校歌校训：以 HH 大学以校歌为主题的大型团体操表演为例

（一）案例描述

1. 活动理念

校歌是伴随学校的诞生而出现的，而校歌、校训、校徽、校旗等都属于校园文化的标志，是学校文化的精神之花。校歌和校训虽然有所不同，比如校训是以文字符号的视觉形象表达的；校歌则是以歌声旋律的听觉形象表达的，但是两者之间又相互联系，互相呼应。从高校的校歌、校训中也可以看出这所学校的办学思想、育人方略。HH 大学作为一所以水利为特色的高等学府，它的校歌以及校训

都体现了 HH 人身上的水利精神,也体现了 HH 大学上善若水的德育目标。

2. 活动规划与实施

2015 年是 HH 大学建校 100 周年,在 HH 大学传唱了一个世纪的校歌,再一次响彻校园。HH 大学 2015 级学子表演了以校歌为主题的大型团体操《××××》,以 HH 大学的百年文化传承为主线,通过四个篇章展示了 HH 大学的不同发展历程,既有回忆,也有展望,借此向百年 HH 献礼,并生动演绎了传承"上游蓄水拦沙,下游疏治"治水思路的近代水利先贤李仪祉、三峡工程设计总负责人郑守仁院士、三峡大坝"守护神"吴中如院士等 HH 人治水报国的责任担当。校歌体现了 HH 精神,体现了 HH 人治水报国的责任担当、务实严谨的作风品格和止于至善的精神追求,而 HH 精神支撑起学校百年基业和事业发展。

3. 活动成效与价值

通过以校歌为主题的大型团体操《××××》的宣传片,一方面,学生们表达了对学校母亲生日的浓浓关怀之情;另一方面,这一大型的活动向其他人传达了 HH 精神,让人们能够更好地铭记百年 HH 的精神。正如从西藏支教归来的一位同学说的那样:"学唱校歌是我们新生入学教育的重要一课,在歌声里我们体会到了老一辈 HH 人的使命担当和爱国爱水的家国情怀。"校歌的传唱,不仅让学生直观地感受了一代水利大师、老校长严恺题写的"艰苦朴素,实事求是,严格要求,勇于探索"16 字校训,而且让学生在潜移默化的熏陶中内化这 16 字校训。

(二)案例分析

1. 激发热情,凝聚力量。校歌、校训是学校办学思想、育人方略的载体,通过校歌、校训的创制与传播,把办学思想凝练、形象地表达了出来,校歌、校训像一面旗帜,能够激发广大师生的爱校热情,凝聚广大师生的力量共渡难关。百年里,HH 大学始终像校歌里传唱的那样"注重学生道德思想,以养成高尚之人格;注重学生身体之健康,以养成勤勉耐劳之习惯;注重实地练习,以养成切实应用之智识",传道授业,培育英才。

2. 彰显美德,弘扬精神。校歌校训必须借助其他方式展示出来,必须利用多种多样的形式表现出来。如果仅仅靠一首校歌、几十个字的校训,便使学生将校歌与校训的内容倒背如流,这对于学生道德的培育收效可能微乎其微。正如上面提到的 HH 大学通过大型体操的形式在传唱了校歌的同时,也宣传了百年 HH 的精神,向学生们宣传了"艰苦朴素,实事求是,严格要求,勇于探索"的精神。正因为HH人身上的HH精神,用人单位才评价HH学生"基础宽,重实践,学风好,品德优"。

3. 追学前贤,传承文化。"大工将施,储才为急",是张謇对创办我国首所水利高校的深刻理解。学生们通过对校歌的学习可以了解先贤们对治水的决心,了解他们在兴修水利时所遇到的种种困难,了解他们身上上善若水的精神。校歌的传唱,能够让学生们进一步了解先贤的夙愿,传承中华民族自古以来的水文化,为今后他们走向社会进一步践行先人之德打下坚实基础。

二、行为规范:以NC大学学生手册学习为例

（一）案例描述

1. 活动理念

行为规范教育直接引导和规范着学生个体的思想品德、治学风尚和精神面貌的健康发展,是全面贯彻落实党的教育方针的具体措施,也是对学生实施科学教育管理的基本途径。所以说,高校行为规范的目的是发展大学生道德品质,包括其自律能力和自我道德水平的发展。高校行为规范不应该着眼于约束、控制学生的行为以达到行为的一致化和标准化,而应该试图使学生形成一种发自内心的道德情感和道德意志自然而然地付诸道德行为。行为规范不能仅仅依靠死板的学生手册传播,它需要借助合理的宣传方式才能达到对学生德育的目的,起到润物细无声的效果。

2. 活动规划与实施

2018年11月,NC大学国际经贸学院举办了"正学风,思进取"主题座谈会,所有2015级发展党员参加了本次活动,2015级学生党支部书记主持此次会议。在本次的党日活动上,同学们签署了《国际经贸学院学生党员考风考纪承诺书》。通过签署诚信承诺书,表示要严以律己,发挥模范带头作用,遵守学校、国家的考试纪律和要求,做到诚信做人、诚信考试。加强大学生诚信教育,打造和谐校园,不仅是高校诚信体系建设的重要内容,也是践行社会主义荣辱观的必然要求。不可否认,在现实生活中,大学生诚信缺失的问题客观存在,其表现形式通常为:作业抄袭、考试舞弊;伪造证件、简历注水;拖欠贷款、工作违约等。究其原因,除了社

会不良风气的侵袭,还与目前高校对德育重视不足、约束和激励机制缺失、不良学术风气的负面影响有关。诚信作为 NC 大学学生手册内容的重要环节,借助一定的手段对诚信进行宣传是必不可少的。

3. 活动成效与价值

大学生群体是未来社会主义市场经济的重要参与者,对他们加强知荣辱、树诚信的道德建设意义深远。学生手册是体现大学生行为准则的一个主要文本,而诚信考试作为学生手册里重要的组成部分,加强这一方面的学习非常重要。通过诚信宣传片的播放可以让同学们直观地感受到诚信的重要性。学生手册是每一位大学生入校后必须学习的部分,学生手册的学习可以让同学们明白作为一名大学生应该遵守哪些行为规范。庄严的宣誓,可以提前让学生感受到诚信的重要性,有助于让学生在今后的考试中自觉地做到诚信考试,用实际行动践行社会主义核心价值观。

(二) 案例分析

1. 合理区分,明确内容。行为规范包括品德修养和校园生活。在品德修养方面,主要是针对大学生为人处世应当具有的品德加以引导。而校园生活方面,则主要突出高校行为规范的特定空间、特定对象和特定活动。如果将社会公民应该遵守的行为准则作为大学生行为规范列入高校行为规范,这样就会使得高校的行为规范显得繁琐和重复,并且还有可能从某种程度上降低了对大学生的要求,无法体现出高校的特殊性和针对性。所以高校行为准则就要做到在法律的基础上增加高校的特殊性,NC 大学开展的关于诚信考试的主题活动,正体现了大学生行为规范的特殊性。

2. 加强规范,恰当表述。行为规范的特点决定了它必须具有高度的概括性,而不应该造成空洞说理的假象。语言是反映内容的,内容必须要务实。为了更好地深化内容,必须要加强语言表达的规范性和合理性。高校行为规范的语言表达既要体现制定者的情感,又要注意实施者的情感体验。在高校行为规范中必须尽量避免否定性的词语出现的频率过高。因为这类词语的出现会对深入人心有一定的阻碍作用,容易造成学生的逆反心理。另外,否定性的词语容易产生"非此即彼"的思维误导,让一些学生产生不被禁止的就是可以作为的认知。语言的合理表达可以让大学生更好地了解社会主义核心价值观所提倡的内涵,从而更好地践行社会主义价值观。

3. 广泛开展，丰富形式。长期地、广泛地开展各类精神文明创建活动有利于大学生良好行为规范的形成，可以开展诸如"大学生行为规范的学习与讨论""大学生日常行为规范竞赛""大学生行为规范榜样人物推选活动"等活动。这些活动不仅能够丰富学生的校园生活，更能够对学生的主观意识产生影响。当活动开展成为一种习惯、当校风成为一种传统时，大学生行为规范必将得到改善。而符合行为规范的行为必将是符合社会主义核心价值观的行为，所以高校行为规范可以看作是社会主义核心价值观在高校的表现。

三、榜样教育：以 NG 学院"践行社会主义核心价值观，与榜样同行"为例

（一）案例描述

1. 活动理念

学习模范人物的事迹和高尚精神，可以进一步坚定理想信念，可以引导全社会积极践行社会主义核心价值观，形成学习榜样的浓郁氛围。因此，高校在继承榜样教育良好经验的基础上，进一步做好榜样教育，以提高高校德育的实效性。NG 学院为深入宣传贯彻党的十八届三中全会精神，组织引导广大青年学生在深入社会、了解国情和践行社会主义核心价值观，牢固树立跟党走中国特色社会主义道路、为实现中国梦努力奋斗的理想信念，组织开展了"践行社会主义核心价值观，与榜样同行"实践活动。

2. 活动规划与实施

NG 学院组织开展的"践行社会主义核心价值观，与榜样同行"实践活动，采用了寻访实践活动、义务志愿活动、服务青奥活动等一系列形式。此次寻访实践活动历时一个多月，通过寻访优秀校友、寻访红色足迹、寻访劳动楷模、寻访道德模范、寻访基层优秀党员等多种途径，学生奔赴江苏省各地开展了"践行社会主义核心价值观，与榜样同行"的暑期实践活动。在伟人周恩来纪念馆、优秀校友华罗庚纪念馆、红色记忆新四军纪念馆，都留下了同学们寻访的足迹；从全国"三八红旗手"、江苏省道德模范张玲兴，"感动中国·2013 江苏十大感动人物"倪超到江苏省劳动模范鲁增富、江苏省"十大法治人物"李华，从连云港市新浦汽车总站"雷锋车"组组长、十二届全国人大代表权太琦，无偿献血 36 年、服务 1308 小时——"50

后"志愿者郭庆云到抗美援朝老战士王守达和基层大学生村官朱虹,学生对这些榜样人物都进行了寻访。

3. 活动成效与价值

活动寻访的近30位榜样人物,他们身上平凡又感人至深的事迹让同学们真切地感受到榜样的力量,更直观地理解了社会主义核心价值观的含义。通过此次实践活动,同学们广泛地挖掘了身边值得学习的榜样人物,并在寻访过程中走向社会、接触社会、了解社会,通过与榜样人物的零距离接触与交流,有机地把榜样人物的精神理念和自己的学习生活结合起来,并在深入社会、了解国情、接受锻炼的过程中培育和践行社会主义核心价值观,大力倡导社会正能量、树立为实现中国梦而努力奋斗的理想信念。

(二)案例分析

1. 道德榜样的时代性。在高校培育和践行社会主义核心价值观活动中,道德的养成和传播不是一种简单的知识传播,而是一种"见诸行动"的道德示范和先进引领。"见贤思齐焉,见不贤而内自省也。"道德榜样,是一定社会主流道德的人格化,是新时期道德建设的标杆,它具有直观性和形象性。上述社会实践活动采访了当地的道德模范和感动中国人物,这些人物的身上都凝聚了这个时代的主流价值观,值得青年学生去寻访和学习。

2. 道德榜样的多元化。开放社会中,多向化的思维所带来的必然结果,就是要求榜样形象多元化。新时期的榜样不是过去那种"高、大、全"的榜样,而是具有世俗性和平常性的普通人。道德榜样不是一些距离我们很远的英雄人物,而是一些我们都可以接触到的、生活在我们身边的平凡人物,这些榜样的树立才能够鼓励人们学习榜样,践行社会主义核心价值观。这些平凡的道德榜样,能够产生"榜样能为、我亦能为"的心理认同和道德自信。

3. 道德榜样的激励性。道德榜样能够让人们产生心灵的震撼,激励人们追随和效仿,从而引领社会的主流价值观。总有一些人,在他们身上聚合了爱国、敬业、诚信、友善等足以让我们震撼与感动的道德元素,准确而真实地诠释着社会的主流道德价值取向。榜样的形象是外在的,高校学生必须将外在的榜样形象内化为个人的追求,并做到自觉践行,这才是榜样教育的真谛。

四、校园文化活动：以 NL 大学"诗行校园、雅润心灵"的文化品牌建设为例

（一）案例描述

1. 活动理念

大学是国家思想文化的高地，大学文化建设作为社会主义文化建设的基础和先导，在推进社会主义文化强国建设过程中有着举足轻重的地位和作用。2004 年"中央 16 号文件"指出，"校园文化具有重要的育人功能，要建设体现社会主义特点、时代特征和学校特色的校园文化，形成优良的校风、教风和学风。"近年来，NL 大学在培育和践行社会主义核心价值观的过程中，充分发掘学校在诗歌研究、教育、创作等方面的优势，持续深入地开展"诗行校园、雅润心灵"的文化品牌建设。

2. 活动规划与实施

NL 大学高度重视诗歌研究、创作、教育的组织机构建设，以此聚名家、出成果、扩影响。在依托"国家大学生文化素质教育基地"的基础上，成立诗学研究中心、大学生社团"二月兰诗社"，集中开展诗歌教育、研究、创作、评论、雅集等活动。定期举办诗歌朗诵会、研讨会、学术报告会等，以格调高雅、形式多样和广发参与的品牌活动，引导广大师生敬礼传统、创新文化、涵养内涵。突出社会主义核心价值观的培育和中华优秀传统文化的传承创新，组织师生围绕学校的军工文化、奉献文化、和平文化等开展诗歌朗诵、创作、教育和研究，激发师生爱诗歌、爱生活、爱学校、爱国家的情怀，NL 大学也因此被中国当代诗坛誉为"诗歌大学"。

3. 活动成效与价值

NL 大学在国内理工科院校中率先成立诗学研究中心，现有专职从事诗歌研究、教育、创作的教师 5 人，兼职教师 12 人，在诗歌教育、诗歌评论、诗歌创作等诸多领域皆有建树。开设的人文素质选修课诗歌鉴赏、现代诗歌欣赏等成为学生抢选的课程。联合诗界同仁成功创办文学网站"南京评论"及同名民刊，推动诗歌创作和评论的开展。中央电视台拍摄的纪录片《诗行天下》评价，NL 大学的二月兰已经"成为高校学子诗歌咏怀的代名词"。组织师生为校内外重大活动创作诗歌作品，师生集体创作诗歌《山河永固——写在抗战胜利 70 周年》《如今，鲜血里开

出鲜花》等在玄武区纪念抗战胜利70周年诗歌朗诵会、国家公祭日活动期间朗诵。

(二)案例分析

1. 传统文化的继承性。传统文化体现了一个民族的价值取向,凝聚一个民族的自我认同,具有深厚的历史继承性。校园文化作为社会文化的一个分支,也受到传统文化的影响,而传统文化的继承有助于大学生更加准确地理解和认识当前的国情。NL大学将诗歌融入校园文化建设中,通过对传统诗歌文化的继承,进一步凝聚当前社会主流价值,弘扬社会主义核心价值观。

2. 活动内容创新性。青年决定国家的未来,青年直接影响未来社会主流价值观的形成与发展。大学生作为年青的一代,必须要大力加强对他们的文化素质教育。由于大学生接收信息渠道的多样性,改变了传统的"老师说,学生听"的形式,只有活动内容具有一定的创新性,才能吸引广大学生积极参与。NL大学"诗行校园、雅润心灵"的文化品牌建设,无论形式还是内容都具有一定的创新性,所以才能够在探索诗育大学生审美、人格、文化中发挥独特作用,并赢得广泛的社会认可。

3. 传播方式新颖性。面对网络媒体的发展,必须改变传统的传播方式,结合新的传播媒介,只有依托新媒体平台推进校园文化的建设,相关活动才能够传播得更远。以诗歌传创为依托的网络文化品牌"风雅颂——大学生原创音乐诗歌工作室"入选教育部首批网络文化工作室培育名单,通过网络化、移动化的平台建设,培育、传播更多原创诗歌作品。NL大学在结合传统文化与现代传播手段上,通过将诗歌朗诵、创作、评论相结合以及美育与德育相结合的形式丰富了校园文化内容,也对学生和老师的道德素养产生了一定的教化与影响。

4. 交流范围的广泛性。高校的校园文化不能仅仅是某一所高校的校园文化,校园应该做到彼此之间的互相交流,改变传统的"自己的校园文化冲不出去,别人的校园文化也挤不进来"的观念。要积极开展校际的直接文化交流,组织校园文化对外联谊活动。NL大学依托"诗行校园、雅润心灵"的文化品牌建设活动,定期举行著名诗人交流活动,学校还曾牵头联合在宁八校举办NL诗歌节,经常举办诗歌研讨会、学术报告会,建立创作基地。

第五节　高校立德树人根本任务实现的网络平台构建

一、网络联盟：以 HH 大学——江苏首家组建校级新媒体联盟高校为例

（一）网络平台描述

HH 大学在 2011 年和 2014 年分别开通了官方微博、官方微信，2015 年 6 月成立新媒体联盟，成了江苏省首家组建校级新媒体联盟的高校。新媒体联盟成员单位先后创造出了许多优秀网络文化产品，这一平台在发布资讯、服务师生、树立形象等方面收获了显著成效。2013 年，HH 大学官方微博首批入选教育系统官方微博联盟，2014 年，学校荣获江苏教育系统"新媒体宣传综合力十强单位"称号。在南方周末、中青报发布的中国高校微信公众号影响力排行榜上多次名列前茅。HH 大学构建了活跃、清朗、健康的大宣传平台，实现了"资源通融、内容兼容、宣传互融、利益共融"的新媒体宣传格局，网络宣传平台引领了意识形态的正确方向，巩固和发展了健康向上的主流舆论。

（二）网络平台特色

1. 以丰富内涵作为主攻方向

学校新媒体建设紧握互联网传播规律，坚持将唱响主旋律和增强吸引力相结合。网络平台作为新时期的重要舆论平台，学生愿意也乐意接受网络平台上的一些内容，通过网络平台宣传社会主义核心价值观的内容，大学生可以在不自觉的阅读当中感受到社会主义价值观，有利于他们在今后的工作、学习当中也会进一步践行社会主义核心价值观，成为引领核心价值观的主流。在网络平台建设上，必须抓好意识形态建设，推送主流信息；要围绕校园特色文化，推送精品信息；要强调用户体验度，推送实用信息；要关注校园点滴瞬间，推送原创信息。

2. 以协同互助作为战略基点

HH 大学充分依托新媒体联盟，通过主动推进、联合策划、互相关注、转发评论等方式，加强联动协作，形成梯队组合、集体发声、形成合力，构建上下联动的校级传播圈子和新媒体宣传大格局，营造抱团发力的宣传氛围。只有形成一个相互协同互助的模式，高校的立德树人才能取得最大的效果，社会主义核心价值观也更能自觉地被大学生践行。

3. 以实现融媒体运作作为主要目标

HH 大学有效地利用各种宣传平台的优势,充分整合各种资源,推动媒体联动。微博平台抓住线索、汇集舆论民情,微信平台讲故事、做导向;校报平台深挖掘、重品位,通过多媒体的联动,分兵合作,各有侧重,层层推进,讲好 HH 故事、传播 HH 声音,达到显著的效果。高校立德树人根本任务体现在对人进行德的塑造中,要将"德"践行到大学生的实际行动中来。这离不开新媒体对德的宣传,新媒体能够突破时间和空间的限制,花费最小的人力和物力,在传播上取得最大的效果。

二、网络舞台:以 NY 学院创造"平民"和"低平"视角打造和宣传思想政治教育大舞台为例

(一)网络平台描述

在新媒体时代,NY 学院紧跟时代步伐,顺应师生阅读需求和特点,积极把微信平台打造成学校宣传和思想政治教育的有力武器。学校微信平台积极传播社会正能量和主流核心价值观,对推动网络文明和网络文化建设起到了积极作用。NY 学院官微自 2014 年 9 月创办以来始终坚持"有态度、有温度、有速度、有深度、要适度"的"五度"原则,从小切入点和低平视角来讲好 NY 故事、传播 NY 声音、诠释 NY 精神,通过微信平台弘扬主旋律,加强校风和学风建设,以增加学校的凝聚力和师生校友的爱校荣誉之情为目标,在提升学校美誉度和影响力以及增强广大师生、校友的凝聚力等方面发挥了重要作用。2013 年 8 月,中国青年报社主办的"2018 校媒精英汇暨全国高校新媒体提升论坛"公布了 2017—2018 年度中国高校百强官微评选结果,NY 学院微信公众号入围中国高校官微五十强,位列全国高校第 35 名、全国艺术院校第 2 名、江苏省内高校第 3 名。

(二)网络平台特色

1. 讲述普通 NY 人的故事,塑造"平民偶像"

从普通清洁工、宿舍管理员,到大一新生甚至失业毕业生,都成了 NY 学院的官方微博推送报道的对象,通过发现他们身上努力追求艺术的人生理性、执着奋斗的一面,NY 学院塑造了一批校园"平民偶像"。这些"平民偶像"就生活在学生的周围,让学生切身体验到"平民偶像"身上的那种追求理想的精神。"平民偶像"

身上蕴含的不平凡,更能够激发学生的学习动力,去践行社会主义核心价值观。

2. 转变话语体系,用小事来讲述大道理

报道国家和学校近年来对改善教育教学条件的投入,极大地增强了师生的自豪感和爱校之情。NY学院微信平台已经成为学校连接社会、学生、家长和校友的情感纽带,发挥了高校思想政治教育宣传的大作用,同时与社会媒体发生了良好的化学反应,极大地增强了学校的影响力、知名度和美誉度,在思想政治教育方面收效颇丰。

三、网络故事会:以NX大学"讲好人物'微'故事,弘扬核心价值观"为例

(一)网络平台描述

当今时代,在信息化时代如何增强社会主义核心价值观对当代大学生的吸引力和认同感成为高校立德树人的一个重要问题。NX大学与时俱进、因时而论,充分发挥官方微信平台权威性强、受众广、速度快、互动好的优势,讲好人物"微"故事,把习近平总书记倡导的社会主义核心价值观教育"注重榜样引领,在落细、落小、落实上下功夫"的具体要求具体化、日常化、形象化,谱写了一曲经典的弘扬社会主义核心价值观之歌。NX大学还被邀请到全国高校媒体融合与创新学术论坛上作主题发言,荣获"江苏省教育系统官方微信创新奖"。

(二)网络平台特色

1. 创新理念,将社会主义核心价值观"接地气化"。学校以先进教师、青年学子、优秀校友为主角,将社会主义核心价值观教育从理论层面和大学生课堂转向现实的移动生活,从理论说教转向典型引路、从枯燥灌输转向感同身受,通过一个个鲜活人物"微故事",让社会主义核心价值观接地气、有温度、可触摸,通过一个个身边人、一件件身边事潜移默化地传递正能量。

2. 打造"微"品牌,形成"立德树人"新风尚。"接地气"的人物故事、"平凡人的不平凡事"极大地触动了师生的心灵,学校的校园氛围带来变化。一些教师在科研路上的勤恳踏实、不走捷径、不轻言放弃的信念和事迹,激励着广大师生不断追求理想、完善自我。通过这些"微故事",不仅让师生感受到社会主义核心价值观的真、善、美,更是通过媒体的宣传效应使这些故事的辐射面更广、示范性更强,是学校向师生们传递和践行社会主义核心价值观的"好声音"。

3. 载体形式丰富。NX大学以人物为核心的特色栏目,用"微"故事展现师生们的内心世界。如开设的《平凡的感动》《天边的云》《风云人物》和《致青春》等栏目,介绍学习、教学、科研、创业等方面的典型人物和先进事迹,打造各类"微"故事,形成榜样引领作用,从而通过宣传身边事迹倡导社会主义核心价值观。

附录一 "立德树人与培育和践行社会主义核心价值观"文献综述

党的十八大以来,学界关于立德树人、培育和践行社会主义核心价值观的研究呈现井喷之势。本文主要从立德树人、立德树人与培育和践行社会主义核心价值观的关系、"把培育和践行社会主义核心价值观融入国民教育全过程"三个方面对相关研究进行概括梳理。需要说明的是,本文献综述初稿写于2014年初,主要文献集中在2013年之前;修改稿于2020年3月完成,在初稿基础上增补了部分最新文献。

一、关于"立德树人"的研究

学界关于"立德树人"的研究成果主要围绕"立德树人"的提出、内涵和实现路径等方面展开。

(一)"立德树人"的提出

1. "立德树人"提出的时间

2012年11月8日,党的十八大报告将教育放在民生之首,首次明确提出要"把立德树人作为教育的根本任务,培养德智体美全面发展的社会主义建设者和接班人"。由此正式确立了立德树人是"教育根本任务"的战略地位,"立德树人"随之成为全党全国教育的核心焦点。这深刻阐释了努力办好人民满意的教育的丰富内涵,强调教育要为社会主义现代化建设服务、为人民服务,坚持以人为本、立德树人这一本质要求,充分体现了我们党一以贯之的重要理念和优良传统,为

"培养什么人、怎样培养人、为谁培养人"指明了方向。此后,党的十八届三中全会通过的《中共中央关于全面深化改革若干重大问题的决定》、中共中央办公厅印发的《关于培育和践行社会主义核心价值观的意见》、习近平总书记在全国高校思想政治工作会议的重要讲话、党的十九大报告、习近平总书记在全国教育大会、学校思想政治理论课教师座谈会等重要场合的讲话等进一步强调和细化了关于立德树人的要求。有学者专门对习近平总书记关于立德树人重要论述的科学内涵和重大意义进行了系统梳理①。

学界指出,尽管"立德树人"的概念在党的十八大报告中才首次明确提出,但是"立德树人"的教育理念却有着源远流长的历史渊源。其一,一种观点将立德树人思想追溯到我国传统德育文化中。戚如强指出中国自古就有重教崇德的优良传统,强调理想信念、价值取向和精神追求。② 其二,另一种研究考察了新中国成立以来的立德树人举措。袁贵仁在接受采访时指出,新中国成立以来,我们党从社会主义事业后继有人和国家长治久安的战略高度出发,始终坚持育人为本、德育为先,始终坚持把"立德树人"作为教育最根本的任务。他还系统梳理了毛泽东、邓小平、江泽民、胡锦涛等国家领导人关于立德树人的论述和部署。③ 其三,还有的研究重点强调改革开放以来的中国共产党的立德树人思想和政策。俞国良和李森将改革开放以来"立德树人"教育政策的历史划分为 1979—1989 年、1990—1999 年、2000—2009 年、2010 年至今四个阶段,并通过关键词频次的定量研究来把握我国"立德树人"教育政策的变化趋势。④ 侯玉环和胡晓红则从整体上归纳了改革开放以来中国共产党立德树人思想在内涵、思维、战略三个方面的转型发展轨迹。⑤

---

① 谢安国:《习近平立德树人思想的科学内涵和重大意义》,载《国家教育行政学院学报》2018 年第 8 期。
② 戚如强:《习近平立德树人思想的理论渊源与精神实质》,载《马克思主义研究》2018 年第 7 期。
③ 《深入学习贯彻党的十八大精神把立德树人作为教育的根本任务——访党的十八大代表、教育部党组书记、部长袁贵仁》,载《思想理论教育导刊》2013 年第 1 期。
④ 俞国良、李森:《我国"立德树人"教育政策历史进程的文本分析与启示》,载《西南民族大学学报(人文社会科学版)》2019 年第 6 期。
⑤ 侯玉环、胡晓红:《改革开放以来中国共产党立德树人思想的转型发展》,载《广西社会科学》2019 年第 7 期。

2. "立德树人"提出的背景

培养什么人、怎样培养人以及为谁培养人是我国教育事业发展中必须解决好的根本问题。党的十八大报告把"立德树人"确立为教育的根本任务,有着深刻的时代背景:

第一,从国际形势上看,当今世界的综合国力竞争,说到底是民族素质竞争。把"立德树人"作为教育的根本任务,是在新形势下抓住机遇应对挑战的战略要求。① 党的十八大报告指出:"教育是民族振兴和社会进步的基石。"② 而民族的振兴和社会的进步不只体现在经济发展的程度上,还体现在整个民族的价值观状况以及由此形成的社会精神风貌和文明程度上。③

第二,从国家层面上看,把"立德树人"作为教育的根本任务,是确保党和人民事业后继有人的战略要求。④ 胡锦涛同志指出,中国特色社会主义事业要靠今天的未成年人去继承,中华民族的美好未来要靠今天的未成年人去创造。未成年人的素质如何,决定着中华民族的未来发展和前途命运。教育培养未成年人,不仅要大力提高他们的科学文化素质和体能健康素质,更要大力提高他们的思想道德素质。坚持用社会主义核心价值体系教育和引导广大青少年,才能培养造就千千万万具有崇高理想和良好道德修养、掌握现代化建设所需要的丰富知识和扎实本领的建设者和接班人,才能确保党和国家的事业代代相传,才能实现党和国家的长治久安、兴旺发达。⑤

第三,从社会层面看,社会现代转型进程中对立德树人提出了多种挑战,主要表现在以下几个方面:价值引领与青年成长规律的契合不足,弱化了立德树人的政治导向;信息技术与思想政治教育融合的异化,降低了立德树人的内容供给;职业高素养与社会高压力的平衡失效,销蚀了教师的德行示范;泛娱乐化对价值观

---

① 《深入学习贯彻党的十八大精神把立德树人作为教育的根本任务——访党的十八大代表、教育部党组书记、部长袁贵仁》,载《思想理论教育导刊》2013年第1期。
② 胡锦涛:《坚定不移沿着中国特色社会主义道路前进 为全面建成小康社会而奋斗——在中国共产党第十八次全国代表大会上的报告》,北京:人民出版社2012年版,第67页。
③ 段永清:《高校教师培育和践行社会主义核心价值观研究》,载《学校党建与思想教育》2013年第7期。
④ 《深入学习贯彻党的十八大精神把立德树人作为教育的根本任务——访党的十八大代表、教育部党组书记、部长袁贵仁》,载《思想理论教育导刊》2013年第1期。
⑤ 周治华:《"育人为本、德育为先"与社会主义核心价值体系融入国民教育全过程》,载《思想理论教育》2009年第11期。

念的冲击,消解了青年学生的道德自觉;软指标与硬任务的模糊界定,错位了立德树人的制度保障。① 因此,需要全面落实立德树人的根本任务,以深刻的洞察力把握和破解社会发展中的诸多难题。

第四,从学校层面来看,培养德智体美全面发展的社会主义建设者和接班人是学校教育的任务,然而从整体上来说还存在不少问题。目前的德育工作并未受到和文化课同等的重视;"育人为本、德育为先,实施素质教育"的思想观念需要进一步强化并落实为行动;德育的针对性、感染力和实效性都有待增强;未成年人家庭教育、校内外教育衔接等方面还有不少薄弱环节;信息化社会条件下德育工作缺少深层次的研究,与当代学生的需求存在差距。② 这说明一些学校在应该"培养什么人、怎样培养人、为谁培养人"这个根本问题上还存在模糊认识。高校的根本还是培养人才,才为德之资,德为才之帅,高校要培养优秀人才,既要抓好知识教育,更要抓好道德人品教育。③ 立德树人教育理念的提出,无疑有助于推动德育工作的科学化和现代化,对我们加强和改进当前的德育工作有着重要指导意义。因此,有学者指出"立德树人"是中国特色社会主义高校的立身之本。④

第五,从个人来看,立德树人符合新时代人民日益增长的美好精神生活需要。社会主义市场经济的发展,对人们道德观念的变化产生了双重影响。一方面,它有力地促进了人们的新的价值观念和道德观念的产生,另一方面,也使人们在社会转型的过程中产生了种种新的道德困惑甚至道德迷失。尽管当前我国青少年的素质总体上是好的,但在深刻变化的国际国内形势下,青少年成长的社会环境更趋复杂,少数学生不同程度地存在政治信仰迷茫、理想信念模糊、价值取向扭曲等问题。⑤ 大力倡导和深化"立德树人",正是破解这一时代性课题的必然选择,也是满足人的精神生活需要这种高层次发展需要的体现⑥。

---

① 张弛:《高校教育立德树人的内涵实质与实现路径》,载《思想理论教育》2019年第8期。
② 《深入学习贯彻党的十八大精神把立德树人作为教育的根本任务——访党的十八大代表、教育部党组书记、部长袁贵仁》,载《思想理论教育导刊》2013年第1期。
③ 黄蓉生、崔健:《坚持把立德树人作为中心环节》,载《国家行政学院学报》2017年第1期。
④ 王学俭、杨昌华:《立德树人:中国特色社会主义高校的立身之本》,载《新疆师范大学学报(哲学社会科学版)》2018年第1期。
⑤ 《深入学习贯彻党的十八大精神把立德树人作为教育的根本任务——访党的十八大代表、教育部党组书记、部长袁贵仁》,载《思想理论教育导刊》2013年第1期。
⑥ 袁芳:《新时代立德树人的生成逻辑》,载《思想理论教育》2019年第5期。

由此看来，强调"立德树人"根本任务绝非空穴来风，而恰恰是切中时弊的。

(二)"立德树人"的内涵

1."立德树人"的内在结构

学者大多注意到"立德树人"由"立德""树人"两个词语组合而成，多从词义上对其进行了分析和综合。

首先是"立德"。"立德"又可以再拆分。其一，"立"是树立、确立的意思。有学者专门区分了"立德"和"育德"。贾立敏等人认为"育德"侧重采用强制、灌输的方法，在静态封闭的空间里，使受教育者被动、反复地记忆，形成符合社会需要和个人需要的品德，强调的是道德的传递和接收。而"立德"侧重通过互动、实践的方法，在动态开放的空间里，使受教育者主动、潜移默化地接受并效仿，形成符合社会需要和个人需要的品德，强调的是道德的感染和接受。"立德"以学生的内化和践行为主要目标，遵循"接受—践行"的教育逻辑，接受是前提，而践行才是关键。[①] 由此看来，"立"本身已经对德育的方法进行了内在的限定。其二，"德"即德业。吴潜涛认为立德树人所立的"德"，不仅仅是指道德品质和道德能力，还包括理想信念、人生价值追求和法律素养等，它是一个人的思想政治素质的综合体现，是一个人世界观、人生观、价值观、道德观、法制观的集中反映。[②] 袁芳明确指出，立德树人所立之"德"指的是具有中国气派、彰显中国精神的社会主义道德，其核心内容就是社会主义核心价值观。[③] 很多学者都提到"德"在中国与西方、古代与现代有着不同的内涵，这在本文第二部分将集中论述。其三，作为整体，"立德"是指树立德业。王新皓的文中提到，"立德"一词出自中国古文《左传·襄公》："大上有立德，其次有立功，其次有立言，虽久不废，此之谓不朽。"意谓我国古代有"三不朽"，立德、立功和立言，其中"立德"居于"三不朽"之首。即在立德行、立功名和著书立说中，人生最高的境界是立德行。[④]

其次是"树人"。"树人"中的"树"是培植、培养、树立的意思，"人"多指人才，

[①] 贾立敏、赵军合、杜凌飞：《思想政治教育由"育德"走向"立德"的保障机制论析》，载《学校党建与思想教育》2013年第6期。

[②] 吴潜涛：《社会主义核心价值观教育：立德树人的必由之路》，载《北京日报》2014年1月13日。

[③] 袁芳：《新时代立德树人的生成逻辑》，载《思想理论教育》2019年第5期。

[④] 王新皓：《立德树人：大学生思想政治教育的时代理念》，载《西南农业大学学报(社会科学版)》2013年第6期。

"树人"可作"培养人才"讲。王新皓在文中提到"树人"一词出自中国古文《管子·权修》:"一年之计,莫如树谷;十年之计,莫如树木;终身之计,莫如树人。"意谓作一年的安排,莫过于种植庄稼;作十年的计划,莫过于栽种树木;作一生的规划,则莫过于培养人才,这深刻揭示了人才培养的不易及其对于国家千秋大业的重要性。① 南开大学原校长龚克认为,树人意味着强调教育的根本对象是"人"、根本目的是"人",根本任务是育"人",而不是升学率、不是论文和奖励以及头衔多少的排名、不是大楼和设备等。② 除了强调"人"之外,"树人"还内涵了培养什么样的人。李毅认为,树人的根本目标是调动人的主观能动性和积极性,不断提高人们认识世界和改造世界的能力,使受教育者"以一种全面的方式,也就是说,作为一个完整的人,占有自己的全面的本质",从而实现人的全面发展。③ 党的十九大报告之后,立德树人中的"人"被明确为"担当民族复兴大任的时代新人",学界围绕"时代新人"进行了大量研究。刘建军主要从其应具备的基本素质、应具有的精神状态和所担负的时代责任三个维度界定"时代新人"的基本内涵。④

最后是"立德树人"。学界在对"立德"和"树人"分别进行分析之后,又对二者的关系进行了阐释,进而对"立德树人"作出综合解读。首先,有学者强调"立德"和"树人"是一个不可分割的整体。"立德"是"树人"的一种方式,"树人"是"立德"的目的,教育要培养的人是有德行的人。熊晓梅认为,"立德"回答了教育"用什么培养人"的问题,"树人"回答了教育"培养什么人"的问题。⑤ "立德树人"结合起来才是教育的根本任务。其次,更多的学者则分析了"立德"和"树人"的不同地位。例如,张澍军等人认为从话语表述来说,"立德树人"命题是一种偏正结构,把"立德"摆在首位,说明"立德"在"树人"的过程和机制中具有特殊的地位:它既是一种指导原则,又是一种首位的价值选择;既要贯穿于"树人"的全过程、全方位,又必须相对独立的建设。⑥ 再如,戴锐等人认为,"立德"与"树人"之间应当是递进性关

---

① 王新皓:《立德树人:大学生思想政治教育的时代理念》,载《西南农业大学学报(社会科学版)》2013年第6期。
② 龚克:《立德树人、素质教育与内涵式发展》,载《中国高等教育》2013年第2期。
③ 李毅:《把握"立德树人"根本任务的思想政治教育》,载《毛泽东思想研究》2013年第4期。
④ 刘建军:《论"时代新人"的科学内涵》,载《思想理论教育》2019年第2期。
⑤ 熊晓梅:《坚持立德树人理念推进教师思想政治教育工作》,载《中国高等教育》2013年第Z3期。
⑥ 张澍军、苏醒:《论"立德树人"根本任务与思想政治教育学科建设使命》,载《思想教育研究》2013年第7期。

系,而非平行性的同义反复。"立德"是"树人"的基础和保障,"树人"是"立德"所实现的全面性目标或总体目标。①

2."立德树人"的双重指向

根据学界的研究,"立德树人"具有双重指向,既包括对受教育者(学生)的德育,又包括教育者本身的道德(师德)建设。

大多数学者把对受教育者(学生)的德育作为"立德树人"研究的重点。有学者梳理了历史上对受教育者的德育要求,如王树荫以中国共产党在中华人民共和国成立70年间对"培养什么人"的战略抉择为主线,系统梳理了1949—1976年、1976—2012年、2012年至今"立德树人"之"德"的具体内容、"立德树人"之"人"的目标要求②;再如,王树荫和王君则分为1949—1976年、1976—1989年、1989—2002年、2002—2012年、2012年至今几个阶段,详细回顾了新中国成立70周年中国共产党立德树人的历史,系统总结党在立德树人过程中理论与实践的基本经验,并结合新时代的新特点进行了时代展望。③ 还有的学者着重分析当代对受教育者的应然期待,如冯建军从"树什么人"开始,追问"立什么德",她认为,在新时代对"树什么人"的回答是社会主义事业的建设者和接班人、德智体美劳全面发展的人、担当民族复兴大任的时代新人,与之相对应,对"立什么德"的回答是构筑共产主义理想信念、牢固确立社会主义核心价值观、厚植中华传统美德、弘扬民族精神和时代精神、树立全球观念和生态意识。④

也有学者从整体上分析,强调"立德树人"不仅是对受教育者的要求,也对教育者提出了道德要求。教育部原副部长李卫红指出,抓住根本,立德树人,切实把高校辅导员队伍建设提高到一个新的水平。⑤ 王新皓认为,立德树人对教师而言,一是需要教师将"立德树人"作为施教理念,将德育摆在教育全过程的首位,切实把社会主义核心价值体系融入教育全过程,培养德、智、体、美全面发展的社会主义建设者和接班人,为实现全面建成小康社会和中华民族伟大复兴的目标储备人

---

① 戴锐、曹红玲:《"立德树人"的理论内涵与实践方略》,载《思想教育研究》2017年第6期。
② 王树荫:《立德树人70年——中国共产党"培养什么人"的战略抉择》,载《教学与研究》2019年第10期。
③ 王学俭、王君:《新中国成立70周年中国共产党立德树人的历史回顾、基本经验与时代展望》,载《新疆师范大学学报(哲学社会科学版)》2020年第1期。
④ 冯建军:《立德树人的时代内涵与实施路径》,载《人民教育》2019年第18期。
⑤ 李卫红:《抓住根本立德树人切实把高校辅导员队伍建设提高到一个新的水平》,载《思想教育研究》2007年第10期。

才;二是需要教师将"立德树人"作为修身之本,注重自身师德修养,做一个品德高尚的人,并通过自身的榜样作用和人格魅力,对学生进行最生动、最具体、最深远的教育。① 还有的学者从逻辑先后的角度将"立德"和"树人"拆分开来进行了分析。熊晓梅认为作为教师,要先"立己德",而后"树人德"。学校要培育有德行的学生,首先要培育师德,师德是教师的基础性素质。"立德"是衡量教师优劣的内在价值尺度,构建了教师职业的精神追求;"树人"是衡量教师优劣的外在评价标准,构建了教师职业的使命担当。② 赵霞明确指出立德树人关键在教师③,而毛菊和孟凡丽则系统梳理了教师"立德树人"的历史流变。④

以上学者主要是从受教育者(学生)和教育者(教师)的角度,论证了立德树人的双重指向。笔者认为,其实"立德树人"具有多重指向。立德树人作为教育的根本任务,是就教育的整体而言的,它是教育的灵魂,是对"培养什么人、怎样培养人、为谁培养人"的总体部署。就狭义而言,立德树人指向的是教育领域的所有主管部门、学校,所有领导、教师、教育工作者和受教育者。因此,教育领域的所有部门和人员都应该遵从和落实立德树人的教育理念。而从更加广义的角度看,其他与教育相关的部门和人员、教育领域之外的部门和人员,也应该形成"立德树人"的意识,自觉内化这一尺度和标准。

(三)"立德树人"的实现途径

立德树人,在于落实。教育部原部长袁贵仁站在国家战略层面,从宏观上对实现立德树人提出了总体要求。袁贵仁指出,深化教育领域综合改革,进一步落实立德树人的根本任务,具体来说,就是要抓住一个"根本要求",完成三个"主要任务",落实四个"关键举措"。首先,要抓住一个"根本要求",这就是要做到"三个坚定不移":一要坚定不移地坚持党对教育的领导;二要坚定不移地坚持马克思主义的指导地位;三要坚定不移地坚持社会主义建设者和接班人的培养目标。其次,要完成三个"主要任务",这就是:一要整体规划学校德育课程体系;二要把德

---

① 王新皓:《立德树人:大学生思想政治教育的时代理念》,载《西南农业大学学报(社会科学版)》2013年第6期。
② 熊晓梅:《坚持立德树人理念推进教师思想政治教育工作》,载《中国高等教育》2013年第Z3期。
③ 赵霞:《立德树人关键在教师》,载《中国教育学刊》2019年第7期。
④ 毛菊、孟凡丽:《教师"立德树人"的历史流变及时代建构》,载《新疆大学学报(哲学·人文社会科学版)》2018年第4期。

育融入学校教育教学各个环节;三要构建学校、家庭、社会紧密协作的教育网络。最后,要落实四个"关键举措",这就是:一要进一步形成高效的领导体制和工作机制;二要着力建设专兼结合、高素质的德育工作队伍;三要建立健全科学的德育工作考核评价机制;四要营造全社会共同促进青少年健康成长的良好环境。①

学界的研究则更加具体和细致。立德树人是学校立身之本,因此,很多学者在学校场域中,尤其是高校场域中探讨了立德树人的实现途径。其中,大部分学者对高校落实立德树人的路径进行了整体设计。例如,骆郁廷和郭莉认为要把课程育人、实践育人、文化育人三种路径结合起来,形成合力,增强"立德树人"的整体效应。还需要构建"立德树人"的有效机制即党委领导下的以学校专职思想政治教育工作者为中坚、以教师为主导、以学生干部为骨干的"三位一体"的育人主导机制,"教书育人、管理育人、服务育人"相结合的内部整合机制,学校、家庭和社会教育相结合的外部协同机制,并指出这是深入开展立德树人的根本保障。② 再如,陈志勇、冯秀军等人认为高校应综合采取强化全员立德树人意识、造就高素质教师队伍、完善立德树人考评机制、提升课堂质量等举措来确保立德树人根本任务落地见效。③ 又如,张丽红指出,为实现立德树人这一中心环节,高校党委要把日常教育、课程教学、生产实习及家庭教育各环节统合起来,构建三面八线的"三维体"路径。④ 同时,也有少数学者重点分析某种路径,如朱颖原抓住高校思想政治理论课这一立德树人的关键课程来谈。⑤

还有学者在更为宏观的社会场域中探索立德树人的实现途径。张澍军和苏醒认为实施完成"立德树人"根本任务,亟待改变德育"弱势";实施完成"立德树人"根本任务的核心问题是促进人的全面发展,现阶段的着眼点和侧重点是强化学生思想政治教育或德育;实施完成"立德树人"根本任务,迫切需求思想政治教育学科创新发展。⑥ 冯建军认为立德树人是教育的根本任务,但不只是学校教育

---

① 《深入学习贯彻党的十八大精神把立德树人作为教育的根本任务——访党的十八大代表、教育部党组书记、部长袁贵仁》,载《思想理论教育导刊》2013年第1期。
② 骆郁廷、郭莉:《"立德树人"的实现路径及有效机制》,载《思想教育研究》2013年第7期。
③ 陈志勇、冯秀军、袁文全、许志峰、孙园植:《论新时代高校立德树人的落实路径》,载《国家教育行政学院学报》2018年第7期。
④ 张丽红:《高校立德树人工作的路径及内容论析》,载《思想理论教育导刊》2017年第8期。
⑤ 朱颖原:《新时代高校思想政治理论课立德树人践行路径》,载《思想教育研究》2019年第3期。
⑥ 张澍军、苏醒:《论"立德树人"根本任务与思想政治教育学科建设使命》,载《思想教育研究》2013年第7期。

的任务,需要构建学校实施立德树人的主渠道,发挥家庭在立德树人中的奠基作用,重视实践育人,发挥社会合力育人的作用。① 戴锐和曹红玲指出,"立德树人"根本任务之下的德育实践应超越主渠道,以总体性理念重构德育体系;超越课程化,推进学校德育的路径重塑;超越教师伦理,全面实现教育的总体合道德性和学校自律、教师垂范。②

二、关于立德树人与培育和践行社会主义核心价值观的研究

立德树人与培育和践行社会主义核心价值观有着千丝万缕的联系,二者的关系亟待得到澄清。

(一)培育和践行社会主义核心价值观相关研究

党的十八大报告首次提出倡导富强、民主、文明、和谐,倡导自由、平等、公正、法治,倡导爱国、敬业、诚信、友善,积极培育和践行社会主义核心价值观。2013年12月23日,中共中央办公厅印发了《关于培育和践行社会主义核心价值观的意见》。此后,学界围绕"培育""践行""社会主义核心价值观"的含义、培育和践行社会主义核心价值观的要求等进行了研究。

1. "社会主义核心价值观"的含义

社会主义核心价值观的内容被明确为富强、民主、文明、和谐、自由、平等、公正、法治、爱国、敬业、诚信、友善这24个字,学界在此基础上对社会主义核心价值观的含义进行了深入阐释。

其一,关于社会主义核心价值观概括、凝练的研究。凝练出普遍认同和广泛共识的社会主义核心价值观是学界的难点和热点。侯惠勤指出在社会主义核心价值观的概括上缺乏共识,标明在一些基本理论、核心价值观的社会功能和作用方式、核心价值观的形成途径和培育方式等问题上存在分歧。③ 梅荣政总结了关于凝练社会主义核心价值观存在众多分歧的原因,并指出解决问题的关键在于找到正确的思想方法和凝练原则。④ 韩震认为凝练社会主义核心价值观,必须遵循

---

① 冯建军:《立德树人的时代内涵与实施路径》,载《人民教育》2019年第18期。
② 戴锐、曹红玲:《"立德树人"的理论内涵与实践方略》,载《思想教育研究》2017年第6期。
③ 侯惠勤:《在社会主义核心价值观的概括上如何取得共识?》,载《红旗文稿》2012年第8期。
④ 梅荣政:《对凝练社会主义核心价值观的思考》,载《思想理论教育》2012年第8期。

中国特色社会主义道路的基本要求和中国特色社会主义制度的基本要求，而不能将其与作为人民群众生活伦理规范的道德生活价值观混为一谈。① 陈曙光认为科学凝练社会主义核心价值观，需要明确以下几点：社会主义核心价值观是中国自己的、马克思主义性质的、社会主义阶段的，是价值观的核心部分，是观点而非体系。②

其二，关于社会主义核心价值观性质、作用、关系等方面的研究。刘建军认为准确把握"社会主义核心价值观"的科学内涵，须从概念层次上区分一般与特殊、客观存在与主观反映、制度建构原则与公民行为规范。③ 孙熙国认为社会主义核心价值观实现了对中国传统价值观和资本主义价值观的二重超越。④ 耿步健细致梳理了社会主义核心价值观与社会主义核心价值体系的辩证关系。⑤

其三，关于24字社会主义核心价值观的具体研究。刘书林逐条讨论了"富强、民主、文明、和谐""自由、平等、公正、法治""爱国、敬业、诚信、友善"的来源和性质。⑥ 江苏省委宣传部于2015年组织编写了"社会主义核心价值观研究丛书"，将社会主义核心价值观12个主题词独立成卷进行了深入研究。《思想政治教育研究》杂志社于2014—2015年刊发系列论文，对社会主义核心价值观的12个主题词进行内容解读。

2. "培育""践行"的含义

从词义上来理解，"培育"是指培养、教育。一方面指培养幼小生物，使其发育成长；另一方面指使某种情感得到发展。在这里主要是发展某种情感的意思。"践行"是指实践、实行。

学者们大多从整体上研究了"培育和践行社会主义核心价值观"，较少对词义进行分析，但也有少数的研究中提及了"培育"和"践行"的关系问题。骆郁廷等人引用了陶行知、涂尔干和苏霍姆林斯基等人的经典论述，指出了认知和践行的先

---

① 韩震：《必须区分社会主义核心价值观与道德生活价值观——如何凝练社会主义核心价值观之管见》，载《中国特色社会主义研究》2012年第6期。
② 陈曙光：《社会主义核心价值观凝练中的若干问题》，载《理论视野》2013年第5期。
③ 刘建军：《"社会主义核心价值观"的三种区分》，载《思想理论教育导刊》2015年第2期。
④ 孙熙国：《社会主义核心价值观的二重超越性》，载《中国特色社会主义研究》2014年第6期。
⑤ 耿步健：《社会主义核心价值观与社会主义核心价值体系的辩证关系》，载《社会科学家》2014年第2期。
⑥ 刘书林：《论社会主义核心价值观的几个重要关系》，载《思想理论教育导刊》2014年第9期。

后关系,也指明了二者的不同地位,即培育是践行的前提、践行是培育的目的。①龙静云指出践行社会主义核心价值观要以知行合一为进路,从"知"入手,提高社会主义核心价值观的知晓率、共识性和认同度;以"行"为径,使社会主义核心价值观转化为人民群众的自觉实践。② 李颖芳则从内化和外化的角度分析了培育和践行社会主义价值观。她认为社会主义核心价值观要以内化于心的自觉追求达到外化于行的自学践行。内化于心与外化于行的关系实质上是理论与实践的关系,是认知认同与指导行动的关系,如果用两个字来概括,就是知和行的关系。内化于心是武装思想,外化于行是指导行动。前者是学习理论,转变思想,后者是行动表现。因此,内化于心是外化于行的前提,外化于行是内化于心的目的。③

3. 培育和践行社会主义核心价值观的要求

如何培育和践行社会主义核心价值观,是一个更为复杂的系统工程。中共中央办公厅印发的《关于培育和践行社会主义核心价值观的意见》一文中要求:把培育和践行社会主义核心价值观融入国民教育全过程;把培育和践行社会主义核心价值观落实到经济发展实践和社会治理中;加强社会主义核心价值观的宣传教育;开展涵养社会主义核心价值观的实践活动;加强对培育和践行社会主义核心价值观的组织领导。④

学界围绕这一问题展开了持续性的学术研究,取得了大量研究成果。大部分学者采用思辨式的理论研究。如,沈壮海深入概括了培育践行社会主义核心价值观的着力点,即需要理论研究的深度开掘、主体力量的全面动员、制度建设的融入贯穿和方法创新的精细建构。⑤ 王永贵指出,要增强价值自信,深化社会主义核心价值观培育和践行的理论研究和学习宣传;注重层次性,发挥党员干部群体培育和践行社会主义核心价值观的示范引领作用;突出建设性,探索社会主义核心价值观培育和践行的制度创新。⑥ 黄蓉生和石海君着眼于认知层面、情感层面、行为

---

① 骆郁廷、郭莉:《"立德树人"的实现路径及有效机制》,载《思想教育研究》2013年第7期。
② 龙静云:《践行社会主义核心价值观要以知行合一为进路——学习习近平关于社会主义核心价值观的重要论述》,载《社会主义核心价值观研究》2016年第1期。
③ 李颖芳:《培育践行社会主义核心价值观的十大关系》,载《企业导报》2013年第13期。
④ 《〈关于培育和践行社会主义核心价值观的意见〉印发》,中华人民共和国中央人民政府网,2013年12月23日,http://www.gov.cn/jrzg/2013-12/23/content_2553019.htm。
⑤ 沈壮海:《社会主义核心价值观培育和践行的着力点》,载《思想政治工作研究》2012年第12期。
⑥ 王永贵:《社会主义核心价值观培育的目标指向和实现路径》,载《思想理论教育》2013年第1期。

层面的认同过程,指出要推进社会主义核心价值观从形式认同向实质认同、理论认同向心理认同、评价认同向实践认同转化。① 此外,还有学者运用个案研究、实证研究等方法展开研究。其中围绕大学生群体的研究最为丰富,如刘建军概括出高校培育和践行社会主义核心价值观的四个步骤②,檀江林和王帅③、吴东姣、马永红和张飞龙④等研究团队基于实践现状对大学生培育践行社会主义核心价值观提供对策建议。当然,也有少数学者关注了高校教师、党政机关、军队、农村等领域或群体培育践行社会主义核心价值观的具体路径。

（二）立德树人与培育和践行社会主义核心价值观的关系研究

立德树人与培育和践行社会主义核心价值观的关系问题并未成为学界关注和研究的焦点,多数学者认为二者有着天然的联系,把"落实立德树人根本任务,培育和践行社会主义核心价值观"作为自然的表达,很少有人专门就二者的关系进行学理上的研究和厘清。不过也有少数学者在相关研究中提及了二者的关系问题,主要有以下方面:

其一,承认研究立德树人与培育和践行社会主义核心价值观关系的必要性和重要性。朱善璐强调要把培育和弘扬社会主义核心价值观与完成好立德树人根本任务紧密结合起来。⑤ 吴潜涛明确指出,在理论和实践的结合上,厘清"立德树人"与培育和践行社会主义核心价值观之间的内在关联性,对于全面贯彻党的教育方针,培养德智体美全面发展的社会主义建设者和接班人,具有重要理论和实践意义。⑥

其二,有观点认为培育和践行社会主义核心价值观是新时期立德树人的新任务。吴潜涛认为立德树人强调以德立人、树人以德,而社会主义核心价值观确立了立德树人的价值根据和价值标准,明确了新的历史时期"德"的科学内涵,因而

---

① 黄蓉生、石海君:《略论社会主义核心价值观培育和践行的认同转化》,载《社会主义核心价值观研究》2016年第6期。
② 刘建军:《高校培育和践行社会主义核心价值观的四个步骤》,载《思想理论教育》2016年第3期。
③ 檀江林、王帅:《Web3.0时代大学生社会主义核心价值观培育和践行的困境与进路——基于全国62所高校的抽象考察》,载《社会主义核心价值观研究》2016年第5期。
④ 吴东姣、马永红、张飞龙:《中国博士生社会主义核心价值观调查研究——全国35所高校4476份文件数据分析》,载《重庆大学学报(社会科学版)》2019年第1期。
⑤ 《以社会主义核心价值观引领立德树人工作》,载《人民日报》2014年6月17日。
⑥ 《社会主义核心价值观教育:立德树人的必由之路》,载《北京日报》2014年1月13日。

积极培育和践行社会主义核心价值观,是新时期赋予立德树人的新任务新要求,也是新时期立德树人的必由之路。① 靳诺也认为立德树人是我们办好中国特色社会主义大学的首要使命和根本任务,而社会主义核心价值观明确了新时期"德"的科学内涵,因而,要坚持把培育和践行社会主义核心价值观作为高校落实立德树人根本任务的中心工作。② 万美容和孙禄则明确强调在新时代,立德树人的基本要求就是社会主义核心价值观教育,并将立德树人作为考察大学生社会主义核心价值观教育的视域。③

其三,还有观点认为立德树人与践行社会主义核心价值观相辅相成。韩震和王临霞深度省思了践行社会主义核心价值观与培育时代新人的必然耦合。一方面,培育时代新人对于培育践行社会主义核心价值观的意义在于:培育时代新人是弘扬和践行社会主义核心价值观的着眼点、出发点和落脚点;正在形成中的时代新人有助于释放与提升社会主义核心价值观的吸引力、凝聚力与感召力;培育时代新人的成效是对社会主义核心价值观培育与践行效果的直接检验。另一方面,社会主义核心价值观对于培育时代新人的意义在于:社会主义核心价值观为培育时代新人确立坚定的政治方向、价值导向和道德规范。④

三、关于"把培育和践行社会主义核心价值观融入国民教育全过程"的研究

中共中央办公厅印发了《关于培育和践行社会主义核心价值观的意见》,明确要求把培育和践行社会主义核心价值观融入国民教育全过程。坚持育人为本、德育为先,围绕立德树人的根本任务,把社会主义核心价值观纳入国民教育总体规划。学界主要围绕国民教育与社会主义核心价值观的关系、"国民教育""全过程"和"融入"的含义、"把社会主义核心价值体系融入国民教育全过程"的具体路径等展开研究。

---

① 《社会主义核心价值观教育:立德树人的必由之路》,载《北京日报》2014年1月13日。
② 靳诺:《坚持把培育和践行社会主义核心价值观作为高校立德树人的中心工作》,载《社会主义核心价值观研究》2016年第6期。
③ 万美容、孙禄:《立德树人视域下的大学生社会主义核心价值观教育》,载《社会主义核心价值观研究》2017年第5期。
④ 韩震、王临霞:《以社会主义核心价值观培育时代新人的历史演进与现实路径》,载《东北师大学报(哲学社会科学版)》2019年第3期。

(一) 国民教育与社会主义核心价值观的关系研究

社会主义核心价值观融入国民教育具有重要的战略意义。孙志飞、孙明哲认为,社会主义核心价值观能否融入国民教育,关系到社会主义意识形态建设,关系到"两个一百年奋斗目标"的实现,关系到国家综合竞争力,关系到学校教育的性质和方向。① 学界主要从国民教育与社会主义核心价值观相互需要的两方面论证了二者的关系。

一方面,有学者从"国民教育需要社会主义核心价值观的引领"的角度论述了将社会主义核心价值体系融入国民教育的必要性和意义。周治华分析了西方价值澄清理论的弊端,进而提出必须将社会主义核心价值体系融入中国的国民教育。他认为价值澄清理论否认社会主流价值观念的存在,拒斥德育的价值导向功能,将立什么样的"德"、树什么样的"人"这一根本问题交由个人选择。这样的德育显然无法真正解决受教育者面对多元价值选择时的茫然和迷失,势必造成或加剧社会的道德失范和价值混乱。② 李泽泉主要从我国青少年当下的思想现状入手分析了将社会主义核心价值观融入国民教育的紧迫性。③ 韩巍岩和宋吉鑫通过大学生价值观情况的实证调查证明大学生政治价值观存在的不良倾向,因而迫切要求加大社会主义核心价值观融入国民教育体系的力度。④

另一方面,也有学者指出"培育和践行社会主义核心价值观需要依靠国民教育"。蒋笃运认为,文化的传承和传递主要依靠教育,将社会主义核心价值体系建设的成果从宏观层面落实到微观层面的任务理所当然也要依托持之以恒的国民教育,核心价值体系的建设和传承客观上更需要国民教育的支撑。⑤ 刘峥和刘新庚明确指出,社会主义核心价值观实现路径,基本要求是将社会主义核心价值观贯穿国民素质教育的始终。⑥

国民教育与社会主义核心价值观的相互需要,这就使得国民教育和社会主义核心价值观之间的关系具有了双向性。崔志胜全面考察了国民教育与社会主义

---

① 孙志飞、孙明哲:《社会主义核心价值观融入国民教育的战略意义》,载《思想理论教育导刊》2016年第6期。
② 周治华:《"育人为本、德育为先"与社会主义核心价值体系融入国民教育全过程》,载《思想理论教育》2009年第11期。
③ 李泽泉:《把社会主义核心价值体系融入国民教育全过程》,载《学习月刊》2012年第5期。
④ 韩巍岩、宋吉鑫:《将社会主义核心价值观融入国民教育体系》,载《人民论坛》2013年第17期。
⑤ 蒋笃运:《将社会主义核心价值体系融入国民教育全过程》,载《中国德育》2011年第3期。
⑥ 刘峥、刘新庚:《社会主义核心价值观实现路径探索》,载《求索》2011年第9期。

核心价值观之间的辩证关系,他认为社会主义核心价值观是引领国民教育健康发展的一面精神旗帜,国民教育是培育社会主义核心价值观的主阵地和主渠道。①

(二)"国民教育""全过程"和"融入"的含义

关于"国民教育"概念的界定。韩振峰认为国民教育的目的是提高全体公民的科学文化素质和思想道德素质,是全民教育和全程教育的统一,从纵向看,它包括小学教育、中学教育、大学教育等;从横向看,它包括普通教育、职业教育、成人教育等。② 蒋菲和高地认为可以将国民教育定义为基于终身教育思想,面向全体国民,以学习型社会为目标,由不同教育层次、阶段和类型构成的教育体系。这一体系大体包括:普通教育与职业教育两翼,初等教育、中等教育、高等教育三个层次,成长教育与继续教育两个阶段,义务教育、基础教育、高等教育、职业教育和成人教育五个方面。③

要想做好把社会主义核心价值体系贯穿到大学生思想政治教育全过程的工作,还应当厘清"全过程"的含义,把握其基本内涵。刘新庚、彭烨和刘邦捷认为全过程是思想政治工作的方法模式,其基本要求体现为两个具体维度,一是纵向时间维度注重贯穿始终,实现自始至终全程育人;二是横向空间维度注重教育活动的"全方位覆盖",实现各方整合以达到全员育人及全方位育人的目的。④ 北京大学课题组在《社会主义核心价值体系与大学生思想教育全过程》一文中从教育理念、时间维度、空间维度和主体维度探讨了"全过程"的含义。就教育理念而言,"全过程"包含着一种全面育人观,即整体养德、系统育人的理念,它要求把对大学生的思想教育、价值启发和行为训练作为一个可持续的、整体性的周密过程,既不能停留在某一层面、某一阶段和某项具体教育内容上,又不能人为割裂各个步骤、环节、时间和程式之间的联系。就时间维度而言,"全过程"意味着以传递社会主义核心价值理念的教育与实践不应仅仅停留在大学生专业课堂和知识学习的某一特定时期,而应将其贯穿于大学生从入学至毕业的整个大学阶段的始终。就空

---

① 崔志胜:《社会主义核心价值观融入国民教育全过程的思考》,载《广西青年干部学院学报》2016年第2期。
② 韩振峰:《略论把社会主义核心价值体系融入国民教育全过程》,载《教育与职业》2007年第21期。
③ 蒋菲、高地:《社会主义核心价值体系融入国民教育全过程的衔接问题探析》,载《思想政治教育研究》2014年第2期。
④ 刘新庚、彭烨、刘邦捷:《高校思想政治工作"全过程·常态化"方法模式探索》,载《中南大学学报(社会科学版)》2019年第6期。

间维度而言,"全过程"意味着应当把社会主义核心价值体系的宣传、教育、普及贯穿到大学生学习、生活和实践的所有空间范围内,即贯穿在包括课堂教育、宿舍文化、文体活动、校园组织、个人自修和社会实践等全部活动空间内。就主体维度而言,"全过程"意味着社会主义核心价值体系的贯通式教育必须发展和利用多层次、多方面的教育主体,包括受教主体和施教主体。① 这对于我们研究"把培育践行社会主义核心价值观融入国民教育全过程"具有一定的借鉴意义。

关于"融入"概念的界定。杨晓慧认为"融入全过程"是一个内在逻辑性的外在认定与外在规定性的内在实现相统一的过程,经历从"理论"到"教育"、从"教育"到"头脑"两个阶段的转化。其过程中必须坚持受教育者价值观的整合与构建这一逻辑起点,实质就是坚持以社会主义核心价值体系对受教育者价值体系进行方向主导和内容框定,从而实现传统价值、时代需求和受教育者自身价值追求的协调统一。② 在蒋笃运看来,"融入"过程实质是马克思主义大众化问题。实现社会主义核心价值体系的大众化,就是要将科学的理论变成通俗的群众语言,使之适合人民群众的精神文化需要,这样才能提升可接受性。③ 周忠华和黄芳认为"融入"意味着有机结合和合二为一,不应该是"两张皮",进而指出使社会主义核心价值观融入国民教育全过程,需要把握影响融入的因素,如大中小学生的差异性特点、社会主义核心价值观的内容、方法和载体、接受环境等。④ 蒋菲和高地认为"融入"不应是单向融入式的,而是双向互动式的,社会主义核心价值体系融入国民教育全过程应当以有效衔接为追求。⑤

(三)"把社会主义核心价值观融入国民教育全过程"的具体路径研究

学界关于如何把社会主义核心价值观融入国民教育全过程的研究,可以从时间维度、主体维度、活动维度三个方面进行概括,体现了全过程育人、全员育人、全方位育人的原则。正如王晓莉所言,全程育人是延续性的要求,体现了无中断性

---

① 北京大学课题组:《社会主义核心价值体系与大学生思想教育全过程》,载《河北学刊》2010年第4期。
② 杨晓慧:《社会主义核心价值体系融入大学生思想政治教育全过程论析》,载《东北师大学报(哲学社会科学版)》2009年第6期。
③ 蒋笃运:《将社会主义核心价值体系融入国民教育全过程》,载《中国德育》2011年第3期。
④ 周忠华、黄芳:《社会主义核心价值观融入国民教育全过程的三个关键》,载《中国德育》2018年第12期。
⑤ 蒋菲、高地:《社会主义核心价值体系融入国民教育全过程的衔接问题探析》,载《思想政治教育研究》2014年第2期。

育人;全员育人明确了教育的责任主体和主体责任;而全方位育人则是无死角育人。①

从时间维度来看,学界认为把社会主义核心价值体系融入国民教育全过程意味着在小学、初中高中、普通高等教育、职业技术教育、成人教育等教育序列中培育和践行社会主义核心价值观。人民日报评论员撰文指出,培育社会主义核心价值观,不仅仅限于基础教育,还应该深入职业技术教育、高等教育、成人教育各个领域,落实到教育教学和管理服务的每个环节。只有覆盖到所有教育平台,形成长效的教育机制,不断用各种方式和载体加以引导和熏陶,才能立德树人,引领社会全面进步。② 还有的学者指出了把社会主义核心价值体系融入国民教育序列时需要注意的问题。高国希认为把社会主义核心价值体系融入国民教育全过程,需要遵循教育规律,遵循学生身心成长规律,结合其智力发展、情感体验、意志品质、理想信念形成的特点,分段分层,因材施教,使不同阶段的学生,能够真正地融入,而不是机械地生搬硬套。根据受教育者的认知特点、成长规律,探索各阶段教育目标和内容、实践途径与方法,形成分层递进、有机衔接的教育序列。小学注重行为养成,中学注重情感体验,大学则要以理论服人。通过科学设计,以与学生身心成长特点相适应的方法和途径,有机融入。③ 陈郭华具体将社会主义核心价值观融入大中小学的道德教育中,并设计了一套以社会主义核心价值观为引领的大中小德育顶层内容体系。④

从主体维度来看,学界认为把社会主义核心价值观融入国民教育全过程并不只是学校和专职思想政治工作者的任务。不少学者具体探讨了如何把社会主义核心价值观融入学校教育全过程⑤或大学教育全过程⑥,可见,这种主要强调学校教育的观点具有一定的代表性。但是,祝军指出学校教育是国民教育过程中的主

---

① 王晓莉:《把核心价值观教育融入高校教育全过程》,载《人民论坛》2018年第1期。
② 《把核心价值观融入国民教育全过程——一论如何培育和践行社会主义核心价值观》,载《人民日报》2014年1月17日。
③ 高国希:《社会主义核心价值体系教育的几个关系》,载《思想政治教育研究》2012年第10期。
④ 陈郭华:《以社会主义核心价值观为引领的大中小德育顶层内容体系研究》,载《社会主义核心价值观研究》2017年第2期。
⑤ 陈治亚:《把社会主义核心价值观融入学校教育全过程》,载《中国高等教育》2015年第15期。
⑥ 张欣欣、都基辉、彭庆红:《将核心价值观融入高校育人全过程》,载《中国高等教育》2016年第12期;李爽、金玲玲、王婷、刘芳:《社会主义核心价值观融入高校教育教学全过程现状评价研究》,载《学校党建与思想教育》2019年第4期。

体,而社会主义核心价值体系融入国民教育的全过程是一个全社会的系统工程,需要将学校、家庭和社会各方面的力量协调起来。① 郭开虎和韦冬雪指出,"融入全过程"的主体除了学校专职的思想政治教育工作者,还应该包括学校和社会上其他一切对学生有影响的人群,如学校管理人员、服务人员、其他教学人员、党政及干部、家庭父母等。②

从活动维度来看,社会主义核心价值观融入国民教育全过程不限于思想政治理论课教学。有学者专门强调把社会主义核心价值观融入思想政治理论课,例如,陈锡喜认为高校思想政治理论课的意识形态性质,以及核心价值观作为意识形态的本质体现,决定了把社会主义核心价值观贯穿思想政治理论课教学全过程的必要性,进而指出要做到"三个结合"、处理好"三个关系"③;曹群和郑永廷④、肖贵清和武传鹏⑤表达了类似的观点。思想政治理论课确实是社会主义核心价值观教育的主渠道和主阵地,不过,也有更多的学者认为社会主义核心价值观教育不应局限在思想政治理论课,而应当全面融入国民教育全过程。例如,李庆才认为把培育和践行社会主义核心价值观融入国民教育全过程,需要在强化课堂教学、推进社会实践、校园文化建设、协同推进等多方面下功夫。只有推进教育内部的协同,才能使培育和践行社会主义核心价值观有机结合、环环相扣。⑥ 王琰指出,培育和践行社会主义核心价值观需要从理论引领、舆论宣传、文化熏陶、实践养成和制度保障五个维度入手,切实将社会主义核心价值观融入高校立德树人全过程。⑦

---

① 祝军:《社会主义核心价值体系融入国民教育的传播学思考》,载《学校党建与思想教育》2013年第7期。
② 郭开虎、韦冬雪:《社会主义核心价值体系融入大学生思想政治教育全过程的过程论思考》,载《广西社会科学》2014年第9期。
③ 陈锡喜:《关于社会主义核心价值观教育贯穿于高校思想政治理论课教学全过程的思考》,载《思想理论教育》2015年第6期。
④ 曹群、郑永廷:《社会主义核心价值观贯穿高校思想政治理论课教学的要义》,载《思想理论教育导刊》2015年第2期。
⑤ 肖贵清、武传鹏:《社会主义核心价值观融入高校思想政治理论课的重要意义及其路径》,载《思想教育研究》2017年第3期。
⑥《把培育和践行社会主义核心价值观融入国民教育全过程》,载《辽宁日报》2014年1月12日。
⑦ 王琰:《将社会主义核心价值观融入高校立德树人全过程的五个维度》,载《思想理论教育导刊》2015年第1期。

四、"立德树人与培育和践行社会主义核心价值观"研究的简要评述

综上所述,"立德树人与培育践行社会主义核心价值观"相关研究主要集中在上述三个方面。从研究成果的数量上看,这一论题已经成为学界广泛关注的理论焦点,质量上看也取得了不少卓有成效的创见。学界敏锐地将政治论题转化为学术问题来研究,并对中央文件的内容进行了深入、细化和补充。中央文件中的"立德树人""培育和践行社会主义核心价值观"等提法主要是作为一种任务和要求提出的,其科学意义、理论依据和可操作性等问题都需要进一步的研究。学者们对这些问题进行集中和深入的探讨,为政策的进一步落实提供了很多建设性的意见。

然而,通过对这些文献进行筛选和梳理,笔者发现相关研究中主要存在以下不足:

第一,学理性有待增强。由于这一论题直接源自于中央文件,因此与国家政策、政治话语有着紧密的联系。然而,作为学术文章还应当遵循应有的写作规范,即厘清各部分之间的逻辑关系,提供严密的论证和说理过程。但部分研究成果基本上是对中央文件的简单移植或转述,而缺乏对相关问题的学理阐释。例如,在"立德树人与培育践行社会主义核心价值观的关系"问题上,很少有学者以学术研究的态度来对待,而是自觉地与中央文件保持一致,默认"立德树人自然要培育践行社会主义核心价值观"。这就必然会影响到学术研究的意义和价值,且产生了大量的重复性研究。

第二,对核心概念有待深入阐释和清晰厘定。从整体上来讲,除"立德树人"以外,学者们很少从概念出发来研究该论题。以"培育和践行社会主义核心价值观"这一论题为例,大多学者一开篇就论述培育和践行社会主义核心价值观的背景、意义、方法和路径等问题,而对其中最为基础和核心的"何为培育""何为践行"以及"培育和践行的关系"等概念没有进行深入的研究。这一缺失将影响到整篇文章的科学性和合理性。在"立德树人"的相关研究成果中,虽然大部分学者都是从这一词语出发的,但研究的程度仍不够深入,主要停留于揭示其出处,而对这一词语的内涵、结构的研究相对较少。具体来看,对"立德"的研究多,而对"树人"的研究少,对"立德树人"的整体研究也不够。

第三，按文章的不同类型来看，理论研究的操作性有待加强，个案研究的推广意义不足。大部分文章为理论研究，由于真正做的"理论研究"的功夫不深入，再加上对实际运作的忽视，在一定程度上影响了文章的可操作性。这集中表现在文章中的路径研究部分，学者们大多构建了一套看似全面的大系统，然而这些路径到底如何运转却有待考证和检验。还有部分学者进行了个案研究，然而由于其多以活动总结的形式出现，因此缺乏理论性和推广意义。

附录二 关于培育和践行社会主义核心价值观的情况报告

一、调查设计

（一）调查主题

为了避免以往将社会主义核心价值观当作一种意识形态灌输给学生的研究取向所造成的缺陷，本调查以大学生"社会主义核心价值观教育机会获得"为调查主题，通过发放调查问卷的方式，询问高校学生"价值观教育机会获得"存在的一些主客观问题，了解并分析学生的家庭背景、教育机会与教育效果等几个方面的相互联系、相互影响。

（二）抽样方案

听取专家意见和课题的实际要求，本调查选择在南京市选择六所不同类型的高校作为调查点，分别在南京大学、南京师范大学、河海大学、南京晓庄学院、江苏海事职业技术学院、正德学院六所高校中随机抽取1200名学生进行调查。

（三）问卷主要内容

问卷主要分为三个部分，第一部分为高校学生基本情况；第二部分为大学生社会主义核心价值观教育机会获得的情况，包括课堂教学、社会实践、校园文化、网络媒体四个方面；第三部分为社会主义核心价值观的践行情况，包括大学生对社会主义核心价值观的了解、认同和社会实践状况。

二、数据分析

(一) 问卷回收情况

调查在 2015 年 12 月 10 日—2015 年 12 月 13 日六所高校中共发放 1200 份问卷,有效回收 1014 份,问卷回收率为 84.5%。

(二) 数据分析情况

1. 基本状况描述统计

本研究主要从年级、性别、政治面貌、父亲职业、父亲月收入、父亲受教育水平、家庭经济状况等方面来描述南京市六所高校学生参与调查样本的人口特征。

如表 2-1 所示,从调查对象的性别分布来看,男生占 44.3%,女生占 55.6%。从年级分布来看,大一学生比例为 42.0%,大二学生比例为 24.8%,大三学生比例为 20.9%,大四学生比例为 12.3%。从政治面貌来看,共产党员的比例为 6.9%,共青团员的比例为 87.1%,群众比例为 6.0%。在入学前的中学来看,重点中学所占比例为 51.8%,普通中学所占比例为 46.7%。从父亲职业分布来看,工人占比例最高,军人或警察比例最低。父亲月收入 1500 元及以下的比例为 12.2%,1501—3000 元的比例为 21.2%,3001—4500 元的比例为 24.6%,4501—6000 元的比例为 21.6%,6001—7500 元的比例为 6.2%,7501—8000 元的比例为 4.4%,8001 元以上的比例为 9.6%。从父亲政治面貌来看,群众所占比例较高,群众所占比例为 73.8%,共产党员比例为 21.7%,共青团员比例为 3.6%。从父亲最高教育水平分布来看,小学及以下、没上过学的比例为 10.7%,初中所占比例为 34.9%,高中、中专/高职、技校所占比例为 29.1%,大专、大学本科及本科以上所占比例为 25.2%。从家庭经济状况方面来看,低于平均水平的家庭所占比例为 24.1%,处于平均水平的家庭所占比例为 67.6%,高于平均水平的家庭所占比例为 8.4%。

表 2-1 人口基本特征

项目	频次(有效百分比)		项目	频次(有效百分比)	
性别	男	449(44.3)	父亲月收入	1500 元及以下	123(12.2)
	女	564(55.6)		1501—3000 元	214(21.2)
年级	大一	426(42.0)		3001—4500 元	248(24.6)
	大二	251(24.8)		4501—6000 元	218(21.6)
	大三	212(20.9)		6001—7500 元	63(6.2)
	大四	125(12.3)		7501—8000 元	44(4.4)
政治面貌	共产党员	70(6.9)		8001 元以上	97(9.6)
	共青团员	883(87.1)	父亲政治面貌	共产党员	220(21.7)
	群众	61(6.0)		共青团员	36(3.6)
入学前的中学	重点中学	525(51.8)		群众	747(73.8)
	普通中学	474(46.7)	父亲最高教育水平	没上过学	17(1.7)
父亲职业	农牧渔民	168(16.6)		小学及以下	91(9.0)
	商业服务业职工	77(7.6)		初中	354(34.9)
	个体工商户	187(18.5)		高中、中专/高职、技校	295(29.1)
	私营企业	81(8.0)			
	工人	206(20.4)		大专	111(11.0)
	党政干部	26(2.6)		大学本科及本科以上	145(14.3)
	管理人员	75(7.4)			
	军人/警察	17(1.7)	家庭经济状况	低于平均水平	211(20.8)
	专业技术人员	60(5.9)		平均水平	685(67.9)
	其他	115(11.4)		高于平均水平	70(6.9)

2. 教育机会获得的基本状况及影响因素

(1) 教育机会获得的基本状况

表2-2 社会主义核心价值观在课堂教学上的机会获得

课堂教学	平均数	标准差
学校比较重视思想政治理论课教学组织	4.09	0.785
思想政治理论课老师对社会主义核心价值观进行讲解和分析	4.10	0.792
思想政治理论课对我的大学生活帮助很大	3.27	0.992
教师组织读书交流会	3.09	1.032
学生主动参与课堂上(社会主义核心价值观主题)的讨论	3.10	1.062

如表2-2,从对社会主义核心价值观在课堂教学上的机会获得的平均值比较中,可以发现在"学校比较重视思想政治理论课教学组织"和"思想政治理论课老师对社会主义核心价值观进行讲解和分析"上得分较高,说明各高校和老师比较重视社会主义核心价值观的教学。但是在"思想政治论课对生活的影响""读书交流会的举办""学生在课堂上对社会主义核心价值观的讨论"上得分相对较低,说明在这三个方面有待加强。

表2-3 社会主义核心价值观在社会实践上的机会获得

社会实践	平均数	标准差
我校社团经常组织志愿服务活动	4.11	0.838
我校设立多项社会实践项目,并鼓励学生参加省级、国家级的社会实践项目	3.89	0.989
我在大学期间参加军事训练	4.49	0.715
我在大学期间积极参加社会公益活动	3.67	0.945
我有机会参加社会实践活动	3.69	1.015

如表2-3,从对社会主义核心价值观在社会实践上的机会获得的平均值比较中,可以发现在学校在志愿服务活动的组织上,还是比较积极的,且学生在军事训练参加的积极程度上也是很高的。但是在高校设立的社会实践项目、社会公益活动以及专题调查等社会实践活动上得分略低,从这三个方面来看学生参加社会实践的机会并不多。且在"我有机会参加社会实践活动"这一选项上,标准差达到了

1.015,说明学生参加社会实践活动的机会存在较大的差异。

表 2-4 社会主义核心价值观在校园文化上的机会获得

校园文化	平均数	标准差
我校积极开展"中国优秀传统文化进校园""高雅艺术进校园""廉政文化进校园"等活动	3.61	1.013
我校建设优良校风、教风、学风 形成学校特色的校训、校歌、校徽等校园文化符号	4.22	0.919
我主动参加学校举办的技能大赛	3.60	1.054
我校广泛开展"文明班级""文明宿舍""文明食堂"等和谐校园创建活动	4.15	0.886
我校积极表彰、宣传有影响的典型人物	3.78	0.939

如表 2-4,从对社会主义核心价值观在校园文化上的机会获得的平均值比较中,可以发现学校对校园文化符号、和谐校园创建活动给予很大重视,但关于优秀文化活动的开展、典型人物的宣传以及主动参加学校举办的技能大赛却相对薄弱。

表 2-5 社会主义核心价值观在网络媒体上的机会获得

网络媒体	平均数	标准差
我校建立社会主义核心价值观专题网站	3.21	1.144
我能及时方便地浏览学校宣传社会主义核心价值观的帖子或报道	3.21	1.108
我校有开设思想政治理论网络课程	3.02	1.134
我校有开设人文素质网络课程	3.05	1.202
我校经常使用网络平台处理学生学习生活问题	3.23	1.135

从表 2-5 中可以看出,社会主义核心价值观在网络媒体上的机会获得得分普遍较低,其中在"我校有开设思想政治理论网络课程"这一选项上得分最低,为3.02。在"我校经常使用网络平台处理学生学习生活问题"这一选项上得分最高,为 3.23。这说明社会主义核心价值观在网络媒体上机会的获得较少,学校应该加强社会主义核心价值观在网络媒体上的宣传。

从表 2-2 至表 2-5 总体上可以看出,在课堂教学、社会实践、校园文化这三个方面高校的社会主义核心价值观的宣传做得比较好,但是在网络媒体这一方面做得相对较差,还有很大的提升空间。另外,从学校管理层面上看,社会主义核心价值观的宣传教育还是比较重视的,但从学生作为受教育者来看,他们的接受程度、实践程度有待加强。也就是说,学校教育与学生接受度之间相对分离。

(2)教育机会获得的影响因素

表 2-6 社会主义核心价值观课堂教育机会获得的影响因素模型

变量	标准回归系数 Beta	显著性水平
性别	0.134	0.636
学校层次	0.393	0.012
年级	0.662	0.000
中学类型	−0.104	0.737
父亲月收入	0.300	0.002
父亲的教育水平	−0.020	0.890
家庭经济状况	0.422	0.125
解释力 R^2	0.63	
F 更改	6.429***	

注:$\alpha=0.05$

表 2-6 是社会主义核心价值观课堂教育机会获得的影响因素线性回归模型拟合结果,其回归结果展示了性别、学校层次、年级、中学类型、父亲月收入、父亲的教育水平和家庭经济状况等不同因素对核心价值观课堂教育机会获得的影响。统计结果显示 $R^2=0.63$,F 更改 $=6.429$,上述变量中学校层次、年级和父亲月收入在 95% 的置信度下均通过了显著性检验。因此,我们可以认为,来自学校层次越高学生通过课堂学习获得社会主义核心价值观教育机会就越大;年级越高学生通过课堂学习获得社会主义核心价值观教育机会越大;同时,从学生的家庭背景来说,父亲经济条件越高,学生越可能通过课堂学习获得社会主义核心价值观教育机会。

表 2-7 社会主义核心价值观社会实践机会获得的影响因素模型

变量	标准回归系数 Beta	显著性水平
性别	−0.297	0.294
学校层次	0.727	0.000
年级	0.349	0.019
中学类型	−0.266	0.391
父亲月收入	0.124	0.190
父亲的教育水平	0.053	0.716
家庭经济状况	0.041	0.882
解释力 R^2	0.038	
F 更改	4.152***	

注:α=0.05

表 2-7 是社会主义核心价值观社会实践机会获得的影响因素线性回归模型拟合结果,其回归结果展示了性别、学校层次、年级、中学类型、父亲月收入、父亲的教育水平和家庭经济状况等不同因素对社会主义核心价值观社会实践机会获得的影响。统计结果显示 R^2=0.038,F 更改=4.152,上述变量中学校层次和年级两个变量在 95%的置信度下均通过了显著性检验。因此,我们可以认为,来自学校层次越高,学生通过社会实践获得社会主义核心价值观教育机会就越大;年级越高,学生通过社会实践获得社会主义核心价值观教育机会越大。

表 2-8 社会主义核心价值观校园文化机会获得的影响因素模型

变量	标准回归系数 Beta	显著性水平
性别	0.594	0.033
学校层次	0.408	0.008
年级	0.424	0.004
中学类型	0.687	0.024
父亲月收入	0.370	0.000
父亲的教育水平	0.029	0.840
家庭经济状况	0.175	0.518
解释力 R^2	0.057	
F 更改	5.861***	

注:α=0.05

表 2-8 是社会主义核心价值观校园文化机会获得的影响因素线性回归模型拟合结果,其回归结果展示了性别、学校层次、年级、中学类型、父亲月收入、父亲的教育水平和家庭经济状况等不同因素对社会主义核心价值观校园文化机会获得的影响。统计结果显示 $R^2=0.057$,F 更改$=5.861$,上述变量中除了父亲的教育水平和家庭经济状况,其他变量在 95% 的置信度下均通过了显著性检验。因此,我们可以认为,男同学比女同学更有可能通过校园文化获得社会主义核心价值观教育机会;来自学校层次越高学生通过校园文化获得社会主义核心价值观教育机会就越大;高年级、年龄较大的学生比低年级和年龄较小的学生更有可能通过校园文化获得社会主义核心价值观教育机会;与普通中学的毕业生相比,来自重点中学的大学生更可能通过校园文化获得社会主义核心价值观教育机会;同时,从学生的家庭背景来说,父亲经济条件越高,学生越可能通过课堂学习获得社会主义核心价值观教育机会。

表 2-9　社会主义核心价值观网络媒体机会获得的影响因素模型

变量	标准回归系数 Beta	显著性水平
性别	−0.300	0.447
学校层次	0.556	0.012
年级	−0.240	0.245
中学类型	−0.349	0.410
父亲月收入	0.449	0.001
父亲的教育水平	0.556	0.006
家庭经济状况	0.823	0.002
解释力 R^2	0.046	
F 更改	5.305***	

注:$\alpha=0.05$

表 2-9 是社会主义核心价值观课堂教育机会获得的影响因素线性回归模型拟合结果,其回归结果展示了性别、学校层次、年级、中学类型、父亲月收入、父亲的教育水平和家庭经济状况等不同因素对社会主义核心价值观网络媒体机会获得的影响。统计结果显示 $R^2=0.046$,F 更改$=5.305$,上述变量中除了性别、年级和中学类型,其他变量在 95% 的置信度下均通过了显著性检验。因此,我们可以

认为,来自学校层次越高学生通过网络媒体学习获得社会主义核心价值观教育机会就越大;同时,从学生的家庭背景来说,家庭背景越好,越可能通过网络媒体获得社会主义核心价值观教育机会——随着父亲的教育水平、收入的提高,通过网络媒体获得社会主义核心价值观教育机会显著增加。

3. 教育效果的基本情况及影响因素

(1) 教育效果的基本情况

表 2-10 高校学生了解社会主义核心价值观的渠道

	频率	百分比
了解渠道		
报纸、电视、网络等新闻媒体	301	29.7
学校教育(包括课堂教学、德育、宣传等)	354	34.9
家庭教育	31	3.1
志愿服务活动、社会实践等	30	3.0
最有利于宣传的渠道		
报纸、电视、网络等新闻媒体	358	35.3
学校教育(包括课堂教学、德育、宣传等)	329	32.4
家庭教育	53	5.2
志愿服务活动、社会实践等	55	5.4
影响最大的学校活动		
思想政治理论课	237	23.4
校园文化活动	246	24.3
讲座	42	4.1
党员、团员培训	42	4.1
其他	3	3

从表 2-10 中可以看出,高校学生了解社会主义核心价值观的主要渠道是学校教育(包括课堂教学、德育、宣传等)和报纸、电视、网络等新闻媒体,百分比分别为 34.9% 和 29.7%。然而高校学生认为最有利于宣传社会主义核心价值观的渠道则是报纸、电视、网络等新闻媒体,百分比占 35.3%,其次是学校教育(包括课堂教学、德育、宣传等)占 32.4%。学生认为对大学生核心价值观的形成影响最大的学校活动是校园文化活动,百分比为 24.3%,其次是思想政治理论课,百分比为

23.4%,讲座和党员、团员培训对大学生社会主义核心价值观的形成影响比较小,分别占4.1%和4.1%。

表2-11 社会主义核心价值观的认同

	均值	标准差
对机构的信任程度		
法院及司法系统	3.97	0.827
军队	4.06	0.843
公安部门	3.75	0.887
全国人民代表大会	4.01	0.810
学校及教育系统	3.79	0.904
价值观认同的实践取向		
积极参加学校所在区(县)的人大代表选举	2.64	1.100
积极参加学校各级党团组织、学生组织的选举投票	3.42	1.079
因为个人或集体的利益,向学校领导反映情况,提出批评和建议	2.78	1.005
积极谋求加入党组织	3.55	1.115
积极参与学校、系(院)、班级干部竞选	3.52	1.139

问卷设计中我们将3赋值为一般可信、4赋值为比较可信。从表2-11可以看出,学生对机构的信任程度在3和4之间偏于4。其中对高校学生军队的信任情况最高,均值为4.06;对全国人民代表大会的信任情况次之,均值为4.01;对法院及司法系统和学校及教育系统的信任程度均值分别为3.97和3.79。高校学生对公安部门的信任程度最低,均值为3.75。

高校学生对社会主义核心价值观认同的实践取向方面,问卷设计中,我们将2赋值为不太积极、3赋值为一般、4赋值为比较积极,此次调查从五个方面进行测评。其中积极参加学校各级党团组织、学生组织的选举投票、积极谋求加入党组织和积极参加学校、系(院)、班级干部竞选所得均值分别为3.42、3.55和3.52,还是比较积极的。而对于参加学校所在区(县)的人大代表选举和因个人或集体利益向学校领导反映情况等不太积极,均值分别为2.64和2.78。

表 2-12 社会主义核心价值观的践行

	频率	百分比
参加社会实践频率		
经常参加	167	16.5
偶尔参加	301	29.7
很少参加	77	7.6
从未参加	25	2.5
担任角色		
领导者	15	1.5
组织者	105	10.4
主要参与者	279	27.5
次要参与者	158	15.6
实践活动开展对价值观的作用		
作用很大	331	32.6
作用很小	175	17.3
没有作用	30	3.0
不清楚	31	3.1

针对高校学生对社会主义核心价值观的践行,此次调查从三个方面进行,包括高校学生参加社会实践的频率、在实践中担任的角色和实践活动开展价值观的作用。从表 2-12 可以看出,高校学生偶尔参加社会实践活动的比较多,百分比为 29.7%,经常参加的高校学生百分比为 16.5%,很少参加的高校学生百分比为 7.6%,从未参加的高校学生百分比为 2.5%。参加社会实践的高校学生担任的角色有 15.6%的次要参与者和 27.5%的主要参与者,担任领导者和组织者角色的比较少。大部分高校学生认为实践活动的开展对社会主义核心价值观的形成有作用,但作用有大小之分,其中 32.6%的学生认为作用大,17.3%的学生认为作用小。

(2) 教育效果的影响因素

表 2-13 价值认同与教育机会获得的影响因素模型

变量	标准回归系数 Beta	显著性水平
课堂教育机会	0.292	0.000
社会实践机会	0.064	0.263
校园文化机会	0.138	0.019
网络媒体机会	−0.009	0.800
解释力 R^2	0.153	
F 更改	25.524***	

注:α=0.05

表 2-13 是价值认同与教育机会获得的影响因素线性回归模型拟合结果,其回归结果展示了课堂教育机会、社会实践机会、校园文化机会和网络媒体机会等不同因素对学生社会主义核心价值观认同的影响。统计结果显示 $R^2=0.153$,F 更改=25.524,课堂教育机会和校园文化机会这两个变量在95%的置信度下均通过了显著性检验。因此,我们可以认为,通过增加课堂教育机会和校园文化机会可以明显提升学生社会主义核心价值观的认同程度。

表 2-14 价值践行与教育机会获得的影响因素模型

变量	标准回归系数 Beta	显著性水平
课堂教育机会	0.341	0.000
社会实践机会	0.072	0.257
校园文化机会	0.267	0.000
网络媒体机会	0.005	0.895
解释力 R^2	0.220	
F 更改	39.938***	

注:α=0.05

表 2-14 是价值践行与教育机会获得的影响因素线性回归模型拟合结果,其回归结果展示了课堂教育机会、社会实践机会、校园文化机会和网络媒体机会等不同因素对学生社会主义核心价值观践行的影响。统计结果显示 $R^2=0.220$,F

更改＝39.938,课堂教育机会和校园文化机会这两个变量在95%的置信度下均通过了显著性检验。因此,我们可以认为,通过课堂教育机会和校园文化机会可以明显提升学生社会主义核心价值观的践行效果。

三、基本结论和对策

(一) 基本结论

本调查报告从大学生的视角出发,认为获得了社会主义核心价值观教育机会,并在社会生活中践行社会主义核心价值观,有利于提升大学生学业、职业和人生发展的成功概率。其基本假设是,社会主义核心价值观教育机会是一种稀缺资源,无论是主体的自我寻求,还是客体的资源提供。学习、了解和认同并践行社会主义核心价值观有利于大学生世俗生活的成功。

经过详细的数据分析,处于高校等教育系统中的大学生在核心价值观教育机会获得和教育效果方面的基本特点如下:

1. 大学生社会主义核心价值观教育机会获得

(1) 课题教育机会获得

高校和老师比较重视社会主义核心价值观,但是由于学生主体作用发挥不够,社会主义核心价值观的讨论不能深入人心,虽然有很多相关主题的活动,但是真正发挥的作用却不大。

(2) 社会实践教育机会获得

学校在志愿服务活动的组织上,还是比较积极的,且学生在军事训练参加的积极程度上也是很高的。但是在高校设立的社会实践项目、社会公益活动以及专题调查等社会实践活动上,学生参加的机会却不多,且学生的积极性也不大。

(3) 校园文化教育机会获得

学校对校园文化符号、和谐校园创建活动给予了很大重视,学生也给予了积极的响应,高校学生不仅积极参加校园文化符号建设活动和和谐校园创建活动,还积极参加校园的技能大赛。但关于学校优秀文化活动的开展和典型人物的宣传却很薄弱,导致学生在这方面的了解和认识的欠缺。

(4) 网络媒体教育机会获得

社会主义核心价值观在网络媒体上的获得机会较少,学校不仅应该加强社会主义核心价值观在网络媒体上的宣传,也应该加强对学生从网络媒体上获得教育的意识培养和能力教育。

(5) 学生的家庭背景与教育机会获得

学生的家庭出生也会影响社会主义核心价值观教育机会的获得,父亲的教育程度、收入水平通过物质和精神两个方面提供资源,为学生获得社会主义核心价值观教育机会提供保障。因此,学生教育应充分重视学生家庭出生的差异,通过各种政策措施,努力缩小阶层差异对学生获得社会主义核心价值观教育机会的影响。

2. 大学生社会主义核心价值观教育效果

(1) 社会主义核心价值观的机构认同

学生对机构是比较信任的,其中高校学生对军队的信任情况最高,对全国人民代表大会的信任情况次之,对法院及司法系统和学校及教育系统的信任程度再次之,高校学生对公安部门的信任程度最低,但依然处于比较信任状态。

(2) 社会主义核心价值观的践行

在践行的基本情况来看,在高校学生参与社会实践的频率方面,偶尔参加社会实践活动的大学生占绝大多数比较多。参加社会实践的高校学生中担任领导者和组织者角色的比较少。大部分高校学生认为实践活动的开展对社会主义核心价值观的形成有作用。

在教育机会对社会主义核心价值观践行的影响方面,通过线性回归分析,我们发现通过增加课堂教育机会和校园文化机会可以明显提升学生社会主义核心价值观的践行效果。

(二) 对策

如何提升大学生社会主义核心价值观培育和践行的实际效果?本调查从教育机会获得的视角出发,提出如下对策:

1. 抛弃口号化、书本化、教条式的意识形态灌输,丰富社会主义核心价值观的文化内涵,以文化传承的显性目的进行课堂多样教学。具体来说,在课堂教学中应树立学生的主体地位;高校应普及社会主义核心价值观的世俗化教育;课堂教学应走向生活化,增加社会主义核心价值观涉入及植入(嵌入)学生日常生活的程度,并实现常态化、制度化。

2. 社会实践活动是社会主义核心价值观培育和践行的重要载体，高校应完善和丰富具有当代特征、创建中华特色、符合大学生特点的社会实践活动，把社会主义核心价值观培育和践行切入社会实践活动中。具体来说，高校应坚持贯彻以课程化机制扎实推进大学生社会实践持续深入发展的做法；社会实践活动应该将理论与实践相结合，不仅要提高大学生的应用能力，而且要增强大学生的知识素养。

3. 校园文化教育与社会主义核心价值观的培育是一种相辅相成的关系。一方面，和谐校园文化是培育和践行社会主义核心价值观的重要途径；另一方面，社会主义核心价值观能够引领文明的校园文化。具体来说，通过教育、管理、科研、生活等各个领域的文化符号所创造出来的一种与社会、时代密切相关而又校园特色的人文氛围、校园精神和生存环境，使大学生在长期的学习和生活过程中形成符合社会主义核心价值观的理想信念、价值观念和行为规范。

4. 网络媒体作为重要的政治表达工具和舆论引导平台，是信息时代传播社会主义核心价值观的重要渠道。具体来说，高校应该通过网络媒体选择、控制、反馈机制，引导、协调、整合机制，渗透、扩散、教育机制，大众参与机制四个方面来保障社会主义核心价值观的有效传播，这既是培育和践行社会主义核心价值观的需要，也是构建社会主义和谐社会的需要。

［说明：本报告是江苏省高校哲学社会科学研究重点项目"立德树人根本任务的实现路径和工作机制研究"（项目批准号：2014ZDIXM010）研究成果一部分］

附：

社会主义核心价值观调查问卷

亲爱的学生朋友：

您好！

为了解江苏省各级各类学校培育和践行我国社会主义核心价值观的基本状况，探索教育基本规律，为省、市相关部门和教育机构提供决策依据，受江苏省教育厅委托，特开展此次调查。

对问卷中问题的回答，没有对错之分，您只要根据平时的理解和实际情况回答就行。对于您的回答，我们将按照《统计法》的规定，严格保密，并且只用于统计分析，请您不要有任何顾虑。根据《中华人民共和国统计法》第三章第十四条，我们会对您所提供的所有信息绝对保密。我们在以后的科学研究、政策分析以及观点评论中发布的是大量问卷的信息汇总，而不是您个人、家庭、学校的具体信息，不会造成您个人、家庭、学校信息的泄漏。请您放心。

希望您协助我们完成这次调查，谢谢您的合作。

《立德树人根本任务的实现路径和工作机制研究》课题组
联系电话：025－……
2015 年 12 月 8 日

A

A1 您的性别是:1 男　2 女

A2 您的年龄是_____

A3 您的学校是_____

A4 您的年级是:1 大一　2 大二　3 大三　4 大四

A5 您目前的政治面貌是:

(1) 共产党员,入党时间是:_____年

(2) 共青团员

(3) 群众

(4) 其他_____（请填写）

A6 您每月可自己支配的钱大概有____元(注:可支配的钱包括勤工俭学等各种生活费来源)

A7 您入学前的中学是:1 重点中学　　2 普通中学

A8 您父亲的职业_____;母亲的职业_____（请按下列选项选择,并在"____"填入序号）

1 农、牧、渔民　　　2 商业服务业职工　　　3 个体工商户

4 私营企业主　　　　5 工人　　　　　　　　6 党政干部

7 管理人员　　　　　8 军人/警察　　　　　 9 专业技术人员

10 其他_____

A9 您父亲的月收入_____;母亲的月收入_____（请按下列选项选择,并在"____"填入序号）

(1) 1500 元及以下　　(2) 1501—3000 元　　(3) 3001—4500 元

(4) 4501—6000 元　　(5) 6001—7500 元　　(6) 7501—8000 元

(7) 8001 元以上

A10 您父亲的政治面貌_____;母亲的政治面貌_____（请按下列选项选择,并在"____"填入序号）

1 共产党员　2 共青团员　3 群众　4 其他_____（请填写）

A11 您父亲的最高教育水平_____;母亲的最高教育水平_____（请按

下列选项选择,并在"＿＿＿"填入序号)

  1 没上过学　　　　　　2 小学及以下　　　　　3 初中

  4 高中、中专/高职、技校　　　　　　　　　5 大专

  6 大学本科及本科以上＿＿＿＿

  A12 和周围的同学相比,您认为您家的家庭经济状况在哪一档?

  1 远低于平均水平

  2 低于平均水平

  3 平均水平

  4 高于平均水平

  5 远高于平均水平

B

  对以下说法,请根据所描述的内容和事实与你想法的符合程度,作出相应选择(打钩)。

序号	描述	评价				
B1(1)	学校比较重视思想政治理论课教学组织(教材的选取、课程设置等)	5 非常符合	4 比较符合	3 一般符合	2 不太符合	1 完全不符合
B1(2)	思想政治理论课老师对社会主义核心价值观进行讲解和分析	5 非常符合	4 比较符合	3 一般符合	2 不太符合	1 完全不符合
B1(3)	思想政治理论课对我的大学生活帮助很大	5 非常符合	4 比较符合	3 一般符合	2 不太符合	1 完全不符合
B1(4)	教师组织读书交流会	5 非常符合	4 比较符合	3 一般符合	2 不太符合	1 完全不符合
B1(5)	学生主动参与课堂上(社会主义核心价值观主题)的讨论	5 非常符合	4 比较符合	3 一般符合	2 不太符合	1 完全不符合

序号	描述	评价				
B2(1)	我校社团经常组织志愿服务活动	5 非常符合	4 比较符合	3 一般符合	2 不太符合	1 完全不符合
B2(2)	我校设立多项社会实践项目,并鼓励学生参加省级、国家级的社会实践项目	5 非常符合	4 比较符合	3 一般符合	2 不太符合	1 完全不符合
B2(3)	我在大学期间参加军事训练	5 非常符合	4 比较符合	3 一般符合	2 不太符合	1 完全不符合
B2(4)	我在大学期间积极参加社会公益活动	5 非常符合	4 比较符合	3 一般符合	2 不太符合	1 完全不符合
B2(5)	我有机会参加专题调查等社会实践活动	5 非常符合	4 比较符合	3 一般符合	2 不太符合	1 完全不符合

序号	描述	评价				
B3(1)	我校积极开展"中国优秀传统文化进校园""高雅艺术进校园""廉政文化进校园"等活动	5 非常符合	4 比较符合	3 一般符合	2 不太符合	1 完全不符合
B3(2)	我校建设优良校风、教风、学风,形成学校特色的校训、校歌、校徽等校园文化符号	5 非常符合	4 比较符合	3 一般符合	2 不太符合	1 完全不符合
B3(3)	我主动参加学校举办的技能大赛	5 非常符合	4 比较符合	3 一般符合	2 不太符合	1 完全不符合
B3(4)	我校广泛开展"文明班级"、"文明宿舍"、"文明食堂"等和谐校园创建活动	5 非常符合	4 比较符合	3 一般符合	2 不太符合	1 完全不符合
B3(5)	我校积极表彰、宣传有影响的典型人物	5 非常符合	4 比较符合	3 一般符合	2 不太符合	1 完全不符合

序号	描述	评价				
B4(1)	我校建立社会主义核心价值观专题网站(网页)	5 非常符合	4 比较符合	3 一般符合	2 不太符合	1 完全不符合
B4(2)	我能及时方便地浏览学校宣传社会主义核心价值观的帖子或报道	5 非常符合	4 比较符合	3 一般符合	2 不太符合	1 完全不符合
B4(3)	我校有开设思想政治理论网络课程	5 非常符合	4 比较符合	3 一般符合	2 不太符合	1 完全不符合
B4(4)	我校有开设人文素质网络课程	5 非常符合	4 比较符合	3 一般符合	2 不太符合	1 完全不符合
B4(5)	我校经常使用网络平台处理学生学习生活问题	5 非常符合	4 比较符合	3 一般符合	2 不太符合	1 完全不符合

C

C1. 您知道"社会主义核心价值观"最主要的渠道是：

1 报纸、电视、网络等新闻媒体

2 学校教育(包括课堂教学、德育、宣传等)

3 家庭教育

4 志愿服务活动、社会实践等

5 评选道德模范

6 其他_____(请填写)

C2. 您认为最有利于宣传社会主义核心价值观的渠道是：

1 报纸、电视、网络等新闻媒体

2 学校教育(包括课堂教学、德育、宣传等)

3 家庭教育

4 志愿服务活动、社会实践等

5 评选道德模范

6 其他_____（请填写）

C3. 您认为学校开展的活动对大学生核心价值观的形成影响最大的是：

1 思想政治理论课

2 校园文化活动

3 讲座

4 党员、团员培训

5 其他_____（请填写）

C4. 您对于下面这些机构的信任程度是：

	完全可信	比较可信	一般	比较不可信	完全不可信
C4(1)法院及司法系统	5	4	3	2	1
C4(2)军队	5	4	3	2	1
C4(3)公安部门	5	4	3	2	1
C4(4)全国人民代表大会	5	4	3	2	1
C4(5)学校及教育系统	5	4	3	2	1

C5. 您是否积极做下列事情：

	非常积极	比较积极	一般	不太积极	完全不积极
C5(1)积极参加学校所在区（县）的人大代表选举	5	4	3	2	1
C5(2)积极参加学校各级党团组织、学生组织的选举投票	5	4	3	2	1
C5(3)因为个人或集体的利益,向学校领导反映情况,提出批评和建议	5	4	3	2	1
C5(4)积极谋求加入党组织	5	4	3	2	1
C5(5)积极参与学校、系（院）、班级干部竞选	5	4	3	2	1

C6. 您参加过的社会实践活动(爱心公益活动、志愿服务活动)是：

1 经常参加　2 偶尔参加　3 很少参加　4 从未参加(跳至C8)

C7. 您在社会实践活动中担任角色是：

1 领导者　2 组织者　3 主要参与者　4 次要参与者

C8. 您认为社会实践活动的开展对促进社会主义核心价值观的传播作用是：

1 作用很大　2 作用较小　3 没有作用　4 不清楚

问卷调查到此结束！谢谢您的大力配合。

参考文献

一

1. 马克思恩格斯全集.第1卷.北京:人民出版社,1965
2. 马克思恩格斯选集.第4卷.北京:人民出版社,1995
3. 马克思恩格斯文集.第1卷.北京:人民出版社,2009
4. 马克思恩格斯文集.第3卷.北京:人民出版社,2009
5. 马克思恩格斯文集.第5卷.北京:人民出版社,2009
6. 马克思恩格斯全集.第22卷.北京:人民出版社,1965
7. 胡锦涛.坚定不移沿着中国特色社会主义道路前进 为全面建成小康社会而奋斗——在中国共产党第十八次全国代表大会上的报告.北京:人民出版社,2012
8. 习近平.同各界优秀青年代表座谈时的讲话.《人民日报》2013年5月5日第2版。
9. 习近平.胸怀大局把握大势着眼大事 努力把宣传思想工作做得更好.《人民日报》2013年8月21日第1版。
10. 习近平在中共中央政治局第十三次集体学习时强调:把培育和弘扬社会主义核心价值观作为凝魂聚气强基固本的基础工程.《人民日报》2014年2月26日第1版。
11. 习近平.青年要自觉践行社会主义核心价值观——在北京大学师生座谈

会上的讲话.《人民日报》2014年5月5日第2版。

12. 习近平在全国高校思想政治工作会议上强调:把思想政治工作贯穿教育教学全过程开创我国高等教育事业发展新局面.《人民日报》2016年12月9日第1版。

13. 习近平.在全国高校思想政治工作会议上的重要讲话.《人民日报》2016年12月9日第1版。

14. 习近平.决胜全面建成小康社会 夺取新时代中国特色社会主义伟大胜利——在中国共产党第十九次全国代表大会上的报告.北京:人民出版社,2017

15. 习近平.坚持中国特色社会主义教育发展道路,培养德智体美劳全面发展的社会主义建设者和接班人.《人民日报》2018年9月11日第1版。

16. 中共中央关于坚持和完善中国特色社会主义制度 推进国家治理体系和治理能力现代化若干重大问题的决定.北京:人民出版社,2019

17.《社会主义核心价值体系学习读本》编写组.社会主义核心价值体系学习读本.北京:中共中央党校出版社,2010

二

1. 张耀灿.现代思想政治教育学.北京:人民出版社,2006

2. 黄明理.马克思主义魅力与信仰研究.北京:人民出版社,2016

3. 鲁洁.教育学.南京:河海大学出版社,2000

4. 王红岩.20世纪50年代中国高等学校院系调整的历史考察.北京:高等教育出版社,2004

5.《社会学概论》编写组.社会学概论.天津:天津人民出版社,1984

6. 彭聃龄.普通心理学.北京:北京师范大学出版社,2004

7. 吴铎.社会学.北京:高等教育出版社,1992

8. 徐腾.中国特色社会主义核心价值观研究.南京:江苏人民出版社,2014

9. 陆学艺,景天魁.转型中的中国社会.哈尔滨:黑龙江人民出版社,1994

10. 哈经雄,滕星.民族教育学通论.北京:教育科学出版社,2001

11. 陈芝海.大学生社会主义核心价值观教育研究.北京:光明日报出版社,2013

12. 杜晶波.大学生社会主义核心价值观培育路径研究.沈阳:东北大学出版社,2014

13. 樊浩.伦理精神的价值生态.北京:中国社会科学出版社,2001
14. 郑杭生,李强.社会运行导论.北京:中国人民大学出版社,1993
15. 萧前等.辩证唯物主义原理.北京:人民出版社,1981
16. 褚凤英.思想政治教育活动研究.北京:人民出版社,2011
17. 刘基.高校思想政治教育论.北京:中国社会科学出版社,2006
18. 郭为禄,林炊利.大学运行模式再造——大学内部决策系统改革的路径选择.上海:上海教育出版社,2012
19. 李旭炎.立德树人实践论.北京:中国文史出版社,2014
20. 张玉峰.决策支持系统.武汉:武汉大学出版社,2004
21. 程勉中.现代大学管理机制.北京:人民出版社,2006
22. 秦尚海.高校德育评估论.北京:中国社会科学出版社,2006
23. 陶西平.教育评价辞典.北京:北京师范大学出版社,1998
24. 刘正周.管理激励.上海:上海财经大学出版社,1998
25. 王中立.激励论.太原:山西人民出版社,1992
26. 李有成.他者.杭州:浙江大学出版社,2013
27. 唐世纲.大学制度价值论.青岛:中国海洋大学出版社,2017
28. 赵毅衡.符号学原理与推演.南京:南京大学出版社,2011
29. 郭广银等.新时期高校校园文化建设的理论与实践.南京:南京大学出版社,2007
30. 张洪昌,徐文东.学业纵横论——大学生必读.哈尔滨:哈尔滨船舶工程学院出版社,1990
31. 刘群,张迎春,吴云志.高校思想政治理论课教育教学研究.长春:吉林大学出版社,2007
32. 闵永新.大学生思想政治教育整体有效性问题研究.北京:中国社会科学出版社,2012
33. 孙其昂,黄世虎.思想政治教育学基本原理.南京:河海大学出版社,2015
34. 孙其昂.思想政治教育学前沿研究.北京:人民出版社,2013
35. 孙其昂等.思想政治教育现代转型研究.北京:学习出版社,2015
36. 孙其昂.社会学视野中的思想政治工作.北京:科学出版社,2017

三

1. [法]卢梭.爱弥儿.李平沤译.上海:商务印书馆,1978
2. [美]约翰·杜威.民主主义与教育.王承绪译.北京:人民教育出版社,2001
3. [美]约翰·亨利·纽曼.大学的理想.徐辉等译.杭州:浙江教育出版社,2001
4. [美]伯顿·R.克拉克.高等教育系统——学术组织的跨国研究.王承绪等译.杭州:杭州大学出版社,1994
5. [美]韦恩·K.霍伊,[美]塞西尔·G.米斯克尔.教育管理学:理论·研究·实践(第7版).范国睿译.北京:教育科学出版社,2007
6. [英]齐格蒙特·鲍曼.现代性与矛盾性.邵迎生译.北京:商务印书馆,2003
7. [古希腊]亚里士多德.尼各马可.伦理学.廖申白译.上海:商务印书馆,2003
8. [英]安东尼·吉登斯.现代性的后果.田禾译.南京:译林出版社,2008
9. [美]塞缪尔·亨廷顿.文明的冲突与世界秩序的重建.周琪等译.北京:新华出版社,2002
10. [美]肯特·科普曼,[美]李·哥德哈特.理解人类差异——美国的多元文化教育.滕星等译.北京:中央民族大学出版社,2011
11. [美]威廉·F.派纳等.理解课程.张华等译.北京:教育科学出版社,2003
12. [美]珍妮·H.巴兰坦.教育社会学(第5版).朱志勇等译.南京:江苏教育出版社,2011
13. [捷克]夸美纽斯.大教学论(第2版).北京:教育科学出版社,2016
14. [美]马斯洛.马斯洛人本哲学.成明编译.北京:九州出版社,2003
15. [德]马克斯·舍勒.知识社会学问题.艾彦译.南京:译林出版社,2012

16. Nucci, Larry P. , *Conflict, Contradiction, and Contrarian Elements in Moral Development and Education*, London: Psychology Press, 2005.

17. Somekh, Bridget; Schwandt, Thomas A, *Knowledge Production: Research Work in Interesting Times*, London: Routledge Press, 2007.

18. David N. Aspin, Judith D. Chapman, *Values Education and Lifelong Learning*, Berlin: Springer Netherlands, 2007.

19. Wiborg, Susanne. *Education and Social Integration: Comprehensive Schooling in Europe*, London: Palgrave Macmillan Limited, 2009.

20. Terry Lovat, Ron Toomey, *Values Education and Quality Teaching*, Berlin: Springer Netherlands, 2009.

21. Joseph Zajda, Holger Daun, *Global Values Education*, Berlin: Springer Netherlands, 2009.

四

1. 中共中央办公厅印发《关于培育和践行社会主义核心价值观的意见》.《人民日报》2013年12月24日第1版。

2. 中共中央国务院印发《关于加强和改进新形势下高校思想政治工作的意见》.《人民日报》2017年2月28日第1版。

3. 深化新时代学校思想政治理论课改革创新的若干意见.《人民日报》2019年8月15日第3版。

4. 国防大学中国特色社会主义理论体系研究中心 任天佑,赵周贤,孙存良. 革命理想高于天.《光明日报》2013年9月29日。

5. 冯刚. 提高国家文化软实力要努力传播社会主义核心价值观.《光明日报》2014年7月23日第16版。

6. 侯惠勤. 在社会主义核心价值观的概括上如何取得共识?.《红旗文稿》2012年第8期

7. 王永贵. 社会主义核心价值观培育的目标指向和实现路径.《思想理论教育》2013年第1期

8. 王树荫. 立德树人70年——中国共产党"培养什么人"的战略抉择.《教学与研究》2019年第10期

9. 王学俭,王君. 新中国成立70周年中国共产党立德树人的历史回顾、基本经验与时代展望.《新疆师范大学学报(哲学社会科学版)》2020年第1期

10. 戴锐,曹红玲. "立德树人"的理论内涵与实践方略.《思想教育研究》2017年第6期

11. 张弛. 高校教育立德树人的内涵实质与实现路径.《思想理论教育》2019

年第 8 期

12. 冯建军.立德树人的时代内涵与实施路径.《人民教育》2019 年第 18 期

13. 黄蓉生,崔健.坚持把立德树人作为中心环节.《国家行政学院学报》2017 年第 1 期

14. 黄蓉生,石海君.略论社会主义核心价值观培育和践行的认同转化.《社会主义核心价值观研究》2016 年第 6 期

15. 黄蓉生,崔健.社会主义核心价值观之于青年的战略意义.《思想理论教育》2016 年第 9 期

16. 刘建军.高校培育和践行社会主义核心价值观的四个步骤.《思想理论教育》2016 年第 3 期

17. 沈壮海.社会主义核心价值观培育和践行的着力点.《思想政治工作研究》2012 年第 12 期

18. 邱伟光.课程思政价值意蕴与生成路径.《思想理论教育》2017 年第 7 期

19. 双传学.社会主义核心价值观与国家治理现代化的契合性——基于软实力的一种考察视角.《中国特色社会主义研究》2014 年第 6 期

20. 佘双好.价值观的层次性与思想政治教育发展与变革.《探索》2015 年第 2 期

21. 黄明理,冯茜.我国 90 后大学生马克思主义信仰状况研究.《河海大学学报(哲学社会科学版)》2014 年第 2 期

22. 戴锐.德育语境中社会实践的理论内涵与实施原则.《思想·理论·教育》2006 年第 5 期

23. 金林南.从独白到复调:思想政治理论课论辩式教学探索.《学校党建与思想教育》2015 年第 15 期

24. 骆郁廷,郭莉."立德树人"的实现路径及有效机制.《思想教育研究》2013 年第 7 期

25. 郑杭生,郭星华.试论社会运行机制.《社会科学战线》1993 年第 1 期

26. 侯勇,孙其昂.论社会主义核心价值观建设的现代性境遇与超越.《中国特色社会主义研究》2011 年第 2 期

27. 孙其昂.论知识体系作为思想政治教育专业的生命基础.《思想教育研究》

2014年第8期

    28. 李蕊.弘扬社会主义核心价值观需厘清的基本理论问题.《社会主义研究》2016年第3期

    29. 袁三标.从软实力看当代中国国家意识形态安全.《河南师范大学学报(哲学社会科学版)》2010年第3期

    30. 陈瑛.遵规重行:青少年道德教育成功之本.《学校党建与思想教育(上半月)》2008年第6期

    31. 黄济.关于教育改革的几点思考.《教育学报》2005年第1期

    32. 邵丽.学分制的发展历程及对我们的启示.《中国高等教育》1999年第20期

    33. 眭依凡.对国家负责:大学必须牢记的使命.《高等教育研究》2006年第4期

    34. 顾建民.西方国家政府与大学关系的基本走向.《上海高教研究》1998年第2期

    35. 段立国.国家治理现代化与社会主义核心价值观的内在关联.《湖北社会科学》2015年第4期

    36. 程红艳.社会主义核心价值观分层化、课程化研究.《中国德育》2015年第1期

    37. 陈士宏.习近平同志的社会主义核心价值观初探.《思想政治教育研究》2015年第5期

    38. 檀传宝.谈社区对学校德育的环境作用.《教育理论与实践》1995年第1期

    39. 刘丙元.家庭教育及其对学校德育的启迪和支持.《教育导刊》2005年第2期

    40. 赵玉华.家庭德育与高校德育合力论.《前沿》2014年第12期

    41. 易连云,兰英.新媒体时代学校德育面临的危机及应对策略.《探索》2010年第4期

    42. 冉勇,韩俊.新媒体时代下大学生核心价值观构建研究.《学校党建与思想教育》2015年第2期

43. 褚凤英.思想政治教育学科视阈中思想品德发展机制再认识.《广西社会科学》2015 年第 11 期

44. 陈国和,王伟忠.民办高校学生特点分析及学生工作对策的思考.《中国高教研究》2000 年第 4 期

45. 杨宗兴.广西民办高校大学生认同与践行社会主义核心价值观的状况调查.《学校党建与思想教育》2016 年第 8 期

46. 赵平,武力勋.整合社会实践活动,全面推进素质教育.《北京高等教育》2001 年第 6 期

47. 于真.论机制与机制研究.《社会学研究》1989 年第 3 期

48. 冯永刚.学校制度文化育人的价值意蕴及其实现.《教育科学研究》2018 年第 5 期

49. 靳诺.育人为本、教师为体、制度为基、文化为魂.《中国高等教育》2016 年第 6 期

50. 张伟娟.刍议完善志愿服务活动与培养大学生社会主义核心价值观.《理论导刊》2014 年第 8 期

51. 姜长宝等.大学生践行社会主义核心价值观的有效载体.《思想理论教育导刊》2016 年第 3 期

52. 龚萱.大学生社会主义核心价值体系教育保障机制构建.《思想政治教育研究》2010 年第 5 期

53. 戴木才.积极培育和践行社会主义核心价值观.《思想政治工作研究》2014 年第 2 期

54. 郝立新,沈江平.培育和践行社会主义核心价值观需要关注的几个问题.《红旗文稿》2014 年第 9 期

55. 韩震.公正是社会主义核心价值追求.《中国特色社会主义研究》2014 年第 6 期

五

1. 中共中央、国务院印发《关于加强和改进新形势下高校思想政治工作的意见》,中华人民共和国人民政府网,2017 年 2 月 27 日,http://www.gov.cn/

xinwen/2017-02/27/content_5182502.htm。

2.《关于培育和践行社会主义核心价值观的意见》印发,中华人民共和国中央人民政府网,2013年12月23日,http://www.gov.cn/jrzg/2013-12/23/content_2553019.htm。

3. 中共中央、国务院发出《关于进一步加强和改进大学生思想政治教育的意见》,中华人民共和国教育部网,2004年10月14日,http://www.moe.gov.cn/s78/A12/szs_lef/moe_1407/moe_1408/tnull_20566.html。

4. 中共中央办公厅、国务院办公厅,《关于深化新时代学校思想政治理论课改革创新的若干意见》,学习强国官网,2019年8月14日,https://article.xuexi.cn/articles/index.html?study_style_id=feeds_default&source=share&art_id=8215474108010486260&showmenu=false&share_to=wx_single。

后　记

本书是江苏省高校哲学社会科学研究重点项目"立德树人根本任务的实现路径和工作机制研究"(项目批准号：2014ZDIXM010)的最终成果。项目由孙其昂担任主持人，主要课题组成员有戴锐、金林南、陈继红、黄世虎、赵春霞、单连春、陈滔娜、刘学坤、王莹等。项目于2014年7月立项，研究期间向省教育厅提交调研报告和咨询报告，课题组成员为省教育厅起草有关文件提供建议，参加学术会议，发表学术论文，为培育和践行社会主义核心价值观特别是大学生社会主义核心价值观教育作出努力。

本书由孙其昂、王莹、张建晓等撰写，执笔者分别为：孙其昂（导论），许波荣、杨慧、张月（第一章），王莹（第二章），徐菲、吴芳芳（第三章），陈念、毕四通、石晓岩（第四章），莫佳思、季托、张建晓（第五章），张建晓及李梅、张登倩、王明银、季托（第六章），陈启超、刘硕、白雪燕（第七章），张建晓（第八章），汪世婷、周影、张然（第九章），王莹（附录1）。本书于2014年7月开始研究和撰写，第一稿于2016年11月写成，后于2019年10月作了重要修改。全书由孙其昂提出提纲、统稿并改定。王莹是课题组秘书，协助课题主持人组织、协调调研和书稿讨论；张建晓是2019年修改稿负责人，组织补充调研和协调修改事务。刘学坤协助课题主持人开展课题研究工作，负责有关课题管理和秘书工作。课题组成员戴锐教授、金林南教授、单连春教授、陈滔娜副教授、黄世虎副教授、郑黎明副教授、刘学坤副教授、赵春霞讲师、王莹讲师等，参加课题研究并直接指导本书撰写组成员的研究和撰写，做了许多工作。研究生张然、蒙怡馨校对了全书脚注和参考文献。

出版获得课题经费、河海大学中央高校科研业务费课题"思想政治教育现代性研究"(2019B36814)、"新时代群众工作的理论与实践创新研究"(B200207025)的经费资助。值此本书出版之际，对课题组成员的努力，对江苏省教育厅社会科学研究与思想政治教育处为本课题立项并给予的指导，对河海大学社会科学处、河海大学马克思主义学院的支持，对江苏人民出版社陈颖编辑的认真负责，表示感谢！

著 者
2020 年 6 月 30 日